长江中游区耕地质量评价

全国农业技术推广服务中心
农业部耕地质量监测保护中心 编著
华 中 农 业 大 学

中国农业出版社

图书在版编目（CIP）数据

长江中游区耕地质量评价/全国农业技术推广服务
中心，农业部耕地质量监测保护中心，华中农业大学编著
. —北京：中国农业出版社，2017.8
ISBN 978-7-109-21949-6

Ⅰ.①长…　Ⅱ.①全…②农…③华…　Ⅲ.①长江—
中游—耕地资源—资源评价　Ⅳ.①F323.211

中国版本图书馆 CIP 数据核字（2016）第 176025 号

中国农业出版社出版
（北京市朝阳区麦子店街 18 号楼）
（邮政编码 100125）
策划编辑　贺志清

北京通州皇家印刷厂印刷　新华书店北京发行所发行
2017 年 8 月第 1 版　2017 年 8 月北京第 1 次印刷

开本：787mm×1092mm 1/16　印张：22　插页：6
字数：530 千字
定价：120.00 元
（凡本版图书出现印刷、装订错误，请向出版社发行部调换）

编　委　会

前　言

按照"试点启动、区域性调查、全面开展"的基本思路，农业部于 2002 年启动了县域耕地质量调查与质量评价试点工作。至 2012 年年底，已组织完成全国 2498 个农业县（区、场）的耕地质量评价工作。为掌握我国重点农区耕地质量状况，推动评价成果为农业生产服务，2013—2015 年，全国农业技术推广服务中心开展了长江中游区耕地质量评价工作。

在总结 3 年来区域汇总评价工作的基础上，全国农业技术推广服务中心组织编写了《长江中游区耕地质量评价》一书。全书分为五章：第一章长江中游区概况。介绍了区域地理位置、行政区划、农业区划、气候条件、地形地貌、生物植被、水文情况等自然环境条件，区域种植结构、产量水平、作物品种、灌溉条件、病虫害防治、机械化应用等农业生产情况，并对区域耕地土壤类型、耕地培肥改良措施及相关的耕地质量保护与提升政策做了介绍。第二章耕地质量评价方法与步骤。系统地对区域耕地质量评价的每一个技术环节进行了详细介绍，具体包括资料收集与整理、评价指标体系建立、耕地质量主要性状分级标准建立、空间数据库与属性数据库建立、耕地质量等级划分与评价结果验证、专题图件编制等内容。第三章耕地综合生产能力分析。详细阐述了长江中游区各等级耕地面积及分布、主要属性及存在的障碍因素，提出了有针对性的对策措施与建议，并对区域粮食生产潜力进行了分析。第四章耕地土壤有机质及主要营养元素。重点分析了土壤有机质、全氮、有效磷、速效钾、缓效钾、有效硫、有效硅、有效铜、有效锌、有效铁、有效锰、有效硼等 12 个耕地质量主要性状及变化趋势。第五章耕地其他指标。详细阐述了土壤 pH、灌溉能力、耕层厚度、耕层质地、耕作区与土壤类型等其他耕地指标分布情况。

本书编写过程中得到了农业部财务司、种植业管理司领导的大力支持。江西省土壤肥料技术推广站、湖北省耕地质量与肥料管理工作站、湖南省土壤肥料工作站参与了数据资料收集整理与分析工作,华中农业大学资源与环境学院承担了图件制作与耕地质量管理信息系统建设工作,在此一并表示感谢!

由于编者水平有限,书中不足之处在所难免,敬请广大读者批评指正。

编　者

2016 年 11 月

目　　录

第一章　长江中游区概况

第一节　自然环境条件

长江中游区包括江西、湖北、湖南省的所辖范围。据《中国统计年鉴（2014年）》数据，2008年该地区土地利用面积为5 956.38万hm²，占全国总面积的5.94%，总人口占全国人口的12.55%。长江中游区是我国《水稻优势区域布局规划（2008—2015年）》中长江流域优势区的核心区，湖北、湖南和江西三省水稻播种面积占全国水稻播种面积的31.42%，总产量占全国的30.66%，约占长江流域优势区10省（直辖市）总产量的50%。显然，长江中游区是我国提供商品稻谷最多的区域，对保障全国稻米供需平衡作用重大。

长江中游区人口多、耕地少，既承担着国家粮食安全的重担，又是我国当前经济发展转型的试验区，开展长江中游区耕地质量数据汇总和评价，为该区域农业规划和农业可持续发展奠定基础，对于保障该区域现代农业和城乡经济发展、建设"两型"社会具有重要现实意义。

一、地理位置

长江中游区是沿长江主干道，上从湖北省宜昌，途径湖南省洞庭湖，下至江西省鄱阳湖口之间两岸分布的江西、湖北和湖南3个省所辖地域，介于东经108°21′～118°29′，北纬24°29′～33°20′之间，长江西进东出，主干道全长955km，其间连接洞庭湖、鄱阳湖大型通江湖泊，及其汇集于湖泊和直接汇入长江的汉江等大小支流，如图1-1所示。

二、行政区划

长江中游区现辖江西、湖北和湖南3个省的42个地市（自治州、林区），321个县（市、区），见表1-1。其中湖北省辖17个地级行政区划单位、39个市辖区、24个县级市、37个县、2个自治县、1个林区，合计103个县级行政区划单位；湖南省有14个地级行政单位、71个县（其中7个自治县）、16个县级市、35个市辖区，共计122个县级行政区划单位；江西省辖11个地级市、20个市辖区、10个县级市、70个县，合计100个县级行政区划单位。

截止到2013年年底，长江中游区三省人口总计1.77亿，其中农业人口1.25亿，耕地面积0.12亿hm²（全国第二次土壤普查数据，下同），人均耕地面积为694m²（1.04亩[①]）。其中，湖北省总人口为6 170.43万人，其农业人口4 092.19万人，耕地面积528.18万hm²，人均耕地面积为854m²（1.28亩）；湖南省总人口为7 167.05万人，其农业人口5 065.53万人，耕地面积414.62万hm²，人均耕地面积为580m²（0.87亩）；江西省总人

---

① 亩为非法定计量单位，1亩=1/15hm²≈667m²。　　编者注

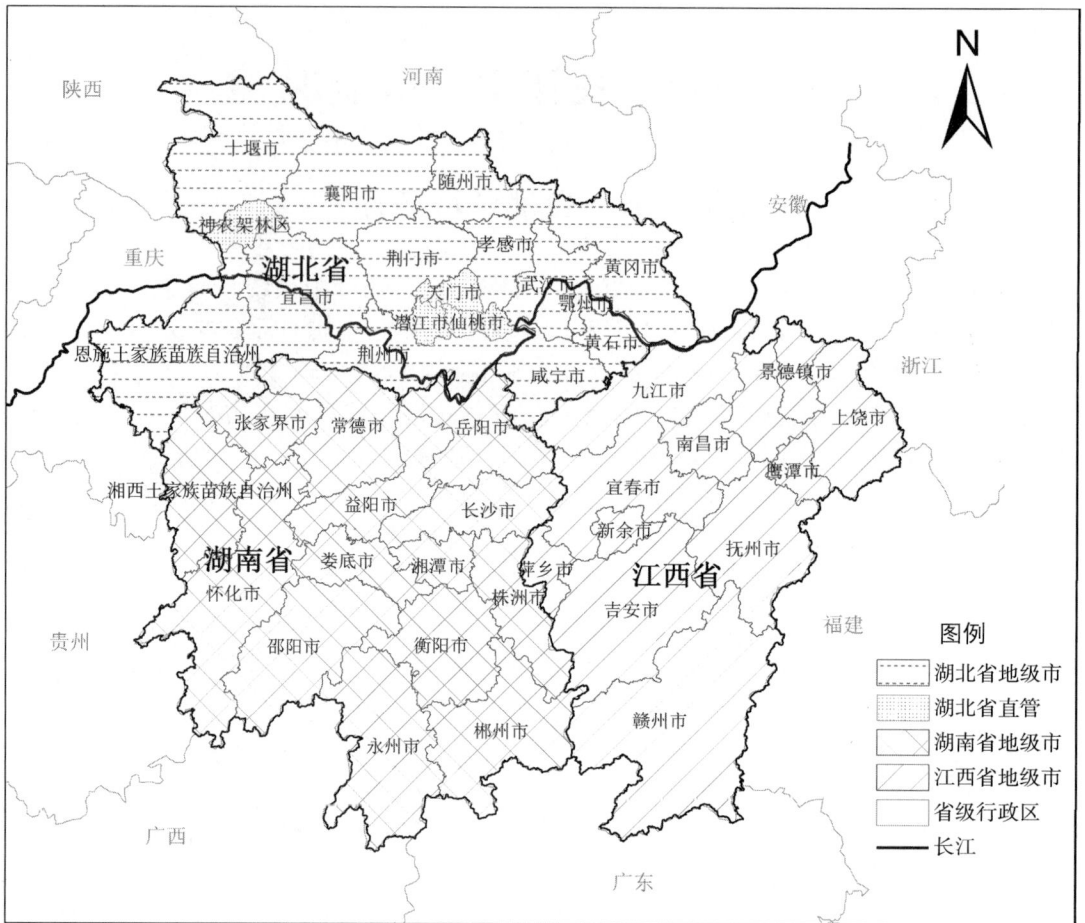

图 1-1　长江中游区地理位置示意图

口为 4 395.31 万人，其农业人口 2 300.79 万人，耕地面积 282.71 万 hm^2，人均耕地面积为 640m^2（0.96 亩）。

表 1-1　长江中游区行政区划概况

政区分类		县（市、区）
湖北	武汉市	江岸区、江汉区、硚口区、汉阳区、武昌区、青山区、洪山区、东西湖区、汉南区、蔡甸区、江夏区、黄陂区、新洲区
	黄石市	黄石港区、西塞山区、下陆区、铁山区、阳新县、大冶市
	十堰市	茅箭区、张湾区、郧县、郧西县、竹山县、竹溪县、房县、丹江口市
	宜昌市	西陵区、伍家岗区、点军区、猇亭区、夷陵区、远安县、兴山县、秭归县、长阳县、五峰县、宜都市、当阳市、枝江市
	襄阳市	襄城区、樊城区、襄州区、南漳县、谷城县、保康县、老河口市、枣阳市、宜城市
	鄂州市	梁子湖区、华容区、鄂城区
	荆门市	东宝区、掇刀区、京山县、沙洋县、钟祥市

（续）

政区分类		县（市、区）
湖北	孝感市	孝南区、孝昌县、大悟县、云梦县、应城市、安陆市、汉川市
	荆州市	沙市区、荆州区、公安县、监利县、江陵县、石首市、洪湖市、松滋市
	黄冈市	黄州区、团风县、红安县、罗田县、英山县、浠水县、蕲春县、黄梅县、麻城市、武穴市
	咸宁市	咸安区、嘉鱼县、通城县、崇阳县、通山县、赤壁市
	随州市	曾都区、随县、广水市
	恩施土家族苗族自治州	恩施市、利川市、建始县、巴东县、宣恩县、咸丰县、来凤县、鹤峰县
	省直管	仙桃市、潜江市、天门市、神农架林区
湖南	长沙市	岳麓区、芙蓉区、天心区、开福区、雨花区、望城区、浏阳市、长沙县、宁乡县
	株洲市	天元区、荷塘区、芦淞区、石峰区、醴陵市、株洲县、炎陵县、茶陵县、攸县
	湘潭市	岳塘区、雨湖区、湘乡市、韶山市、湘潭县
	衡阳市	雁峰区、珠晖区、石鼓区、蒸湘区、南岳区、耒阳市、常宁市、衡阳县、衡东县、衡山县、衡南县、祁东县
	邵阳市	双清区、大祥区、北塔区、武冈市、邵东县、洞口县、新邵县、绥宁县、新宁县、邵阳县、隆回县、城步苗族自治县
	岳阳市	君山区、云溪区、临湘市、汨罗市、岳阳县、湘阴县、平江县、华容县
	常德市	武陵区、鼎城区、津市市、澧县、临澧县、桃源县、汉寿县、安乡县、石门县
	张家界市	永定区、武陵源区、慈利县、桑植县
	益阳市	赫山区、资阳区、沅江市、桃江县、南县、安化县
	郴州市	北湖区、苏仙区、资兴市、宜章县、汝城县、安仁县、嘉禾县、临武县、桂东县、永兴县、桂阳县
	永州市	冷水滩区、零陵区、祁阳县、蓝山县、宁远县、新田县、东安县、江永县、道县、双牌县、江华瑶族自治县
	怀化市	鹤城区、洪江市、会同县、沅陵县、辰溪县、溆浦县、中方县、新晃侗族自治县、芷江侗族自治县、通道侗族自治县、靖州苗族侗族自治县、麻阳苗族自治县
	娄底市	娄星区、冷水江市、涟源市、新化县、双峰县
	湘西土家族苗族自治州	吉首市、古丈县、龙山县、永顺县、凤凰县、泸溪县、保靖县、花垣县
江西	南昌市	东湖区、西湖区、青云谱区、湾里区、青山湖区、红谷滩区、朝阳洲区、南昌县、新建县、进贤县、安义县
	上饶市	信州区、德兴市、上饶县、广丰县、玉山县、婺源县、鄱阳县、余干县、万年县、弋阳县、横峰县、铅山县
	九江市	浔阳区、庐山区、瑞昌市、共青城市、九江县、武宁县、修水县、永修县、德安县、星子县、都昌县、湖口县、彭泽县
	萍乡市	安源区、湘东区、上栗县、芦溪县、莲花县
	新余市	渝水区、分宜县、高新区、仙女湖区、孔目江区
	鹰潭市	月湖区、贵溪市、余江县

（续）

政区分类		县（市、区）
江西	赣州市	章贡区，经济开发区，南康市、瑞金市、赣县、信丰县、大余县、上犹县、崇义县、安远县、龙南县、定南县、全南县、兴国县、宁都县、于都县、会昌县、寻乌县、石城县
	宜春市	袁州区、樟树市、丰城市、高安市、靖安县、奉新县、上高县、宜丰县、铜鼓县、万载县
	景德镇市	昌江区、珠山区、乐平市、浮梁县
	吉安市	吉州区、青原区、井冈山市，吉安县、新干县、永丰县、峡江县、吉水县、泰和县、万安县、遂川县、安福县、永新县
	抚州市	金巢区、临川区、东乡县、金溪县、资溪县、南城县、南丰县、黎川县、广昌县、崇仁县、乐安县、宜黄县

三、地形地貌

长江中游区大部分处于中国地势第二级阶梯向第三级阶梯过渡地带，地貌类型复杂多样。长江中游区西北部，鄂西北山区属新生代以来大幅度上升的强烈隆起区，由秦岭山脉所构成，西部为武当山、大巴山和巫山，西南部是云贵高原的东北延伸部分，直达鄂西南和湘西北的武陵山和雪峰山，再向南则进入构成南岭主体的湘南地区和赣南大庾岭，之后向东北连接赣闽省界延伸的武夷山脉，再向东部的怀玉山延伸，通过东北部的大别山连接北部的桐柏山形成合围之势，把整个长江中游区抱在怀中。从整体来看，长江中游区四面环山，西高东低，在西部雪峰山跨过第二级阶梯向第三级阶梯过渡区，进入以平原和丘陵为主的第三级阶梯区域。

（一）地形地貌概况

长江中游区的三大平原包括湖北江汉平原、湖南洞庭湖平原和江西鄱阳湖平原，其中江汉平原和洞庭湖平原隔江相邻，又合称为两湖平原。三大平原中，江汉平原是海拔最低的平原，平均海拔只有 27m 左右，鄱阳湖平原和洞庭湖平原多在 50m 以下。

两湖平原的北部是江汉平原，因地跨长江和汉江而得名，主要位于湖北省的中南部，沿长江主干道以北分布，西起宜昌枝江，东迄武汉，北自荆门钟祥，南与洞庭湖平原相连，面积约 4.6 万 km²。主要包括荆州市的荆州区、沙市区、江陵县、公安县、监利县、石首市、洪湖市、松滋市 8 个县市区及仙桃、潜江、天门 3 个省直管市，并辐射周边武汉、孝感、荆门和宜昌 4 个市的部分地区。江汉平原境内地势平坦，土地肥沃，地上湖沼洼地星罗棋布，约 300 多个。

两湖平原的南部是洞庭湖平原，又称洞庭盆地，其北部与湖北的江汉平原相接。主要由长江通过松滋、太平、藕池、调弦四口输入的泥沙和洞庭湖水系湘江、资水、沅江、澧水等带来的泥沙冲积而成。整个平原总面积约 1.9 万 km²，其中湖南省部分 1.5 万 km²，占总面积的 81%；湖北长江以南的部分，含松滋、公安、石首等县（市），合计约 0.4 万 km²，占 19%。洞庭湖平原涉及湖南常德、益阳、津市、岳阳等 19 个县市以及涔澹农场等 15 个国有农场。洞庭湖平原大部分海拔 50m 以下，地势北高南低，主要湖沼洼地多在南缘地带。

鄱阳湖平原是鄱阳湖周围的湖滨平原，属于长江中游区最东边的平原，由长江及鄱阳湖水系赣、抚、信、修、饶五大河冲积而成，总面积约 3.9 万 km²。东自鄱阳、余干，西至武宁，南起进贤，北抵长江，包括南昌、九江、景德镇、鹰潭、新余、抚州 6 个区市和南昌县、新建县、进贤县、安义县、瑞昌市、九江县、湖口县、彭泽县、德安县、武宁县、永修县、星子县、都昌县、乐平市、浮梁县、鄱阳县、余干县、万年县、贵溪市、余江县、东乡县、丰城市、樟树市、高安市等地（城区）。在我国五大淡水湖泊中，鄱阳湖的生物资源最为丰富，生物量最大，生物多样性也最高，自然环境条件十分优越。

除了平原外，长江中游区三省还有着大片的丘陵和山地，三省的总体地形是三面环山，中心向长江敞开，形成完整的向心水系。湖南和江西二省同为东、南、西三面高，东北面或北面向长江倾斜，而湖北省则为东、北、西三面高，西南面向长江倾斜。三省均向长江敞开且咬合，构成了以长江为轴、三省相对独立发展又依靠长江相互联系的格局。

地貌图是表述耕地立地环境的依据。长期以来，人们对地貌进行分类，主要就是为了农业利用，因此可以利用地貌类型与耕地发育环境的关系，进行耕作区的划分。依照全国 1∶100 万地貌图分类统计，长江中游区的陆地地貌类型共有 63 种（表 1-2）。

表 1-2 长江中游区地貌分类概况（khm^2）

地貌类型	湖北省 面积	湖南省 面积	江西省 面积	合计 面积
低海拔冲积低台地	—	0.66	6.21	6.87
低海拔冲积高地	28.77	10.18	3.03	41.98
低海拔冲积高台地	2.00	—	1.62	3.62
低海拔冲积河漫滩	343.64	109.47	138.54	591.65
低海拔冲积洪积低台地	704.78	110.15	287.08	1 102.01
低海拔冲积洪积高台地	542.82	23.79	73.62	640.23
低海拔冲积洪积平原	86.70	97.98	169.40	354.08
低海拔冲积湖积低台地	9.75	—	—	9.75
低海拔冲积湖积高台地	—	—	5.04	5.04
低海拔冲积湖积平原	263.19	78.68	16.84	358.71
低海拔冲积湖积三角洲平原	—	120.01	200.7	320.71
低海拔冲积湖积洼地	—	—	0.93	0.93
低海拔冲积决口扇	111.60	—	—	111.6
低海拔冲积平原	688.59	1 185.33	959.31	2 833.23
低海拔冲积扇平原	—	—	23.06	23.06
低海拔冲积洼地	12.41	16.92	3.41	32.74
低海拔陡深河谷	55.59	73.72	0.58	129.89
低海拔河谷平原	429.41	536.16	654.67	1 620.24
低海拔河流低阶地	1 085.24	358.93	224.33	1 668.5
低海拔河流高阶地	139.82	53.73	36.08	229.63
低海拔洪积低台地	210.18	—	—	210.18

（续）

地貌类型	湖北省 面积	湖南省 面积	江西省 面积	合计 面积
低海拔洪积高台地	101.17	—	—	101.17
低海拔洪积平原	19.21	—	—	19.21
低海拔湖积冲积平原	117.25	216.21	17.10	350.56
低海拔湖积低阶地	41.68	—	2.33	44.01
低海拔湖积高阶地	—	1.07	—	1.07
低海拔湖积平原	468.81	38.46	22.19	529.46
低海拔湖滩	155.48	15.53	205.92	376.93
低海拔喀斯特低台地	—	2.10		2.1
低海拔喀斯特堆积平原	—	33.41	—	33.41
低海拔喀斯特高台地	0.99	2.96		3.95
低海拔喀斯特侵蚀低台地	17.43	322.36	84.42	424.21
低海拔喀斯特侵蚀高台地	4.49	212.43	33.81	250.73
低海拔喀斯特溶积冲积平原	—	48.86		48.86
低海拔喀斯特溶积平原	1.77	19.40	0.51	21.68
低海拔喀斯特溶蚀平原	9.42	57.74	1.82	68.98
低海拔宽浅河谷	14.76	27.55	—	42.31
低海拔侵蚀剥蚀低台地	447.20	1 041.76	781.47	2 270.43
低海拔侵蚀剥蚀高台地	828.36	1 263.03	1 074.92	3 166.31
低海拔侵蚀剥蚀平原	5.95	64.36	45.23	115.54
喀斯特冰缘作用的大起伏中山	5.21	—	—	5.21
喀斯特大起伏中山	125.29	8.83	—	134.12
喀斯特低海拔低丘陵	1.29	40.59	—	41.88
喀斯特低海拔高丘陵	46.96	160.64	2.68	210.28
喀斯特侵蚀大起伏中山	632.14	83.94	—	716.08
喀斯特侵蚀低海拔低丘陵	100.95	608.29	105.37	814.61
喀斯特侵蚀低海拔高丘陵	189.44	749.6	176.64	1 115.68
喀斯特侵蚀小起伏低山	556.47	900.16	236.62	1 693.25
喀斯特侵蚀小起伏中山	81.38	4.72	—	86.1
喀斯特侵蚀中起伏低山	343.38	249.59	25.48	618.45
喀斯特侵蚀中起伏中山	1 032.11	114.46	—	1 146.57
喀斯特小起伏低山	259.1	633.23	—	892.33
喀斯特小起伏中山	290.35	42.8	—	333.15
喀斯特中起伏低山	117.24	93.99	42.65	253.88
喀斯特中起伏中山	583.86	139.29	—	723.15
侵蚀剥蚀大起伏中山	515.86	981.05	714.52	2 211.43
侵蚀剥蚀低海拔低丘陵	1 114.46	1 355.5	1 579.91	4 049.87

（续）

地貌类型	湖北省 面积	湖南省 面积	江西省 面积	合计 面积
侵蚀剥蚀低海拔高丘陵	930.42	1 163.29	2 221.69	4 315.4
侵蚀剥蚀小起伏低山	1 461.14	3 547.49	3 534.16	8 542.79
侵蚀剥蚀小起伏中山	136.43	54.90	56.85	248.18
侵蚀剥蚀中起伏低山	908.98	1 905.64	1 114.94	3 929.56
侵蚀剥蚀中起伏中山	1 651.56	1 823.45	1 509.99	4 985
中海拔喀斯特溶蚀平原	0.63	—	—	0.63
合计	18 033.09	20 804.38	16 395.71	55 233.18

注：GIS量算面积。

（二）地貌分类特征

地貌分类表述的立地环境实际上包含了地貌成因、土壤发育条件和耕作的难易，考虑到地貌图分类太细，有必要利用地貌特征对长江中游区地貌进行归类。汇总把表1-2的地貌类型分为五大类耕作区：第一大类为冲积平原，河口三角洲、湖积平原和沼泽地等以临近大面积水系发育为特征的耕作区，称之为河湖平原耕作区；第二大类为阶地，河谷、河漫滩以及堆积平原，以狭窄平坦为特征，称之为丘岗平原耕作区；第三大类为低台地、低丘陵，称之为低海拔丘陵台地耕作区；第四大类为高台地、高丘陵，称之为高海拔丘陵台地耕作区；第五大类为中山、低山，称之为山区耕作区。后面四类都以高程和地面起伏程度大为主要特征，分类结果见表1-3。

表 1-3　长江中游区地貌大类统计（陆地，khm²）

面积	第一类	第二类	第三类	第四类	第五类	合计
长江中游区陆地面积	6 775.4	2 987.04	8 767.13	9 635.75	26 030.98	54 196.30
占比（%）	12.50	5.51	16.18	17.78	48.03	100.00

注：GIS量算面积。

由表1-3可见，长江中游区的陆地面积以第五类最多，第四类次之，分别占总陆地面积的48.01%和17.78%，第二类面积最小，占总陆地面积的5.51%。此数据反映，长江中游区的陆地面积都是以中低山为主。

地貌类型是耕地立地条件中最重要的因素，平原上地势平坦，有利于耕种和生产管理，中、低山区和丘陵地带，地势崎岖不平，土层多为岩石风化物堆积或坡积，人们生存和居住的空间都嫌狭小，培肥、发展耕地的困难加大。表1-4是在不同耕作区中耕地面积占陆地面积的比较，在长江中游区五类耕作区中，第一类和第二类耕地面积占陆地面积的比例都高于50%，之后随着海拔高程的上升，耕地面积占比急剧减少，直到第五类不到10%。

表 1-4　长江中游区耕地立地环境中不同类型耕作区分布统计（khm²）

面积	第一类	第二类	第三类	第四类	第五类	合计
长江中游区陆地面积	6 775.4	2 987.04	8 767.13	9 635.75	26 030.98	54 196.30
长江中游区耕地面积	3 568.27	1 753.47	3 347.64	2 806.67	2 353.92	13 829.97
耕地占比（%）	52.66	58.7	38.18	29.13	9.04	25.52

注：面积是GIS的量算面积。

（三）耕作区空间分布

耕地立地环境与地貌关系密切，不同地貌环境不仅影响耕地土壤的发育和生产性能，而且是耕地管理与改良措施的依据。

1. 河湖平原耕作区 第一大类为大江大河冲积平原，河口三角洲、湖积平原和沼泽地等以临近大面积水系发育为特征的耕作区，其空间分布见图1-2。

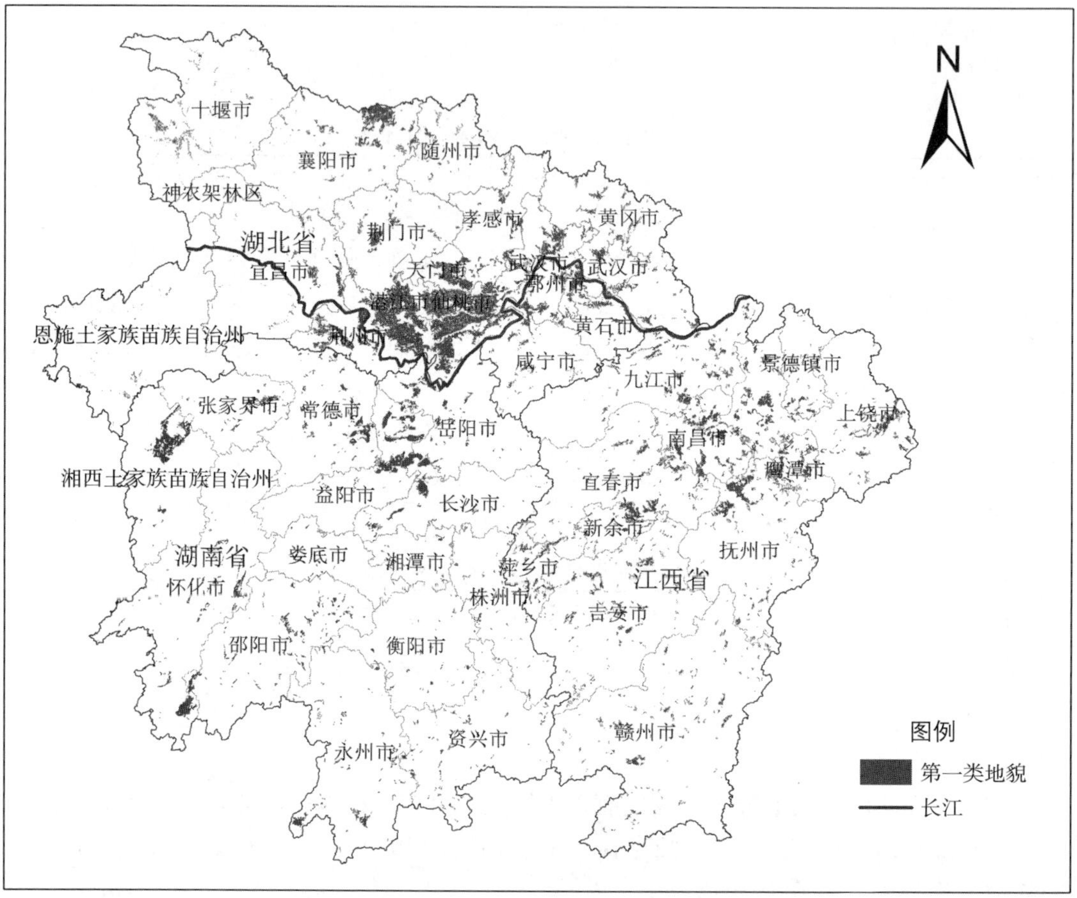

图1-2 长江中游区河湖平原耕作区空间分布示意图

河湖平原集中分布区有3个，一是从长江荆州段到长江与汉江交汇于武汉之间江北三角洲平原，即江汉平原，包括的县（市）有松滋、公安、江陵、荆州、石首、沙洋、潜江、天门、仙桃、洪湖、嘉鱼、汉川、武汉等广大地区；二是江汉平原向南延伸到长江以南的洞庭湖，其周边华容、安乡、汉寿、沅江、益阳、湘阴、汨罗、岳阳等县（市）所围地区；三是鄱阳湖周边，自长江南岸的瑞昌始，沿鄱阳湖周边分布的九江、德安、永修、南昌以北、进贤、余干、鄱阳、都昌至长江下游的彭泽等县市所圈的鄱阳湖平原。

面积较小，呈片状分布的河湖平原耕作区，主要是长江支流和汇集到洞庭湖、鄱阳湖等湖泊的大河流，如湖南长沙以北的湘江下游，湖南湘西土家族苗族自治州以北、张家界以南的湘西山区向滨湖平原过渡地带，澧水中游，还有向西南通道侗族自治县和绥宁县沅江流域，绥宁县资江流域及其支流等；湖北十堰市中北部汉江至丹江口水库一线，西南部竹山和竹溪堵河上游的多个支流，如竹溪河、汇湾河、万江河、官渡河、白沙河等；襄阳市东北部由汉水、唐河、清河、滚河诸河；鄂州梁子湖与长江交汇形成的冲积湖积平原。又如江西赣江，鄱阳湖流域第一大河，流域范围涉及赣州、吉安、萍乡、宜春、新余等市所辖的 44 个县（市、区），面积为 83 500km²，占江西全省流域国土面积的 51.5%，除了鄱阳湖入口周边外，其上游流域区包括整个赣州市为中心的所辖各县（市、区），中游流域区包括整个吉安市所辖各县（市、区）及乐安县（属抚州市），以吉安市为中心，下游流域区包括新余所辖各县（市、区）及宜春市除丰城市外各县（市、区）。下游流域区的信江发源于浙赣两省交界的怀玉山南的玉山水和武夷山北麓的丰溪，在上饶汇合后，自东向西流经上饶、铅山、弋阳、贵溪、鹰潭、余江等县市，在余干县境分为两支注入鄱阳湖。这些湖泊和大河沿岸，构成了河湖平原的主体。

2. 丘岗平原耕作区　第二大类为阶地，河谷、河漫滩以及堆积平原构成的丘岗平原耕作区，其空间分布情况见图 1-3。

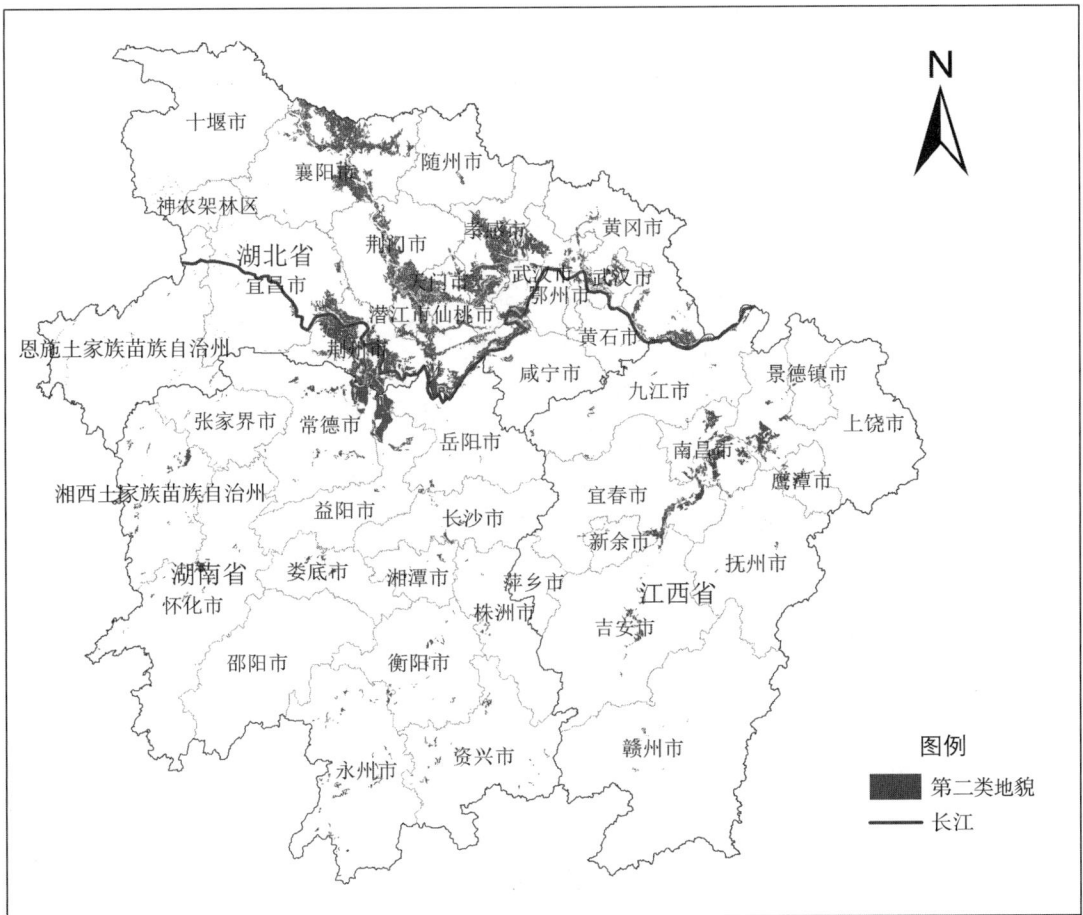

图 1-3　长江中游区丘岗平原耕作区空间分布示意图

由图 1-3 可知，长江中游区的丘岗平原主要集中分布湖北省内由西北向东南方向延伸的线状区域，共有 3 条。第一条自湖北省当阳市东南部向东南方向穿越枝江市、松滋市、荆州市，到达公安县和石首市后再向南进入湖南省安乡县、华容县和南县；第二条自湖北省丹江口水库东部老河口市向东南方向穿过襄阳市、宜城市、钟祥市和京山县南部，再向南经过潜江市、监利县抵达长江北岸；第三条源自片状分布的整个孝感地区，向西通过天门市与第二条丘岗耕作区相连，东临武汉后向南沿江折向西，至监利与第二条丘岗耕作区交汇，在湖北沿长江武汉段以下直至江西九江市东北部沿江一线，江西省余干县东南部向西北跨越鄱阳湖滨湖平原，再从南昌市北部的鄱阳湖畔部向新余市北部延伸的L形线状地区。其他呈点片状分布的耕地，三省都有。

3. 低海拔丘陵台地耕作区　第三大类为低台地、低丘陵构成的低海拔丘陵台地耕作区，其空间分布情况见图1-4。

湖北省境内可见沿北部边界，自襄阳市西北向东直到随州市东部，都属于鄂北岗地范围，黄冈市由西北向东南方向也有成片分布，在湖北省孝感市西部、黄冈市东南部沿江地区、长江以南的咸宁市北部沿江地区、荆门市南部的沙洋县到荆州市荆州区也有大片分布。

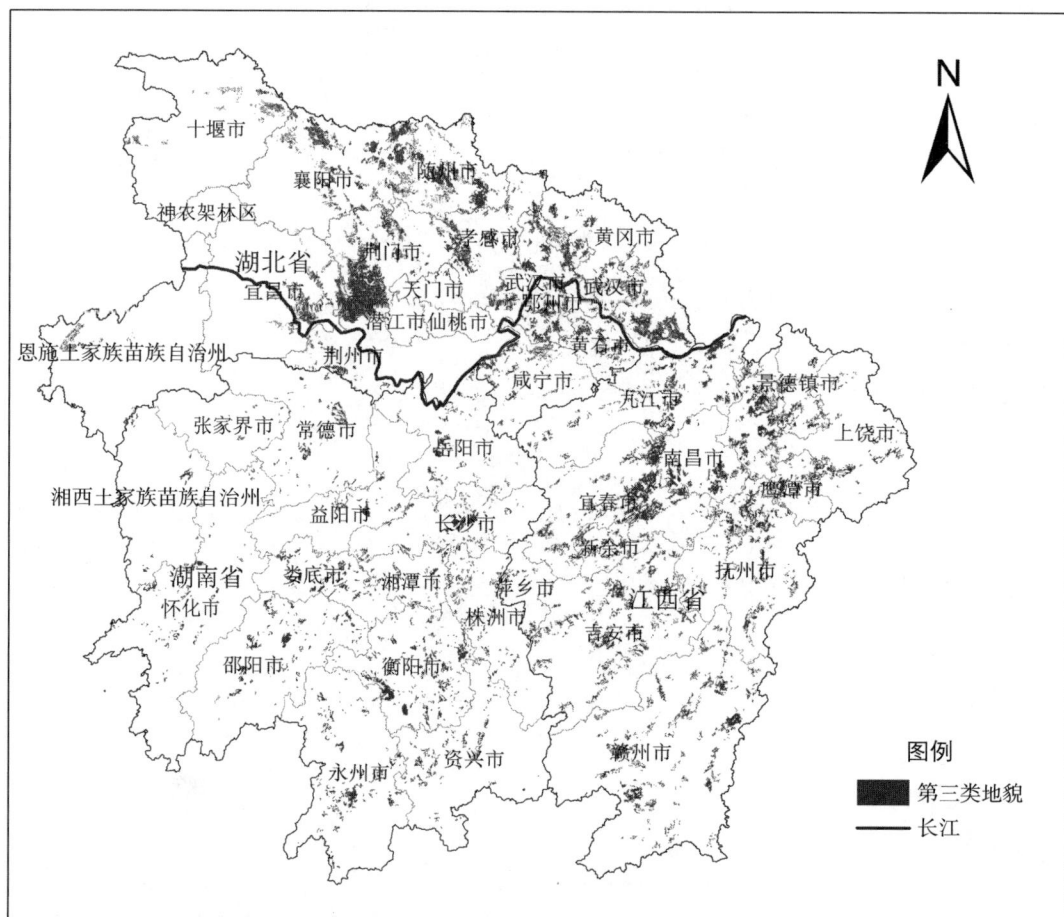

图1-4　长江中游区低海拔丘陵台地耕作区空间分布示意图

湖南省境内，除了张家界市和湘西土家族苗族自治州以外，其他地级市都有点片状分布。总体趋势是西部分布少，中东部较多。

江西省境内的低海拔丘陵台地耕作区分布密度大于湖南，九江市向西南方向经南昌市、宜春市，直到新余市呈线片状分布，景德镇市向南，经鹰潭市到抚州市也呈线片状分布，其他地级市也有零星小片分布。

4. 高海拔丘陵台地耕作区　第四大类地貌为高台地、高丘陵，称之为高海拔丘陵台地耕作区，其空间分布情况见图1-5。

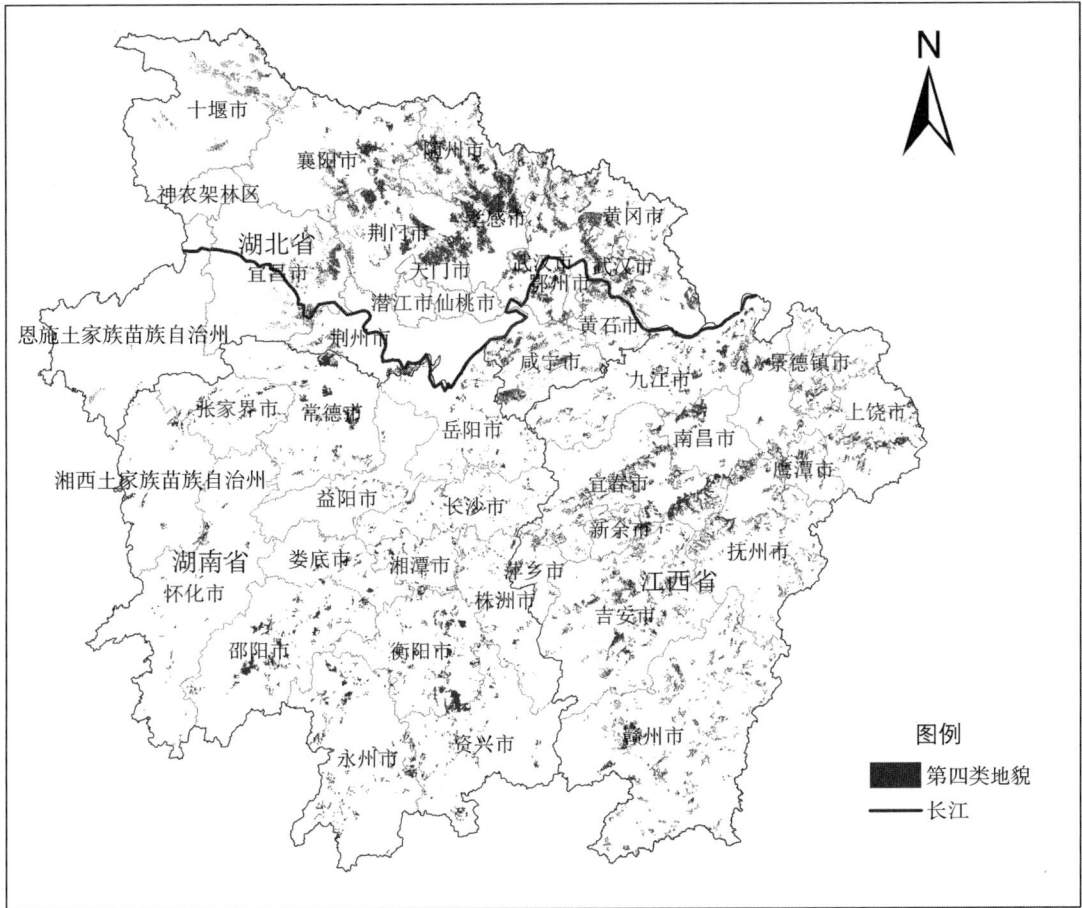

图1-5　长江中游区高海拔丘陵台地耕作区空间分布示意图

总体来看，长江中游区的长江以北分布比较集中，整个湖北中部、东部都有成片分布，长江以南湖北省境内的咸宁市、黄石市，江西省中部上饶市向西南经鹰潭到新余市、景德镇市向西南经过九江市、南昌市、宜春市至新余市也呈线片状分布。江西省境内赣州市、湖南省境内邵阳市、衡阳市、湘潭市和常德市都有点片状分布。

5. 中低山区耕作区　第五大类为中山、低山组成的山区耕作区。

图1-6显示，长江中游区西部，包括湖北鄂西北十堰市，鄂西南恩施土家族苗族自治州并沿湖南西部的张家界市，经湘西土家族苗族自治州、怀化市到邵阳市，向东连接娄底市，是集中连片的山区耕作区。此外，东北部边界的黄冈市，南部的永州市也有连片分布。其他山区耕地区，在三省中部和周边边界内也有零星分布。

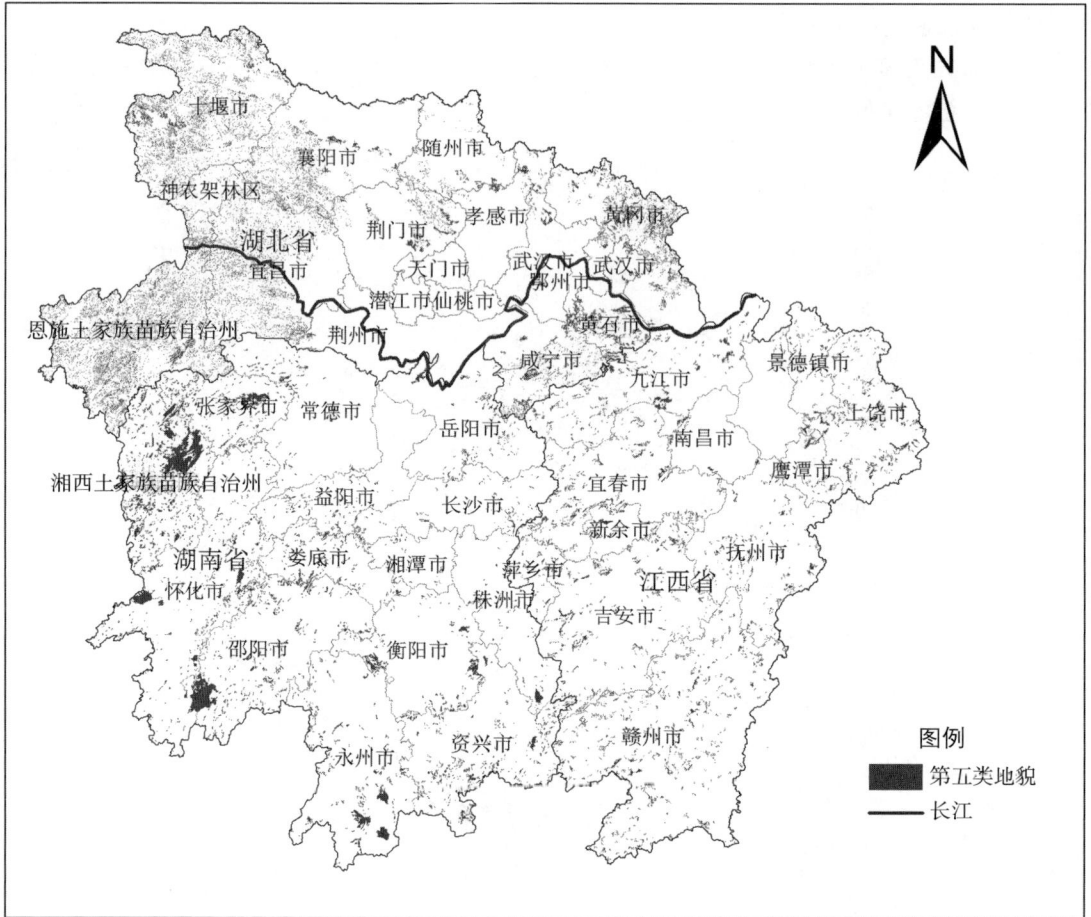

图 1-6　长江中游区山区耕作区空间分布示意图

四、生物植被

　　长江中游区地处亚热带湿润地区，气候温暖湿润，四季比较分明。北部的北亚热带地区，植物分布以温带植物为主；中部亚热带和南部南亚热带地区，则以热带—亚热带种属占优势。长江中游区三省中，江西省位于温带与热带气候的过渡地带，也是中国亚热带地区近代植物区系的起源中心之一，植物区系复杂多样，仅分布于江西省境内的特有植物物种多达124 种。有代表性的植被类型为亚热带常绿阔叶林、针叶林、针阔叶混合林、常绿与落叶阔叶混合林和落叶阔叶林。

　　长江中游区主要粮食作物有水稻、小麦，油料作物主要有油菜、花生、芝麻，纤维作物有棉花、黄麻、苎麻，经济作物有烟草、蔬菜、茶叶、甘蔗。丘岗地区还种植有玉米、高粱、薯类、豆类、荞麦、燕麦、桐子、向日葵、蓖麻等作物。药用植物主要有黄连、天麻、石槲、厚朴、白术、杜仲、前胡、川芎、尾参、白芍等多种常用著名中药材。此外，山区丘陵地带广泛种植有柑橘、板栗、油茶、油桐、乌桕等经济林果，以及杉、松、楠、樟、竹等用材林和各种花卉资源。

五、气候条件

1. 年平均气温　长江中游区年平均气温呈东高西低、南高北低的分布趋势，江南高于江北。区域大部分地区年平均气温在16～18℃之间。湘南和赣南地区可达18℃以上。最热月为7月，最冷月为1月，4月和10月是冷暖变化的中间月份。

2. ≥0℃积温　≥0℃积温指稳定通过≥0℃各日平均温度的总和，在农业生产中作为农作物生长的临界温度。长江中游区≥0℃积温介于5 500～7 000℃之间。由西向东逐渐升高，最低出现在湖北省恩施土家族苗族自治州，最高出现在江西省的赣州市。

长江中游区年均大于0℃积温的分布情况见图1-7。

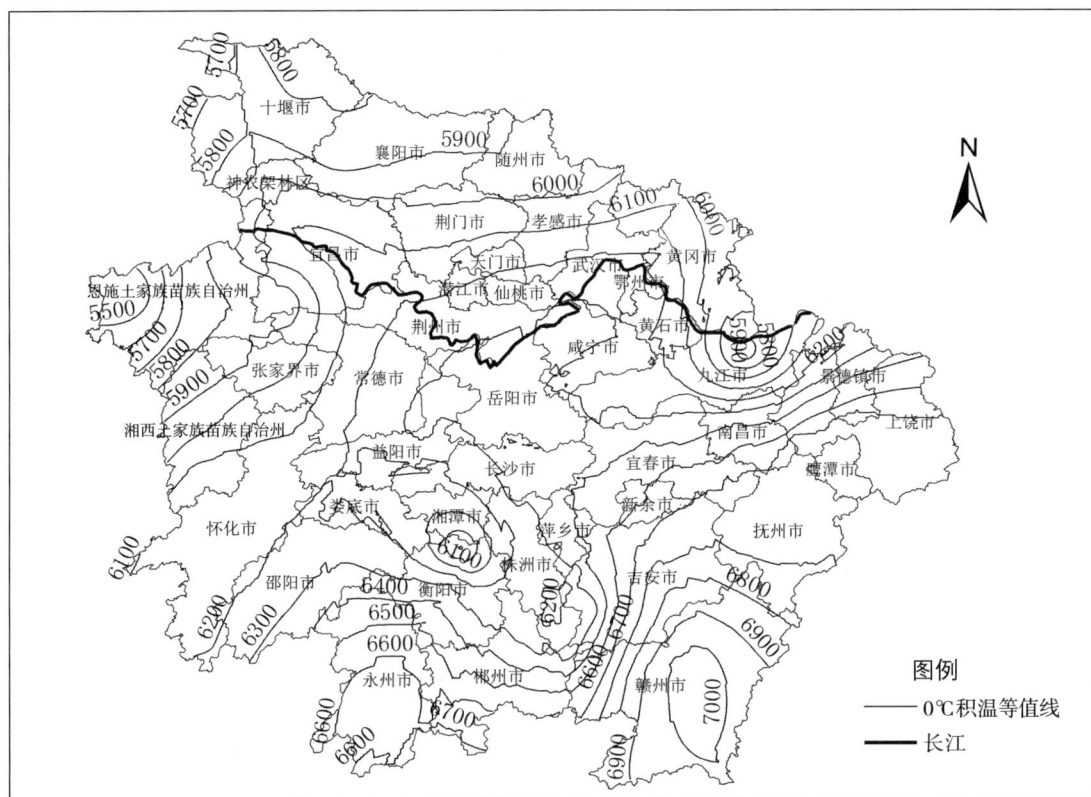

图1-7　长江中游区近30年大于0℃积温分布图

3. ≥10℃积温　≥10℃积温指稳定通过≥10℃各日平均温度的总和，在农业生产中是一个重要的热量指标。日平均气温≥10℃期间，是农作物有机质形成的主要时期，≥10℃后，喜凉作物开始迅速生长，喜温作物可播种，<10℃后，喜凉作物光合作用显著减弱，喜温作物停止生长。长江中游区≥10℃积温呈现的趋势与年平均气温一致，东高西低、南高北低，在4 700～6 600℃之间。

长江中游区年均大于10℃积温的分布情况见图1-8。

4. 日照时数　在长江中游区绝大部分地区日照充足，光合潜力大，全年平均日照时数一般为1 100～2 150h，呈现由东南向西南方向递减趋势，山区和平原，阴坡和阳坡也存在差异。日照时数的季节分配是夏季最多，冬季最少，春、秋两季因地而异，沿江平原春多阴

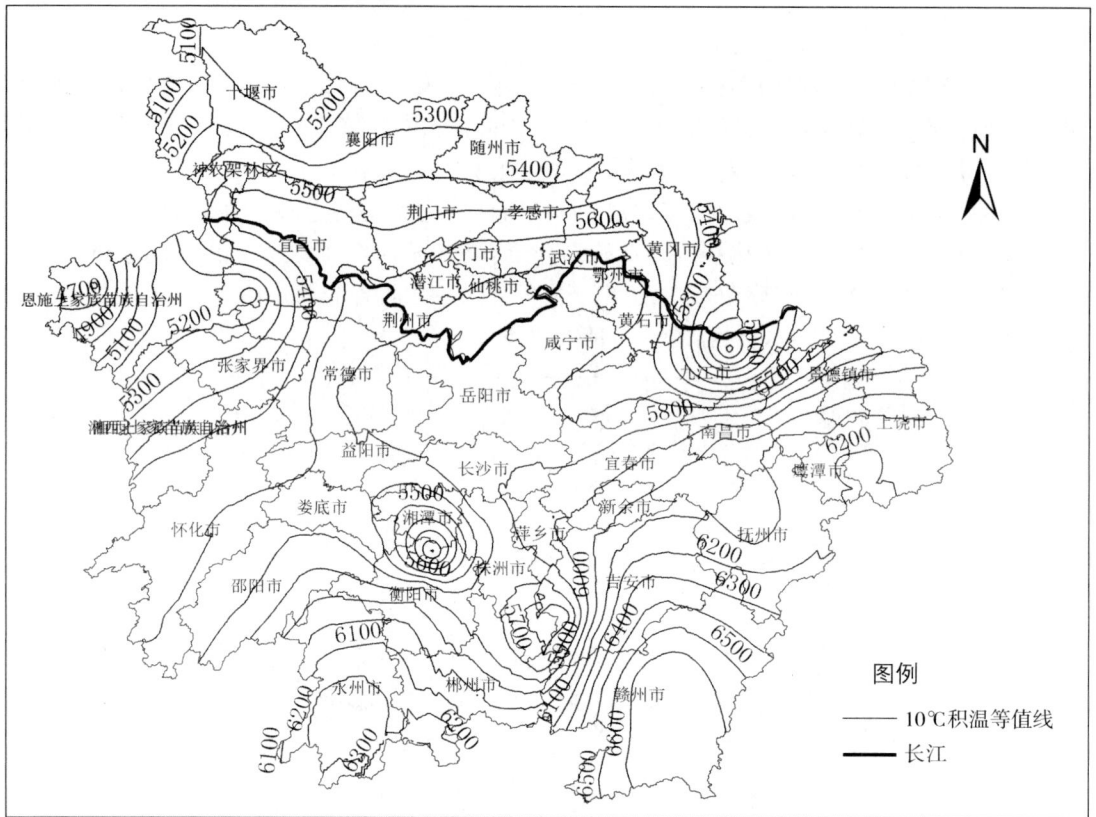

图 1-8 长江中游区近 30 年大于 10℃积温分布图

雨,日照时数春少于秋。西南和西北则秋多阴雨,日照时数春多于秋。

5. 降雨量与蒸发量 据气象部门提供的长江中游区域内 250 个气象台站的近 30 年数据显示,年均降雨量最少的地区位于西北部的湖北省丹江口市,仅为 770.91mm,最多的地区是江西庐山,高达 2 034.87mm。按照每 100mm 间隔制作的等值线图可见,年降雨量呈现东南部显著大于西北部的趋势,参见图 1-9。

长江中游区的年蒸发量在 1 000~1 700mm 之间,总的规律是东部高于西部,南部高于北部,西北部的最低年蒸发量变化于 600~1 000mm 之间,年降雨量普遍大于年蒸发量。

六、水文情况

长江中游区境内水系发达,水网密布,湖泊众多。据 2014 年中国年鉴统计,长江中游区供水总量达到 889.10 亿 m³,其中地表水占 95.91%。用水量中,农业用水占 59.67%。三省人均用水量平均为 529.90m³,在全国 31 个省(直辖市、自治区)中排名第 10(表 1-5)。其中以湖南省的供水总量最多,湖北省次之,江西省最少。湖北省、湖南省和江西省地表供水量占各省总供水量的比例分别为 96.86%、94.68% 和 96.40%,三省农业用水量分别占各省总量的 54.70%、58.72% 和 66.34%。湖北省、湖南省和江西省人均用水量分别位列全国第 11、第 12 和第 8 名。

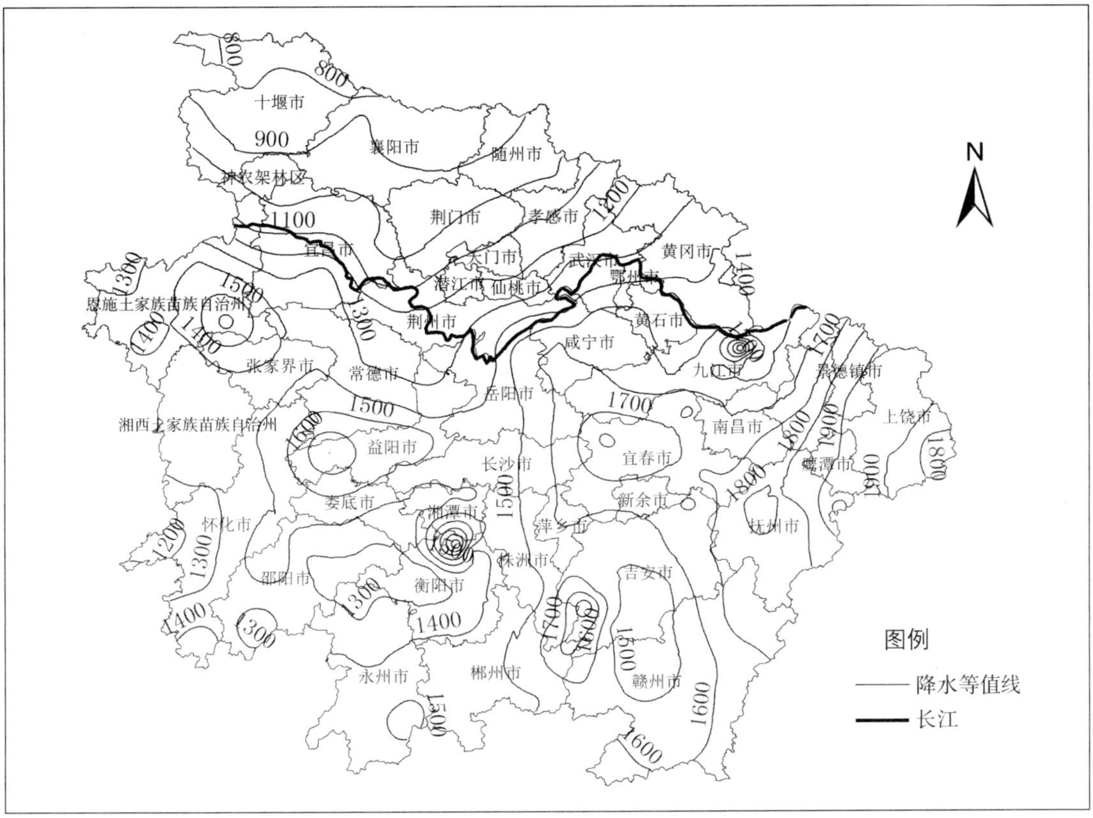

图 1-9　长江中游区近 30 年平均年降水量分布图

表 1-5　长江中游区的水资源及其利用特征

分类	地区	长江中游区	湖北	湖南	江西
供水（亿 m³）	总量	889.10	291.80	332.49	264.81
	地表水	852.71	282.63	314.81	255.28
	地下水	36.36	9.17	17.66	9.53
用水（亿 m³）	农业	530.54	159.61	195.25	175.68
	工业	246.92	92.43	94.36	60.13
	生活	106.24	39.35	40.01	26.88
	生态	5.40	0.41	2.87	2.12
人均用水量（m³）		529.90	504.06	498.86	586.78
	全国排名	10	11	12	8

注：2014 年中国统计年鉴。

　　长江中游区的水资源总量远大于我国其他地区，除了长江干流外，洞庭湖是长江重要的调蓄湖泊，洞庭湖北面接长江的松滋、太平、藕池三口来水，南和西接湘、资、沅、澧四水，由岳阳市城陵矶注入长江。鄱阳湖也是长江的调蓄湖，江西境内的赣江、抚河、信江、饶河、修水五大河系汇集于此，经九江市湖口注入长江。汉江是长江的最大的支流，又称汉水，汉江长 1 577km，长江中游区以北湖北省丹江口以上为上游，以下至钟祥为中游，长约 270km，钟祥至汉口为下游，长约 382km，在武汉市汇入长江。过境客水量大，是长江中游区的特征之一。

总体来看，长江中游区水库绝对数目较多，占全国水库总数的 32.16%，库容占全国的 24.3%。同时，长江两岸湖区平原也存在涝滞灾害（表 1-6），占全国的 9.4%，水土流失占全国的 12.4%。

表 1-6　长江中游区的水库、除涝和水土流失情况统计

分类统计	长江中游区合计	全国	占全国%
水库数（座）	31 429	97 721	32.16
水库总库容量（亿 m³）	2 017.2	8 298.2	24.3
除涝面积（khm²）	2 063.1	21 943.1	9.4
水土流失治理面积（khm²）	13 306.8	106 891.9	12.4

注：2014 年中国统计年鉴。

长江中游区的降雨量大，但是有效灌溉面积却不大。据 2014 年《中国统计年鉴》，2013 年全国 31 个省（直辖市、自治区）有效灌溉面积为 63 473.30khm²，湖北省、湖南省和江西省分别为 2 791.41khm²、3 084.30khm² 和 1 995.60khm²，位列第 12、第 10 和第 8 名。

第二节　农业生产概况

一、主要农作物生产概况

1. 播种面积及产量　长江中游区的主要农作物以水稻、油菜为主。2014 年，长江中游区水稻和油菜播种面积共为 10 183.9khm²，占全国水稻和油菜总播种面积的 29.38%，产量达到 6 757.7 万 t，占全国水稻总产量的 30.99%。其中，水稻播种面积为 9 524.1khm²，占全国水稻总播种面积的 31.42%，产量达到 6 242.2 万 t，占全国水稻总产量的 30.99%。油菜播种面积为 659.8khm²，占全国油菜总播种面积的 29.38%，产量达到 515.5 万 t，占全国油菜总产量的 35.66%。区域水稻和油菜的单产水平达到 6 127.2kg/hm² 和 1 624.1kg/hm²。

2. 种植结构特征与变化　长江中游区是我国重要粮食产区之一，近 15 年来，农作物播种面积占全国总播种面积的 12% 以上，2008 年其比例略微减少，2013 年又快速上升到 13.55%。在全国粮食作物播种面积中，长江中游区的水稻播种面积稳定在 11.20% 以上，呈持续上升趋势。油料作物中，长江中游区主要是油菜，2013 年油菜播种面积占油料作物播种面积的 83.3%，近 15 年来，油料作物播种面积都在 20% 以上，与水稻一致呈上升趋势（表 1-7）。

表 1-7　长江中游区 15 年总播种面积及粮食、油料作物播种面积占全国的比例（%）

年份	全国	水稻	油料
2003	13.03	11.20	20.06
2008	12.92	11.31	23.03
2013	13.55	11.51	25.98

注：2014 年中国统计年鉴。

作为水稻主产区，长江中游区大部分地区都能满足双季稻生产，由于种植制度受市场需求、生产成本和稻谷价格的制约，双季稻的种植规模还没有达到理论值的一半。表1-8说明，长江中游区水稻种植制度面积占比较为平均，但每个省略有不同。双季稻的种植呈现东南部江西省大于西部和西北部的湖南和湖北的趋势，湖北省的中稻或一季晚稻播种面积最多，早稻和双季稻最少，江西省的早稻和双季稻的播种面积最大，湖南省则处于居中状态。

表 1-8　长江中游区水稻种植制度面积占比（%）

省名及区域	早稻	中稻或一季晚稻	双季稻	合计
湖北	18.35	60.24	21.41	100.00
湖南	35.41	28.68	35.90	100.00
江西	41.87	11.77	46.36	100.00
区域	31.88	33.56	34.56	100.00

二、农作物品种应用情况

1. 水稻品种　20 世纪 90 年代，水稻品种以鄂早 6 号、华矮 837、汕优 63、湘早籼 31 号、湘早 143、中鉴 100、金优 207、岳优 9113、湘晚籼 13 号、湘晚籼 11 号、湘晚籼 12 号、湘早籼 24 号、创丰 1 号、浙 733、泸红早 1 号、中早 1 号、中优早 81、赣早籼 45 号、赣晚籼 13 号、汕优赣 1 号、协优赣 14 号、汕优赣 10 号、优 I 华联 2 号、协优华联 2 号、优 I66、优 I402、金优 402、汕优 46、汕优 63、协优 64 等。目前，水稻品种多为产量高、米优质、口感好、抗逆性强等综合性状好为主，品种主要有鄂早 18、两优 287、两优培九、红莲优 6 号、扬两优 6 号、丰两优香 1 号、金优 928、中 9 优 288、金优 38 鄂中 5 号、鉴真 2 号、湘早籼 45 号、中嘉早 17、天龙 1 号、湘早籼、湘晚籼 16 号、天龙香 13 号、湘晚籼 11 号、湘晚籼 32 号、天优华占、荣优华占、五优 308、Y 两优 1 号、五优华占、深两优 5814、泰优 398、岳优 9113、淦鑫 203、金优 458、荣优 463、黄华占等。

2. 油菜品种　20 世纪 90 年代，油菜以非双低油菜品种为主，主要品种有华双 2 号、华杂 4 号、中双 4 号、湘油 11 号、湘油 13 号、79-601、中油 821、中双 4 号、油研 7 号、秦油 2 号、湘油 15 号等。目前，油菜品种主要为中油杂 2 号、华油杂 9 号、华油杂 13 号、华油杂 62、中双 9 号、华双 5 号、丰油 730、湘杂油 763、湘杂油 753、华油杂 9 号、湘杂油 631、油研 10 号、湘杂油 4 号、中双 9 号、湘杂油 6 号、亮油 9 号、亚科 28、华油杂 6 号、油研 9 号、中油杂 12 号、浔油 8 号、赣油杂 6 号、浔油 9 号、赣油杂 3 号、德油早 1 号、中双 9 号、德油 8 号、湘杂油 5 号、华油杂 12 号、华湘油 12 号等品种，全部为双低优质橄榄型油菜。

3. 棉花品种　20 世纪 90 年代，棉花品种以鄂荆 1 号、鄂棉 12 号、华棉 101 号、鄂棉 15 号、鄂棉 16 号、湘杂棉 1 号、湘杂棉 2 号、泗棉 3 号、苏棉 10 号、苏棉 3 号、徐州 184、泗棉 2 号、苏棉 9 号等品种。目前，棉花品种主要有鄂杂棉 10 号、鄂杂棉 29、铜杂 411、鄂杂棉 11 号、岱杂 1 号、湘杂棉 5 号、湘杂棉 14 号、湘杂棉 7 号、中棉所 63、湘丰棉 3 号、中棉所 45、鄂杂棉 11F1、赣棉杂 1 号、亚华棉 10 号、先杂棉 1 号、福棉 2 号、湘杂棉 7 号、华杂棉 4 号、岱杂 1 号等优质杂交抗虫棉。

三、农作物施肥情况

（一）长江中游区施肥水平变化

利用近 5 年中国统计年鉴进行分析（2010—2014 年），图 1-10 是近 5 年来长江中游区与全国比较施肥水平的变化情况，全国化肥施用量从 2009 年的 5 404.4 万 t 增加到 2013 年的 5 911.9 万 t，增加幅度达到 9.39%，同一时段长江中游区的化肥用量从 707.6 万 t 增加到 741.7 万 t，增加幅度为 4.82%。

长江中游区化肥用量占全国用量的比例逐年下降，从 2009 年的 13.1% 下降到 2013 年的 12.5%。结合播种面积来看，2008 年年底，长江中游区农作物播种面积 11 280.6khm²，占全国总面积 121 715.9khm² 的 9.27%；2013 年长江中游区播种面积为 22 308.8khm²，占全国播种面积 164 627.0khm² 的 13.55%，无论是绝对比较还是相对比较，长江中游区耕地的单位面积用肥量逐步减少。与施肥量逐年减少形成对照的是，长江中游区粮食和油料的总产量水平并没有下降，与 2009 年比较，2013 年粮食产量增加了 4.56%，油料产量增加了 13.70%。

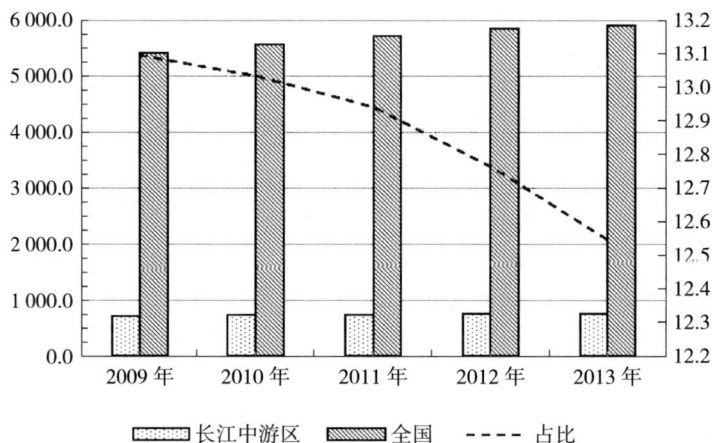

图 1-10 长江中游区农作物总播种面积与化肥用量变化率（khm²，%）

（二）施肥结构

近 5 年来，全国和长江中游区的施肥结构变化见表 1-9。总体来看，长江中游区和全国一样，氮肥和磷肥占化肥用量的比例逐步缓慢下降，但是下降的幅度略有不同。与全国相比较，长江中游区的氮肥占化肥用量的比例略高于全国，逐年下降幅度小于全国；磷肥占化肥用量的比例高于全国平均水平，2009 年和 2010 年下降幅度小于全国，2011—2013 年没有变化；复合肥的用量占比与氮肥和磷肥恰好相反，呈逐年上升的趋势，全国复合肥占化肥用量的比例显著高于长江中游区，逐年上升的幅度较高。长江中游区的化肥用量的显著特点是钾肥占化肥用量的比例显著高于全国平均水平，每年的高出比例都达到 2% 以上。与全国相同的是，钾肥用量的比例近 5 年几乎维持不变。

在长江中游区三省内部，因作物不同，施肥结构也存在较大差异。表 1-10 的统计结果反映，湖南省的氮肥占化肥用量的比例最高，其次是湖北省略低，江西省最低，相比较要低13% 以上。湖北省的磷肥用量最高，其次为江西省，两省相差 2.8%，最低的是湖南省，比湖北省低 7.1%。钾肥占化肥用量的比例以湖北省为最低，仅为湖南省的 50.9%、江西省的

60.1%。复合肥的用量占化肥的比例江西省最高，比湖北省高 10.1%，湖南省仅比湖北省低 2.3%。

表 1-9　全国与长江中游区的施肥结构变化（%）

比较	年度	氮肥	磷肥	钾肥	复合肥	合计
全国	2009	43.2	14.8	10.5	31.5	100.0
	2010	42.5	14.5	10.6	32.4	100.0
	2011	41.8	14.4	10.6	33.2	100.0
	2012	41.1	14.2	10.6	34.1	100.0
	2013	40.5	14.1	10.6	34.8	100.0
长江中游区	2009	43.2	16.3	12.5	28.0	100.0
	2010	42.8	15.8	12.7	28.7	100.0
	2011	42.7	15.5	12.7	29.1	100.0
	2012	42.2	15.5	12.7	29.6	100.0
	2013	41.2	15.5	12.9	30.4	100.0

表 1-10　长江中游区三省 2013 年施肥结果比较（%）

分类	氮肥	磷肥	钾肥	复合肥	合计
湖北	43.4	18.4	8.9	29.3	100.0
湖南	44.2	11.3	17.5	27.0	100.0
江西	30.2	15.6	14.8	39.4	100.0

注：2014 年中国统计年鉴。

湖南省的磷肥占比偏低，湖北省的钾肥占比较低。相对比较而言，江西省的施肥结果略好于湖北省和湖南省。如果湖北省能充分考虑采用秸秆还田补充钾肥用量的不足，则既可以缓解我国钾肥资源短缺的矛盾，还可以节省钾肥投入。

施肥结构的变化主要是我国农业部大力推行的测土配方施肥行动发生的，项目实施和技术推广应用之前，农户习惯施肥结构仍以施用"双百斤"作基肥，即碳酸氢铵、普通过磷酸钙双百斤[①]为主，施用配方肥、复混（合）肥料比例很少。2005 年以来，长江中游区三省农业土壤肥料部门通过试验示范、技术完善和推广应用，实行控氮、稳磷、增钾的原则，投肥结构正在趋向合理。

（三）有机肥施用

从 2014 年起，"土壤有机质提升项目"改为"耕地保护与质量提升项目"。2015 年中央财政安排 8 亿元资金，鼓励和支持种粮大户、家庭农场等新型农业经营主体及农民秸秆还田，加强绿肥种植，增施有机肥，改良土壤，培肥地力，促进有机肥资源转化利用，改善农村生态环境，提升耕地质量。据长江中游区耕地土壤汇总数据，所有采样点全部施用了数量不等的有机肥。秸秆还田统计表明（表 1-11），实施不同方式秸秆还田的采样点数占总数的 69.15%，其中翻压是主要还田方式，占 78.38%。

---

① 斤为非法定计量单位，1 斤＝0.5kg。——编者注

表 1-11 长江中游区秸秆还田情况统计（kg/hm²）

省名	总采样点数	还田样点数	翻压	覆盖	还田量平均
湖北	11 239	7 487	6 597	890	3 784
湖南	14 122	8 858	6 144	2 714	3 315
江西	16 582	12 658	9 991	2 667	5 625
合计	41 943	29 003	22 732	6 271	4 354

长江中游区三省的秸秆还田比例和还田方式略有不同，其中江西省的秸秆还田比例最高，达到 76.34%，其次分别为湖北省 66.62% 和湖南省 62.72%。秸秆还田总重量较大的也是江西省，分别是湖北省和湖南省的 1.5 倍和 1.7 倍。湖北省翻压还田的比例最高，达到 88.11%，其次为江西省 78.93% 和 39.36%。

四、农作物灌溉情况

我国是一个水资源严重短缺的国家，水资源供需矛盾突出仍然是可持续发展的主要瓶颈。农业是用水大户，近年来农业用水量约占经济社会用水总量的 62%，部分地区高达 90% 以上（纲要【国家农业节水纲要（2012—2020 年）】国务院办公厅以国办发〔2012〕55 号文，2012 年 11 月 26 日）。

1. 有效灌溉面积不均衡 长江中游区地貌多样，农业干旱的特征不仅与季节性干旱有关，还与局部地貌环境有关。

自 2004 年以来的 10 年间，长江中游区有效灌溉面积占全国有效灌溉面积的比例先是逐年小幅下降，到 2008 年略有回升，接着持续下降，直到 2013 年年末，出现显著提升（图1-11）。与 2004 年长江中游区的有效灌溉面积 6 595.87km² 比较，2013 年年末的有效灌溉面积达到 7 871.31km²，提升幅度为 19.33%。本次汇总调查反映（表 1-12），耕地灌溉保证率达到基本满足以上的比例达到 83.46%，其中充分满足的比例达到 19.73%，不满足的比例只有 16.53%。此统计数据说明，在农田灌溉获得快速发展的当今，还有一部分农田不能满足农业生产的灌溉需求，还需要进一步做好农田水利保障工作，促进农业稳定发展。

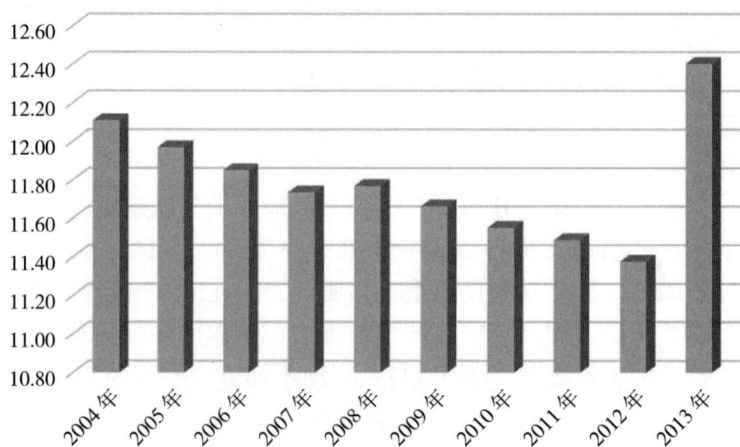

图 1-11 长江中游区有效灌溉面积占全国的比例变化（%）

表 1-12 长江中游区耕地灌溉保证率统计

分类	不满足	基本满足	充分满足
调查样点（个）	6 935	26 731	8 277
占调查样点比例（%）	16.53	63.73	19.73

2. 高效节水技术全面发展 自"九五"以来，长江中游区高效节水灌溉技术受到重视和发展，节水灌溉的面积增长较快，特别是近年来的节水增效示范、小农水重点建设、农业综合开发和土地整理等惠农项目的实施，使高效节水灌溉面积有了较大幅度的提高。调查结果反映，大田节水主要以渠道防渗和沟灌为主，经济林果及蔬菜节水以喷灌及滴灌为主，依据数据汇总的统计结果见表 1-13。

在长江中游区，在总采样调查点中没有灌溉条件的样点所占比例还有 12.53%，大量的采样点灌溉方式还是以沟灌为主，漫灌还占 36.42%，真正高效节水的样点仍然不高，如主要用于果蔬等园艺作物的喷灌只占 0.14%，滴灌更低，仅为 0.02%。高效节水灌溉样点的占比较低，大致可以从两个方面来解释，一是长江中游区不属于缺水地区，季节性干旱可以较方便地通过河流、湖泊和水库的地面水抗旱补充；二是作为粮食、油菜和棉花生产的耕地面积占绝对优势，采样点分配比例较少。

表 1-13 长江中游区耕地节水灌溉方式统计

分类	滴灌	沟灌	漫灌	喷灌	无灌溉	合计
调查样点数	10	21 342	15 277	58	5 256	41 943
占比（%）	0.02	50.88	36.42	0.14	12.53	100.00

据长江中游区不完全数据统计表明，自 20 世纪 70 年代初引入高效节水灌溉技术以来，经历了技术引进、试点示范、普及推广 3 个阶段，逐步实现了由无到有、由小到大的转变。

五、农作物病虫害发生和防治

1. 水稻病虫害发生和防治 水稻病虫害主要有螟虫（三化螟、二化螟）、稻飞虱（白背飞虱、褐飞虱）、稻纵卷叶螟、稻瘟病、纹枯病、稻曲病等，2006 年新发生南方水稻黑条矮缩病。

水稻病虫害综合防治措施有：冬闲田、绿肥田在螟虫越冬代化蛹高峰期翻耕，灌深水浸沤，冬种田在收获后及时耕沤，使螟虫不能正常羽化，达到杀蛹灭螟、降低发生基数的目的；选用抗（耐）稻瘟病和稻曲病品种，淘汰抗性差、易感病品种，及时轮换种植年限长的品种，预防稻瘟病和稻曲病；根据不同作物不同病虫害，正确选用高效低毒低残留的对路化学农药品种，做到对症下药。螟虫用三唑磷、丁烯氟虫腈等；稻纵卷叶螟用丙溴磷；稻飞虱用噻嗪酮、噻虫嗪；稻瘟病用三环唑、稻瘟灵；纹枯病、稻曲病用苯醚·甲环唑；细菌性条斑病用噻菌铜、三氯异氰尿酸。在药液中加增效剂，增强农药黏着、扩散和渗透性能，提高药效，减少农药用量。常用增效剂有氮酮、有机硅等。在水稻破口期，采用混合用药统防统治，减少用药次数，提高防治效果。早稻主要防治螟虫、稻纵卷叶螟、稻飞虱和稻瘟病等；晚稻主要防治螟虫、稻飞虱和稻曲病等。使用化学农药防治病虫害，应在害虫低龄幼虫期和病害发病初期施药。穗期施药，应执行安全间隔期。

2. 油菜病虫害发生和防治 油菜病虫害主要有油菜菌核病、油菜霜霉病、油菜白锈病、油菜病毒病、油菜根肿病、油菜黑斑病、油菜软腐病、蚜虫、潜叶蝇、茎象甲、黄曲条跳甲、小菜蛾、菜青虫、二化螟、种蝇等，其中油菜菌核病连年重发，造成油菜严重损失，油菜霜霉病、油菜病毒病、蚜虫、潜叶蝇、小菜蛾、菜青虫等病虫害也有一定程度的危害，近年来，油菜根肿病在鄂西南和江汉平原部分产区呈重发态势，二化螟在部分产区秋季的苗期也会造成危害。

油菜病虫害综合防治技术集成优化农业、生物、物理和化学等多种防治措施，选用油菜菌核病抗病品种，实行水稻和油菜水旱轮作，清选种子，播种前温汤浸种，深沟高厢，适期播种，配方施肥，科学排灌，保护利用天敌控制和减轻田间害虫为害，重点做好油菜菌核病的预防，在油菜初花期至盛花期，对达标油菜田块实行药剂保护。

3. 棉花病虫害发生和防治 20 世纪 90 年代，湖北省棉花病虫害以红铃虫、棉铃虫、蚜虫、红蜘蛛、盲椿象、地老虎、金刚钻、造桥虫、卷叶蛾、角斑病、枯萎病、黄萎病、苗病、铃病等病害为主。棉铃虫是重大害虫，曾连年造成棉花的减产，甚至绝收。进入 21 世纪以后，随着抗虫棉的推广应用，田间生态发生重大变化，棉铃虫、红铃虫等害虫为害减轻，但盲椿象、蚜虫、红蜘蛛、斜纹夜蛾、甜菜夜蛾、红叶茎枯病等病虫害为害加重，特别是盲椿象，对棉花产量影响显著增加。

棉花病虫害综合防治技术以种植抗病品种为基础，采取保护和利用田间天敌，科学田间管理，合理用药等综合防治措施控制病虫害为害。清洁田园，枯黄萎病重发田轮作换茬，药剂种子处理控制蚜虫和地下害虫，诱集和保护天敌，利用杀虫灯和性诱剂控制害虫，选用选择性药剂，对达标田块进行防治，选用不同作用机理的农药交替使用。

4. 小麦病虫害发生和防治 20 世纪 90 年代，小麦病虫害以小麦赤霉病、小麦条锈病、小麦纹枯病、小麦白粉病、小麦黑穗病、黏虫、蚜虫、麦圆蜘蛛为主，小麦病毒病、小麦秆锈病、小麦叶锈病、小麦吸浆虫也有发生。病害重于虫害，鄂西北小麦白粉病、锈病发生较重，鄂东和江汉平原以小麦赤霉病加重。进入 21 世纪，小麦病害呈重发态势，小麦纹枯病加重发生，小麦赤霉病发生区域扩展到鄂西北，小麦赤霉病偏重以上发生年份增多。

小麦病虫害综合防治技术通过选用抗病品种、田间科学肥水管理、关键时期做好病害预防和应急防治。针对小麦条锈病，可利用生物多样性对病害进行源头治理，在鄂西北菌源冬繁区全面实行粉锈宁等药剂拌种，同时做好秋季和早春病情控制和春季大田应急防治。小麦赤霉病的防治关键是做好小麦抽穗扬花期的喷药预防。

六、农作物机械化应用情况

表 1-14 是长江中游区主要农机应用统计，2000 年以来，所有统计项的绝对数值都发生了显著增加。2013 年长江中游区的农业机械总动力达到 11 531.11 万 kW，是 2000 年的 2.55 倍。与 2000 年比较，2013 年长江中游区的农用小型拖拉机或手扶拖拉机总量在十多年间增加了 2.96 倍，2012 年还略高于 2013 年。小型拖拉机配套农具的数量增长具有与此相同的趋势。

农用大中型拖拉机的统计结果，2000 年长江中游区的总量为 10.61 万台，2013 年年末增加到 26.54 万台，增加了 1.50 倍。同期，与大中型拖拉机配套农具则增加了 4.89 倍。

表 1-14　长江中游区农业机械应用概况

主要农机应用	2000 年	2012 年	2013 年
农业机械总动力（万 kW）	4 526.05	13 631.08	11 531.11
农用小型及手扶拖拉机（万台）	55.14	171.21	167.45
小型拖拉机配套农具（万部）	51.73	278.29	255.27
农用大中型拖拉机（万台）	10.61	25.62	26.54
大中型拖拉机配套农具（万部）	5.76	32.22	33.91

注：摘自湖北、湖南和江西 2014 年统计年鉴。

第三节　耕地基本情况

通过这次数据汇总与补充调查，掌握了长江中游区的土壤类型、数量、质量和分布特征。长江中游区耕地土壤是在特定的自然和社会环境中形成的，主要影响因素有母质、地貌、气候、水文、生物、人类活动等。它们对土壤的形成既有各自独特的、不可替代的作用，又有相互渗透、紧密结合地发挥着整体性、综合性的作用。这些影响因素具体地表现在：地貌和成土母质为长江中游区耕地土壤的形成提供了一个立地环境不同、表层厚度不等的母质层，通过母质层表层不断进行的复杂特质风化、生物能量交换和人工改良干预，形成了具有不同剖面特征和耕层理化属性的多种土壤类型。母质层不仅是耕地土壤与环境之间的纽带，以其自身的性质影响着土壤的基本性状，更以它的时间、空间变化，控制着土壤的区域分异和发展演化。

一、主要成土母质

成土母质是岩石经过风化作用后，就地残积或搬运再积，在地壳表面的可形成未来土壤的疏松堆积物，是各类土壤物质的最初始来源，一般占土壤固体的 95％以上。岩体又是地形形成的内在因素，它不仅决定了第四纪沉积分布的规律，而且控制了河湖水系的形成和演变，并间接地影响小气候的变化，对农业区划和控制生产措施都有重要的作用。

长江中游区的成土母质共有河湖冲沉积物、泥质岩类风化物、第四纪红色黏土、碳酸盐岩类风化物、紫色岩类风化物、结晶岩类风化物和红砂岩类风化物 7 个类别，分述如下：

（一）河湖冲沉积物

近代河流冲积物和湖积物母质，在地质史上称为全新世地层（Q_4），它覆盖于所有地层之上，沉积物厚度小，但分布范围广，其成因主要是河流冲积物和湖相沉积物，是形成潮土和灰潮土的地层。河湖冲沉积物共有 9 761 个采样点，占整个长江中游区的 23.27％，是占比最大的母质。

1. 河流冲积物　长江中游区的河流冲积物主要分布于长江干流两岸和三省境内的大小河流，有的通过湖泊与长江相接，有的则直接作为长江支流汇入长江。

长江中游区的河流冲积物按照有无石灰性反应大致分为两类，一类富含碳酸钙，另一类不含碳酸钙。其中沿长江两岸沉积的长江冲积物，一般有石灰性反应，pH 7～8.5，如鄱阳湖和洞庭湖平原西北部以及入湖河流下游的冲积物，呈中性和微碱性。境内其他大小支流两岸的沉积物一般无石灰反应，呈中性和微酸性。地处江汉平原长江以北和汉江下游以西的江汉盆地，由于长江、汉水夹带的泥沙大量在湖盆沉积，湖面不断分割、解体和缩小，逐渐形成江汉内陆三角洲，靠近长江北岸的沉积物有石灰性反应，而靠近汉江西岸沉积的则没有石灰性反应。

2. 湖积物 湖积物分布于长江中游区的众多的湖泊周边，沉积物多为湖滩草洲并与长江冲积物中的粉砂粒和黏粒交替叠加，一般属于静水沉积，不含砾石，沉积层较厚，有机物质含量高，矿质养分含量都比较丰富。

河流冲积物和湖积物母质是长江中游区河谷平原和水网平原形成的物质基础，其形成年代短，淋溶作用较弱，尤其是湖积物，土层深厚，质地疏松，农耕历史悠久，灌排水条件良好，加之地势开阔，阳光充足，该类母质发育的土壤一般较肥沃，是潮土和水稻土的主要成土母质，多发展成为农业生产基地。

（二）泥质岩类风化物

泥质岩类风化物归属于三大岩石类中的沉积岩，泥质岩占沉积岩的 55%～60%，是分布最广的岩石。泥质岩类风化物共有 8 268 个采样点，占整个长江中游区的 19.71%，仅次于河湖冲沉积物。

在长江中游区泥质岩类风化物分布较分散，主要分布在鄂西北、鄂西南山区，鄂北岗地区、赣北平原区、赣西北山地丘陵区和大湘西区。泥质岩的物质成分以黏土矿物为主，次为陆源碎屑物质、化学沉淀的非黏土矿物及有机质。因此，泥质岩又被称之为黏土岩。多数人认为，黏土矿物是细小分散的含水的层状结晶质硅酸盐和含水的非晶质硅酸盐矿物的总称。泥质岩中分布最广的是伊利石，其次为蒙脱石、绿泥石、高岭石和各种混层黏土矿物。除了黏土矿物外，泥质岩还含有非黏土矿物，如陆源碎屑矿物和化学沉淀的自生矿物。

泥质岩类母质容易风化，常生成较厚的风化层，由它所形成的土壤，质地也比较黏重，养分含量较为丰富，保水及保肥能力也较强。

（三）第四纪红色黏土

第四纪红土层土层深厚，地势较低平，是耕地分布较集中的地区。第四纪红土层是在一个较长的时间内形成的，由于成因不同，可根据形成时间把露出地面的土层分为三类地层。

第四纪红色黏土共有 7 729 个采样点，占整个长江中游区的 18.43%，位居第三。在长江中游区第四纪红色黏土主要分布在鄂中丘陵岗地区、鄂东北丘陵低山区、赣北平原区、赣中东部丘陵山地区和环洞庭湖区。

第四纪红色黏土母质发育的土壤，一般质地较黏，颗粒组成中的黏粒含量占 30%以上，细砂含量也高，质地为黏壤土到黏土。受风化淋溶作用强的土壤，碱金属和碱土金属离子含量低，多被氢、铝离子取代，土壤呈红色且具有强酸性反应；受风化淋溶作用弱的，含铁锰结核和残余碳酸钙结核（砂、姜），土体呈黄褐色，pH 以中性为主，少有轻微石灰性反应。第四纪红色黏土母质一般集中连片，土层深厚、土质黏重，透水、通气性差，营养元素缺乏，氮、磷、钾都少，尤其是磷更少。

（四）碳酸盐岩类风化物

碳酸盐岩类风化物共有 3 701 个采样点，占整个长江中游区的 8.82%。在长江中游区碳酸盐岩类风化物主要分布在鄂西南山区、赣东北丘陵山地区和湘中南区。

碳酸岩类风化物在长江中游区分布较广，主要形成于古生代和中生代两地质时期。碳酸岩因含胶结物不同而呈各种颜色。碳酸岩以化学风化为主，碳酸钙风化为重碳酸钙后淋失，其他胶结物残留为风化层。因此，由碳酸岩类形成的风化壳，一般有薄和黏的特点，土层厚薄不一，多数质地较黏重，颗粒组成中的黏粒含量达 30%~40%，有一定量的细砂和粉砂，且有少量砾质碎块，透水性能差，凝聚力强，耕性不良，但保水保肥力强，矿质养分较丰富，含钙镁质较多，全钾含量较低，全磷为（P_2O_5）0.1%~0.2%。因钙质被淋溶的强弱不同，所成土壤呈微酸性至微碱性，部分有石灰反应。

（五）紫色岩类风化物

紫色岩类风化物共有 2 579 个采样点，占整个长江中游区的 6.15%。在长江中游区紫色岩类风化物分布较为零散，在鄂西南山区、鄂北岗地区、赣中西部丘陵山地区、赣南山地丘陵区、湘中南区和大湘西区都有分布。

紫色岩类风化物主要指紫色砂、页岩，它们大部分是由铁质、钙质和泥质胶结的砂砾碎屑岩及黏土岩组成，形成于较晚的沉积岩系，主要是在侏罗纪、白垩纪和第三纪 3 个地质时期形成的。

由紫色砂、页岩风化物发育的土壤，一般具有较良好的结构性和通透性，保水保肥能力差，有机质含量较低，氮低，磷、钾含量较高。尽管紫色土适种性广，有利于种植块根、块茎、豆类、油菜等作物，但是由于土层薄而疏松，水土流失现象比较严重。

（六）结晶岩类风化物

结晶岩类风化物共有 6 745 个采样点，占整个长江中游区的 16.08%。在长江中游区结晶岩类风化物主要分布在鄂东南丘陵低山区、鄂西南山区、赣中东部丘陵山地区、赣南山地丘陵区和湘中南区。

结晶岩类风化物属于变质岩，指地壳中已经形成的岩石在高温高压和化学活动性流体作用下，引起岩石的结构、构造或成分发生变化，形成的新的岩石。如大理石、片麻岩、石英岩、板岩等变质岩分别由石灰岩、花岗岩、砂岩和页岩经由地质变质作用而来。

（七）红砂岩类风化物

红砂岩类风化物共有 3 160 个采样点，占整个长江中游区的 7.53%。在长江中游区红砂岩类风化物零星分布在鄂北岗地区、鄂中丘陵岗地区、赣中东西部丘陵山地区、赣南山地丘陵区大湘西区和湘中南区。

红砂岩类风化物属于湖相沉积岩，包括红砂岩、红砂页岩、红色和紫红色砂砾岩的碎屑岩类风化物和泥岩、页岩等黏土岩类风化物，黏土矿物组成中以高岭石和夹层矿物为主，伴有水云母、蛭石等，有较多结晶粗大的针铁矿，极少三水铝石等。

红砂岩类风化物风化堆积层较薄，颗粒组成中的细砂含量很高，粉砂和黏粒不多，一般在 20% 以下，所以质地较轻，但仍属壤土范围。保水保肥力弱，易遭干旱，矿物营养元素贫乏，全磷在 0.02% 左右，全钾在 1.0% 左右，酸性反应。如地面植被遭受破坏，则水土流失严重。此类母质发育的土壤，搞好水土保持是综合开发的根本问题。

二、耕地土壤类型

长江中游区的土壤类型比较复杂，依据长江中游区三省的土壤图和土地利用现状图进行叠加取交集制作评价单元，再按照国家标准 GB/T 17296—2009《中国土壤分类与代码》对评价单元的土壤分类属性进行规范和统计，所得结果见表 1-15。

　　长江中游区的土类合计共有 18 种之多，包含的亚类有 42 种，但不同土类的面积相差悬殊，占总耕地面积 5% 以上的土类只有 4 种，水稻土占绝对优势，面积占比达到 43.7%；其次是红壤，占比 23.3%；再次是黄棕壤类，占比 12.0%；潮土类仅占比 9.0%。这 4 种主要土类面积占各土类面积 44.3%，占总耕地面积的 88.0%。

表 1-15　长江中游区耕地土壤分类概况

土类	亚类	分类代码	面积（khm²）
暗棕壤		B31	1.76
	草甸暗棕壤	B313	1.74
	典型暗棕壤	B311	0.02
潮土		H21	836.58
	典型潮土	H211	143.91
	灰潮土	H212	683.22
	湿潮土	H214	9.45
粗骨土		G25	8.06
	钙质粗骨土	G253	3.52
	酸性粗骨土	G251	3.32
	铁铝质粗骨土	—	0.32
	中性粗骨土	G252	0.90
红壤		A13	2 161.82
	典型红壤	A131	1 586.46
	红壤性土	A135	40.09
	黄红壤	A132	316.31
	棕红壤	A133	218.96
红黏土		G23	0.50
	酸性红黏土	G231	0.50
黄褐土		B12	234.28
	典型黄褐土	B121	204.43
	黏盘黄褐土	B122	29.86
黄壤		A21	214.39
	典型黄壤	A211	206.07
	黄壤性土	A214	8.32
黄棕壤		B11	1 108.90
	暗黄棕壤	B112	170.22
	典型黄棕壤	B111	489.97
	黄棕壤性土	B113	448.72
火山灰土		G22	2.30
	基岩性火山灰土	G223	2.30
砂姜黑土		H22	1.73
	典型砂姜黑土	H221	1.73

（续）

土类	亚类	分类代码	面积（khm²）
山地草甸土		H24	2.32
	典型山地草甸土	H241	2.32
石灰土		G21	335.83
	黑色石灰土	G212	33.16
	红色石灰土	G211	90.87
	黄色石灰土	G214	44.83
	棕色石灰土	G213	166.97
石质土		G26	3.61
	钙质石质土	G263	1.45
	酸性石质土	G261	1.21
	铁铝质石质土	G263	0.95
水稻土		L11	4 055.93
	漂洗水稻土	L116	4.37
	潜育水稻土	L114	202.67
	淹育水稻土	L112	204.00
	潴育水稻土	L111	3 644.89
新积土		G13	0.79
	典型新积土	G131	0.79
沼泽土		J11	17.13
	典型沼泽土	J111	17.13
紫色土		G23	266.91
	石灰性紫色土	G233	96.05
	酸性紫色土	G231	112.70
	中性紫色土	G232	58.16
棕壤		B21	23.48
	潮棕壤	B213	22.35
	棕壤性土	B214	1.13
总计			9 276.31

注：分类代码见国家标准 GB/T 17296—2009《中国土壤分类与代码》。GIS 量算面积。

三、主要土类理化特征

（一）水稻土

长江中游区无论是平原、丘岗和山区都有水稻土的分布，从海拔接近为零的湖滨至 1 500m 的山区都有水稻种植。由于栽培水稻对水分的需要和地形对地面水的重新分配，水稻土一般总是低海拔比高海拔多。根据水稻土分布的地形位置、土壤水分状况、发育过程及相应的土体构型，水稻土可以分为淹育性水稻土、潴育性水稻土、漂洗性水稻土和潜育性水稻土4个亚类。一般淹育性水稻土分布位置较高，多为较高的排田或岸田，水源较缺；潜育性水稻土分布位置较低，多为冲田、低垄田及低湖田，地下水位较高；潴育性水稻土与漂洗性水稻土介乎二者之间，位置比较适中，土壤水分状况适宜。

1. 分布和面积　在地形地貌章节已经论及长江中游区的土壤阶梯分布特征，水稻土比较集中于长江主干道中部轴线两岸以其沿江分布的洞庭湖平原、江汉平原和鄱阳湖平原。此外，长江及其支流和汇入湖泊的主要支流下游，还有这些河流的上游支流，共同构成了树枝状或网状分布，越往上游走水稻田的分布越稀疏。

长江中游区共有水稻土总面积为 4 055.93km²，分别占长江中游区总耕地面积的43.72%，是所有土类中分布面积最大的土类。水稻土分布区域也非常广，除了鄂西北、鄂西南山区和大湘西区分布较少外，其余地区都有分布，这也反映了长江中游区的特征。长江中游区三省中，湖北省水稻土的面积最大，占总面积的51.27%，其次是江西省为30.62%，湖南最少，为18.11%。

2. 形成条件和成土过程　水稻是喜温好水的作物，需要较为稳定的水热条件。人们为了满足水稻生长发育需求，采用平整土地或修筑梯田等手段，改变了土壤表层性状和土壤内部的水热状况，使土壤条件在耕层范围内达到相对一致。在栽培上，配套水稻生长发育，采用季节性淹水和季节性灌水的措施，满足水稻对水分要求的同时又能使土壤水势动态趋于稳定，保障养分转化和水稻生长更加协调。由此，人为构建了"水稻土—水稻"这样协调的"土壤—植被"系统。

当然，平地筑埂、坡地平整、蓄水排水、灌排栽培，是种植水稻必不可少的条件，也是水稻土发育和可持续耕作的基本条件。此外，水稻土的立地环境和人为的农业生产方式对水稻土的形成也具有重要的作用。

首先是气候的影响，由于人为灌溉对水分的控制，缓和了气候对水稻土的直接影响，使水温、土温的日变幅缩小，从而保持比较稳定的状态。如此，人们可以利用不同熟制或轮作制来调节气候的差异，使山区、丘陵、平原均可种植水稻。不过这种调节是有限的，较大气候的差异对水稻土某些性质仍有重要影响，如气候不同直接影响有机质的累积和矿质化的速度，一般山区气温较低，河谷间冷浸田多，泥温较低，有机质分解慢，易累积；湖区气温略高，潮沙泥较多，有机质易分解，相对累积较少。同一地区，往往由于小气候不同，也可引起土壤性质差异，如南坡、北坡承受日光不同，水温、泥温有明显差异；又如山脚、谷地的水稻土，阳光较少，地下水位较高，土壤还原性强。

第二是地形的影响。不同地形部位水文条件各异，往往形成不同性质的水稻土。如在山高水冷地区，土温低，冷浸田多，水稻生长较差，四周为山丘水分易集中的盆地和谷地，水分不易排出；在滨湖低洼湖田，地下水位高，泥脚深，土壤还原性强，生产性能差；丘陵坡面的排田，如水源能保证供应，排水较好，土壤通透性良好，一般生产力较高；在平原、宽垄地区，阳光、水利条件好，土壤水又有适当渗透，水、肥、气、热较易协调，加上精耕细作，可以培育成高产田；但有些平缓坡地，地面有一定倾斜度，底层有不透水层，在水稻淹灌期中，经常受侧向水流的漂洗，水稻土中的铁、锰等还原后常和黏粒一起随水流失，逐渐漂洗形成一层粉沙粒含量多的白土层或白浆层，养分较缺乏，白土层位置出现的高低，随地形和漂洗的程度而异，在坡地末端或靠近切沟的地方，漂洗严重白土层出现较高，土壤贫瘠，水稻生长差；又如地形高低变化较大，水流速度和流量不一致时，情况又不相同，低处易渍水成为烂泥田，高处又水分不足，如部分高岸田，完全靠天水灌溉，土壤受水的影响弱，发育程度低，肥力也低。由于地形条件的差异，常影响水稻土的类型和生产性能。

　　第三是母质的影响。水稻土的成土母质种类很多，不同母质形成的水稻土其特性有一定差异，这在土壤熟化初期更为明显。如第四纪红土及石灰岩、页岩、板岩等风化物发育的水稻土，质地较黏，保水保肥力强，通透性较差，黏着性和黏结性大，耕作较费力；花岗岩、砂岩、石英砂岩等风化物发育的水稻土，一般质地较轻，土壤疏松，通透性好，但保水保肥力差；湖积物上发育的水稻土，土层深厚，质地多为黏壤至壤土，养分含量较丰富，土壤反应为微酸至微碱性，耕性也较好；河流冲积物发育的水稻土，土层也较深厚，质地多为砂壤至壤土，层次较明显，养分较丰富，但部分田保水保肥力较弱，后期易缺肥早衰；紫色页岩风化物发育的水稻土，层次不明显，磷、钾养分较丰富，土质较黏，耕作较费力；还有部分变质岩风化物发育的水稻土，土中夹有较多的半风化岩块，耕耙费力，保水保肥力较差，土层一般较浅，肥力也较低。

　　第四是人为灌排、耕作和施肥的影响。水稻土的水分状况主要由人工灌、排控制，于是有了淹灌水层，降低了气候对土壤形成的影响，这就保证了在各种土壤上都可以通过灌溉、耕作、施肥种植水稻，但由于灌排方式、措施不同，可以改变土壤氧化还原状况、养分转化及其他性状。如适当犁耙，可使土肥相融，创造微粒结构；冬耕晒垡，可以加速土壤矿质养分释放，使土壤变松碎，促进结构形成，增加土温，有利于水稻的生长发育。对于耕作层过浅的稻田，通过加深耕作层，可扩大水稻根系的营养面积；施肥可培肥土壤（除了利用化肥直接满足水稻生长需要外，大量增施绿肥、厩肥、堆肥、凼肥等可增加土壤有机质，改善土壤理化生物特性），加速耕层熟化；此外适施草木灰、石灰和微量元素肥料可改善土壤养分状况，调节土壤反应，使土壤肥力提高。

3. 主要理化性状　　水稻土类的主要理化性状见表1-16至表1-18。

表 1-16　水稻土类耕地土壤主要理化性状

项目名称	样本数	平均值	标准差	变异系数（%）	范围（大小）
耕层厚度（cm）	15 518	18.2	4.36	23.98	10.0～35.0
耕层容重（g/cm³）	15 518	1.21	0.16	13.15	0.80～1.70
有机质（g/kg）	15 518	26.2	6.2	23.69	10.4～45.8
全氮（g/kg）	15 518	1.46	0.54	36.78	0.27～3.80
有效磷（mg/kg）	15 518	15.0	6.33	42.2	2.6～62.2
速效钾（mg/kg）	15 518	98.00	53.37	54.41	13～500
有效铜（mg/kg）	15 518	3.21	1.96	61.08	0.13～52.50
有效锌（mg/kg）	15 518	1.76	1.34	75.64	0.01～28.79
有效铁（mg/kg）	15 518	83.25	66.59	79.98	0.50～474.80
有效锰（mg/kg）	15 518	28.26	20.02	70.85	0.70～279.80
有效硼（mg/kg）	15 518	0.45	0.44	97.42	0.01～4.48
有效硫（mg/kg）	15 518	45.64	35.18	77.07	1.10～353.20
有效硅（mg/kg）	15 518	161.21	94.02	58.32	10.28～499.43

表 1-17　水稻土类耕地耕层质地（khm²）

壤土		砂土		黏壤土		黏土	
面积	占比（%）	面积	占比（%）	面积	占比（%）	面积	占比（%）
2 416.00	59.57	115.00	2.84	949.59	23.41	575.33	14.18

表 1-18　水稻土类耕地土壤 pH（khm²）

7.5~8.5		6.5~7.5		5.5~6.5		4.5~5.5		<4.5	
面积	占比（%）	面积	占比（%）	面积	占比（%）	面积	占比（%）	面积	占比（%）
299.53	7.39	881.05	21.72	1 604.75	39.57	1 269.65	31.30	0.94	0.02

水稻土类下的 4 个亚类，即漂洗水稻土、潜育水稻土、淹育水稻土和潴育水稻土的理化性状分别见表 1-19 至表 1-30。

（1）漂洗型水稻土亚类　漂洗水稻土又称为漂白水稻土，该亚类面积为 4.37khm²，占水稻土面积的 0.11%，是面积最小的水稻土亚类，主要分布在湖北省和湖南省，前者的面积占 65.55%，后者占 34.45%。该亚类样本数为 20 个。

漂洗型水稻土主要分布于具有梯差的倾斜地形，在土体中常有一个不透水层，引起承压的水侧流运动，在不透水土层上部形成漂洗层。漂洗层深度约 50cm 左右，一般位于犁底层之下，厚度 20cm 或更厚。在水稻土剖面各土层颜色中，明度最高的，呈灰白色或白色。粉粒含量增加。铁锰氧化物量和阳离子交换量均低。在常年施土杂肥的田块，漂洗层出现的部位可能较低，在潮土区漂洗层成为埋藏土层，未发现漂洗层对生产的影响。

第四纪的网纹层或高岭土层不作漂洗层。

漂洗型水稻土有机质、胡敏酸、富里酸含量较低，施肥肥效不能持久，作物易缺肥，这类稻田多数出现禾苗前期僵苗不发，翻秋严重，后期往往出现早衰，严重影响产量的提高。

表 1-19　水稻土类漂洗型水稻土亚类耕地土壤主要理化性状

项目名称	样本数	平均值	标准差	变异系数（%）	范围（大小）
耕层厚度（cm）	20	22.3	7.83	35.17	15.0~35.0
耕层容重（g/cm³）	20	1.21	0.16	13.22	1.01~1.53
有机质（g/kg）	20	26.8	5.4	19.93	16.2~35.6
全氮（g/kg）	20	1.41	0.64	45.39	0.74~2.73
有效磷（mg/kg）	20	12.7	4.9	38.83	6.7~22.8
速效钾（mg/kg）	20	100	37.89	38.02	32~152
有效铜（mg/kg）	20	3.41	3.52	103.23	0.36~9.98
有效锌（mg/kg）	20	1.74	1.11	63.79	0.28~3.80
有效铁（mg/kg）	20	77.41	58.61	75.71	12.40~185.00
有效锰（mg/kg）	20	42.76	34.13	79.82	13.10~92.10
有效硼（mg/kg）	20	0.30	0.17	56.67	0.14~0.90
有效硫（mg/kg）	20	49.50	31.60	63.84	12.28~132.94
有效硅（mg/kg）	20	121.77	81.77	67.15	26.34~341.05

表 1-20 水稻土类漂洗型水稻土亚类耕地耕层质地（khm²）

壤土		砂土		黏壤土		黏土	
面积	占比（%）	面积	占比（%）	面积	占比（%）	面积	占比（%）
3.30	75.50	0.78	17.88	0.14	3.13	0.15	3.48

表 1-21 水稻土类漂洗型水稻土亚类耕地土壤 pH（khm²）

6.5～7.5		5.5～6.5		4.5～5.5	
面积	占比（%）	面积	占比（%）	面积	占比（%）
0.79	18.12	3.44	78.73	0.14	3.15

（2）潜育型水稻土亚类 该类土壤总面积为 202.67khm²，占水稻土总面积的 5.00%。长江中游区三省都有分布，其中湖北省分布面积最大，占该类水稻土面积的 53.56%，湖南省和江西省分别为 21.63% 和 24.81%。

由于潜育性水稻土的土体常处于渍水状态，水分饱和，氧化还原电位低，还原性物质多，特别是亚铁的浓度每 100g 土高达 200mg 以上，原先带红棕色或红黄色的土体被亚铁离子的青灰色所代替，出现潜育性水稻土特有的诊断层次——潜育层。潜育层出现的高低、厚度及出现的层次组合，取决于地下水位的高低和渍水层的厚度。

开沟排水，排除土壤渍水，降低地下水位，增加土壤的通透性，促进潜在养分的释放，是改良潜育性水稻土的有效途径。

尽管潜育性水稻土的有机质比较丰富，但是在还原环境中有机氮的分解和释放比较缓慢，水稻的氮肥效应极显著。磷在潜育性水稻土中易还原，因前期土温低，转化慢，有效磷含量较低，施用磷肥的效果明显。一般潜育性水稻土缺乏有效锌，施用锌肥也是必要的。在还原条件下，有机酸积累会导致土壤有效硅缺乏，因此，潜育性水稻土对硅肥的反应较好。

表 1-22 水稻土类潜育型水稻土亚类耕地土壤主要理化性状

项目名称	样本数	平均值	标准差	变异系数（%）	范围（大小）
耕层厚度（cm）	938	18.4	4.72	25.66	10.0～35.0
耕层容重（g/cm³）	938	1.21	0.16	13.22	0.81～1.64
有机质（g/kg）	938	26.8	6.05	22.60	12.4～43.9
全氮（g/kg）	938	1.55	0.56	36.13	0.39～3.79
有效磷（mg/kg）	938	15.5	5.96	38.40	3.9～40.5
速效钾（mg/kg）	938	100	52	52.44	20～466
有效铜（mg/kg）	938	3.23	1.65	51.08	0.22～9.81
有效锌（mg/kg）	938	1.65	1.23	74.55	0.06～7.43
有效铁（mg/kg）	938	76.29	60.66	79.51	2.92～440.80
有效锰（mg/kg）	938	22.93	15.73	68.60	1.00～118.90
有效硼（mg/kg）	938	0.42	0.46	109.52	0.01～4.48
有效硫（mg/kg）	938	45.88	31.11	67.81	1.50～179.38
有效硅（mg/kg）	938	167.11	94.53	56.57	11.30～498.90

表 1-23　水稻土类潜育型水稻土亚类耕地耕层质地（khm²）

壤土		砂土		黏壤土		黏土	
面积	占比（%）	面积	占比（%）	面积	占比（%）	面积	占比（%）
130.22	64.25	10.16	5.01	36.80	18.16	25.49	12.58

表 1-24　水稻土类潜育型水稻土亚类耕地土壤 pH（khm²）

7.5～8.5		6.5～7.5		5.5～6.5		4.5～5.5	
面积	占比（%）	面积	占比（%）	面积	占比（%）	面积	占比（%）
34.43	16.99	78.21	38.59	41.67	20.56	48.37	23.87

（3）淹育型水稻土亚类　长江中游区淹育型水稻土亚类的面积与潜育型水稻土相当，为 203.99khm²，占水稻土总面积的 5.03%。该土类三省间的分布相差很大，湖北省的占比高达 95.41%；湖南省最少，占 1.71%；江西省居中，为 2.88%。

淹育型水稻土一般分布在地势较高的山丘或正地形上，垦殖时间短，受水的作用弱，水耕的影响常限于表层，而底土仍保留了母土的特征。农业地貌一般是靠山边的中上塝田，或称为中垄田和上垄田、岸田，群众也称排田。由于集水面积小，又缺少水利设施，因此在该亚类水稻土中还有相当面积的"天水田"（亦称"望天田""雷公田"）。淹育型水稻土耕作层比较疏松，孔隙较为发达，并有红棕色的锈纹锈斑。在新开田中，犁底层尚未形成或没有明显形成，耕作层下紧接母质层，在发育时间较长的淹育性水稻土中，犁底层有所发育，颜色稍浅，并可见浅灰色的胶膜附在结构的表面。犁底层以下，有时还有母土残留的铁子、铁锰结核出现。

淹育型水稻土的机械组成和土壤比重，因母质的不同而有较大的差异。但总的特点是不同粒径的颗粒所占的比例与母质大致保持相同的趋势，黏粒的淋溶少，基本不存在黏化现象。该亚类水稻土有机质和主要营养元素的含量较低，原因在于淹育型水稻土渍水时间较短，土壤氧化性状较强，好气性分解旺盛，有机质积累少。解决有机肥不足的主要办法是以田养田，如冬种绿肥，蓄水养萍，稻草还田等。

表 1-25　水稻土类淹育型水稻土亚类耕地土壤主要理化性状

项目名称	样本数	平均值	标准差	变异系数（%）	范围（大小）
耕层厚度（cm）	845	21.2	4.5	21.22	10.0～35.0
耕层容重（g/cm³）	845	1.22	0.14	11.48	0.80～1.60
有机质（g/kg）	845	23.5	6	25.53	13.2～42.6
全氮（g/kg）	845	1.32	0.46	34.85	0.39～3.34
有效磷（mg/kg）	845	13.7	4.31	31.55	3.9～38.0
速效钾（mg/kg）	845	108	51.72	47.96	19～344
有效铜（mg/kg）	845	3.17	1.73	54.57	0.20～13.87
有效锌（mg/kg）	845	1.67	1.06	63.47	0.16～5.84
有效铁（mg/kg）	845	64.30	61.64	95.86	5.20～442.4

（续）

项目名称	样本数	平均值	标准差	变异系数（%）	范围（大小）
有效锰（mg/kg）	845	25.95	18.48	71.21	1.10～130.3
有效硼（mg/kg）	845	0.43	0.29	67.44	0.02～3.52
有效硫（mg/kg）	845	48.82	42.07	86.17	6.50～327.70
有效硅（mg/kg）	845	212.43	116.15	54.68	31.26～491.90

表 1-26　水稻土类淹育型水稻土亚类耕地耕层质地（khm²）

壤土		砂土		黏壤土		黏土	
面积	占比（%）	面积	占比（%）	面积	占比（%）	面积	占比（%）
116.81	57.26	7.73	3.79	29.85	14.63	49.61	24.32

表 1-27　水稻土类淹育型水稻土亚类耕地土壤 pH（khm²）

7.5～8.5		6.5～7.5		5.5～6.5		4.5～5.5	
面积	占比（%）	面积	占比（%）	面积	占比（%）	面积	占比（%）
31.22	15.31	124.47	61.01	40.43	19.82	7.87	3.86

（4）潴育型水稻土亚类　因水分潴积及干湿交替，氧化还原交替，使心土层出现潴育层的水稻土叫潴育型水稻土。潴育型水稻土的面积是水稻土面积中的绝对多数，总面积为3 644.89khm²，占水稻土总面积的 89.87%。湖北省、湖南省和江西省的分布面积分别为48.65%、18.82%和32.53%。

潴育型水稻土所处地形部位多为平原二级阶地的开阔平坦地带和一级阶地两河道之间的垄背平缓地带，一般灌排条件较好，土体无障碍层次。潴育型水稻土分布遍及长江中游区所有母质地貌类型，潴育型水稻土分布地形平缓开阔，成土过程受地表水和地下水的双重影响。由于灌水和季节性的降水，使地下水位反复升降，造成土壤干湿交替频繁，氧化和还原过程不断更替，在土体内水分暂时饱和与失水交替的部位，亦即潴积水上下变动的层位就是潴育层，一般深度是 40～80cm。潴育层在水分饱和时，土体膨胀，而在失水时收缩，长期湿胀干缩，使潴育层形成了良好的结构。结构的棱角明显，在水分以垂直渗漏为主的土体中，为棱柱状结构；在水分垂直渗漏和侧向运动兼有的土体上，为棱块状结构。干湿交替越频繁，结构越明显。而在干湿交替不十分频繁的情况下，则形成大棱柱状结构。在潴育层的上段，结构的表面附有灰白色的胶膜；在下段有明显的铁、锰淀积。淀积物的形态有锈纹锈斑或结核。结核可以层层分布。由于还原电位的不同，锰比铁更容易还原，因此在以水分下渗为主的土体中，锰淀积层出现在下面；水分以上升为主的土壤，锰淀积则在铁淀积层的上面；在上升水和下渗水活动频繁的层次，则铁锰同时出现还原淋溶和氧化淀积过程。以第四纪红黏土母质发育的潴育水稻土铁、锰淀积最为突出。

与淹育水稻土比较，其水耕熟化程度较高，表现在淋溶作用较强，即使石灰盐岩发育的潴育水稻土，其 pH 也普遍下降到中性。潴育型水稻土排灌方便、营养元素有效性高，是水稻土中高产土壤。

表 1-28　水稻土类潴育型水稻土亚类耕地土壤主要理化性状

项目名称	样本数	平均值	标准差	变异系数（%）	范围（大小）
耕层厚度（cm）	13 715	18.0	4.24	23.62	10.0～35.0
耕层容重（g/cm³）	13 715	1.21	0.16	13.22	0.80～1.70
有机质（g/kg）	13 715	26.3	6.19	23.54	10.4～45.8
全氮（g/kg）	13 715	1.47	0.54	36.73	0.27～3.80
有效磷（mg/kg）	13 715	15.1	6.50	42.86	2.6～62.2
速效钾（mg/kg）	13 715	97	53.49	54.96	13～500
有效铜（mg/kg）	13 715	3.22	1.99	61.80	0.13～52.5
有效锌（mg/kg）	13 715	1.78	1.36	76.40	0.01～28.79
有效铁（mg/kg）	13 715	84.91	67.07	78.99	0.50～474.80
有效锰（mg/kg）	13 715	28.74	20.28	70.56	0.70～279.80
有效硼（mg/kg）	13 715	0.45	0.44	97.78	0.01～4.48
有效硫（mg/kg）	13 715	45.43	34.97	76.98	1.10～353.20
有效硅（mg/kg）	13 715	157.71	91.51	58.02	10.28～499.43

表 1-29　水稻土类潴育型水稻土亚类耕地耕层质地（khm²）

壤土		砂土		黏壤土		黏土	
面积	占比（%）	面积	占比（%）	面积	占比（%）	面积	占比（%）
2 165.67	59.42	96.33	2.64	882.81	24.22	500.09	13.72

表 1-30　水稻土类潴育型水稻土亚类耕地土壤 pH（khm²）

7.5～8.5		6.5～7.5		5.5～6.5		4.5～5.5		<4.5	
面积	占比（%）	面积	占比（%）	面积	占比（%）	面积	占比（%）	面积	占比（%）
233.88	6.42	677.59	18.59	1519.21	41.68	1 213.27	33.29	0.94	0.03

（二）红壤

红壤是我国热带和亚热带地区广泛分布的地带性土壤，约占国土总面积的 21%。分布区域多在北纬 25°～31°之间的中亚热带广大低山丘陵地区，该地区年平均气温 16～20℃，≥10℃积温 5 000～6 500℃，年降水量 800～2 000mm，干燥度<1.0，无霜期 225～350d，是湿热的海洋季风性典型亚热带气候区。红壤主要特征是缺乏碱金属和碱土金属而富含铁、铝氧化物，呈酸性红色。

1. 分布和面积　长江中游区是我国红壤的集中分布区，总面积 2 161.82khm²，占长江中游区总耕地面积的 23.30%。长江中游区三省中，总体看东南部的分布大于西南部，东南部大于西北部，江西省红壤的面积最大，占总面积的 55.79%，其次是湖南省为 43.73%，湖北省最少，为 0.48%。

江西省境内，红壤相对较多地分布在赣州市、吉安市、上饶市和宜春市；湖南省境内的分布比较分散，分布相对较多的有郴州市、衡阳市、怀化市、邵阳市和永州市；湖北省境内的红壤分布在鄂南和鄂西南，都在长江以南。

红壤土类下有典型红壤、红壤性土、黄红壤和棕红壤 4 个亚类。

2. 形成条件和成土过程 红壤是中亚热带生物气候旺盛的生物富集和脱硅富铁铝化风化过程相互作用的产物。成土母质主要有第四纪红色黏土，第三纪红砂岩、花岗岩、千枚岩、石灰岩、玄武岩等风化物，土壤一般耕层较深厚。

红壤的剖面发生层明显，一般能划分出淋溶层—淀积层—母质层。红壤肥力一般较低，这与红壤形成自然条件关系密切，在温暖的条件下，生物生长最大，但分解也迅速，土壤有机质积累少。土壤剖面中黏粒的淋淀作用和形成黏化层是土壤形成发育的重要标志，同时对土壤水分的运行，养分的保释以及对植物根系伸展都有密切的关系。由于红壤的脱盐基作用，盐基饱和度较低，pH 较低，土壤多呈酸性。

3. 主要理化性状 红壤土类的主要理化性状见表 1-31 至表 1-33。

表 1-31 红壤土类耕地土壤主要理化性状

项目名称	样本数	平均值	标准差	变异系数（%）	范围（大小）
耕层厚度（cm）	11 287	15.8	2.61	16.51	10.0～35.0
耕层容重（g/cm³）	11 287	1.18	0.17	14.74	0.80～1.59
有机质（g/kg）	11 287	29.9	4.91	16.42	12.0～45.7
全氮（g/kg）	11 287	1.67	0.55	32.62	0.30～3.79
有效磷（mg/kg）	11 287	17.8	6.42	36.07	4.5～65.2
速效钾（mg/kg）	11 287	92	52.36	56.91	13～590
有效铜（mg/kg）	11 287	3.07	2.02	65.94	0.13～52.5
有效锌（mg/kg）	11 287	1.77	1.58	89.43	0.01～28.88
有效铁（mg/kg）	11 287	97.14	65.79	67.73	1.00～557.80
有效锰（mg/kg）	11 287	26.78	20.21	75.48	0.70～279.80
有效硼（mg/kg）	11 287	0.41	0.51	122.74	0.01～4.40
有效硫（mg/kg）	11 287	42.90	26.61	62.02	1.10～208.80
有效硅（mg/kg）	11 287	117.45	37.49	31.92	20.16～444.20

表 1-32 红壤土类耕地耕层质地（khm²）

壤土		砂土		黏壤土		黏土	
面积	占比（%）	面积	占比（%）	面积	占比（%）	面积	占比（%）
1 084.03	50.14	38.17	1.77	612.04	28.31	427.57	19.78

表 1-33 红壤土类耕地土壤 pH（khm²）

7.5～8.5		6.5～7.5		5.5～6.5		4.5～5.5		<4.5	
面积	占比（%）	面积	占比（%）	面积	占比（%）	面积	占比（%）	面积	占比（%）
2.33	0.11	164.47	7.61	784.73	36.30	1 210.09	55.98	0.20	0.01

红壤土类下属的亚类有典型红壤、红壤性土、黄红壤和棕红壤 4 种，各自面积分别占红壤总面积的 73.39%、1.85%、14.63%和 10.13%，它们的主要理化性状参见表 1-34 至表 1-45。

（1）典型红壤亚类　典型红壤亚类是中亚热带生物气候旺盛的生物富集和脱硅富铁铝化风化过程相互作用的产物，具有红壤土类赋予的上述典型特征。在长江中游区的典型红壤面积分布中，长江以南的东南部分布高于西南部，长江以北分布极少。江西省的分布面积占该亚类总面积的61.23%，湖南占38.75%，湖北仅占0.02%。

典型红壤pH较低，属于酸性或强酸性土壤，一般质地黏重，保水保肥力差，耕性也差，有酸、黏、瘦的特性。多数土壤氮、磷、钾供应不足，有效态钙、镁的含量也少，硼、钼也很贫乏。

表1-34　红壤土类典型红壤亚类耕地土壤主要理化性状

项目名称	样本数	平均值	标准差	变异系数（%）	范围（大小）
耕层厚度（cm）	8 109	15.6	2.36	15.13	10.0～35.0
耕层容重（g/cm³）	8 109	1.18	0.17	14.41	0.81～1.53
有机质（g/kg）	8 109	30.5	4.74	15.57	12.0～45.3
全氮（g/kg）	8 109	1.69	0.55	32.54	0.36～3.79
有效磷（mg/kg）	8 109	18.4	6.81	36.93	4.5～65.2
速效钾（mg/kg）	8 109	91	51.41	56.31	13～590
有效铜（mg/kg）	8 109	2.96	1.86	62.84	0.13～48.00
有效锌（mg/kg）	8 109	1.79	1.64	91.62	0.01～28.88
有效铁（mg/kg）	8 109	102.68	66.09	64.37	1.00～501.70
有效锰（mg/kg）	8 109	27.16	21.02	77.39	0.70～279.80
有效硼（mg/kg）	8 109	0.42	0.48	114.29	0.01～4.00
有效硫（mg/kg）	8 109	41.61	24.12	57.97	1.10～208.80
有效硅（mg/kg）	8 109	116.64	31.78	27.25	20.16～226.69

表1-35　红壤土类典型红壤亚类耕地耕层质地（khm²）

壤土		砂土		黏壤土		黏土	
面积	占比（%）	面积	占比（%）	面积	占比（%）	面积	占比（%）
757.63	47.76	21.46	1.35	520.67	32.82	286.70	18.0

表1-36　红壤土类典型红壤亚类耕地土壤pH（khm²）

7.5～8.5		6.5～7.5		5.5～6.5		4.5～5.5	
面积	占比（%）	面积	占比（%）	面积	占比（%）	面积	占比（%）
1.59	0.10	126.85	8.00	522.59	32.94	935.43	58.96

（2）红壤性土亚类　红壤性土是一种发育不完全的幼年土壤，多分布于低山、丘陵，地形破碎，坡度较陡，水土流失较严重，常与红壤、黄红壤组成复区分布。成土母质有花岗岩、板、页岩、砂岩风化物和第四纪红土。长江中游区红壤性土亚类面积共40.09khm²，主要分布在湖南省和江西省，分别占该亚类的52.79%和47.21%。

红壤性土大部分土层浅薄，一般只有 40～60cm，发生层次不完整，部分夹有 10%～20% 的半风化岩片或砾石。土壤质地因母质不同而有差异，由黏壤至砂壤，全剖面呈酸性反应。因所处地形部位容易受到侵蚀，肥土冲走，养分含量一般较红壤、黄红壤低。磷素养分更缺，但经人为耕作熟化的部分红壤性土，有的养分含量较高。

表 1-37　红壤土类红壤性土亚类耕地土壤主要理化性状

项目名称	样本数	平均值	标准差	变异系数（%）	范围（大小）
耕层厚度（cm）	246	16.0	3.23	20.14	10.0～35.0
耕层容重（g/cm³）	246	1.21	0.15	12.40	0.81～1.51
有机质（g/kg）	246	29.7	4.81	16.21	16.7～41.0
全氮（g/kg）	246	1.70	0.56	32.94	0.50～3.18
有效磷（mg/kg）	246	18.3	6.39	34.88	7.4～43.7
速效钾（mg/kg）	246	89	43.92	49.50	21～270
有效铜（mg/kg）	246	2.96	2.16	72.97	0.21～23.51
有效锌（mg/kg）	246	1.40	1.28	91.43	0.03～5.54
有效铁（mg/kg）	246	92.17	61.32	66.53	3.10～307.30
有效锰（mg/kg）	246	29.69	23.11	77.84	1.30～152.70
有效硼（mg/kg）	246	0.40	0.49	122.50	0.02～3.80
有效硫（mg/kg）	246	39.51	24.02	60.79	2.10～99.50
有效硅（mg/kg）	246	108.65	34.01	31.30	29.85～222.09

表 1-38　红壤土类红壤性土亚类耕地耕层质地（khm²）

壤土		砂土		黏壤土		黏土	
面积	占比（%）	面积	占比（%）	面积	占比（%）	面积	占比（%）
18.81	46.94	3.23	8.07	10.06	25.10	7.97	19.89

表 1-39　红壤土类红壤性土亚类耕地土壤 pH（khm²）

6.5～7.5		5.5～6.5		4.5～5.5	
面积	占比（%）	面积	占比（%）	面积	占比（%）
3.25	8.11	14.43	36.01	22.40	55.88

（3）黄红壤亚类　黄红壤亚类分布在红壤土类区域的海拔 500～700m 的中、低山地带，为组成垂直带谱的土壤之一，其上部与黄壤相接，下部与红壤亚类相连，成土母质主要有砂岩、板、页岩、花岗岩和石灰岩风化物等。长江中游区该亚类土壤主要分布在湖南省，占红壤土类总面积的 86.96%，江西省和湖北省也有分布，前者 10.02%，后者仅占 3.01%。

由于受较热湿气候的影响，黄红壤土体表层受到水化而成黄色，但心土层仍以红色为主，表现为上黄下红，因此得名。黄红壤一般土层较深厚，土壤养分含量中等，但有效磷较低。不同母质发育的黄红壤之间也有较大差异。

表 1-40　红壤土类黄红壤亚类耕地土壤主要理化性状

项目名称	样本数	平均值	标准差	变异系数（%）	范围（大小）
耕层厚度（cm）	1 834	17.6	3.01	17.11	11.0～32.0
耕层容重（g/cm³）	1 834	1.25	0.17	13.60	0.8～1.59
有机质（g/kg）	1 834	28.3	4.14	14.65	15.7～45.7
全氮（g/kg）	1 834	1.70	0.55	32.35	0.30～3.47
有效磷（mg/kg）	1 834	15.7	4.40	28.08	4.6～35.9
速效钾（mg/kg）	1 834	93	58.35	62.65	13～496
有效铜（mg/kg）	1 834	3.26	2.66	81.60	0.16～52.50
有效锌（mg/kg）	1 834	1.52	1.47	96.71	0.06～16.62
有效铁（mg/kg）	1 834	79.11	66.85	84.50	1.00～557.80
有效锰（mg/kg）	1 834	24.47	15.58	63.67	0.80～165.30
有效硼（mg/kg）	1 834	0.37	0.51	137.84	0.01～4.40
有效硫（mg/kg）	1 834	49.87	37.03	74.25	1.10～183.40
有效硅（mg/kg）	1 834	119.62	58.24	48.69	20.42～444.20

表 1-41　红壤土类黄红壤亚类耕地耕层质地（khm²）

壤土		砂土		黏壤土		黏土	
面积	占比（%）	面积	占比（%）	面积	占比（%）	面积	占比（%）
168.50	53.27	10.99	3.48	42.31	13.38	94.50	29.88

表 1-42　红壤土类黄红壤亚类耕地土壤 pH（khm²）

7.5～8.5		6.5～7.5		5.5～6.5		4.5～5.5	
面积	占比（%）	面积	占比（%）	面积	占比（%）	面积	占比（%）
0.15	0.05	30.66	9.69	174.89	55.29	110.59	34.96

（4）棕红壤亚类　棕红壤地处中亚热带北部，是红壤土类中向黄棕壤过渡的一种土壤。棕红壤分布地区，气候温暖湿润，干湿交替，四季分明。主要分布于环湖丘陵岗地，海拔一般在 300m 以下，如鄱阳湖和洞庭湖周边的广大丘岗地区。长江中游区该亚类的面积为 218.96khm²，江西省分布面积占该亚类总面积的比例最高，为 84.03%，其次是湖南省，占比为 15.67%，湖北省只占 0.30%。

棕红壤一般土层深厚，红色风化层可达 1m 至数米，土壤质地因发育的母质不同差异较大，为黏土至砂壤，全剖面呈酸性反应。由于棕红壤地区，高温多湿，雨量集中，水土流失较重，所以土壤中有机质含量一般都较低，全氮含量也低，速效养分含量普遍都很低，特别是有效磷、速效钾含量普遍偏低。但是部分花岗岩、板、页岩风化物发育的土壤，缓效钾含量较高。

表 1-43 红壤土类棕红壤亚类耕地土壤主要理化性状

项目名称	样本数	平均值	标准差	变异系数（%）	范围（大小）
耕层厚度（cm）	1 098	14.6	2.07	14.24	10.0～25.0
耕层容重（g/cm³）	1 098	1.12	0.17	15.18	0.81～1.51
有机质（g/kg）	1 098	28.6	6.30	22.00	15.2～44.7
全氮（g/kg）	1 098	1.51	0.50	33.11	0.30～3.3
有效磷（mg/kg）	1 098	16.5	5.24	31.70	4.6～38.4
速效钾（mg/kg）	1 098	96	50.26	52.30	15～320
有效铜（mg/kg）	1 098	3.55	1.79	50.42	0.33～14.69
有效锌（mg/kg）	1 098	2.07	1.21	58.45	0.01～8.88
有效铁（mg/kg）	1 098	87.41	55.45	63.44	8.70～316.00
有效锰（mg/kg）	1 098	27.18	20.04	73.73	2.30～254.30
有效硼（mg/kg）	1 098	0.46	0.70	152.17	0.01～3.99
有效硫（mg/kg）	1 098	41.55	21.58	51.94	3.30～142.60
有效硅（mg/kg）	1 098	121.71	31.94	26.24	28.58～218.96

表 1-44 红壤土类棕红壤亚类耕地耕层质地（khm²）

壤土		砂土		黏壤土		黏土	
面积	占比（%）	面积	占比（%）	面积	占比（%）	面积	占比（%）
139.09	63.52	2.47	1.13	38.99	17.81	38.40	17.54

表 1-45 红壤土类棕红壤亚类耕地土壤 pH（khm²）

7.5～8.5		6.5～7.5		5.5～6.5		4.5～5.5		<4.5	
面积	占比（%）	面积	占比（%）	面积	占比（%）	面积	占比（%）	面积	占比（%）
0.59	0.27	3.71	1.69	72.81	33.25	141.66	64.70	0.20	0.09

（三）黄棕壤

1. 分布和面积 长江中游区的黄棕壤面积合计为 1 108.90km²，占长江中游区总耕地面积的 11.95%。黄棕壤分布于中亚热带向暖温带过渡地区，夏季高温，具亚热带特征；冬季低湿而时间短，具暖温带特征。黄棕壤主要分布在湖北省境内，除了江汉平原和鄂北岗地分布较少外，其他地区都有分布。据统计，在长江中游区三省中，湖北省、湖南省和江西省占该类土壤总耕地面积的比例分别为 97.10%、2.87% 和 0.02%。

2. 形成条件和成土过程 黄棕壤是在北亚热带的生物气候条件下形成的，成土母质有下蜀黄土、砂页岩、花岗岩、花岗片麻岩、安山岩等的风化物。下蜀黄土母质为第四纪上更新统黏土沉积物（Q_3）广泛分布在江淮缓岗地区。该母质厚度由数米至十几米不等，为黄褐色亚黏土或黄土状亚砂土，具有树枝状解理，铁锰淀积明显，有明显的多次轮回，一般分为三层：上层为黄棕色的壤黏土层，无石灰反应；中层是浅棕黄色细砂质黏土层，含有巨型的石灰结核；下层是棕至棕红色壤黏土层，具有方解石结晶和石英结核。成土过程具有以下几个特点：

一是弱富铝化过程，黄棕壤的矿物风化和淋溶作用较强，一价盐基基本淋失殆尽，二价盐基从表土淋失，部分聚积于底土，有的在一定深度可见到碳酸钙结核；二氧化硅蚀变后部分淋失，常在结核表面呈灰白色粉末；铁铝在土体中的移动和聚积明显，可见多量铁锰胶膜和铁锰结核，均反映出弱富铝化的特性。由于氧化铁部分水化，使土壤染有黄色，黄棕壤因为黄化趋势而得名。

二是具有明显的黏化作用，黄棕壤土体中原生矿物的风化比较迅速，长石较快地高岭化，黏土矿物形成已处于脱钾与脱硅阶段，云母则经脱钾而转变成蛭石，蒙脱石有转变成高岭石的趋势。由于分布区气候干湿交替明显，黏粒的形成和黏粒的淋淀十分活跃，常形成明显的黏化层，甚至形成黏盘。铁、锰与黏土胶膜在土体结构面上普遍出现，十分醒目，下蜀黄土母质黏粒的聚集量更大，易产生黏盘层。

三是存在较强的生物学过程。在温暖湿润气候条件下，土壤中进行比较强烈生物化学过程，有机质的分解大于累积，含量一般 <2%。有机质分解与富集的生物学过程，也为土壤创造了良好的物理结构，在侵蚀不严重的地区，尽管底土性质不同，而上部有一个物理性质良好的表层。

四是耕层熟化程度较高，黄棕壤经耕种熟化后，有机质养分不断丰富，腐殖质组成中的胡敏酸比例增加，芳构化程度提高，有机—无机复合体的复合作用增强，阳离子交换量提高，而对磷的固定能力减弱，复盐基作用较明显，盐基趋于饱和，pH 由酸性向中性发展。

3. 主要理化性状　黄棕壤的综合理化性状见表1-46至表1-48，下属暗黄棕壤亚类、典型黄棕壤亚类和黄棕壤性土亚类等亚类的理化性状分别见表1-49至表1-57。

表1-46　黄棕壤土类耕地土壤主要理化性状

项目名称	样本数	平均值	标准差	变异系数（%）	范围（大小）
耕层厚度（cm）	34 963	21.5	4.77	22.16	12.0～35.0
耕层容重（g/cm³）	34 963	1.27	0.14	11.35	0.80～1.70
有机质（g/kg）	34 963	24.4	5.96	24.48	10.3～52.5
全氮（g/kg）	34 963	1.42	0.53	37.27	0.27～3.47
有效磷（mg/kg）	34 963	15.6	5.39	34.52	2.7～38.7
速效钾（mg/kg）	34 963	109	59.01	54.11	20～516
有效铜（mg/kg）	34 963	2.40	1.96	81.73	0.20～10.00
有效锌（mg/kg）	34 963	1.80	1.13	63.02	0.06～20.04
有效铁（mg/kg）	34 963	55.35	56.85	102.71	2.00～476.50
有效锰（mg/kg）	34 963	27.06	20.27	74.93	1.00～99.30
有效硼（mg/kg）	34 963	0.47	0.54	115.03	0.02～4.49
有效硫（mg/kg）	34 963	39.91	37.77	94.65	1.60～351.83
有效硅（mg/kg）	34 963	189.06	110.28	58.33	10.28～500.02

表 1-47　黄棕壤土类耕地耕层质地（khm²）

壤土		砂土		黏壤土		黏土	
面积	占比（%）	面积	占比（%）	面积	占比（%）	面积	占比（%）
724.57	65.34	70.44	6.35	196.07	17.68	117.81	10.62

表 1-48　黄棕壤土类耕地土壤 pH（khm²）

7.5～8.5		6.5～7.5		5.5～6.5		4.5～5.5		<4.5	
面积	占比（%）	面积	占比（%）	面积	占比（%）	面积	占比（%）	面积	占比（%）
17.45	1.57	274.23	24.73	614.69	55.43	202.45	18.26	0.09	0.01

（1）暗黄棕壤亚类　暗黄棕壤又称为山地黄棕壤，是山地黄红壤向山地棕壤过渡的土壤类型，是黄棕壤土类的典型代表，主要分布在海拔 800～1 800m 的中山区的缓坡和自然植被保存较好的地段。形成特点为雨量多、蒸发小、湿度大、气温低、有机质积累多、分解缓慢。土壤大多呈酸性，交换性酸中主要是铝。当有机质向下淋溶与土壤中富里酸和三氧化二铁水化作用后，使心土层呈黄棕色，为暗黄棕壤的主要形态特征。长江中游区该亚类土壤面积为 170.22km²，主要分布在湖北省，其面积占该土类总面积的 81.26%，湖南省次之，占 18.58%，江西省占 0.16%。

暗黄棕壤的成土过程具有脱钙、离铁、黏化与弱富铝化的特点，一般土层较深厚，由于地形、母岩和植被的不同，导致土壤形成发育上存在差异，与黄棕壤相比土壤有机质含量较高，pH 较低。

表 1-49　暗黄棕壤亚类耕地土壤主要理化性状

项目名称	样本数	平均值	标准差	变异系数（%）	范围（大小）
耕层厚度（cm）	13 886	21.6	4.51	20.87	12.0～35.0
耕层容重（g/cm³）	13 866	1.27	0.14	11.02	0.90～1.70
有机质（g/kg）	13 866	28.0	5.9	21.08	12.1～52.5
全氮（g/kg）	13 866	1.58	0.5	31.65	0.30～3.47
有效磷（mg/kg）	13 866	18.1	5.32	29.44	6.0～38.7
速效钾（mg/kg）	13 866	121	61.98	51.19	20～516
有效铜（mg/kg）	13 866	2.10	1.85	88.10	0.20～9.86
有效锌（mg/kg）	13 866	1.88	1.16	61.70	0.06～20.04
有效铁（mg/kg）	13 866	51.38	54.05	105.20	2.00～434.50
有效锰（mg/kg）	13 866	27.13	20.11	74.12	1.10～99.30
有效硼（mg/kg）	13 866	0.55	0.7	127.27	0.02～4.40
有效硫（mg/kg）	13 866	42.26	41.04	97.11	1.60～351.20
有效硅（mg/kg）	13 866	179.83	97.55	54.25	15.81～500.02

表 1-50　暗黄棕壤亚类耕地耕层质地（khm²）

壤土		砂土		黏壤土		黏土	
面积	占比（%）	面积	占比（%）	面积	占比（%）	面积	占比（%）
104.67	61.49	24.58	14.44	30.63	17.99	10.34	6.08

表 1-51　暗黄棕壤亚类耕地土壤 pH（khm²）

7.5～8.5		6.5～7.5		5.5～6.5		4.5～5.5		＜4.5	
面积	占比（%）	面积	占比（%）	面积	占比（%）	面积	占比（%）	面积	占比（%）
1.75	1.03	31.50	18.51	67.37	39.58	69.51	40.84	0.09	0.05

（2）典型黄棕壤亚类　主要由酸性母岩风化发育形成，主要分布于长江中游区长江以北的东北部低山、丘陵区，全部在湖北省境内，总面积 489.97khm²。

典型黄棕壤土体厚度 60cm 左右，表层腐殖质积累明显，一般质地为轻壤，粒状、碎状、碎块状结构，疏松；中间土层黄棕色，质地中壤至重壤，核状、块状结构，较紧实，有的土体胶膜和铁锰明显，土体中常夹杂有半风化母岩碎块，呈酸性反应。

表 1-52　典型黄棕壤亚类耕地土壤主要理化性状

项目名称	样本数	平均值	标准差	变异系数（%）	范围（大小）
耕层厚度（cm）	9 601	20.9	4.89	23.34	13.0～35.0
耕层容重（g/cm³）	9 601	1.27	0.15	11.81	0.80～1.67
有机质（g/kg）	9 601	22.0	4.69	21.33	10.3～40.7
全氮（g/kg）	9 601	1.26	0.47	37.30	0.27～2.88
有效磷（mg/kg）	9 601	13.6	4.29	31.57	3.0～32.8
速效钾（mg/kg）	9 601	96	54.2	56.65	21～297
有效铜（mg/kg）	9 601	2.57	1.8	70.04	0.20～9.93
有效锌（mg/kg）	9 601	1.67	1.03	61.68	0.10～4.99
有效铁（mg/kg）	9 601	61.92	61.66	99.58	5.00～451.20
有效锰（mg/kg）	9 601	26.76	21.28	79.52	1.10～99.20
有效硼（mg/kg）	9 601	0.39	0.33	84.62	0.02～4.49
有效硫（mg/kg）	9 601	37.08	35.6	96.01	4.20～351.83
有效硅（mg/kg）	9 601	192.94	117.21	60.75	10.28～498.90

表 1-53　典型黄棕壤亚类耕地耕层质地（khm²）

壤土		砂土		黏壤土		黏土	
面积	占比（%）	面积	占比（%）	面积	占比（%）	面积	占比（%）
331.15	67.59	23.07	4.71	86.29	17.61	49.45	10.09

表 1-54　典型黄棕壤亚类耕地土壤 pH（khm²）

7.5～8.5		6.5～7.5		5.5～6.5		4.5～5.5	
面积	占比（%）	面积	占比（%）	面积	占比（%）	面积	占比（%）
5.59	1.14	112.72	23.01	290.45	59.28	81.21	16.57

（3）黄棕壤性土亚类　是指处于风化成土初期阶段的一类黄棕壤，总面积为 448.72km²，主要分布于长江中游区西北部的石质丘陵、山地和侵蚀严重的黄土岗地地区。湖北省的分布面积最大，占该亚类总面积的 99.95%，湖南省占 0.05%。

该亚类土层浅薄，质地轻，一般为砂土至砾石土。表层 10cm 左右，浅黄棕色，严重侵蚀时，铁锰结核或石灰结核体出露地表，中间层即雏形层，20cm 左右，棕色或红棕色，碎块状或拟核状结构，铁锰淀积物不明显，土体中夹多量半风化母岩碎块，之下为半风化母质或母岩层。

黄棕壤性土亚类土壤风化发育不深，黏粒没有淋淀现象，其他性状与典型黄棕壤基本相似。缺乏有机质、全氮、全磷。有效磷和速效钾度较低，是一类低产土壤。

表 1-55　典型黄棕壤性土亚类耕地土壤主要理化性状

项目名称	样本数	平均值	标准差	变异系数（%）	范围（大小）
耕层厚度（cm）	11 476	21.9	4.92	22.5	14.0～35.0
耕层容重（g/cm³）	11 476	1.27	0.15	11.81	0.81～1.70
有机质（g/kg）	11 476	21.9	4.59	20.95	10.3～41.5
全氮（g/kg）	11 476	1.34	0.55	41.04	0.27～3.12
有效磷（mg/kg）	11 476	14.3	5.12	35.80	2.7～32.4
速效钾（mg/kg）	11 476	106	56.29	53.24	21～292
有效铜（mg/kg）	11 476	2.63	2.16	82.13	0.20～10.00
有效锌（mg/kg）	11 476	1.82	1.18	64.84	0.10～4.99
有效铁（mg/kg）	11 476	54.65	55.45	101.46	4.48～476.5
有效锰（mg/kg）	11 476	27.22	19.6	72.01	1.00～99.30
有效硼（mg/kg）	11 476	0.44	0.44	100.00	0.03～4.49
有效硫（mg/kg）	11 476	39.44	35.16	89.15	3.40～307.14
有效硅（mg/kg）	11 476	196.97	117.77	59.79	11.08～500.02

表 1-56　典型黄棕壤性亚类耕地耕层质地（khm²）

壤土		砂土		黏壤土		黏土	
面积	占比（%）	面积	占比（%）	面积	占比（%）	面积	占比（%）
288.75	64.35	22.78	5.08	79.16	17.64	58.02	12.93

表 1-57　典型黄棕壤性亚类耕地土壤 pH（khm²）

7.5～8.5		6.5～7.5		5.5～6.5	
面积	占比（%）	面积	占比（%）	面积	占比（%）
10.10	2.25	130.01	28.97	256.87	57.25

（四）潮土

1. 分布和面积 长江中游区的潮土主要就分布在长江、汉水冲积物形成的广阔的江汉平原，洞庭湖平原和鄱阳湖平原及其大小支流两岸小面积分布的河谷冲击平原上，共同构成向心状枝形分布格局。潮土立地平原，海拔高度一般低于100m。长江中游区潮土面积合计836.58khm^2，占土地总面积的9.02%。

潮土类共分为3个亚类，典型潮土亚类、灰潮土亚类和湿潮土亚类，分别占潮土土类的17.20%、81.67%和1.13%。

2. 形成条件和成土过程 长江中游区平原主要是第三纪凹陷，第四纪堆积而成的堆积平原，包括沿河平原，河间洼地平原，其堆积物主要是江河洪涝泛滥夹带的泥沙，河流是潮土母质迁移的巨大载体，长江中游区除长江与汉水外，共有大、中、小河流数千条，密布全境。河流上游及流经地段土壤表层及岩石风化物，经雨水冲刷和表土径流冲洗，将泥沙等地表物质汇入河流，通过洪水泛滥沉于河谷两岸阶地，淤积于河间洼地和湖泊，即为潮土的成土母质。

潮土的性质主要决定于沉积过程和沉积物的来源，即潮土的母质特性。长江中游区潮土沉积母质主要来源于以下几种：一是具有石灰性反应的长江冲积物，其主要来源于四川盆地周围的紫色土中富含碳酸钙和镁，以及磷和钾等矿质营养元素。二是境内河流及其支流冲积物发育的潮土，其性质与河流经过的地区母质冲积物有关，如汉江冲积物，其主要来源于秦岭南麓及南阳盆地、鄂北岗地广大的黄褐土地区，沉积物质地较细，富含矿物质和一定量的有机质，发育于汉江冲积物的潮土，其土壤含钾量和钾肥效益也不相同。发育于汉江冲积物母质的土壤，缓效钾贮量显著高于长江冲积物母质。又如源自酸性结晶岩、花岗片麻岩的风化物及坡积物，土壤呈中性至微酸性，没有石灰反应，沉积物中含砂粒较多，质地较轻。发育具有石灰性反应的母质冲积物，划为灰潮土亚类，没有石灰性反应的母质冲积物划为潮土亚类。在地势低洼，地下水埋深1~1.5m或季节性渍水的地区的土壤，划为湿潮土亚类，其表层有机质含量一般较高，可超过25g/kg。

3. 主要理化性状 潮土类耕地评价单元数为2 849个，主要理化性状见表1-58至表1-60。

表1-58 潮土土类耕地土壤主要理化性状

项目名称	样本数	平均值	标准差	变异系数（%）	范围（大小）
耕层厚度（cm）	2 849	20.0	4.29	21.47	10.0~35.0
耕层容重（g/cm^3）	2 849	1.24	0.15	11.95	0.80~1.67
有机质（g/kg）	2 849	22.7	4.46	19.69	10.4~41.7
全氮（g/kg）	2 849	1.34	0.49	36.67	0.27~3.25
有效磷（mg/kg）	2 849	14.47	4.62	32.09	2.6~35.4
速效钾（mg/kg）	2 849	110	52.59	47.98	20~297
有效铜（mg/kg）	2 849	3.19	1.85	57.82	0.20~9.98
有效锌（mg/kg）	2 849	1.63	1.34	82.33	0.10~28.08
有效铁（mg/kg）	2 849	58.00	63.36	109.24	3.30~479.60
有效锰（mg/kg）	2 849	24.97	18.81	75.33	1.00~173.30
有效硼（mg/kg）	2 849	0.45	0.42	92.28	0.01~4.48
有效硫（mg/kg）	2 849	45.47	36.51	80.3	1.20~352.88
有效硅（mg/kg）	2 849	196.88	107.76	54.73	11.30~499.43

表 1-59　潮土土类耕地耕层质地（khm²）

壤土		砂土		黏壤土		黏土	
面积	占比（%）	面积	占比（%）	面积	占比（%）	面积	占比（%）
599.45	71.66	46.45	5.55	98.33	11.75	92.34	11.04

表 1-60　潮土土类耕地土壤 pH（khm²）

7.5～8.5		6.5～7.5		5.5～6.5		4.5～5.5		<4.5	
面积	占比（%）	面积	占比（%）	面积	占比（%）	面积	占比（%）	面积	占比（%）
355.13	42.45	308.50	36.88	129.94	15.53	42.95	5.13	0.06	0.01

潮土类下有 3 个亚类，典型潮土亚类、灰潮土亚类和湿潮土亚类，它们的理化性状分别参见表 1-61 至表 1-69。

（1）典型潮土亚类　典型潮土亚类的土壤表层不具石灰反应，主要发育于无石灰性沉积物母质和湖泊静水沉积后，土壤表层碳酸钙淋失，土壤表层 pH 呈微酸至中性的反应的土壤。典型潮土依表层质地不同，分为砂土型、壤土型、黏土型。该亚类总面积 143.91km²，主要分布在湖北省和湖南省，前者占 56.88%，后者占 43.12%。

典型潮土的土壤剖面一般具有腐殖质层、氧化还原层和母质层。由于毛管水的升降运动和地下水影响，还原物质（Fe、Mn 离子）随地下水沿毛管上升到土壤上层，因氧化作用而形成高价氧化物沉淀，在表层以下常出现铁锈斑纹。由于历次洪水泛滥沉积的强度不同，部分土壤剖面中还出现质地不同的层次，形成砂、黏相间的剖面结构。该亚类土层深厚，表层质地适中、疏松、湿润、无石灰反应，是肥沃的旱地土壤之一，养分含量比较丰富。

表 1-61　典型潮土亚类耕地土壤主要理化性状

项目名称	样本数	平均值	标准差	变异系数（%）	范围（大小）
耕层厚度（cm）	570	18.6	4.7	25.35	10.0～35.0
耕层容重（g/cm³）	570	1.25	0.14	11.20	0.80～1.62
有机质（g/kg）	570	24.1	5.48	22.73	10.36～37.74
全氮（g/kg）	570	1.44	0.55	38.19	0.30～3.25
有效磷（mg/kg）	570	15.3	4.13	26.99	2.6～28.0
速效钾（mg/kg）	570	111	51.31	46.11	25～294
有效铜（mg/kg）	570	3.25	2.13	65.54	0.22～9.98
有效锌（mg/kg）	570	1.65	1.95	118.18	0.10～28.08
有效铁（mg/kg）	570	80.73	78.42	97.14	3.30～442.40
有效锰（mg/kg）	570	33.03	22.54	68.24	1.70～173.30
有效硼（mg/kg）	570	0.42	0.3	71.43	0.06～3.30
有效硫（mg/kg）	570	39.34	31.64	80.43	1.40～251.00
有效硅（mg/kg）	570	156.26	95.12	60.87	11.30～499.43

表 1-62　典型潮土亚类耕地耕层质地（khm²）

壤土		黏壤土		黏土	
面积	占比（%）	面积	占比（%）	面积	占比（%）
64.69	44.95	4.44	3.09	31.37	21.80

表 1-63　典型潮土亚类耕地土壤 pH（khm²）

7.5～8.5		6.5～7.5		5.5～6.5		4.5～5.5	
面积	占比（%）	面积	占比（%）	面积	占比（%）	面积	占比（%）
30.37	21.11	29.01	20.15	69.04	47.97	15.49	10.77

（2）灰潮土亚类　灰潮土亚类土壤表层具有明显石灰反应，主要是长江、汉江和洞庭湖支流下流的冲沉积物母质发育的水稻土，富含碳酸钙，土壤弱碱性至中性反应。长江中游区的灰潮土是潮土土类的主要组成部分，面积为 683.22km²，占潮土总面积的 81.67%。该亚类主要分布在湖北省，其面积占该亚类的 94.87%，其次是江西省，占 5.11%，湖南省只占 0.01%。

灰潮土土层深厚，表层一般 10～20cm，富含有机质。氧化还原层，深度不一，由于毛管水的升降，使二价铁、锰离子还在迁移过程中氧化成高价离子而淀积在毛管及土粒结构面上，形成铁锰斑纹和胶膜。由于冲积物常携带侵入体，往往土层中有砖瓦块及螺壳等。土壤毛管水常年或季节性处于饱和状态，因此土壤较湿润，孔隙较多。灰潮土地区由于十年九涝，洪水泛滥颜色都有明显差异，这反映了母质形成和有机质含量都有很大的差别。

灰潮土的土壤表层质地以壤质为主，土层中仍有未分解植物残体，耕种后腐殖质分解加快。由于土壤为弱碱性，因此土壤有效磷含量偏低，速效钾含量除砂土型灰潮土外，一般不缺。由于冲积物母质黏土矿物类型不同，土壤供钾能力有很大差异。如汉江冲积物土壤缓效钾含量明显地高于长江冲积物。

表 1-64　灰潮土亚类耕地土壤主要理化性状

项目名称	样本数	平均值	标准差	变异系数（%）	范围（大小）
耕层厚度（cm）	2 224	20.5	4.05	19.82	10.0～35.0
耕层容重（g/cm³）	2 224	1.24	0.15	12.10	0.80～1.67
有机质（g/kg）	2 224	22.2	4.02	18.08	11.8～41.7
全氮（g/kg）	2 224	1.31	0.47	35.88	0.27～3.21
有效磷（mg/kg）	2 224	14.1	4.67	33.12	4.2～35.4
速效钾（mg/kg）	2 224	109	53.1	48.56	20～297
有效铜（mg/kg）	2 224	3.18	1.77	55.66	0.20～9.87
有效锌（mg/kg）	2 224	1.61	1.14	70.81	0.10～5.34
有效铁（mg/kg）	2 224	52.08	57.68	110.75	5.20～479.60
有效锰（mg/kg）	2 224	22.89	17.28	75.49	1.00～160.5
有效硼（mg/kg）	2 224	0.46	0.42	91.30	0.01～4.48
有效硫（mg/kg）	2 224	47.21	37.84	80.15	1.20～352.88
有效硅（mg/kg）	2 224	208.76	108.93	52.18	15.80～494.23

表 1-65　灰潮土亚类耕地耕层质地（khm²）

壤土		砂土		黏壤土		黏土	
面积	占比（%）	面积	占比（%）	面积	占比（%）	面积	占比（%）
527.50	77.21	42.01	6.15	65.35	9.57	48.35	7.08

表 1-66　灰潮土亚类耕地土壤 pH（khm²）

7.5～8.5		6.5～7.5		5.5～6.5		4.5～5.5		<4.5	
面积	占比（%）	面积	占比（%）	面积	占比（%）	面积	占比（%）	面积	占比（%）
324.21	47.45	278.30	40.73	60.91	8.91	19.75	2.89	0.06	0.01

（3）湿潮土亚类　该亚类主要分布在潮土土类分布区的在地势低洼，地下水埋深 1～1.5m 或季节性渍水，垦殖时间不长的区域。由于地面滞水，其表层有机质比其他潮土亚类高。该亚类的面积不大，仅为 9.45khm²，占潮土土类的 1.13%。主要分布在湖北省和江西省，分别占 11.25% 和 88.75%。

表 1-67　湿潮土亚类耕地土壤主要理化性状

项目名称	样本数	平均值	标准差	变异系数（%）	范围（大小）
耕层厚度（cm）	55	15.3	2.61	17.06	10.0～23.0
耕层容重（g/cm³）	55	1.13	0.18	15.93	0.81～1.47
有机质（g/kg）	55	25.7	5.61	21.81	15.6～40.3
全氮（g/kg）	55	1.29	0.42	32.56	0.51～2.19
有效磷（mg/kg）	55	17.5	5.37	30.76	8.1～31.5
速效钾（mg/kg）	55	102	44.02	43.09	35～184
有效铜（mg/kg）	55	3.05	1.72	56.39	0.78～6.41
有效锌（mg/kg）	55	2.23	1.03	46.19	0.66～4.93
有效铁（mg/kg）	55	61.76	55.3	89.54	12.00～379.8
有效锰（mg/kg）	55	25.30	12.44	49.17	4.10～71.40
有效硼（mg/kg）	55	0.75	1.06	141.33	0.01～3.81
有效硫（mg/kg）	55	38.52	15.58	40.45	6.40～91.74
有效硅（mg/kg）	55	137.53	41.97	30.52	69.87～259.25

表 1-68　湿潮土亚类耕地耕层质地（khm²）

壤土		砂土		黏壤土		黏土	
面积	占比（%）	面积	占比（%）	面积	占比（%）	面积	占比（%）
7.26	76.79	—	—	1.62	17.13	0.57	6.08

表 1-69　湿潮土亚类耕地土壤 pH（khm²）

7.5～8.5		6.5～7.5		5.5～6.5		4.5～5.5	
面积	占比（%）	面积	占比（%）	面积	占比（%）	面积	占比（%）
0.55	5.80	1.20	12.68	—	—	7.71	81.52

四、主要障碍因素

长江中游区耕地土壤的主要障碍因素见表1-70，数据显示，采样点中有35.29％的耕地土壤存在不同种类的障碍因素，其中主要障碍是酸化，占采样点总数的22.76％，其次是冷浸潜渍，占比为10.40％，瘠薄和白浆化分别占1.52％和0.59％。

表 1-70　长江中游区耕地土壤的主要障碍因素

障碍因素	白浆化	瘠薄	冷浸潜渍	酸化	无障碍	总计
样点数	249	639	4 364	9 548	27 143	41 943
比例（％）	0.59	1.52	10.40	22.76	64.71	100.00

（一）土壤酸化

1. 土壤酸化成因　引起土壤酸化的原因既有自然因素，也有人为因素。

自然情况下的土壤酸化是因为南方多雨潮湿环境，容易导致盐基性离子淋失，淋溶过程实质就是酸化过程。同时自然条件下，通常降雨中会有一些无机酸，如碳酸和硝酸，土壤中的微生物和植物根系的代谢作用也可产生碳酸。土壤中的有机质分解可产生有机酸和高分子的腐殖酸。某些地区土壤中的含化合物氧化也可产生硫酸。这些自然方面的原因导致的土壤酸化，是土壤形成过程中的一种自然的生物地球化学过程，酸化速率一般相当缓慢。

人为活动影响下，会加速土壤酸化的进程。人为活动影响主要表现为 H^+ 的大量输入，盐基离子伴随强酸阴离子的淋溶。实际上是在自然酸化基础上的加速酸化作用。如随着工业的发展和人们生活水平的提高，能源消耗巨大，特别是以煤为主的能源消耗，大量的硫、氮氧化物排放到大气中，成为酸沉降源。目前，在我国长江以南不少地区，降水年平均 pH 低于5.0，成为酸雨污染严重地区。我国南方土壤本来多呈酸性，再经酸雨冲刷，加速了土壤酸化过程。除此之外，某些农业生产措施也会引起土壤酸化，如酸性和生理酸性肥料的施用和人为的灌溉等。

2. 土壤酸化的危害　土壤酸化的表征是土壤 pH 的降低，土壤溶液中，pH 的降低会使许多化学平衡遭到破坏。对于硫化物来说，分子态硫化氢的浓度增加，离子态硫化物的比例减少，如硫化氢导致水稻秧苗受害。随着 pH 的降低，螯合态金属元素比例减少，离子态金属比例增加，对这些元素的移动及对植物的有效性都会产生不利影响。因此 pH 的降低在农业生产上的意义并不在于降低这个表面现象本身，而在于它所引起的一系列直接和间接的后果。

土壤酸化与土壤活性铝增加的关系极为密切，铝离子增多是土壤酸化的结果。活性铝离子增多到一定程度后，植物将受害而生长不良。铝离子与土壤胶体的结合能力特别强，很容易从土壤胶体的负电荷点上排挤盐基性离子，使它们进入土壤溶液后遭受淋失，这在南方多雨地区更有特殊意义。已有很多材料说明，我国南方酸性红壤中大量铝离子的存在既是土壤遭受强烈淋溶，土壤发生酸化的一个后果，它反过来也是使这类土壤的盐基性离子易于遭受淋失，从而加速酸化的一个原因。

土壤酸化后，氢离子和铝离子增加，不断排挤土壤胶体上的盐基离子，使得土壤中的 K^+、Ca^{2+}、Mg^{2+} 等营养性盐基离子淋失加剧，从而导致土壤肥力下降。pH 越低，这种影响越大。pH 低到一定程度，甚至可以侵蚀土壤固相部分。另一方面，土壤酸化也可促使另一些元素，如磷与钙、铝、铁等形成难溶性化合物被固定，导致磷的利用率降低，这已经成为农业生产上的严重问题之一。

土壤溶液的酸性增加还影响土壤金属元素和有毒金属元素的释放和活化，由于锰、铬、铜、铅、锌等重金属离子在低 pH 条件下溶解度升高，活性增大，所以土壤酸化将加剧有毒重金属元素的释放。如锰离子，当土壤 pH 降至 5 左右时，Mn^{2+} 会随水运移到低洼部位积累，其浓度可达到毒化水平，出现锰毒。高浓度的有毒重金属元素会沉降和积累在表土层，使土壤成为有毒性的环境介质，进而影响植物的生长和农产品质量安全。

3. 土壤酸化现状　在长江中游区酸化的土壤主要分布在江西省全省，鄂西南山区、鄂东地区和大湘西区。

表 1-71 反映，长江中游区耕地土壤普遍偏酸，其中酸性土壤和强酸性土壤达到 47.19%，弱酸性土壤占 27.31%，合计为 74.50%。中性土壤占 16.44%，碱性和弱碱性合计占 9.06%。

表 1-71　长江中游区采样点 pH 分布状况

分段	<4.5	4.5～5.5	5.5～6.5	6.5～7.5	7.5～8.5	>8.5	总计
酸性分类	强酸性	酸性	弱酸性	中性	弱碱性	碱性	—
土壤 pH	482	19 312	11 453	6 896	3 763	37	41 943
百分比（%）	1.15	46.04	27.31	16.44	8.97	0.09	100.00

在酸性土壤中，旱地和水田的分布也不相同。在所有 41 943 个采样点中，旱地土壤采样点有 10 292 个，水田土壤有 31 651 个。旱地土壤中，pH 小于 6.5 的酸性土壤的比例为 59.24%，水田土壤中，pH 小于 6.5 的比例为 79.46%。此结果反应长江中游区的酸性土壤占多数，水稻土壤大于旱地土壤。

在 31 247 个酸性土壤中，旱地土壤占比为 19.5%，水田土壤占 80.5%。表面上酸性水田土壤显著大于旱地土壤，但是从酸度的强弱来看，强酸性土壤主要分布在旱地，水稻土则主要分布在酸性范围，占 65.9%。弱酸性土壤又以旱地土壤占比较高（表 1-72）。

表 1-72　长江中游区酸性土壤分类比较

利用类型	强酸	酸	弱酸	总计	强酸（%）	酸（%）	弱酸（%）
旱地	292	2 750	3 055	6 097	4.8	45.1	50.1
水稻土	190	16 562	8 398	25 150	0.8	65.9	33.4

4. 酸性土壤改良　针对酸性土壤的成因，改良可分为自然环境控制和人为调控两个方面。

针对自然因素，主要是环境保护措施，控制酸沉降物排放。降低煤炭的消耗比例，增加无污染能源和低污染能源的能源消耗，包括增加石油、天然气、水能等常规能源，开发核能、太阳能、生物能等新能源。

人为调控包括合理施肥和选育耐酸品种两个方面。合理施肥首先就是适当控制氮肥施用量。酸性土壤钾、钙、镁等盐基养分缺乏，甚至成为作物产量和品质的限制因子，因此，应当适当增施钾肥、钙镁磷肥及其他碱性肥料，以满足作物生长需要；酸性土壤不仅养分缺乏，而且土壤物理性状恶劣，质地黏重，因此，要采取增施有机肥、秸秆还田和种植绿肥等措施。

施用石灰也属于合理施肥范畴，当土壤 pH 小于 5.5 时，就可以考虑通过施用石灰等措施进行改良。施用石灰不仅能补充土壤钙，为作物提供钙营养，而且还可以中和酸性土壤。石灰施用量与土壤酸度和质地有关，如对于弱酸性土，pH 为 5.5～6.5，砂土、壤土、黏土每亩施用量分别为 25kg、25～50kg、50kg；对酸性土，pH 为 4.5～5.5，砂土、壤土、黏土每亩施用量分别为 25～50kg、50～75kg、75～125kg；对强酸性土，pH≤4.5，砂土、壤土、黏土每亩施用量分别为 50～75kg、100kg、150kg。不同石灰性物质对土壤酸性的中和能力不同，中和能力越强，施用量越少。例如，若为石灰粉，主要成为为 $CaCO_3$，亩施用量需要 100kg；若为熟石灰，主要成分为 $Ca(OH)_2$，亩施用量需要 74kg，若为生石灰，主要成分是 CaO，亩施用量 56kg 即可。

利用育种技术，培育耐酸、耐瘠作物，也是有效适应土壤酸化的应对措施。如茶树具有耐酸聚铝的特性，土壤中适当的高铝对茶树有利无害，是酸性土壤的首选作物；同一作物不同品种，对酸性土壤的适应能力也不同，选择耐酸性土壤逆境的品种已经成为当前育种的重要方向之一。

此外实行水旱轮作，在淹水条件下，土壤还原性物质增加，有利于提高土壤 pH 和磷及多种微量元素的活性，改善作物的生长条件和营养状况。

（二）冷浸潜渍障碍

1. 冷浸潜渍的分布及成因　长江中游区冷浸潜渍的土壤主要分布在湖南省全省、鄂西山区、鄂中丘陵岗地区、鄂东沿江平原岗地区，鄂东南、东北丘陵低山区。

长江中游区广泛分布的山区谷地、丘陵低洼地、平原湖沼低洼地、冷泉以及山塘、水库堤坝的下部，由于终年积水，长期浸泡，土壤结构破坏，土粒分散，稀泥糊浆，通透性差，土温低，有效养分不能释放，毒性还原性物质充斥土体，导致的一系列土壤性质恶化的农田，统称为冷浸潜渍障碍。同类的有涝泥田、烂泥田、锈水田、冷沙田、矿毒水田和深泥脚田等。

受冷浸潜渍危害的农田都属于潜育型水稻土，即冷浸型的全层潜育水稻土，潜育化程度较为严重，土壤以还原状况占优势，母质主要是湖积物，江河冲积物、第四纪红色黏土及谷底冲积物。

2. 冷浸潜渍危害　出现冷浸潜渍障碍的农田土壤物理性质差，由于冷浸潜渍田长期浸水，土壤团聚体易遭破坏而导致土壤黏闭，通气孔隙减少，通透性能差，土壤质地一般较为黏重，耕层黏粒含量高。

3. 冷浸潜渍田块的改良　该类农田障碍的改良需要综合应用多种改良措施。

首先是水利工程改良。应根据地形地势，因地制宜，统一规划，开沟排渍，建立排水系统，降低地下水位，以改善冷浸田的水热条件和耕作性能，提高冷浸田的供肥能力和生产性能，这也是改良的首要步骤和基础工作。通过排水工程系统的实施，可扩大作物根系活动范围，使土壤空气增多，土壤温度提高，养分分解作用加快，作物可吸取的有效养分增加，为种子发芽和禾苗成长提供适宜环境。在开排水沟的同时，可进行修晒水塘，建迂回水道，延长太阳照射灌溉水的时间，以提高水温。另外，采用浅水灌溉，定期晒田，也能提高水温土温。

二是进行耕作改良。在治水基础上进行耕作改良才能获得良好效果。完成排水工程之后进行耕翻晒垡，促使嫩泥变粗泥，深脚变浅脚，改善土壤通气状况，迅速提高土壤的氧化还原电位，加强好气微生物，促进有机质分解，明显增加有效养分，并降低或消除还原性物质的危害，从而减少对作物的危害，使作物增产。耕翻晒垡还可使土壤经常处于干湿交替状态，有利于疏松土壤，改善土壤的物理性质，这对于土质黏重、含有机质多的烂泥田更为重要。

三是实行水旱轮作。冷浸田经开沟排水后，除栽种水稻外，合理轮作油菜、蚕豆、豌豆、小麦和绿肥等旱作物，对调节土壤水气矛盾、充分用地养地、提高土壤肥力也有极重要的作用。

四是掺客土。排水工程完成后，可以及时向冷浸潜渍田掺入客土，能迅速改善土壤的物理性质，避免僵块形成，加速土壤沉实，促进水稻增产。

除了上述工程或栽培措施外，结合排水，改进施肥技术也能显著减少冷浸潜渍危害。如增施有机肥，选择施用堆肥和厩肥等热性肥料，不仅能改良土壤结构，提高土壤养分含量，而且能改善土壤温度状况，增强土壤微生物的活力。因地制宜施用微肥，推广速效氮、磷、钾肥与微量元素配合施用也是有效的方法。在冷浸潜渍田块，土壤长期浸水后一旦脱水干燥，低价铁转化为高价铁，会对部分磷产生固定作用，加剧磷素养分的不足。因此，增施磷肥也是改良冷浸田的重要措施之一，它可降低土壤酸度，减轻或去除亚铁、硫化氢等还原性有毒物质对水稻的危害。此外，含硫肥料，如过磷酸钙和硫酸钾肥料中含有硫酸盐，而长期处于还原条件下的冷浸土壤则因硫酸盐被还原为硫化氢或硫化铁沉淀而造成有效硫含量不足，可以通过增施含硫肥料进行校正。

（三）瘠薄障碍

1. 瘠薄成因　导致耕地土壤瘠薄的因素包括耕地立地环境和人类耕作实践。耕地立地环境涉及地貌因子、气候因子和土壤因子，其中地貌是最重要的因子。长江中游区广泛分布的南方湿热丘岗地区更是如此。一方面，在一定的地形坡度下，地表物质处于潜在不稳定状态，当植被受到人类破坏时，在流水和重力作用下都极易产生加速侵蚀，往往坡度越大，造成的侵蚀退化程度越大。一般认为，人类活动的影响随高程逐渐减弱，水土流失多发生在人类活动频繁的低山丘陵，尤其是 100～500m 之间的丘岗地。这些丘陵岗地的成土母质多为酸性结晶岩，如花岗片麻岩，还有紫色岩、红砂岩和第四纪红色黏土等母质。在坡度大，表层植被遭受破坏时，一方面面临南方春夏高强度暴雨，导致流水侵蚀；另一方面季节性降水变化，引起季节间分配不均，季节性干旱使得干旱期间植物生长受到限制，植被容易退化且难以恢复。

长江中游区广泛分布的丘岗地形和河流形成了众多的大小平原、河成阶地和河漫滩。丘陵山地河谷间的河漫滩形成，是河床不断侧向移动和河水周期性泛滥的结果。在河流作用下，河床常常一岸受到侧蚀，另一岸发生堆积，于是河床不断发生位移。受到堆积的一岸，由河床堆积物形成边滩，随着河床的侧移，边滩不断扩大。洪水期间，水流漫到河床以外的滩面，由于水深变浅，流速减慢，便将悬移的细粒物质沉积下来，在滩面上留下一层细粒沉积，于是形成河漫滩。特点是其沉积物二元结构显明，下部由较粗大的河床冲积物，主要为粗砂和砾石组成，上部由洪水泛滥时沉积的较细的河漫滩堆积物，主要是细砂和黏土组成。与湖泊滩地不同，这些丘陵岗地间大小河谷滩地的共同特征是土壤瘠薄，质地轻，土层薄，尽管疏松、通透性好，但缺少黏粒和有机质，结构松散，保水保肥性能差，

2. 瘠薄障碍型耕地的危害与分布　土壤瘠薄常常表现为耕层浅薄、养分缺乏和保水抗旱能力差。同时，该类耕地主要受气候、地形、成土母质等难以改变的因素影响。长江中游

区瘠薄障碍型耕地主要分布在鄂中丘陵地区、鄂东北丘陵地山地区，而江汉平原和鄂西北山区也有零星分布。从表 1-73 可看出，瘠薄障碍型耕地在丘陵地区的占 62.13%，其次是平原，占 27.70%。统计结果反映，在总采样点中，旱地和水田的采样点分别为 10 292 个和 31 651 个，属于瘠薄障碍型的采样点分别占各自利用类型的 3.49%和 0.88%，旱地土壤中出现瘠薄障碍型的比例高于水田的 4 倍。

表 1-73　长江中游区瘠薄障碍类型地貌分布状况

分类	平原	丘陵	山地	总计
瘠薄（个）	177	397	65	639
总计（%）	27.70	62.13	10.17	100.00

瘠薄型水田的主要分布在山丘区冲垄的中部和上部，土壤结构不良，耕作层浅薄，土壤有效养分含量低的，一般耕作层厚度不足 15cm。有效养分含量相对较低。瘠薄型旱地主要分布在丘陵坡耕地的中部和上部，土层较薄，耕作层厚度在 20cm 以内，砾石含量多，土壤熟化程度差，漏肥漏水，耕作层土壤中的有机质与速效养分含量较低，水土流失严重，抗旱力弱。

本次数据汇总的采样点调查数据进行分析发现（表 1-74），在长江中游区的 7 种成土母质中，土壤侵蚀程度强的成土母质主要是红砂岩类风化物，占该类母质 12.15%，其次是紫色岩类风化物，占该类母质的 5.78%，再后依次为结晶岩类风化物 4.17%、第四纪红色黏土 2.89%、碳酸盐岩类风化物 2.76%、泥质岩类风化物 2.69%，河湖冲沉积物最少，仅为 0.12%。长江中游区的结晶岩类风化物主要是酸性花岗岩。

土壤侵蚀程度中等的成土母质主要也是红砂岩类风化物，占 12.85%，其他泥质岩类风化物、碳酸盐岩类风化物、第四纪红色黏土、结晶岩类风化物、紫色岩类风化物等母质的土壤侵蚀程度相差不大，变化于 6.01%～7.43%之间，河湖冲沉积物也是最少，接近 1%。

土壤侵蚀程度弱的成土母质主要是第四纪红色黏土和河湖冲沉积物，占总采样点的 45%左右，其他母质则在 19.21%～32.56%之间。

表 1-74　长江中游区土壤侵蚀与母质的关系（样点数）

采样点土壤侵蚀	强	中	弱	无	强（%）	中（%）	弱（%）	无（%）	合计（%）
河湖冲沉积物	12	92	4 258	5 399	0.12	0.94	43.62	55.31	100.00
泥质岩类风化物	222	614	1 804	5 628	2.69	7.43	21.82	68.07	100.00
碳酸盐岩类风化物	102	265	1 205	2 129	2.76	7.16	32.56	57.52	100.00
第四纪红色黏土	223	529	3 580	3 397	2.89	6.84	46.32	43.95	100.00
结晶岩类风化物	281	431	1 798	4 235	4.17	6.39	26.66	62.79	100.00
紫色岩类风化物	149	155	432	1 843	5.78	6.01	16.75	71.46	100.00
红砂岩类风化物	384	406	607	1 763	12.15	12.85	19.21	55.79	100.00

土壤侵蚀是导致长江中游区广泛分布的丘陵区耕层土壤流失、引起耕层瘠薄的主要原因。长江流域水土流失的分布深受植被、岩性、地形、土壤及人为活动的影响。因此，流失区多呈零散块状分布，其中尤以花岗岩、紫色砂页岩、泥质页岩、第四纪红土、石灰岩、砂砾岩区流失最严重。

3. 瘠薄障碍型耕地的改良　改良要采用综合治理措施。首先控制水土流失，陡坡薄地可退耕还林还草，坡耕地应造梯田。二是重施有机肥料。施入的有机肥料易于形成腐殖质，从而促进团粒结构的形成，改良土壤结构及耕性，增强土壤的保肥性能和缓冲性能的作用。连续几年后土壤肥力必然能大幅度提高，过度疏松漏水、漏肥的情况将有明显改善。三是采取农业综合措施。包括平整土地、施用河泥、塘泥、加强土壤培肥，以及种植绿肥、豆类作物和耐旱作物作为改良先导作物，防止水土流失，提升耕层厚度。四是合理施肥。在增施有机肥、提升土壤有机质含量的基础上，还可以利用有机质的缓冲作用，适当多施可溶性化学肥料，如多施铵态氮肥和磷肥，能够借助有机质保存在土中不易流失。

（四）白浆化

1. 白浆化障碍分布及成因　长江中游区冷浸潜渍的土壤主要分布在湖南省全省，但总体比例很低。

白浆化属于土壤剖面的层次障碍，主要发生在水稻土中。统计结果表明，长江中游区水稻田中，白浆化的深度出现在 $30\sim40cm$ 深度，这与白浆层的生成特性和母质有关。发生白浆化的土壤，其成土母质多为河湖冲沉积物，白浆层的形成过程，主要受土壤所处生物气候条件的制约，土壤长期处在潴育状况，土壤机械组成中的黏粒在重力水作用下，产生机械淋移，形成了质地较轻的白浆层和黏粒聚积的淀积层。由于土壤处于季节性的干湿交替过程中，在还原条件下，铁锰等有色矿物溶解为游离态，亚铁离子不断氧化，置换晶体表面的阳离子、土壤长期处于这种条件下，表层土壤逐渐脱色，代换性盐基及黏粒下移，形成了质地较轻的白浆层。在地形坡度稍大的水田白浆化过程中，黏粒非破坏性的机械淋移还会产生侧向漂洗作用。白浆土在地形上主要处于低平原、河谷阶地、山间谷地、山前台地以及部分熔岩台地，母质多为河湖相沉积物。

2. 白浆层的危害　白浆层的出现使得耕地底层不透水，表层的水分容量小，常出现饱和状态，有时还形成滞水或以侧渗的方式沿着平缓的斜坡流向低处。在降水较少或蒸发和蒸腾作用强烈的时候，表层水分又迅速减少，或处于干燥状态。因此，白浆土的水分季节间变动的次数多，幅度大。白浆土质地黏重，耕性不良，表土易于侵蚀，且本身植物营养元素总贮量不高，特别有效磷与铁、铝形成沉淀后，会显著降低有效磷的含量。因此，白浆土大部分是低产土壤。

3. 白浆土的改良　对分布在岗地上的白浆土主要是防治水土流失。对分布在低平地区的白浆土则主要是注意合理排灌。白浆土改良的中心环节是补充有机质和矿质养分，深耕打破心土层或逐步加深耕作层，改善土壤的水分物理性质。

改良的主要措施：一是用有机肥料，实行秸秆还田，以及种植绿肥、牧草和施用泥炭等。二是增加化学肥料，主要是氮、磷混合肥料的施用量。由于白浆土全磷含量低，有效磷含量更低，单施磷肥也有显著效果。三是深耕改土，在不使白浆层过多地翻至表层的前提下，结合施用有机肥料，逐步加深耕作层，以改善底层透水不良的性状。

第四节　耕地质量保护与提升

一、县域耕地质量评价

长江中游区区所辖 3 个省共完成了 306 个县（市、区、农场）和市（州、林区）的农业部项目县的耕地地力调查与质量评价工作，各县（市、区、农场）和市（州、林区）都建立了"县域耕地资源管理信息系统",实现了耕地资源管理的动态化和信息化,各地还编制了耕地质量等级图、土壤养分图、土壤图等专题图件,编制了地力评价成果报告和专题报告,为下一步指导当地农业生产和耕地土壤改良等工作奠定了良好的基础。长江中游区为切实将耕地质量评价成果转化为粮食增产的动力,高度重视评价成果应用。一方面,基于耕地质量评价,深入开展各地主要农作物适宜性评价和施肥分区研究;同时,结合耕地质量监测成果,深入分析土壤养分变化规律及其影响因素,为耕地保护与质量提升等项目实施提供基础成果。如湖北省的技术支撑单位,华中农业大学探索了耕地质量评价数据库的应用,开发了基于智能手机的移动农技秘书信息系统和基于触摸屏一体机的面向乡镇的农资技物信息系统。有效促进了耕地质量评价成果的应用,受到社会和主管部门的欢迎。湖南省组织汉寿、耒阳等基础工作扎实、技术力量较强的县市区,研发测土配方施肥专家服务系统,用于指导农业生产。江西省积极向农业部提供土壤酸化防治建议,为农业部出台土壤酸化防治项目提供了决策依据。

二、制度建设及法律法规保障情况

法律法规是耕地管理的法律依据,耕地监测点是耕地质量管理与控制的必要手段。

(一)耕地质量管理法规

长江中游区的3个省围绕各自的耕地管理实践和具体情况,制定了地方性的法规。为保护和提高耕地质量,确保粮食及其他农产品数量和质量安全,促进农业可持续发展,提供了强有力的支持。如湖南省根据《中华人民共和国农业法》和其他有关法律、法规的规定,结合湖南省实际,制定了《湖南省耕地质量管理条例》(2007年9月29日通过,2008年1月1日实施),是全国第一个颁布耕地质量管理条例的省份。2013年湖北省制定了《湖北省耕地质量保护条例》(2013年11月29日通过,自2014年2月1日起施行)。地方性的耕地质量保护条例,针对性强,易于解释和操作,有效保障了耕地保护工作的顺利实施。

(二)耕地质量监测制度

耕地质量监测是农业部门的一项基础性和公益性工作,也是《农业法》《土地管理法》《基本农田保护条例》《湖北省耕地质量保护条例》等法律法规赋予的农业行政主管部门的法定义务和基本制度。为全面掌握长江中游区主要耕地土壤地力和施肥效益动态变化情况,根据农业部的统一部署,三省都分别建立了国家级、省级或县级的耕地质量监测点,并按照《耕地质量监测技术规程》建立了数据汇总、报告制度。目前长江中游区共有国家级监测点82个,省级、市州级、县级监测点总数超过了1 000个。

长江中游区设立的国家级、省级、市州级和县级耕地质量长期定位监测点,是及时掌握耕地质量变化动态和演变趋势、切实加强耕地质量监测与培肥管理、深入了解作物施肥效应、指导大面积作物科学施肥具有重要作用。通过一年一度的连续性样品采集,分析土壤养分数据及其变化趋势,将为长江中游区耕地质量和环境质量的探索研究奠定数据基础,对生态环境和促进农业可持续发展具有积极和深远的意义。

三、耕地土壤培肥改良与建设情况

(一)测土配方施肥

长江中游区从2005年测土配方施肥项目开展试点,到2009年实现了测土配方施肥技术的全覆盖。其中，湖北省至 2014 年，全年推广测土配方施肥技术实施面积 648 万 hm²，配方肥应用面积 364 万 hm²，分别占全省农作物总播面积的 75.1% 和 42.2%，比 2013 年分别增加 8.67 万 hm²、11 万 hm²；配方肥使用量 269.8 万 t（实物量），比 2013 年增加 11.1 万 t，总养分占全省化肥总用量（折纯，下同）的 33.87%，比上年提高 1.60 个百分点。全省技术指导服务覆盖村数达 23 880 个，占总村数的 89.1%，服务农户数达 912.4 万户，占全省总农户数的 81.5%。农产品总计增产 322.8 万 t，总体节本增效 68.7 亿元，取得了显著的社会、经济和生态效益。湖南省 2013 年，推广测土配方施肥技术 595.8 万 hm²，其中推广配方肥 137.7 万 t，施用面积 308.6 万 hm²，占测土配方施肥面积 50% 以上。通过测土配方施肥技术推广，优化了农户的用肥结构，提出了"控氮、稳磷、增钾"的施肥原则，减少了不合理化肥投入有效减轻了农田面源污染，调节和解决了作物需肥与土壤供肥之间的矛盾，平衡了土壤养分供应，提升了耕地质量。江西省 2011—2013 年，每年投入资金 2 700 万元，在 94 个测土配方施肥项目县（市、区）每年推广测土配方施肥面积 400 万 hm² 以上。通过测土配方施肥技术推广，优化了农户的用肥结构，提出了"控氮、稳磷、增钾"的施肥原则，减少了不合理化肥投入（折纯）37 万余 t，其中 2013 年减少了不合理化肥投入 7 万 t，有效减轻了农田面源污染，调节和解决了作物需肥与土壤供肥之间的矛盾，平衡了土壤养分供应，提升了耕地质量。

（二）有机质提升

长江中游区从 2006 年开始在农业部和各级相关部门的支持下，开展耕地保护与质量提升工作。至 2014 年取得了显著成效。其中，湖北省 2008—2014 年，全省项目实施面积 133 万 hm²，其中秸秆腐熟剂实施面积 123.7 万 hm²，绿肥种植面积 6 万 hm²，综合土壤改良培肥 3.4 万 hm²；开展秸秆还田腐熟剂评比试验、秸秆还田氮肥调控试验、秸秆还田替代钾肥试验等 63 个试验，筛选适合湖北省的腐熟剂品种及探索不同技术模式综合配套技术；在每个项目县（市、区）设置监测点 5 个，定期监测土壤有机质含量变化。湖南省 2014 年 30 个秸秆还田项目县共完成秸秆腐熟还田 30.7 万 hm²，超计划 34.8%；10 个地力综合培肥县共完成高标准粮田和新开耕地培肥 1.5 万 hm²；6 个绿肥种植技术补贴县共完成绿肥种植 1 万 hm²。共计采购秸秆腐熟剂 9 694 万 t，绿肥种子 225 万元。突出以专业合作社和种粮大户等农村新型经营主体为工作重心开展有机质提升项目，据统计，秸秆腐熟还田项目新型农业经营主体实施面积已占总面积的 30% 以上。建立万亩示范片 38 个、千亩示范片 104 个。完成秸秆腐熟剂、绿肥品种筛选试验 38 个，不同培肥模式对比田间试验 10 个，建立对比效果监测点 230 个。江西省大力推广秸秆还田、绿肥高产种植等技术。2011—2013 年完成秸秆还田腐熟技术核心示范面积 27.3 万 hm²，带动全省落实绿肥种植面积达到 60.1 万 hm²。在各项技术综合作用下，项目区耕地质量明显改善。

（三）高标准农田建设

建设高标准农田是推进农业现代化的一项重要任务，是稳步提高农业综合生产能力、保障国家粮食长久安全的重要举措。长江中游区从 2004 年开始就逐步开始高标准农田的建设，提出了合理的设计内容和区域布局。如湖北省根据自然资源特点，结合高标准农田建设项目要求，通过技术引进消化吸收，群众经验总结，研究制订了《湖北省高标准农田建设技术规程》。该规程规定了五类二十一项高标准农田建设集成技术的技术操作要点及配套措施，适用于全省丘陵、山区、岗地及平原的干旱、半干旱类型耕地。湖南省提出了按河网平原区、丘岗冲垄区、丘陵山地区设计建设内容，并严格按粮食生产量、中低产面积、历年建设量等多因素法确定建设区域布局。参与高标准农田建设标准制订。在全程参与系列标准制订的同时，具体负责了《土壤改良》《建后管护》2个标准的制定。继续开展田间工程耕地质量评定。继续组织对湘潭、娄底、邵阳、怀化等6个市的2010—2011年度田间工程项目开展了耕地质量效果提升评定。江西省2011年，省政府印发《江西省人民政府关于整合资金建设高标准农田的指导意见》，并制订了《江西省高标准农田建设标准（暂行）》，拉开了江西省整合资金建设高标准农田的序幕。截止到2014年年底，全省累计整合发改、财政、农业、国土、水利、农业综合开发等相关部门农田水利基础设施建设资金111.22亿元，建设"田地平整肥沃、灌排设施配套、田间道路畅通、科技先进适用、优质高产高效"的高标准农田1 020万亩。

（四）中低产田改造

中低产田改造是提高耕地质量，提高粮食综合生产能力的重要途径。长江中游区在大力推广测土配方施肥的基础上，根据各省的特点制定了相应的政策，都取得的显著的效果。如湖北省2009—2014年，应用中低产田改良技术，亩平均增产粮食49.15kg、油料25.83kg、茶叶74.14kg、水果142.69kg、其他作物65.93kg，亩平均增加农产品产量73.61kg，增产值117.78元。6年累计应用中低产田改良技术面积97.71万 hm^2，总投资9.543 2亿元，增加农产品10.789 1亿 kg，增总产值17.262 6亿元，总增纯收入7.719 4亿元，为粮食"十一连增"做出了巨大的贡献。湖南省在积极争取中央财政支持，落实地方财政资金配套的同时，充分发挥农民主体作用，引导社会资金投入中低产田改造。通过重点支持优势农产品产业带的基础设施改造，实现田间渠系与中型灌区骨干工程对接，解决灌溉水入田难的问题。通过分区域或统筹，集中投入，连片开发，努力提高中低产田改造的规模效益。同时因地制宜，大力发展节水灌溉，并把中低产田改造与建设优质粮食生产基地紧密结合起来。2007—2011年，湖南省累计完成农业综合开发财政投资56.2亿元。5年来共改造中低产田33.33万 hm^2，建成路渠配套、旱涝保收、高产稳产的高标准农田3.67万 hm^2，新增粮食生产能力71.6万 t。江西省中低产田面积占耕地面积超六成，酸化、瘠薄是全省中低产田的主要特征。江西省利用沃土工程、优粮工程和现代农业发展资金等重大项目的实施，坚持"用养结合、标本兼治、综合治理"的原则，通过采用田间工程和保护性耕作、培肥地力等农艺措施，资金、物质投入与科技投入相结合，加快了中低产田改良和低产田改造步伐。通过近20年来的努力，江西省中低产田比重降低了16个百分点。

第二章　耕地质量评价方法与步骤

耕地是农业生产最重要的资源，耕地质量的好坏直接影响到农业的可持续发展和粮食安全。耕地质量评价是评价耕地生产能力的重要手段，依据评价结果才能有效地实施耕地质量管理和质量保护，为我国农业的可持续发展奠定基础。当前正在进行的改良提升现有中低产田、培育新垦殖农田及其质量验收评定，都离不开这一重要手段。同时，耕地质量评价也是我国实施《土地管理法》和《基本农田保护条例》等有关耕地质量保护法律法规的保障，没有科学的耕地质量评价这一基本手段，要实施任何耕地保护工程都是不可能的。

我国的耕地质量评价历史悠久，早在2 000多年前就有按土壤色泽、性质、水分状况来识别土壤肥力和分类的记载。较为系统的耕地评价始于新中国建立之后，并逐步得到完善和发展。1949年至今我国耕地质量评价的发展历程可以概括为3个阶段：第一阶段发生在1950—1960年。1951年，财政部组织查田定产对全国耕地进行了等级评定。1958年开展了第一次土壤普查工作，1960年各省、自治区、直辖市完成普查和资料汇总（除西藏、青海和台湾）。第二阶段起始于1979年，历时15年，即全国第二次土壤普查，这是首次在全国范围内对全部土壤类型进行资源性调查，到1994年，全国陆续编写了《中国土壤》、《中国土种志》、《中国土壤普查数据》以及1∶100万中国土壤图、1∶400万中国土壤改良分区图、土壤养分图等，查清了全国土壤的类型、分布和基本性状，以及耕地资源的数量、利用现状和耕地中存在的主要障碍因素（全国土壤普查办公室，1995）。第三阶段开始于21世纪，但是评价技术的准备则可以追溯到20世纪90年代，随着"3S"（GIS、GPS、RS）技术和计算机制图技术等高新技术在耕地质量评价中的发展与应用，使耕地评价的精度、数据更新、动态评价等方面取得很大进展。"七五"期间，中国农业科学院和农业部全国土壤肥料总站按土壤肥力、土壤理化性状、土壤障碍因素与农用地生产水平等条件综合比较，把全国农用地划分为5个等级。1997年，农业部根据粮食单产水平把全国耕地划分为7个耕地类型区、10个耕地质量等级，并分别建立了各类型区耕地等级范围及基础地力要素指标体系。进入21世纪后，耕地评价研究进一步向综合化、多元化、精确化、定量化和动态化方向发展。2002—2005年，农业部立项组织开展了耕地质量评价指标体系建立与试点工作，以试点形式围绕我国耕地质量和粮食安全问题，组织启动了五大区域性耕地评价研究，其中包括环太湖流域、华中粮食主产区、珠江三角洲农产品出口基地、华北高效农业区和东北黑土区。通过试点探索，为2005年国家启动的测土配方施肥项目和耕地质量评价工作积累了经验。在此期间，先后制定了《测土配方施肥技术规范》（2006试行版，2008年版和2011年修订版），耕地质量调查与质量评价技术规程（NY/T 1634—2008），为全国耕地质量评价的顺利实施奠定了技术基础。

2005年，农业部、财政部正式启动了全国性的县域测土配方施肥惠民项目，并把耕地质量评价列入项目中实施，规定对耕地质量评价进行单项验收，有效促进了该项工作的全面展开。2005年至2013年12月底，历经9年，长江中游区三省全面完成县域耕地质量评价。

2011 年修订的《测土配方施肥技术规范》对耕地质量的定义是：耕地质量是指根据耕地所在地的气候、地形地貌、成土母质、土壤理化性状、农田基础设施等要素相互作用表现出的综合特征。耕地质量评价是对耕地生态环境优劣、农作物种植适宜性、耕地潜在生物生产力高低进行评价。

长江中游区耕地资源数据汇总与评价是在县域耕地质量评价的基础上，通过整合湖北省、湖南省和江西省三省的数据资源，组织专家对三省数据进行审核、筛选、补充调查、甄别确认等过程，建立长江中游区耕地资源数据库之后，再依照耕地质量评价规范，建立适合的地力评价指标体系，采用层析分析法进行评价与评价结果验证等技术环节完成的。在评价过程中，应用了 GIS 空间分析、制作了评价单元、采用了专门的评价软件，可保证评价过程客观、等级划分科学、评价数据共享、评价流程自动、评价结果可靠。与传统评价方法相比，评价信息更为准确，评价过程更为快速，评价结果更为可靠。

第一节　数据来源与质量控制

长江中游区的耕地质量评价包括两个阶段，第一阶段是对湖北省、湖南省和江西省三省县域耕地质量评价数据进行甄别、汇总和补充调查，第二阶段是依据汇总数据对长江中游区三省的耕地质量进行等级评价。

耕地质量评价资料主要包括耕地化学性状、物理性状、立地条件、土壤管理、障碍因素等。通过野外调查、室内化验分析和资料收集，获取了大量耕地质量基础信息，经过严格的数据筛选、审核与处理，保障了数据信息的科学准确。

一、软硬件及资料准备

(一) 软硬件准备

1. 硬件准备　主要包括高配置计算机、大幅面扫描仪和喷墨绘图仪等。计算机主要用于数据和图件的处理分析，大幅面扫描仪用于图件扫描，扫描件在 GIS 中用于图件的输入，喷墨绘图仪用于成果图的输出。

长江中游区地域范围大，土壤图和土地利用现状图多边形数目多，采用 GIS 软件进行空间分析对计算机的运行速度和内存要求高，因此采用的计算机配置较高。

2. 软件准备　包括 WINDOWS 操作系统软件，Access 数据库管理、SPSS、Excel 数据统计分析等应用软件。其中 Arcmap 主要用于空间分析，如检查采样点的空间分布，数字化土壤图、制作评价单元及其配套的多边形融合、重建拓扑关系，空间插值、区域统计和专题图件制作等工作。Photoshop 等软件用于栅格图件扫描前处理，如集合校正、修补大幅图件的缺陷等。ENVI、ERDAS 遥感图像处理软件，则用于针对土地利用现状图变化较大的区域，通过对遥感影像辨识进行局部校正。其他如 SPSS、Excel 数据统计分析软件主要用于对海量评价数据进行各种汇总分析，如常规的平均值、最大值、最小值、标准差和变异系数计算，耕地养分含量分级、等级与各种土壤属性的关系分析等数据处理工作。

所有数据经规范化处理以后，采用扬州市土壤肥料工作站开发的《耕地资源管理信息系统》进行耕地质量评价。该系统基于组件式 GIS 开发，以"全国耕地质量调查与质量评价技术规程"和"全国测土配方施肥技术规范"为技术标准，以《县域耕地资源管理信息系统数据字典》为数据标准，应用 GIS 技术构建耕地资源基础数据库和各类管理模型。其中包括采用层次分析进行耕地质量等级评价的模型，评价数据与空间数据连接模型，土壤定量属性拟合模型等，属性数据采用 Access 管理。该软件为一款开放式的开发工具，只要满足上述数据规范，就可以导入相关数据进行专题模块应用。本次汇总，空间数据前处理采用 ArcMap，属性数据采用通用数据软件，如 Excel、Access，进行数据规范与审核，使空间数据和属性数据都满足《耕地资源管理信息系统》格式要求，然后导入该系统。在该系统中，先进行层次分析的归一化处理，拟合指标隶属函数和计算各类属性的隶属度、最后采用层次分析进行等级评价。等级评价结果以地力综合指数的形式表达。评价完成后，导出该系统 Access 数据库保存的评价结果，再利用 SPSS、Excel 软件进行各类与耕地质量等级相关的数据统计。

（二）资料的收集

本次长江中游区耕地质量评价广泛收集了与评价有关的各类自然和社会经济因素资料，主要包括参与耕地质量评价的野外调查资料及分析测试数据、各类基础图件、相关年鉴统计资料等。收集获取的资料具体分述如下：

1. 野外调查资料 野外调查数据来自从长江中游区三省提交的县域耕地质量评价采样调查表，采样点按照土类和面积大小经筛选获取。野外调查资料主要包括采样点位置、地形地貌、成土母质、土壤类型、耕层厚度、表层质地、耕地利用现状、排灌条件、施肥水平、气候条件、水文、作物产量及管理措施等。

采样地块基本情况调查内容见表 2-1。

表 2-1 采样地块基本情况调查

统一编号			调查组号		采样序号	
采样目的			采样日期		上次采样日	
地理位置	省（市）名称		地（市）名称		县（旗）名称	
	乡（镇）名称		村组名称		邮政编码	
	农户名称		地块名称		电话号码	
	地块位置		距村距离（m）			
	纬度（°′″）		经度（°′″）		海拔高度（m）	
自然条件	地貌类型		地形部位		—	
	地面坡度（°）		田面坡度（°）		坡向	
	通常地下水位（m）		最高地下水位（m）		最深地下水位（m）	
	常年降水量		常年有效积温（℃）		常年无霜期（d）	
生产条件	农田基础设施		排水能力		灌溉能力	
	水源条件		输水方式		灌溉方式	
	熟制		典型种植制度		常年亩产水平（kg）	

（续）

土壤情况	土类		亚类		土属	
	土种		俗名		—	—
	成土母质		剖面构型		土壤质地（手测）	
	土壤结构		障碍因素		侵蚀程度	
	耕层厚度（cm）		采样深度（cm）		—	—
	田块面积（亩）		代表面积（亩）		—	—
来年种植意向	茬口	第一季	第二季	第三季	第四季	第五季
	作物名称					
	品种名称					
	目标产量					
采样调查单位	单位名称			联系人		
	地址			邮政编码		
	电话		传真	采样调查人		
	E-mail					

2. 检测资料 从筛选获得的耕地质量评价采样点资料中，获取实验室检测数据标号，提取土壤 pH、有机质、全氮、有效磷、速效钾、缓效钾、有效硫、有效锌、有效硼、有效铁、有效锰，以及容重等化验分析资料。按照评价工作要求，汇总对数据的可靠性和代表性进行了甄别和核实。

3. 基础及专题图件资料 基础图件资料包括三省的土壤图、土地利用现状图、地貌图、行政区划图、年降雨量图、有效积温图等。土壤图和土地利用现状图来自长江中游区三省的土壤肥料工作站，比例尺为 1∶50 万或 1∶100 万。

按照《耕地地力调查与质量评价技术规程》，土壤图和土地利用现状图用于叠加生成评价单元，获得同时具有耕地利用类型和土壤分类属性的多边形对象。因此，评价单元又称为耕地管理单元。行政区划图主要用于切割行政区评价结果和提供出图的基础要素。一般可以采用土壤图、土地利用现状图和行政区划图叠加制作评价单元，但是这样做的缺点，一是三种图层叠加聚交集的处理过程中，会进一步切割评价单元，使得评价单元数目显著增加，增加后续空间分析工作的计算机运算时间，二是行政区划变化时，评价单元必须重新制作。本次区域汇总，没有采用三图叠加方式制作评价单元，而是采用土壤图和土地利用现状图叠加制作评价单元，直到评价完成。此时，评价单元承载的耕地质量等级评价结果是完整的，需要时可以按照行政区划边界对结果进行切分，主要优点是行政区划变动后可以采用新的行政区边界对评价结果进行切分，不再需要重新制作评价单元及其后续的评价工作。

地貌图在汇总工作中用于耕地立地环境分区。长期以来，人们对地貌进行分类，主要就是为了农业利用，因此可以利用地貌与农作的关系，进行耕作区的划分。汇总采用的地貌图比例尺为 1∶100 万，用于提取评价单元的地貌类型。

气象图件依据全国气象台站近 30 年的年均降雨量图、年均有效积温历史数据，通过GIS 软件进行插值，用于提取与评价单元相关的气象信息，也用于耕地生产能力分析。

4. 其他相关资料　耕地种植的作物种类、产量、耕作制度、化肥和有机肥施用量等数据来自采样点调查表。其他相关资料：如行政区划、人口、土地面积、耕地面积，近 3 年主要作物种植面积、粮食单产、总产，蔬菜和果树种植面积及产量，以及肥料投入等社会经济指标数据来自中国和各省的统计年鉴。近几年土壤改良试验、肥效试验及示范资料；土壤、植株、水样检测资料；土壤水土保持、生态环境建设、农田基础设施建设、水利区划等相关资料；项目区范围内的耕地质量评价资料，包括技术报告、专题报告等来自各省的工作总结。其他资料还包括，三省第二次土壤普查基础资料，包括土壤志、土种志、土壤普查专题报告等。

本次汇总评价，面积平差采用 2013 年 12 月 30 日，国土资源部、国家统计局、国务院第二次全国土地调查领导小组办公室发布的长江中游区三省 2009 年年底的耕地面积（即二调面积）。水田和旱地的比例采用三省 2013 年上报的水田和旱地面积数据计算，其中水浇地归于旱地（表 2-2）。

表 2-2　长江中游区耕地面积与水旱比例

分类	湖北	湖南	江西
二调耕地面积（khm²）	5 281.81	4 137.71	3 089.91
水旱比（水田∶旱地）	1∶0.73	1∶0.26	1∶0.23

在调查数据中，由于有些数据缺乏系统性，如气象数据，各省填报的数据有的是 10 年平均，有的是 20 年平均，气象台站的数目也不同；降雨量也是如此；对耕地立地环境的地貌类型描述也过于简单，因此汇总评价工作采用了气象部门提供的气象资料和长江中游区 1∶100 万地貌图，这样能保证三省数据的系统性和可比性，保证评价结果客观、有效。

二、土壤采样与测定质量控制

长江中游区汇总数据的主体和补充调查数据，严格按照《测土配方施肥技术规范》（2011 年修订版）的要求进行。该规范规定了全国测土配方施肥工作肥料效应田间试验、样品采集与制备、田间基本情况调查、土壤与植株测试、肥料配方设计、配方肥料合理使用、效果反馈与评价、数据汇总、报告撰写、耕地质量评价等内容、方法和操作规程。适用于全国不同区域、不同土壤和不同主要作物的测土配方施肥工作，具体操作简述如下。

（一）土样采集与测定

土样采集时间安排在秋收后秋冬播作物播种前或移栽前，底肥还没有施用。取样深度为：水田 0～15cm 耕层、旱地 0～20cm 耕层。根据室内预定采样点的位置，通过 GPS 定位，进行实地选择取样地块，在所确定的地块采用 S 法均匀随机采取 15～20 个采样点，充分混合后，四分法留取 1kg。采样时直接采集耕作层混合土样，即把多个样点的土样等量、均匀混合，除去一些石块、稻草、秸秆之类的杂物，组成一个混合样品，以减少采样所带来的误差。采样工具用竹铲或不锈钢土钻。一袋土样填写两张标签，内外各具。标签主要内容包括样品野外编号（与大田采样点基本情况调查表和农户调查表一致）、采样深度、采样地点、采样时间、采样人等。所有采集的样品均放置室内，阴凉通风处风干。风干过程中，及时捏碎、摊开、摊薄，除去石块、根茎等土壤侵入物。同时避免受到酸、碱、气体、粉尘等污染物的侵入。待风干后，把土壤样本磨细，分别过 20 目和 60 目筛。分装时避免器具间的二次污染，磨好的土样放入广口瓶或塑料瓶保存时，内外面各贴上相同标签，并注明土样编号、采集地点、经纬度、土壤名称、筛孔、采样人和采样日期等相关内容，以便于日后寻找与复测之用。

本研究各项分析数据主要由省一级和各地县市土壤肥料工作站实验室分别完成，省级土肥站实验室负责微量元素和中量元素的测定，县市土肥站实验室负责有效养分的测定。土样测试时，安排加测标样、参比样和密码样，以控制和验收化验室测试结果，保证数据质量。

"样点数目与测定项目规定"耕地质量评价测定的项目或指标包括，土壤 pH、土壤有机质、土壤水解性氮（碱解氮）、土壤有效磷、土壤速效钾等；土壤交换性钙和土壤交换性镁（测定 pH＜5.5 的土样）；土壤质地、土壤阳离子交换量（CEC）、土壤全氮、土壤全磷、土壤全钾、土壤缓效钾、土壤有效硫、土壤有效硅、土壤有效铜、土壤有效锌、土壤有效铁、土壤有效锰、土壤有效硼。

在耕地质量评价中还有一些不便或不必测定的项目，如成土母质、质地、灌溉保证率、坡度坡向等，这些数据按照第二次土壤普查的土类属性、对当地农田建设现状的调查结果，直接赋值给同类土壤。

（二）检测方法

检测方法全部采用农业行业标准，参照表 2-3。

表 2-3　耕地质量调查样品分析项目测定方法

分析项目	测定标准	测定方法
土壤容重	NY/T 1121.4	环刀法
pH	NY/T 1121.2	玻璃电极法
有机质	NY/T 1121.6	重铬酸钾—硫酸溶液—油浴法
有效磷	NY/T 1121.7	碳酸氢钠提取—钼锑抗比色法
速效钾	NY/T 889	乙酸铵提取—火焰光度法
全氮	NY/T 53	半微量开氏法
缓效钾	NY/T 889	硝酸提取—火焰光度法
有效性铜、锌、铁、锰	NY/T 890	DTPA 提取—原子吸收光谱法
水溶性硼	NY/T 1121.8	甲亚胺—姜黄素比色法
有效硫	NY/T 1121.14	磷酸盐—乙酸提取，硫酸钡比浊法
有效硅	NY/T 1121.15	柠檬酸浸提—硅钼蓝比色法
交换性钙和镁	NY/T 296	乙酸铵交换—原子吸收分光光度法
CEC	NY/T 295	醋酸铵—容量分析法

（三）质量控制

提供数据的县域土壤分析化验室都是具备计量认证基本条件。工作环境、温度、湿度，满足检测工作要求。检测人员持有上岗证，在测土施肥项目实施过程中又经过专门培训，熟悉仪器操作和土壤化验基本技能。

检测误差是客观存在、不可避免的，从其产生原因与性质来分，可分为系统误差、随机误差与过失误差，前两个误差决定实验结果的准确度，而过失误差则决定精密度的好坏。为了将误差降到允许范围内，保证检测数据准群、可靠，土壤检测采用以下 3 种方法控制各项测定的可靠性。

一是基础实验控制，由于测量仪器、所用试剂和检测人员主观因素等方面的原因，加之量器、杯具都有各自的误差，因此在每批样品检测时都要进行空白实验，空白值越接近，数据越准确。如检测出来的空白值很大，说明实验数据不可靠，就必须找到错误原因给予纠正。要求实验室每批土壤测定时，都必须坚持做两个空白样，通过空白样来控制检测环境和检测试剂是否满足测定基本要求。

二是精密度控制，单个土壤平行测定 2 次，要求小于误差控制标准，合格率应达到 100%，不合格的重新称样测试。不同批次之间采用参比样控制，每批带入的参比样平行测定 3 次。通过每批加入同一参比样进行测定，校正系统误差和偶然误差。密码样控制，制样时将同一样品制备好后用四分法一分为二，编上统一分析室编号（按序编入不同批次中），按平行误差的 1.5 倍比对密码样两次测定结果的误差，所有密码样的某项目测试合格率应达到 90% 以上，即可判断该项目测定结果合格。密码样一般按总测定土样数的 5%～10% 设置。

三是准确度控制，在每一批次或几个批次样品测试中，随机掺插标样一起测试，比较标样测定结果和标样标示值之差，判断样品测试结果的可靠性，必要时进行结果校正或返工重新测试，确保试样测试结果的精确度。要正确选择与使用仪器，且在标定标准溶液或滴定被测溶液时，应由同一个化验员操作，这样可将因个人对终点掌握不同所引起的系统误差降至最小。

三、数据筛选与补充调查

评价样点选择原则：广泛代表性、兼顾均匀性、时效一致性和数据完整性。

（一）样点筛选及其密度

数据汇总规定了省域、县域的采样点数目，一般每个县域单位约 100 个样点左右。县域耕地质量评价时，比例尺是 1∶5 万，本次耕地质量区域评价的出图幅面定为 B₀，出图比例尺是 1∶100 万。根据耕地质量评价要覆盖所有亚类的要求，在反复试验成图精度的基础上，最终确定按照平均约 8 000 亩 1 个采样点的密度从县域耕地质量评价采样点中进行筛选。

县域耕地质量评价点是本次区域汇总评价样点的选择基础，首先根据样点密度、耕地面积比例，将评价样点数量分配到长江中游区三省，再逐级分配到市、县。县级耕地质量评价点位数量一般在 1 000～2 000 个之间，各县按照分配的评价样点数量，在参与县域评价的样点中做进一步筛选。筛选样点时，兼顾土壤类型、行政区划、地貌类型、地力水平等因素，筛选的样点限定在大田中，对土壤类型及地形条件复杂的区域，适当加大点位密度。

筛查样点空间分布密度和均匀性主要考虑行政村和土壤分布，避免样点的空间分布不均匀和样点的土壤分类属性没有代表性。省县级数据审核由各省土肥站负责，三省汇总数据审核由全国农业技术推广服务中心主持召集三省土肥专家和技术支持单位，共同研讨、甄别并确认，必要时退回到县域进行核实或补充调查。

（二）样点补充调查

在省级耕地质量评价工作中，根据技术规程要求，进行了土壤采样分析及农户调查，以及土地利用现状图、土壤志等资料收集，较好满足了省级耕地质量评价工作要求。长江中游区耕地质量评价是以 3 个省级行政区作为为评价对象，范围大，各省耕地立地环境及其描述，如地形地貌、土壤类型、种植作物等的多样性与差异性，导致收集获取的各种资料不尽相同，即使同一调查项目，各地分类及叫法也不同。加上降水量、积温等气候条件三省之间的数据缺乏系统性，所以必须在获取三省资料的基础上，按照查漏补缺的原则开展补充调查，以满足三省长江中游区域评价与汇总工作的需求。

补充调查的主要内容分为三方面：一是规范原调查项目的填写，保证评价指标数据的统一可比性。如灌溉能力分为充分满足、基本满足和不满足；耕层质地分为壤土、黏壤土、黏土、砂土；剖面土体构型分为海绵型、上松下紧型、夹层型、紧实型、松散型、上紧下松型、薄层型。按照中国土壤分类与代码（GB17296—2009）统一湖北、湖南、江西的土类、亚类命名以及土壤代码。二是完善采样点的各种养分资料。对没有分析的项目进行补充分析，对部分典型区域而无采样点数据的，需重新采样进行分析化验。三是增加调查项目。如秸秆还田方式分为不还田、覆盖还田、翻压还田。障碍层类型分为白浆层、夹沙层、夹黏层、潜育层、铁盘层和无障碍 6 种类型。

三省对已调查过的项目，如土壤类型、地貌类型、灌溉能力、年降雨量等，根据区域土壤图、地貌图以及收集的有关资料，逐项按补充调查要求及划分标准进行审核、规范修改填写。对新增加的项目由技术人员到实地调查、测量并填写。在完成补充调查之后，需达到表格填写项目齐全、规范、数据准确的要求。

（三）数据项筛选

在样点选取的基础上，进一步筛选耕地质量评价所需要的各类信息。具体数据项的筛选主要依据评价内容，同时考虑本区域影响地力生产潜力的相关因素，并做了适当的补充调查。主要包括采样点基本信息、立地条件、理化性状、障碍因素、土壤管理 5 个方面。筛选出的采样点信息达到了信息齐全、准确、不缺项的要求。

对遴选出的数据按照《县域耕地资源管理信息系统数据字典》的要求，进行完整性、规范性与合理性检查，并按照全国农业技术推广服务中心统一提供的格式，录入 Excel 过录表。长江中游区耕地评价数据汇总涉及江西、湖南和湖北 3 个省级土肥站及其下辖的 330 个县域土肥站（县和县级市、市区、农场和林场），筛查面对的采样点总量达到 150 多万个，筛选出采样点数 41 943 个，每个记录有 66～67 个字段。获得有效数据 176 万多个。按照长江中游区数据汇总要求，最终版本的数据概况见表 2-4。

表 2-4　数据汇总概况

指标分类	字段	说明
区划与地名	5	统一编号、省（自治区、直辖市）名、地市名、县（区、市）名、乡镇名、村名
气候	3	≥0℃积温、≥10℃积温、年降水量
土壤分类	4	土类、亚类、土属、土种
设施条件	3	灌溉方式、灌溉能力、排水能力
立地环境	14	经度、纬度、成土母质、海拔、地貌类型、地形部位、剖面土体构型、土壤侵蚀程度、障碍因素、障碍层类型、障碍层深度、障碍层厚度、耕层质地、耕层厚度
理化检测	20	耕层容重、CEC、土壤 pH、有机质、全氮、碱解氮、全磷、有效磷、全钾、速效钾、缓效钾、有效锌、有效硼、有效铜、有效铁、有效锰、有效硫、有效硅、交换性钙、交换性镁
耕作与产量	15	常年耕作制度、水稻产量、小麦产量、玉米产量、油菜产量、棉花产量、化肥 N 用量、化肥 P_2O_5 用量、化肥 K_2O 用量、有机 N 用量、有机 P_2O_5 用量、有机 K_2O 用量、还田方式、还田比例、还田量
其他	3	湖南有土壤分类代码，湖北和江西有地方顺序号，江西有本地土属编码
合计	64	其中字符型 24，数值型 40

四、汇总面积校正

长江中游区耕地信息资源汇总与评价采用的原始土壤图是 20 世纪 80 年代制作完成的，土壤分类及其面积是当时的土地利用状况，限于技术水平和耕地利用方式的历史变迁，尽管土壤分类属性在此期间的变化不大，但是土地的利用性质已经发生较大改变，如原来的林地开垦为耕地、荒山坡地改良成为耕地，另外土地平整减少大量田埂、归并大量地角，所有这些，势必影响到耕地面积的改变。因此必须按照当前的耕地实际面积和利用方式进行校正，才能指导当前的耕地管理和合理使用。

2013 年 12 月 30 日，国土资源部、国家统计局、国务院第二次全国土地调查领导小组办公室发布了《第二次全国土地调查主要数据成果的公报》，指出全国耕地面积为 13 538.5 万 hm²（203 077 万亩）。第二次全国土地调查（以下简称二调）自 2007 年 7 月 1 日起，以 2009 年 12 月 31 日为标准截止时点，对全国土地资源所做的全面调查。这是我国第一次全面采用以航空、航天遥感影像为主要信息源，统一土地利用分类国家标准，政府统一组织、国家掌控质量，实现图、数、实地调查相符的全面土地资源查清。调查结果科学、公告数据权威，因而本次汇总采用公告面积作为长江中游区耕地面积校正标准。长江中游区的耕地利用主要有旱地和水田两种，水田旱地也可以轮作，因此水田旱地的面积校正具有现势特征，不可能做到利用方式固定，为此本次汇总采用长江中游区农业厅 2013 年的水田和旱地的实际利用方式进行校正。

第二节　数据库建立

长江中游区耕地资源数据库是耕地质量评价的基础，汇总评价工作中一共建立了三类数据库：一是采样点原始数据库，二是自然地理空间数据库，三是耕地评价空间数据库。

采样点原始数据库存放的是长江中游区三省经过筛选、甄别和确认有效的采样点原始数据，共有字段 64 个，其中字符型 24 个，数值型 40 个，字段名参见表 2-4。该数据库以 Excel 格式保存。

自然地理空间数据库存放的是耕地质量评价需要用到的各类自然地理类基础图件数据和专业数据，如长江中游区的地貌图、行政区划图、土壤图、土地利用现状图、降雨量分布图、有效积温分布图等，这些图的格式都是标准的 shp 格式，由点、线、面三类图层的形式保存备用。

耕地质量评价空间数据库以评价单元作为管理对象，评价单元由土壤图和土地利用现状图进行图层叠加聚交集制作，评价单元既包含耕地利用类型，又具有耕地土壤的分类属性。评价单元的理化属性则利用 GIS 的数据插值功能把各个评价指标的点数据扩展到面上，并赋值给评价单元形成耕地质量评价空间数据库。在此数据库的支持下再进行层次分析，确定评价单元的耕地质量等级。耕地质量评价空间数据库与采样点数据库有 3 点不同，一是评价空间数据库的字段数目少，字段名就是评价指标名称；二是评价空间数据库存放的是软数据，即通过采样点数据插值获得的数据，采样点数据库存放的是硬数据，即实际数据；三是记录数目不同，采样点数据库中 1 个采样点就是 1 条记录，而评价空间数据库的记录数等于评价单元数。

上述三类数据库的建立流程都包括：资料收集、资料整理与预处理、拓扑关系建立、属性数据输入、数据入库等几个工作阶段。

资料收集阶段：收集了长江中游区湖北、湖南、江西 3 个省的行政区划图、土地利用现状图、土壤图、地貌图等相关底图资料，气象资料则按照三省气象台站提供的数据进行空间插值。

资料整理与预处理阶段：为提供数据库建设的质量，按照统一化和标准化的要求，对收集的资料进行了规范化检查与处理。如进入采样点数据库的所有数据都严格按照数据字典规范字段名，规范指标属性范围和内涵。又如，三个省的行政区划图，不仅对行政区域边界、地名进行核实，而且还要规定不同道路的等级及其空间属性值，点、线、面及其颜色都要统一规范。

拓扑关系主要指的是图形对象的矢量化，如行政区划图中的道路，特别是高速路和国道的经常变动，需要采用最新的行政区划图进行配准并数字化，三省的省级土壤图和土地利用现状图要合并到一起并校正到无缝连接，这些工作都需要进行重新建立拓扑关系。矢量图的表达还需要采用适当的坐标系和误差尽可能少一点的投影等。拓扑关系建立阶段要对所有汇总数据的采样点及其空间属性数据，进行拓扑检查处理，这样才能确保后期各种空间分析工作的顺利进行。

属性数据输入阶段：依据县域耕地资源管理信息系统数据字典等资料，对所有成果图按相关要求输入属性代码和相关的属性内容。

数据入库阶段：在所有矢量数据和属性数据质量检测和有关问题处理后，进行属性数据库与空间数据库联接处理，按照有关要求形成所有成果的数据库。

一、数据资料审查

（一）数据审查的重要性

数据的准确与否直接关系到耕地质量评价的精度，养分含量分布图的准确与否，对成果应用效益产生直接影响。为保证数据的可靠性，在进行耕地质量评价之前，需要对数据进行检查和预处理。

对所有的采样点数据进行审查，采取了人工检查和计算机编程检查相结合的方式进行，以确保数据资料的完整性和准确性。此时，利用计算机技术能快速筛查、发现缺失和异常数据，为快速甄别数据、校正各类误差节省了时间。

各省地理位置不同，农业种植差异较大，产量差异也大。土壤分类名称、成土母质名称、地块地理位置、土壤障碍类型和特征，甚至灌溉类型的描述相差较大，存在歧义语意，也显著增加了原始数据汇总的难度。为此，针对数据区域汇总出现的问题，统一认识和汇总标准，按照数据字典进行归纳，为顺利实施数据汇总、保障评价数据的系统性奠定了基础。

（二）数据审查标准

长江中游区耕地信息资源汇总建立的各类数据库，遵循了以下各项标准或规范。

（1）GB2260—2002　中华人民共和国行政区划代码

（2）NY/T1634—2008　耕地地力调查与质量评价技术规程

（3）NY/T309—1996　全国耕地类型区、耕地地力等级划分标准

（4）NY/T310—1996　全国中低产田类型划分与改良技术规范

（5）GB/T17296—2000 中国土壤分类与代码

（6）GB/T13989—1992 国家基本比例尺地形图分幅与编号

（7）GB/T13923—1992 国家基础信息数据分类与代码

（8）GB/T17798—1999 地球空间数据交换格式

（9）GB3100—1993 国际单位制及其应用

（10）GB/T16831—1997 地理点位置的纬度、经度和高程表示方法

（11）GB/T10113—2003 分类编码通用术语

（12）《县域耕地资源管理信息系统数据字典》，中国农业出版社，2008年

（13）GB17296—2009 中国土壤分类与代码

（三）空间数据审查方法

主要审核汇总数据的采样点数及其空间分布，分为二级审核。在省一级的汇总中需要进行空间编码审查。采用 ArcMap 软件，首先对采样点进行空间编码，检查省级采样点是否在该省边界内，然后检查采样点是否在采样点所在县域边界内。通过空间编码检查，把三省上报数据按照是否在各省边界和所在县域边界内进行区分，对于不在边界内的记录返回重新审核，校正经纬度单位或重新转换坐标格式。

经过三省采样点的省域、县（市）域的空间编码与上图抽查，所有 41 943 个采样点的空间分布及其均匀性通过审核。

空间数据的审核还包括对土壤图的分类属性和多边形图斑大小进行检查，如有的省级土壤图是采用县域土壤图缩编获得，这样有许多面积很小的图斑，还有的省级土壤图土壤分类的最小级别不同，有的没土属，有的有土属，这些都在整合时进行校正并重建拓扑使之系统化。

（四）数据审查方法

长江中游区的土壤属性数据汇总首先要保证系统性，即便是定性指标，3 个省不同县域间的土壤属性常常表述不同。这是因为在 20 世纪 80 年代第二次土壤普查时以县域为单位，而县域间的土壤分类各自为政，分类的代码和名称也不同，3 个省之间也是如此。这次数据汇总过程中，参照《中国土壤分类与代码（GB17296—2009）》对土壤分类属性进行了系统化，名称和代码都进行了规范。汇总原始数据中，土壤质地分类有国际制、卡庆斯基制（前苏联制）和中国制 3 种，各县市提交的质地描述不尽相同。因此在长江中游区的范围内，把质地统一归并为"砂土"、"壤土"、"黏壤土"和"黏土" 4 种（简化国际制）。成土母质统一规定按照母岩的性质进行归并。此外，还有地貌类型、地形部位、土体构型等，通过汇总数据也进行了统一规范。

属性数据中定量数据的审核涉及的指标数目多，专业性强。为此，数据审核通过以下 3 种方式保障数据的代表性和合理性。

一是通过三省数据差异性分析，寻找差异原因，如果合理可以接受，保留数据，否则就进一步把各省汇总数据退回到各省，再由各省按照错误性质退回到县域单位，并指导县域技术人员查找原始数据，进行校核。如有的县域采样点 CEC 数值普遍较低，通过查阅了文献并与当地土肥专家交流，发现是由于 CEC 单位错误导致的问题，经过筛查，排除并解决了类似问题。

二是查找科学文献，利用各省农业科研部门发表的文章，或以往的工作数据，对照试验

地点和属性数据，比对分析进行审核；如湖北省有机质含量，先后通过与第二次土壤普查和监测点的数据比对后才加以确认。

三是分析数据间的相互关系，查找相悖数据，核实并予以校正。

二、空间数据库

（一）基本规定

1. 坐标系与比例尺　大地基准面采用西安 80 坐标系，1956 黄海高程。出图以单张 B_0（1 000mm×1 414mm），比例尺为 1∶100 万。

2. 投影　我国小于 1∶100 万地图一般采用了兰勃托投影（正轴等角圆锥投影），长江中游区也采用兰勃特正形圆锥投影。该投影采用双标准纬线相割，与采用单标准纬线相切比较，其投影变形小而均匀。该投影按纬差进行分带，每隔 4°为一带，自赤道到北纬 56°分为 14 个投影带。在每一图幅范围内最大长度变形仅为 3/10 000。我国各省（自治区、直辖市）分为 10 个投影带，计算得采用正轴等角圆锥投影时长度变形小于 0.5%。由于这 10 个投影带是按照省为单位来划分的双纬线，整个中国目前采用的标准纬线是 $\psi_1=25°00'$，$\psi_2=47°00'$，而湖北，湖南，江西三省没能划分到一个投影带（表 2-5），因此要对双纬线进行自定义。

表 2-5　我国三省标准双纬线范围

省份名称	制图区域范围				标准纬线	
	纬度$_{Min}$	纬度$_{Max}$	经度$_{Min}$	经度$_{Max}$	ψ_1	ψ_2
湖北	29°00'	33°30'	108°30'	116°20'	30°30'	32°30'
湖南	24°30'	30°10'	108°40'	114°20'	26°00'	29°00'
江西	24°30'	30°30'	113°30'	118°30'	26°00'	29°00'

范围计算：首先，三省合到一起的纬度范围是：纬度$_{Min}$＝24°30'，纬度$_{Max}$＝33°30'，那么投影区域的中间纬线为 $\psi_m=1/2（\psi_{min}+\psi_{max}）$。应用 0.618（最优算法）计算 ψ_1，ψ_2：

$$\psi_1=\psi_m+（\psi_{max}-\psi_m）0.618=31°47'$$

$$\psi_2=\psi_m-（\psi_m-\psi_{min}）0.618=26°13'$$

所以 ψ_1 取值 31°30' 较合适，ψ_2 取值 26° 较合适。

实际操作后，发现成图显示效果与一般观察的形状有较大差异，而且考虑以后需要和全国其他区域合并，最后确定采用全中国目前采用的标准双纬线，分别是 $\psi_1=25°00'$，$\psi_2=47°00'$。

（二）主要空间数据库

汇总与评价工作制作了三类空间数据库：一类是基础空间数据库，主要包括土壤图、土地利用现状图、行政区划图、地貌图、耕地土壤采样点位图、≥10℃有效积温、≥0℃有效积温、年降雨量分布图等；第二类是在上述基础图件基础上，围绕耕地质量评价制作的成果图，如长江中游区耕地等级分布图、土壤主要养分分布图等系列图件；第三类是中间文件，如各种土壤属性的插值图、各类空间分析图等。所有空间数据都有一个空间数据库作为支撑，基本字段是点、线和面的地理位置，其他字段则与图的类型有关。在汇总过程中，针对长江中游区数据系统化的基本要求都做了相应处理，做到了数据规范、方便应用、利于共享。

如土壤图原始图件概况见表 2-6。

表 2-6　长江中游区三省原始土壤图概况（hm^2）

省名	土类	亚类	土属	图斑数	平均面积	最大面积	最小面积
湖北	14	29	14	2 361	7 676.85	904 562	11.11
湖南	12	28	0	6 409	3 159.17	3 125 870	33.83
江西	13	22	57	3 177	2 644.35	502 748	0.06

表 2-6 反映，湖南省的图斑数明显高于湖北省和江西省，最大图斑面积也出现在湖南，反映了洞庭湖平原和低山中山较多的地貌特征。江西的最小面积只有 0.06hm^2，无论是 1∶50 万或 1∶100 万的图数字化后都不可能出现的，属于县域土壤图缩编的残留。湖北和江西都有土属，而湖南没有土属。在汇总工作初始阶段就对图斑大小进行了检查与利用土壤栅格图比对、校正，最终采用亚类作为长江中游区土壤分类系统的最小单元。

三省土壤图经过审核、规范和重建拓扑后，其数据库的结构参见图 2-1，可见该数据库结构简洁，省级归属明确、土类和亚类名称与代码规范，该图件作为评价单元制作的基础图件可以提供土壤分类的亚类属性，与土地利用现状图进行空间相交分析后，提取交集可以获得耕地及其土类信息，作为耕地质量评价的底图。合并后的土壤图也可以单独以长江中游区作为边界成图。

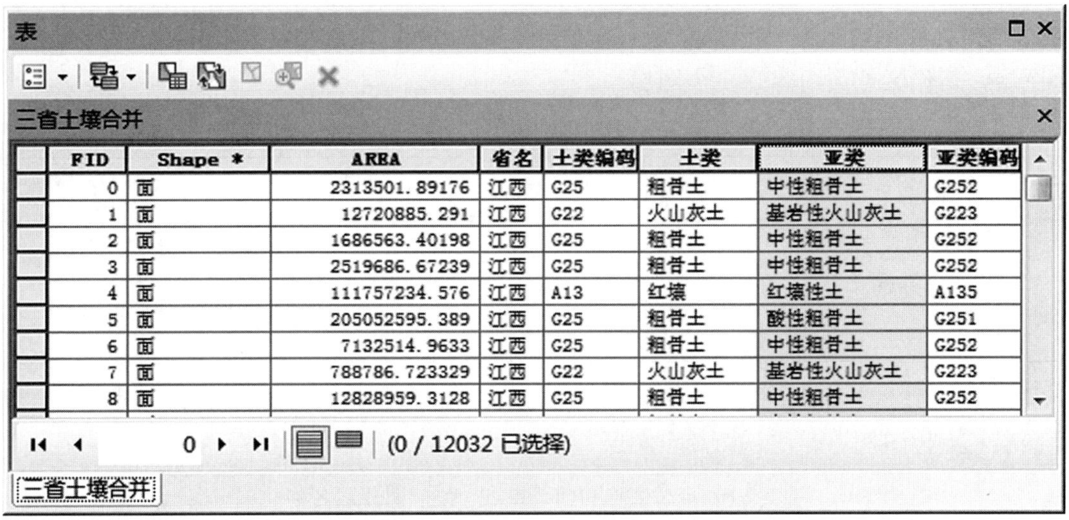

FID	Shape *	AREA	省名	土类编码	土类	亚类	亚类编码
0	面	2313501.89176	江西	G25	粗骨土	中性粗骨土	G252
1	面	12720885.291	江西	G22	火山灰土	基岩性火山灰土	G223
2	面	1686563.40198	江西	G25	粗骨土	中性粗骨土	G252
3	面	2519686.67239	江西	G25	粗骨土	中性粗骨土	G252
4	面	111757234.576	江西	A13	红壤	红壤性土	A135
5	面	205052595.389	江西	G25	粗骨土	酸性粗骨土	G251
6	面	7132514.9633	江西	G25	粗骨土	中性粗骨土	G252
7	面	788786.723329	江西	G22	火山灰土	基岩性火山灰土	G223
8	面	12828959.3128	江西	G25	粗骨土	中性粗骨土	G252

图 2-1　长江中游区土壤图数据库结构

（三）点、线、面图层建立

1. 图层建立　考虑建库、评价及相关图件编制的需要，评价将空间数据库以图层形式分别制作并分类存放，图层属性分为点、线和面三类。

点状类图层包括基于采样点数据库的采样点位图、行政区划图中的不同行政级别的地名、气象观察站的点位等。如图 2-2 是经过校对核实的省、县采样点位示意图。

线状类图层主要有不同等级道路、铁路、有效积温等值线、降雨量等值线等图层，多为制图基础要素。

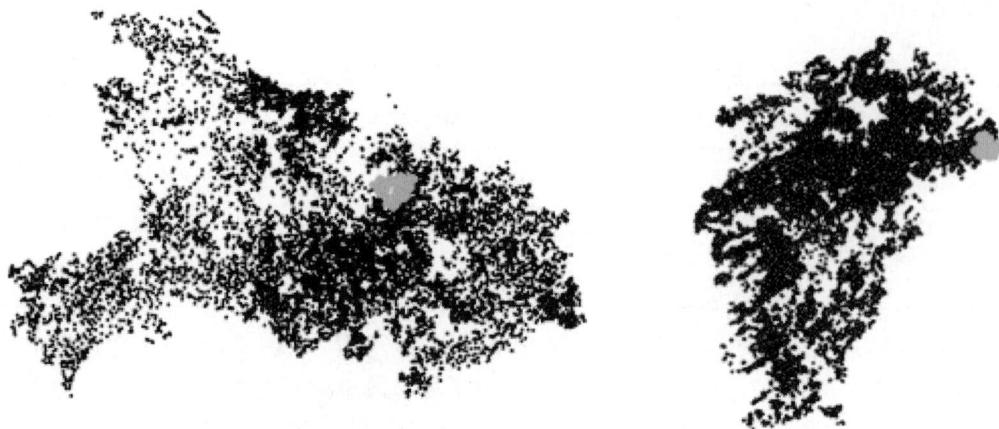

湖北省及其安陆县采样点　　　　　江西省及其广丰县采样点

图 2-2　采样点位示意图

面状类图层包括地貌图、土地利用现状图、土壤图、评价单元图、行政区划边界图、有效积温和降雨量分布图等多边形图层。

整个耕地质量评价的底图就是评价单元图，以评价单元的各项属性指标及其变化范围作为分级制图的依据，综合点、线基础图层，就可以制作各类专题图，如耕地质量等级分布图、各种营养元素分布图等。

地理底图：按照空间数据库建设的分层原则，所有成果图的空间数据库均采用同一地理底图，即地理底图单独一个文件存放。地理底图分 3 个图层，其中，地理内容点、线、面共 3 个图层，工作区外围内容为一个图层。

表 2-7　地理底图空间数据库点、线、面分层名称

图件名称	层数	数据库分层名称
地理底图	4	长江中游区 3 个省底图 . WT
		长江中游区 3 个省底图 . WL
		长江中游区 3 个省底图 . WP
		外围 . WL

点位图：分 8 个图层，其中地理底图点、线、面 3 个图层，点位图 1 个图层，点位注释 1 个图层，点位图例点、线、面 3 个图层，见表 2-8。

表 2-8　点位图空间数据库点、线、面分层名称

图件名称	层数	数据库分层名称
点位图	8	长江中游区 3 个省底图 . WT
		长江中游区 3 个省底图 . WL
		长江中游区 3 个省底图 . WP
		长江中游区 3 个省点位图 . WT
		长江中游区 3 个省点位注释 . WT
		点位 . TL . WP
		点位 . TL . WL
		点位 . TL . WT

土地利用现状图：分 7 个图层，其中土地利用现状图点、线、面 3 个图层，工作区外围的线 1 个图层，土地利用现状图图例点、线、面 3 个图层，见表 2-9。

表 2-9 土地利用现状图空间数据库点、线、面分层名称

图件名称	层数	数据库分层名称
土地利用现状图	7	长江中游区 3 个省底图 . WT
		长江中游区 3 个省底图 . WL
		长江中游区 3 个省底图 . WP
		外围 . WT
		现状 . TL. WP
		现状 . TL. WL
		现状 . TL. WT

地貌图等专题图（有效积温、降雨量和养分图）：分 11 个图层，其中地理底图点、线、面 3 个图层，地貌图（有效积温、降雨量和养分图）点、线、面 3 个图层，工作区外围的线 1 个图层，地貌图（有效积温、降雨量和养分图）点、线、面图例 3 个图层，见表 2-10。

表 2-10 土地利用现状图空间数据库点、线、面分层名称

图件名称	层数	数据库分层名称
地貌图	10	地貌 . WP
		地貌 . WL
		地貌 . WT
		长江中游区 3 个省底图 . WT
		长江中游区 3 个省底图 . WL
		长江中游区 3 个省底图 . WP
		外围 . WT
		地貌 . TL. WP
		地貌 . TL. WL
		地貌 . TL. WT

2. 空间数据库 长江中游区空间数据库分层数据内容见表 2-11。

表 2-11 长江中游区数据库（点、线、面）分层

图件名称	图层类型	图层名称	数据内容
地理底图	点	底图	城市注记、县注记、道路、河流、水库
		底图 TL	图名、坐标系类型、比例尺、指北针
	线	底图	省界、地市界、县界、铁路、高速公路
		底图 TL	图框、比例尺
	面	底图	水库、河流
		底图 TL	比例尺

（续）

图件名称	图层类型	图层名称	数据内容
土地利用现状图	点	现状	城市注记、县注记、道路、河流、水库、地类编号
		现状 TL	图名、坐标系类型、比例尺、指北针
	线	现状	省界、地市界、县界、铁路、高速公路
		现状 TL	图框、比例尺、图例
	面	现状	水库、水田、旱地
		现状 TL	比例尺、图例
地貌图	点	地貌	地貌代号
		地貌 TL	图名、经纬度、坐标系类型、比例尺、指北针
	线	地貌	地貌界线
		地貌 TL	图框、比例尺、图例
	面	地貌	低海拔冲积平原等63种
		地貌 TL	比例尺、图例
点位图	点	点位图	点位
		点位注释	点位注释
		点位 TL	图名、坐标系类型、比例尺、指北针、图例
	线	点位 TL	图框、比例尺、图例
	面	点位 TL	比例尺、图例
积温图	点	积温 TL	图名、经纬度、坐标系类型、比例尺、指北针、图例
	线	积温等值线	等值线
		积温 TL	图框、比例尺、图例
	面	积温等值线	积温范围：4 500～6 700
		积温 TL	比例尺、图例
土壤图	点	土壤图	土壤属性代码
		土壤图 TL	图名、经纬度、坐标系类型、比例尺、指北针
	线	土壤图	土壤分类界线
		土壤图 TL	图框、比例尺、图例
	面	土壤图	水稻土、红壤、黄棕壤、潮土等
		土壤图 TL	比例尺、图例
耕地质量评价等级图	点	地力评价	耕地等级
		地力评价 TL	图名、经纬度、坐标系类型、比例尺、指北针
	线	地力评价	耕地等级界线
		地力评价 TL	图框、比例尺、图例
	面	地力评价	耕地等级1～10
		地力评价 TL	比例尺、图例

（续）

图件名称	图层类型	图层名称	数据内容
有机质	点	有机质	有机质等级
		有机质 TL	图名、经纬度、坐标系类型、比例尺、指北针
	线	有机质	有机质等级界线
		有机质 TL	图框、比例尺、图例
	面	有机质	有机质等级：Ⅰ、Ⅱ、Ⅲ、Ⅳ、Ⅴ
		有机质 TL	比例尺、图例
pH	点	pH	pH 分级
		pH TL	图名、经纬度、坐标系类型、比例尺、指北针
	线	pH	pH 等级界线
		pH TL	图框、比例尺、图例
	面	pH	pH 等级：Ⅰ、Ⅱ、Ⅲ、Ⅳ、Ⅴ、Ⅵ
		pH TL	比例尺、图例

3. 成果图　本次长江中游区评价形成了土地利用现状图、行政区划图、土壤图、地貌图、耕地质量调查点位图、≥10℃有效积温和降雨量分布图、耕地质量评价等级图、土壤养分系列图等 20 幅系列成果图件。

表 2-12　本次评价长江中游区主要成果图件

序号	成 果 图 名 称	比例尺
1	长江中游区土地利用现状图	1：100 万
2	长江中游区行政区划图	1：100 万
3	长江中游区地貌图	1：100 万
4	长江中游区土壤图	1：100 万
5	长江中游区≥10℃有效积温分布图	1：100 万
6	长江中游区降雨量分布图	1：100 万
7	长江中游区耕地质量调查点点位图	1：100 万
8	长江中游区耕地质量评价等级图	1：100 万
9	长江中游区土壤 pH 分布图	1：100 万
10	长江中游区土壤有机质含量分布图	1：100 万
11	长江中游区土壤全氮含量分布图	1：100 万
12	长江中游区土壤有效磷含量分布图	1：100 万
13	长江中游区土壤速效钾含量分布图	1：100 万
14	长江中游区土壤缓效钾含量分布图	1：100 万
15	长江中游区土壤有效硫含量分布图	1：100 万
16	长江中游区土壤有效锌含量分布图	1：100 万
17	长江中游区土壤有效硼含量分布图	1：100 万
18	长江中游区土壤有效铜含量分布图	1：100 万
19	长江中游区土壤有效铁含量分布图	1：100 万
20	长江中游区土壤有效锰含量分布图	1：100 万

三、属性数据库

（一）属性数据库内容

属性数据库有两类，一类是保存原始数据的采样点原始数据库；另一类是通过数学算法获得的派生属性数据，分别存放在耕地质量评价空间数据库和非评价指标空间数据库中，前者需要导入到耕地质量评价系统进行等级评价，后者只供出专题图使用。

在各类数据库中录入或保存的数据，全部采用数据字典和有关专业的属性代码标准填写。数据记录包括字段代码、字段名称、英文名称、释义、数据类型、数据来源、量纲、数据长度、小数位、取值范围、备注等内容。

采样点数据库所包含属性数据如下（表 2-13）：

表 2-13　长江中游区采样点数据库

字段名称	数据类型	数据长度
统一编号	字符型	255
省名称	字符型	255
地市名称	字符型	255
县名称	字符型	255
乡镇名称	字符型	255
村名称	字符型	255
经度	双精度	15
纬度	双精度	15
土类	字符型	255
土类编码	字符型	255
亚类	字符型	255
亚类编码	字符型	255
土属	字符型	255
国家土属代码	字符型	255
成土母质	字符型	255
地貌类型	字符型	255
地形部位	字符型	255
耕层厚度	整型	10
灌溉方式	字符型	255
灌溉能力	字符型	255
排水能力	字符型	255
耕层质地	字符型	255
障碍因素	字符型	255
秸秆还田方式	字符型	255
常年耕作制	字符型	255
有机质	双精度	15
土壤 pH	双精度	15
全氮	双精度	15
有效磷	双精度	15
速效钾	双精度	15
有效锌	双精度	15
有效硼	双精度	15

（二）属性数据格式与系统导入

属性数据库前期以采样调查表的格式存放在 Excel 表格中，通过对各类数据进行甄别、补充调查和确认后，作为采样点原始数据空间数据库。汇总时，利用 ArcGIS 平台，对采样调查表中的经纬度进行空间编码，形成采样点空间数据库，此时每个采样点的属性都自动附加到采样点上。

在后续的评价过程中，属性数据采用二种处理方式与空间地理对象建立关系，一种是直接整合保存，如评价空间数据库中直接保存所有评价指标的属性数据，可以应用耕地资源管理信息系统进行耕地质量等级评价。另一种是单独保存形式，属性数据需要与空间数据库通过记录号（ID 号）进行连接，如非评价指标体系中的养分指标保存在属性数据库中，在制作专题图时再利用 ID 号导入评价单元空间数据库中。

属性数据的空间 ID 号，是属性数据插值时，按照评价单元进行区域统计时获得的，因此与评价单元空间数据库具有一对一的空间对应关系。

（三）主要属性数据的分级

土壤养分等级划分标准与土壤测定数据的分布特征有关，是制定耕地合理利用与管理的理论依据。本节土壤属性数据的分级全部采用土壤采样点原始数据库中属性数据，都是硬数据。

1. 土壤养分等级划分标准　20 世纪 80 年代，全国第二次土壤普查数据汇总时采用的土壤主要属性指标的等级划分标准见表 2-14。

表 2-14　全国第二次土壤普查主要理化属性分级标准

项目	单位	一级	二级	三级	四级	五级	六级
pH	—	<4.5	4.5~5.5	5.5~6.5	6.5~7.5	7.5~8.5	>8.5
有机质	g//kg	<6.0	6.0~10.0	10.0~20.0	20.0~30.0	30.0~40.0	>40.0
全氮	g/kg	<0.5	0.50~0.75	0.75~1.00	1.00~1.50	1.50~2.00	>2.00
全磷	g/kg	<0.4	0.4~0.7	0.8~1.0	1.0~1.5	1.5~2.0	>2.0
全钾	g/kg	<5	5~10	10~15	15~20	20~30	>30
碱解氮	mg/kg	<30	30~60	60~90	90~120	120~150	>150
速效钾	mg/kg	<30	30~55	55~100	100~150	150~200	>200
有效铜	mg/kg	<0.10	0.10~0.20	0.20~1.00	1.00~1.80	>1.80	
有效铁	mg/kg	<2.5	2.5~4.5	4.5~10.0	10.0~20.0	>20.0	
有效锰	mg/kg	<1.0	1.0~5.0	5.0~15.0	15.0~30	>30.0	
有效钼	mg/kg	<0.10	0.10~0.15	0.15~0.20	0.20~0.30	>0.30	

历经 30 多年的变化，土壤的某些理化属性也发生了改变，如图 2-3，是按照第二次土壤普查分级标准，对长江中游区耕地有机质含量汇总数据所作的分布图，按照"二普"标准，汇总数据中六级几乎没有，五级占比也极少，显然这样的分级标准和级别设置已经没有意义，不适合当前数据实际分布情况。

图 2-3 的统计结果反映，长江中游区的土壤有机质含量明显上升，与第二次土壤普查的分级标准比较，普遍上升了一个级别，说明了近年来农业部门推广秸秆还田和有机质提升工

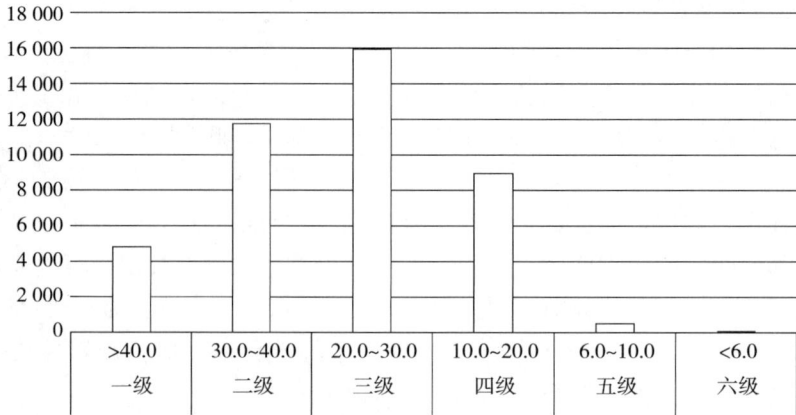

图 2-3　长江中游区汇总数据有机质含量分布图（g/kg）（第二次土壤普查标准）

程已经初见成效。

　　总体来讲，农田有机质含量的提升顺应了耕地产出水平不断提升的需求，反过来应用较高的土壤有机质含量来评价耕地的质量水平，避免有机质出现入不敷出的状况，是必要的、科学的。长江中游区耕地数据汇总修改了第二次土壤普查的分级标准，使之符合当前实际。表 2-15 是第二次土壤普查和长江中游区数据汇总评价采用的分级标准比较。

表 2-15　长江中游区土壤有机质分级标准（g/kg）

分级标准	一级	二级	三级	四级	五级	六级
第二次土壤普查采用标准	>40.0	30.0~40.0	20.0~30.0	10.0~20.0	6.0~10.0	<6.0
长江中游区标准	>40.0	30.0~40.0	20.0~30.0	15.0~20.0	10~15.0	<10.0

　　按照修改的有机质分级标准，不同级别有机质的分布情况（图 2-4）在低含量段进一步细分，比对图 2-4 可见，修改的标准符合长江中游区有机质含量的数据分布特征，也满足培肥耕地质量和耕地管理的需要。

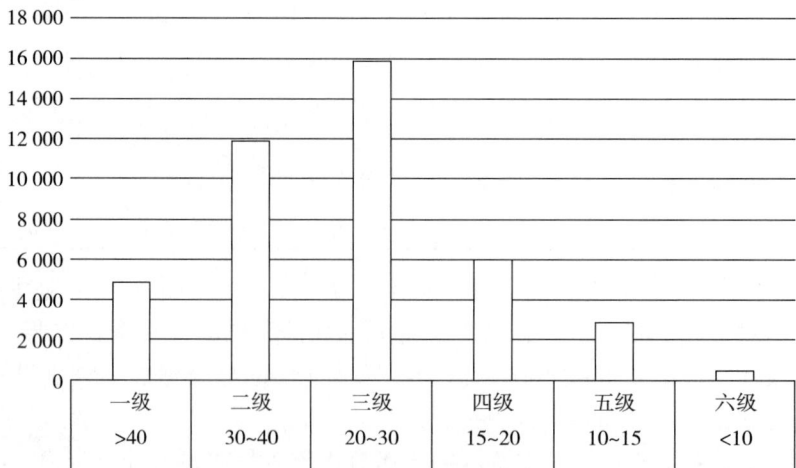

图 2-4　长江中游区耕地土壤采样点有机质含量分布情况（g/kg）

类似的情况还有土壤有效磷，数据汇总发现，如果按照第二次土壤普查分级标准，汇总的 41 943 条记录中，处于六级的采样点占比很小，不到 2%（图 2-5），而在 20～40mg/kg 之间的数据过于集中。

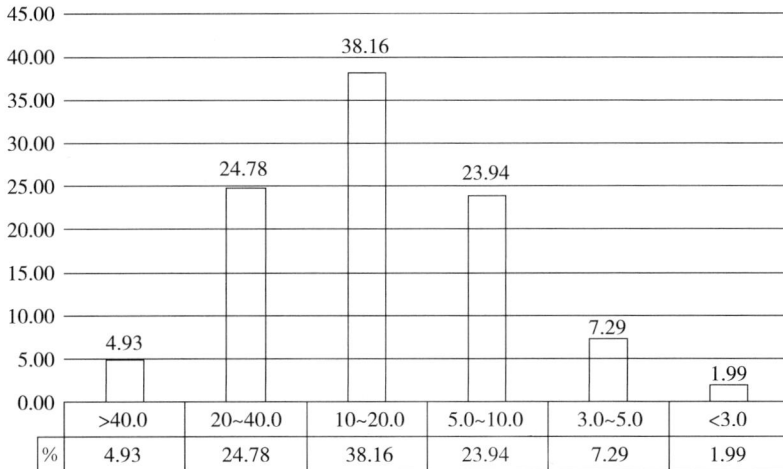

图 2-5　有效磷第二次土壤普查标准分级情况（mg/kg）

	>40.0	20~40.0	10~20.0	5.0~10.0	3.0~5.0	<3.0
%	4.93	24.78	38.16	23.94	7.29	1.99

值得注意的是，耕地质量评价采用的土壤有效磷测定方法，土样前处理不同。第二次土壤普查速效养分测定使用过 1mm 筛的土样，耕地评价采用的是过 2mm 筛的土样。有研究发现，1mm 粒径土样测得有效磷含量普遍较 2mm 粒径土样低，因此是否会影响到当前测定数据与历史数据的应用和比对，值得重视。理论上，有效养分的提取过程只是将土粒表面吸附的养分离子通过交换浸提出来，但是这一过程既与土粒结构、矿物组成有关，又与土壤制样粒径有关。仅就制样而言，粒径越小，其比表面越大，浸提出来的有效养分也越多，但实际情况比较复杂。不同母质发育的土壤所含矿物黏粒不同，土壤磨碎过筛后，颗粒大小不同，土壤团聚体的大小和表面所吸附的养分含量也会有一定的差异，因此对某一种养分测定，不同母质发育的土壤，1mm 粒径与 2mm 粒径提取的养分含量多少也会不同。有效磷测定结果较低、测定误差较大可能是与磷素在土壤中存在的形式和固定特性有关，在石灰性和中性土壤中磷主要以磷酸钙盐的形式存在，在酸性土壤和微酸性土壤中主要以磷酸铁、磷酸铝盐的形式存在，用化学浸提方法来测定有效磷含量时，$NaHCO_3$ 溶液提取过程中磷的再固定也是一个重要的影响提取量的因素。土壤颗粒越小，其比表面积就越大，磷的固定量也增加，因此在同等条件下 1mm 粒径土壤提取出来的有效磷含量反而比 2mm 低。汇总数据出现有效磷含量偏高的现象是否与土壤制样粒度有关，不仅有理论探讨的必要，在应用时也要有足够的考虑。

在目前耕地土壤有效磷含量普遍提高的情况下，适当提高低等级分级标准，使过于集中的分级离散化、线性化，对于提高较高含量级别的辨识精度是有利的。经过专家论证，长江中游区数据汇总与耕地质量评价采用表 2-14 中所列标准，采用新的分级标准绘制的采样点有效磷含量分布图见图 2-6。

除了土壤有机质和有效磷外，土壤速效钾、有效铜、有效铁、有效锰和有效钼也有类似变化，针对汇总数据的分布特征，参照第二次土壤普查标准，进行了系统整理、分析，对这次汇总的指标进行了调整，参见表 2-16。

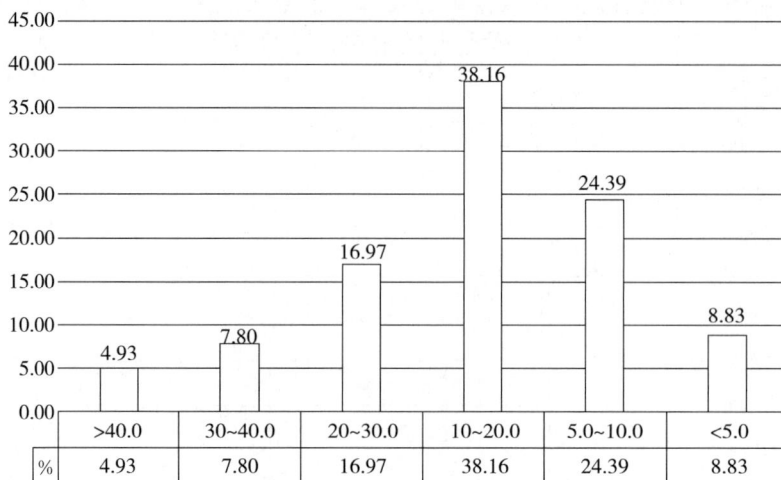

图 2-6 有效磷汇总标准分级（mg/kg）

表 2-16 长江中游区土壤主要理化属性分级标准

项目	单位	一级	二级	三级	四级	五级	六级
土壤 pH	—	<4.5	4.5~5.5	5.5~6.5	6.5~7.5	7.5~8.5	>8.5
有机质	g/kg	<10	10~15	15~20	20~30	30~40	>40
全氮	g/kg	<0.75	0.75~1.00	1.00~1.25	1.25~1.50	1.50~2.00	>2.00
有效磷	mg/kg	<10	10~15	15~20	20~30	30~40	>40
速效钾	mg/kg	<50	50~80	80~100	100~120	120~150	>150
缓效钾	mg/kg	<500	500~750	750~900	900~1 200	1 200~1 500	>1 500
有效铜	mg/kg	<0.20	0.20~0.50	0.50~1.00	1.00~1.50	1.50~1.80	>1.80
有效锌	mg/kg	<0.30	0.30~0.50	0.50~1.00	1.00~1.50	1.50~3.00	>3.00
有效铁	mg/kg	<2.50	2.50~4.50	4.50~10.00	10.00~15.00	15.00~20.00	>20.00
有效锰	mg/kg	<5.0	5.0~10.0	10.0~15.0	15.0~20.0	20.0~30.0	>30.0
有效硼	mg/kg	<0.20	0.20~0.50	0.50~1.00	1.00~1.50	1.50~2.00	>2.00
有效钼	mg/kg	<0.10	0.10~0.15	0.15~0.20	0.20~0.25	0.25~0.30	>0.3.0
有效硫	mg/kg	<12	12~25	25~50	50~100	100~200	>200

2. 汇总数据描述性统计 按照长江中游区土壤属性分级指标（表 2-14），对所有采样点数据进行统计的结果见表 2-17。

表 2-17 长江中游区耕地土壤主要属性描述性统计

项目	平均值	众数	标准差	变异系数
土壤 pH	5.8	5	0.97	16.72
有机质（g/kg）	27.9	23.5	9.63	34.52
全氮（g/kg）	1.56	1.64	0.56	35.90
有效磷（mg/kg）	16.7	8.4	11.3	67.66

（续）

项目	平均值	众数	标准差	变异系数
速效钾（mg/kg）	97	80	54	55.67
缓效钾（mg/kg）	301	210	207	68.77
有效铜（mg/kg）	3.05	2.7	1.93	63.28
有效锌（mg/kg）	1.71	0.6	1.56	91.23
有效铁（mg/kg）	87.97	14	66.97	76.13
有效锰（mg/kg）	27.17	22.9	19.31	71.07
有效硼（mg/kg）	0.41	0.28	0.46	112.20
有效硫（mg/kg）	43.34	47.1	30.84	71.16

表 2-17 反映，长江中游区土壤 pH 总体偏酸，而且变异系数最小；有机质和全氮都处于四级，属于偏低水平，变异系数位于 25% 左右，变化幅度不算太大；有效磷含量水平处于六级，属于最低水平，变异系数达到 50% 以上，幅度较大；其他各项指标，变异系数达到 50% 以上，尤其是有效硼甚至超过 100%，说明这些指标在不同区域间的不平衡程度很高。

3. 主要属性指标的区间分布

（1）pH

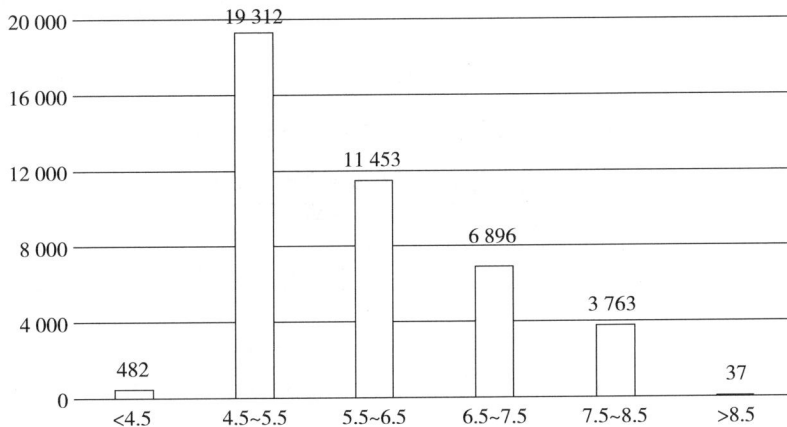

图 2-7　采样点 pH 区间分布

表 2-18　旱地和水田土壤 pH 分级统计

利用方式	项目	一级 <4.5	二级 4.5～5.5	三级 5.6～6.5	四级 6.6～7.5	五级 7.6～8.5	六级 >8.5
旱地	样点数	292	2 750	3 055	2 291	1 880	24
	平均值	4.27	5.02	5.95	6.91	7.88	8.66
	标准差	0.12	0.27	0.27	0.28	0.26	0.07
	变异系数（%）	0.03	0.05	0.05	0.04	0.03	0.01

（续）

利用方式	项目	一级 <4.5	二级 4.5~5.5	三级 5.6~6.5	四级 6.6~7.5	五级 7.6~8.5	六级 >8.5
水田	样点数	190	16 562	8 398	4 605	1 883	13
	平均值	4.25	5.03	5.88	6.87	7.79	8.65
	标准差	0.14	0.23	0.29	0.27	0.25	0.08
	变异系数（%）	0.03	0.05	0.05	0.04	0.03	0.01

（2）有机质

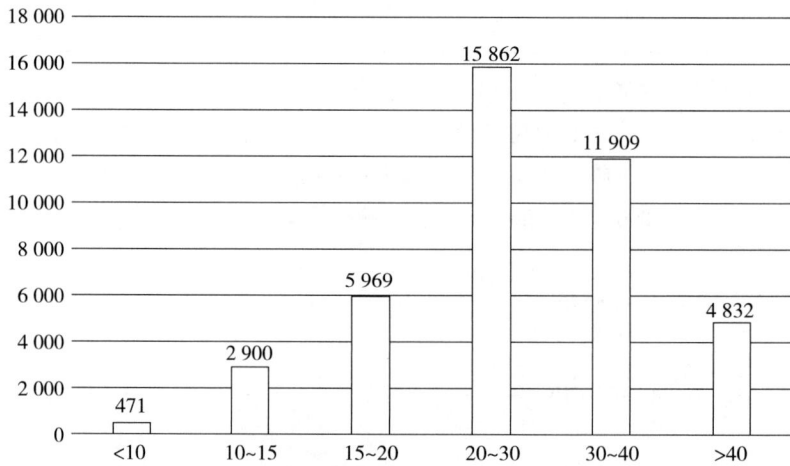

图 2-8 采样点有机质含量区间分布（g/kg）

表 2-19 旱地和水田土壤有机质含量分级统计（g/kg）

利用类型	项目	一级 >40	二级 30~40	三级 20~30	四级 15~20	五级 10~15	六级 <10
旱地	样点数	312	1 423	4 125	2 599	1 522	311
	平均值	46.00	34.06	24.43	17.48	12.76	7.98
	标准差	6.12	2.79	2.79	1.42	1.48	1.54
	变异系数（%）	13.30	8.18	11.43	8.14	11.56	19.29
水田	样点数	4 520	10 486	11 737	3 370	1 378	160
	平均值	45.07	34.51	25.16	17.74	12.99	8.06
	标准差	4.12	2.85	2.85	1.41	1.35	1.41
	变异系数（%）	9.15	8.26	11.31	7.97	10.37	17.48

（3）全氮

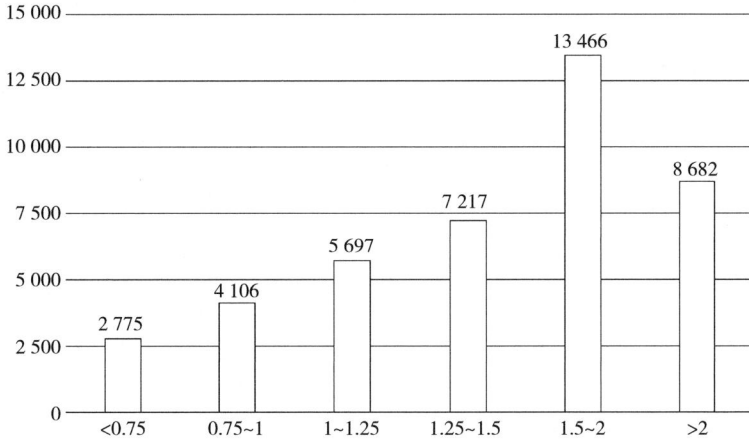

图 2-9 采样点全氮含量区间分布（g/kg）

表 2-20 旱地和水田土壤全氮含量分级统计（g/kg）

利用类型	项目	一级 >2	二级 1.5~2	三级 1.25~1.5	四级 1~1.25	五级 0.75~1	六级 <0.75
旱地	样点数	1 240	2 455	1 828	1 754	1 735	1 280
	平均值	2.39	1.70	1.37	1.12	0.88	0.60
	标准差	0.31	0.14	0.07	0.07	0.07	0.10
	变异系数（%）	12.92	8.49	5.23	6.50	8.23	17.03
水田	样点数	7 442	11 011	5 389	3 943	2 371	1 495
	平均值	2.38	1.73	1.38	1.13	0.88	0.61
	标准差	0.32	0.14	0.07	0.07	0.07	0.10
	变异系数（%）	13.35	8.22	5.19	6.29	8.26	16.20

（4）有效磷

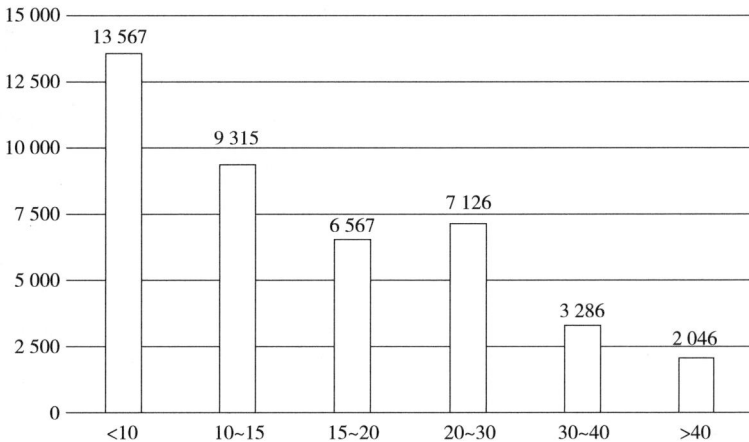

图 2-10 采样点有效磷含量区间分布（mg/kg）

表 2-21 旱地和水田土壤有效磷含量分级统计 （g/kg）

利用类型	项目	一级 >40	二级 30～40	三级 20～30	四级 15～20	五级 10～15	六级 <10
旱地	样点数	452	866	1 950	1 709	2 210	3 105
	平均值	45.41	34.24	24.43	17.23	12.31	6.19
	标准差	5.50	2.85	2.86	1.40	1.41	2.24
	变异系数（%）	12.10	8.33	11.71	8.15	11.46	36.19
水田	样点数	1 594	2 420	5 176	4 858	7 141	10 462
	平均值	48.83	34.50	24.31	17.25	12.34	6.52
	标准差	8.93	2.90	2.86	1.41	1.44	2.11
	变异系数（%）	18.28	8.40	11.75	8.20	11.65	32.38

（5）速效钾

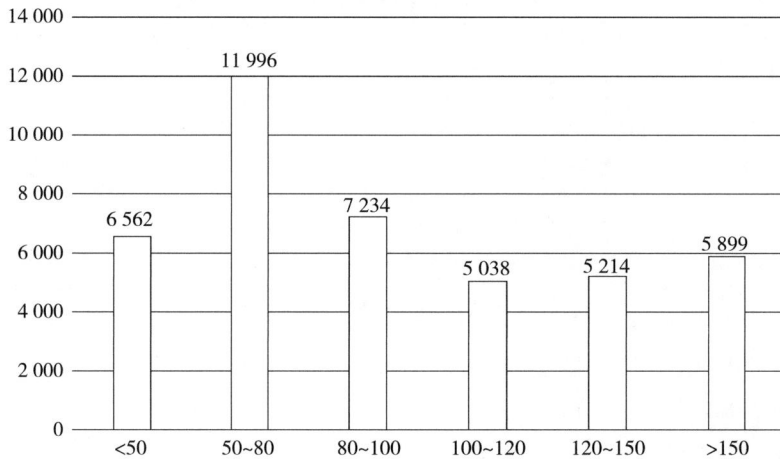

图 2-11 采样点速效钾含量区间分布 （mg/kg）

表 2-22 旱地和水田土壤速效钾含量分级统计 （g/kg）

利用类型	项目	一级 >150	二级 120～150	三级 100～120	四级 80～100	五级 50～80	六级 <50
旱地	样点数	2 405	1 643	1 354	1 683	2 303	904
	平均值	205.21	133.21	108.56	88.89	65.33	38.94
	标准差	55.34	9.39	5.70	5.90	8.53	7.98
	变异系数（%）	26.97	7.05	5.25	6.64	13.06	20.49
水田	样点数	3 494	3 571	3 684	5 551	9 693	5 658
	平均值	194.89	132.91	108.67	88.84	64.10	38.17
	标准差	43.93	8.94	5.68	5.69	8.70	7.75
	变异系数（%）	22.54	6.72	5.23	6.40	13.58	20.29

（6）缓效钾

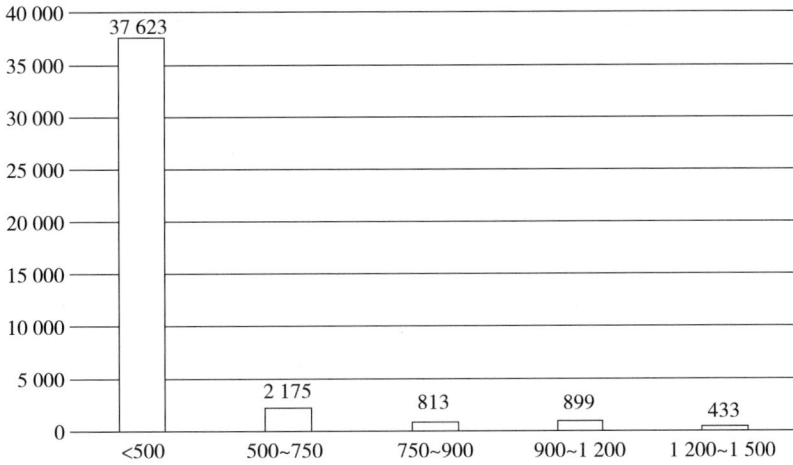

图 2-12　采样点缓效钾含量区间分布（mg/kg）

表 2-23　旱地和水田土壤缓效钾含量分级统计（mg/kg）

利用类型	项目	一级 1 201～1 500	二级 901～1 200	三级 751～900	四级 500～750	五级 <500
旱地	样点数	147	350	359	1 069	8 367
	平均值	1 360.14	1 013.30	823.04	601.93	262.63
	标准差	87.69	82.90	44.11	71.93	106.26
	变异系数（%）	6.45	8.18	5.36	11.95	40.46
水田	样点数	286	549	454	1 106	29 256
	平均值	1 368.59	1 017.00	825.82	603.37	237.54
	标准差	84.70	82.33	42.78	71.64	79.00
	变异系数（%）	6.19	8.10	5.18	11.87	33.26

注：所有样点土壤缓效钾含量没有高于 1 500mg/kg 的。

（7）有效铜

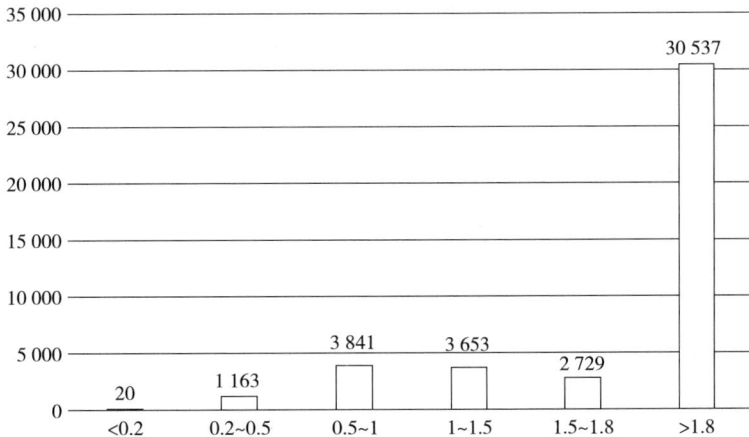

图 2-13　采样点有效铜含量区间分布（mg/kg）

表 2-24　旱地和水田土壤有效铜含量分级统计（mg/kg）

利用类型	项目	一级 >1.8	二级 1.5～1.8	三级 1～1.5	四级 0.5～1	五级 0.2～0.5	六级 <0.2
旱地	样点数	6 497	938	1 053	1 297	499	8
	平均值	3.68	1.62	1.23	0.74	0.36	0.16
	标准差	2.24	0.09	0.14	0.14	0.09	0.03
	变异系数（%）	60.87	5.86	11.34	19.16	24.70	17.33
水田	样点数	24 040	1 791	2 600	2 544	664	12
	平均值	3.81	1.65	1.25	0.76	0.37	0.14
	标准差	1.58	0.09	0.14	0.14	0.08	0.02
	变异系数（%）	41.43	5.60	11.47	18.03	20.93	15.20

（8）有效锌

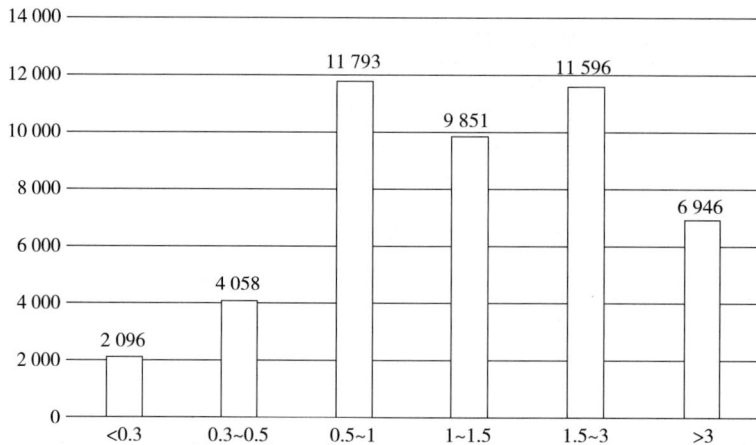

图 2-14　采样点有效锌含量区间分布（mg/kg）

表 2-25　旱地和水田土壤有效锌含量分级统计（mg/kg）

利用类型	项目	一级 >3	二级 1.5～3	三级 1～1.5	四级 0.5～1	五级 0.3～0.5	六级 <0.3
旱地	样点数	1 150	2 237	2 519	2 266	1 788	1 312
	平均值	4.56	2.12	1.42	0.70	0.40	0.21
	标准差	3.15	0.42	0.28	0.14	0.06	0.07
	变异系数（%）	69.05	20.05	19.65	20.31	14.26	31.58
水田	样点数	5 796	9 359	7 332	9 527	2 270	784
	平均值	4.16	2.20	1.47	0.69	0.42	0.21
	标准差	1.69	0.44	0.28	0.12	0.06	0.08
	变异系数（%）	40.57	19.75	19.05	17.79	13.38	36.09

（9）有效铁

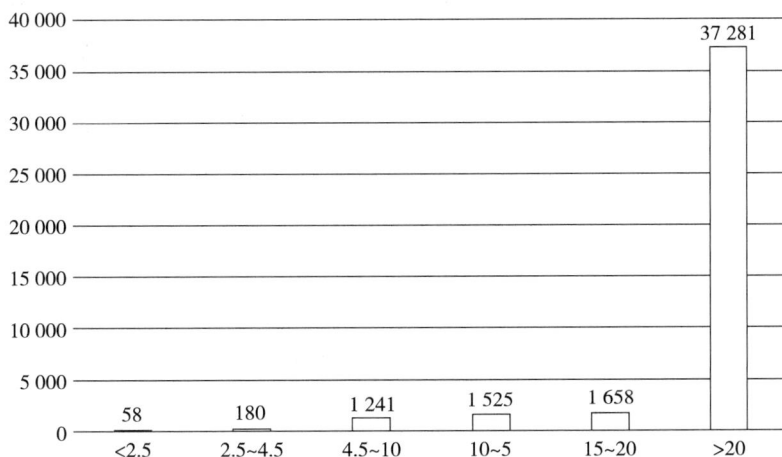

图 2-15　采样点有效铁含量区间分布（mg/kg）

表 2-26　旱地和水田土壤有效铁含量分级统计（mg/kg）

利用类型	项目	一级 >20	二级 15～20	三级 10～15	四级 4.5～10	五级 2.5～4.5	六级 <2.5
旱地	样点数	7 376	1 062	927	844	58	25
	平均值	60.77	17.56	12.71	7.28	3.52	1.86
	标准差	51.14	1.48	1.36	1.39	0.45	0.59
	变异系数（%）	84.15	8.44	10.70	19.10	12.70	31.39
水田	样点数	29 905	596	598	397	122	33
	平均值	106.45	17.53	12.79	7.50	3.53	1.83
	标准差	65.05	1.43	1.30	1.44	0.51	0.56
	变异系数（%）	61.11	8.15	10.16	19.19	14.33	30.54

（10）有效锰

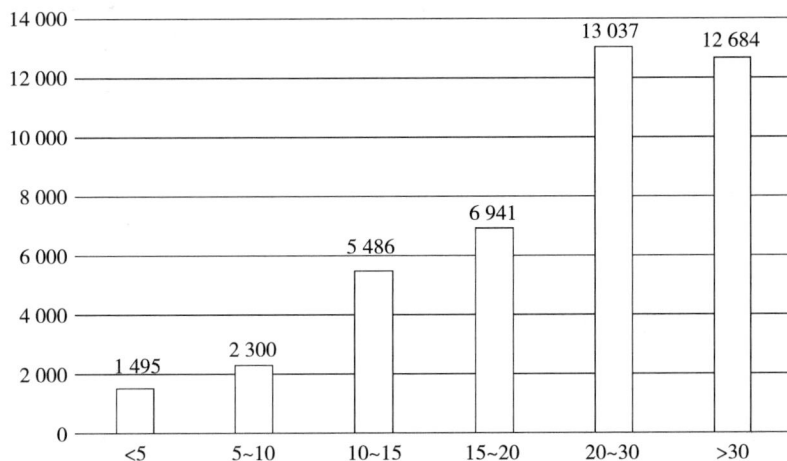

图 2-16　采样点有效锰含量区间分布（mg/kg）

表 2-27　旱地和水田土壤有效锰含量分级统计（mg/kg）

利用类型	项目	一级 >30	二级 20~30	三级 15~20	四级 10~15	五级 5~10	六级 <5
旱地	样点数	3 157	2 955	1 492	1 187	830	671
	平均值	46.28	24.75	17.52	12.62	7.60	2.72
	标准差	21.56	2.80	1.44	1.40	1.44	1.21
	变异系数（%）	46.58	11.31	8.24	11.11	18.94	44.55
水田	样点数	9 527	10 082	5 449	4 299	1 470	824
	平均值	48.18	24.65	17.48	12.72	7.70	2.95
	标准差	22.99	2.84	1.46	1.35	1.49	1.18
	变异系数（%）	47.71	11.51	8.32	10.62	19.34	39.87

（11）有效硼

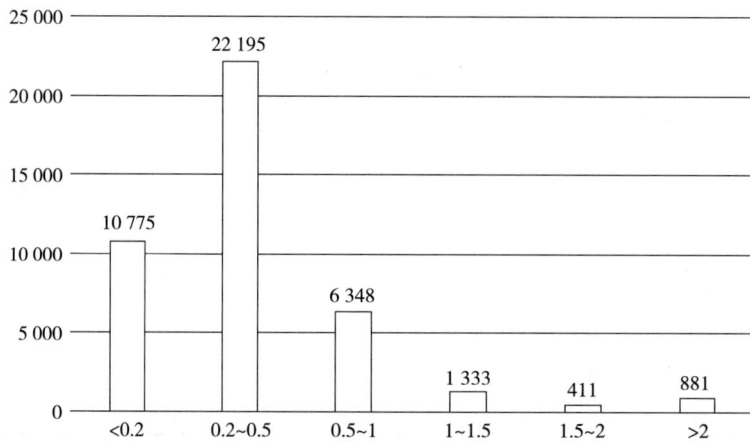

图 2-17　采样点有效硼含量区间分布（mg/kg）

表 2-28　旱地和水田土壤有效硼含量分级统计（mg/kg）

利用类型	项目	一级 >2	二级 1.5~2	三级 1~1.5	四级 0.5~1	五级 0.2~0.5	六级 <0.2
旱地	样点数	194	87	184	1 368	6 528	1 931
	平均值	3.01	1.71	1.20	0.65	0.32	0.14
	标准差	0.67	0.14	0.14	0.12	0.08	0.04
	变异系数（%）	22.37	7.96	11.35	19.07	25.14	28.29
水田	样点数	687	324	1 149	4 980	15 667	8 844
	平均值	2.80	1.73	1.19	0.68	0.32	0.11
	标准差	0.56	0.15	0.14	0.14	0.08	0.06
	变异系数（%）	20.03	8.57	11.51	20.24	25.38	51.38

（12）有效硫

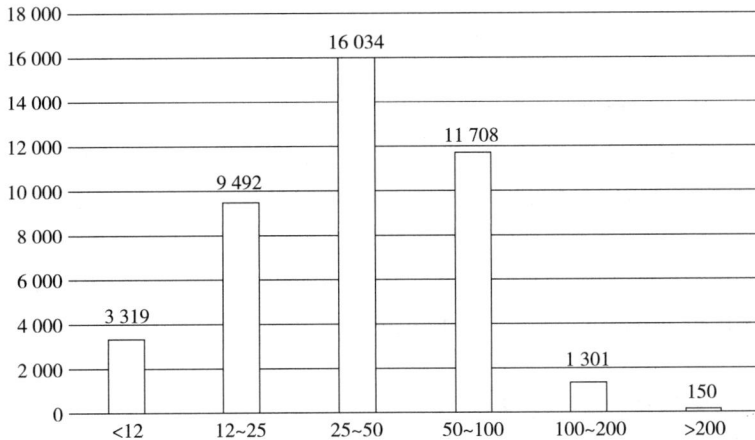

图 2-18　采样点有效硼含量区间分布（mg/kg）

表 2-29　旱地和水田土壤有效硫含量分级统计（mg/kg）

利用类型	项目	一级 >200	二级 100～200	三级 50～100	四级 25～50	五级 12～25	六级 <12
旱地	样点数	75	519	1 802	3 753	3 251	907
	平均值	258.04	132.02	69.38	36.07	18.32	8.28
	标准差	51.91	22.24	13.00	6.89	3.62	2.87
	变异系数（%）	20.12	16.84	18.74	19.10	19.78	34.68
水田	样点数	75	782	9 906	12 281	6 241	2 412
	平均值	247.65	132.70	69.82	37.03	18.70	7.66
	标准差	41.36	24.92	13.47	7.16	3.66	2.94
	变异系数（%）	16.70	18.78	19.30	19.34	19.59	38.43

第三节　耕地质量等级评价方法

　　耕地质量就是耕地的潜在生产能力，是在一定区域内一定的土壤类型上，耕地的土壤理化性状、所处自然环境条件、农田基础设施及耕作施肥管理水平等因素的总和。耕地是土地的精华，是农业生产不可替代的重要生产资料，是保持社会和国民经济可持续发展的重要资源，保护耕地是我国的基本国策。保护耕地，包括保护耕地数量和质量。因此，及时掌握耕地资源的质量及其变化情况对于合理规划和利用耕地，切实保护耕地有十分重要的意义。

一、评价的原则与依据

（一）评价的原则

1. 综合因素研究与主导因素分析相结合原则　耕地是一个自然经济综合体，耕地质量也是各类要素的综合体现，因此对耕地质量的评价应涉及耕地自然、气候、管理等诸多要素。所谓综合因素研究是指对耕地土壤立地条件、气候因素、土壤理化性状、土壤管理、障碍因素等相关社会经济因素进行综合全面的研究、分析与评价，以全面了解耕地质量状况。主导因素是指对耕地质量起决定作用的、相对稳定的因子，在评价中应着重对其进行研究分析。只有把综合因素与主导因素结合起来，才能对耕地质量做出更加科学的评价。

2. 共性评价与专题研究相结合原则　长江中游区耕地利用在旱地、水田不同利用类型下，土壤理化性状、环境条件、管理水平不一。因此，其耕地质量水平有较大的差异。一方面，考虑区域内耕地质量的系统性、可比性，应在不同的耕地利用方式下，选用统一的评价指标和标准，即耕地质量的评价不针对某一特定的利用方式。另一方面，为了解不同利用类型耕地质量状况及其内部差异，将来可根据需要，对有代表性的主要类型耕地进行专题性深入研究。通过共性评价与专题研究相结合，可使评价和研究成果具有更大的应用价值。

3. 定量评价和定性评价相结合原则　耕地系统是一个复杂的灰色系统，定量和定性要素共存，相互作用，相互影响。为了保证评价结果的客观合理，宜采用定量和定性评价相结合的方法。首先，应尽量采用定量评价方法，对可定量化的评价指标如有机质等养分含量、耕层厚度等按其数值参与计算。对非数量化的定性指标如耕层质地、地貌类型等则通过数学方法进行量化处理，确定其相应的指数，以尽量避免主观人为因素影响。在评价因素筛选、权重确定、隶属函数建立、等级划分等评价过程中，尽量采用定量化数学模型，在此基础上充分运用人工智能与专家知识，做到定量与定性相结合，从而保证评价结果准确合理。

4. 采用遥感和 GIS 技术的自动化评价方法原则　自动化、定量化的评价技术方法是当前耕地质量评价的重要方向之一。近年来，随着计算机技术、特别是 GIS 技术在耕地评价中的不断发展和应用，基于 GIS 技术进行自动定量化评价的方法已不断成熟，使评价精度和效率都大大提高。本次评价工作采用的土地利用现状图都是采用各省利用卫星遥感数据提取和更新的耕地资源信息。各省的土壤图虽然成图于 20 世纪 80 年代，但是通过 GIS 技术进行矢量化以后，经过空间校正、土壤分类规范化和重建拓扑，形成了长江中游区耕地资源数据库，为利用评价模型进行 GIS 空间叠加等分析创造了条件，实现了评价流程的全程数字化、自动化，在一定程度上代表了当前耕地评价的最新技术方向。

5. 可行性与实用性原则　从可行性角度出发，长江中游区耕地质量评价的主要基础数据为区域内各项目县的耕地质量评价成果。应在核查区域内项目县耕地质量各类基础信息的基础上，最大程度利用项目县原有数据与图件信息，以提高评价工作效率。同时，为使区域评价成果与项目县评价成果有效衔接和对比，长江中游区耕地质量汇总评价方法与项目县耕地质量评价方法保持相对一致。从实用性角度出发，为确保评价结果科学准确，评价指标的选取应从大区域尺度出发，切实针对区域实际特点，体现评价实用目标，使评价成果在耕地资源的利用管理和农业生产中发挥切实指导作用。

（二）评价的依据

耕地质量是耕地本身的生产能力，因此耕地质量的评价则依据与此相关的各类自然和社会经济要素，具体包括 3 个方面：

1. 耕地质量的自然环境要素　包括耕地所处的地形地貌条件、水文地质条件、成土母质条件等。耕地所处的自然环境条件对耕地质量具有重要的影响。

2. 耕地质量的土壤理化要素　　包括土壤剖面与土体构型、耕层厚度、质地等物理性状，有机质、N、P、K等主要养分、微量元素、pH、交换量等化学性状等。不同的耕地土壤理化性状，其耕地质量也存在较大的差异。

3. 耕地质量的农田基础设施条件　　包括耕地的灌排条件、水土保持工程建设、培肥管理条件等。良好的农田基础设施与较高的管理水平对耕地质量的提升具有重要的作用。

综上所述，确定耕地质量评价指标，必须围绕耕地土壤的生产潜力及其影响土壤实现生产潜力的特征指标，这些特征指标是客观的、可以度量的。为此，全国农业技术推广服务中心组织制定了《耕地地力调查与质量评价技术规程（NY/T 1634—2008）》对可选指标进行了规范。该标准规定的指标集包括气象、立地条件、剖面性状、土壤理化性状、障碍因素和土壤管理6个方面共66个评价指标（因子），供耕地质量评价选择使用。长江中游区的耕地质量评价指标体系，就是从该指标集中筛选确定的。

二、评价的方法与评价单元

（一）评价的方法

采用层次分析模型构建评价体系，其中耕地质量等级作为评价目标层（或A层），指标分类作为中间层（准则层或B层），具体评价因子作为指标层（因素层或C层），如此构建的层次分析模型能很好反映耕地质量的定性和定量综合因素的影响。

在耕地质量评价的各项指标中，每一种因素对耕地质量的影响是复杂的，而且因素之间是相互制约，但是各自对耕地质量的影响强度大小不一。在层次分析之前，首先必须考虑采用哪些指标最能反映长江中游区耕地质量差异，还要考虑不同指标的相对重要性，构建评价指标体系。

全国耕地质量评价的指标集，共分为气象、立地条件、剖面性状、耕层理化性状、耕层养分性状、障碍因素和土壤管理7个类别共63个评价指标，参见表2-30。评价工作中，需要行业专家结合长江中游区耕地质量评价需要，在该表中筛选合适的指标，其中类别相当于中间层，评价指标即为指标层。

选择评价指标后，还要对各评价指标的相对重要性进行打分并归一化，建立层次结构。层次分析运算前，首先为中间层和指标层构造判断矩阵，矩阵包括若干中间层的权重和分类指标中各个指标的归一化数值（隶属函数）和权重，再用积分法计算出矩阵的最大特征根和对应的特征向量，并分别对中间层和同一分类指标层进行一致性检验，当一致性系数小于0.1时，说明一致性较好，权重匹配合理。通过层次单元排序及其一致性检验、层次总排序及其一致性检验得出各因子的组合（综合）权重。

组合权重的意义对不同评价对象是不同的，在耕地质量评价中组合权重定义为各评价单元耕地质量综合指数IFI（Integrated Fertilizy Index），表示为：

$$IFI = \sum F_i \times C_i B_i \quad (i=1, 2, 3, \cdots, n)$$

其中，F_i为第i个要素评分值；$C_i B_i$代表第i个要素的组合权重。

综合指数值与耕地质量等级的关系，可以采用等距分级法、累积曲线法，在与实际结合进行质量等级划分时，这两种方法均有不足。等距分级忽略了综合指数中所包含的不同指标的非线性特征、边界模糊特征，累积曲线法的划分需要在曲线中找到多个等级拐点，否则会增加随意性。长江中游区汇总评价依靠耕地质量管理实践，利用计算获得的耕地质量综合指

表 2-30 全国耕地质量评价指标体系

代码	要素名称	代码	要素名称
	气候		耕层理化性状
AL101000	≥0°积温	AL401000	质地
AL102000	≥10°积温	AL402000	容重
AL103000	年降水量	AL403000	pH
AL104000	全年日照时数	AL404000	CEC
AL105000	光能辐射总量		耕层养分状况
AL106000	无霜期	AL501000	有机质
AL107000	干燥度	AL502000	全氮
	立地条件	AL503000	有效磷
AL201000	经度	AL504000	速效钾
AL202000	纬度	AL505000	缓效钾
AL203000	高程	AL506000	有效锌
AL204000	地貌类型	AL507000	水溶态硼
AL205000	地形部位	AL508000	有效钼
AL206000	坡度	AL509000	有效铜
AL207000	坡向	AL510000	有效硅
AL208000	成土母质	AL511000	有效锰
AL209000	土壤侵蚀类型	AL512000	有效铁
AL210000	土壤侵蚀程度	AL513000	交换性钙
AL211000	林地覆盖率	AL514000	交换性镁
AL212000	地面破碎情况		障碍因素
AL213000	地表岩石露头状况	AL601000	障碍层类型
AL214000	地表砾石度	AL602000	障碍层出现位置
AL215000	田面坡度	AL603000	障碍层厚度
	剖面性状	AL604000	耕层含盐量
AL301000	剖面构型	AL605000	1m 土层含盐量
AL302000	质地构型	AL606000	盐化类型
AL303000	有效土层厚度	AL607000	地下水矿化度
AL304000	耕层厚度		土壤管理
AL305000	腐殖层厚度	AL701000	灌溉保证率
AL306000	田间持水量	AL702000	灌溉模数
AL307000	旱季地下水位	AL703000	抗旱能力
AL308000	潜水埋深	AL704000	排涝能力
AL309000	水型	AL705000	排涝模数
		AL706000	轮作制度
		AL707000	梯田化水平

数数据集,由中间向高低两侧等距离划分等级,主要优点是取值客观,符合耕地质量高、中、低相对分配规律,等级划分比较科学、符合实际。

（二）评价的流程

按照图 2-19 所示的技术路线,分阶段顺序开展耕地质量评价工作,评价工作大致分为 3 个阶段。

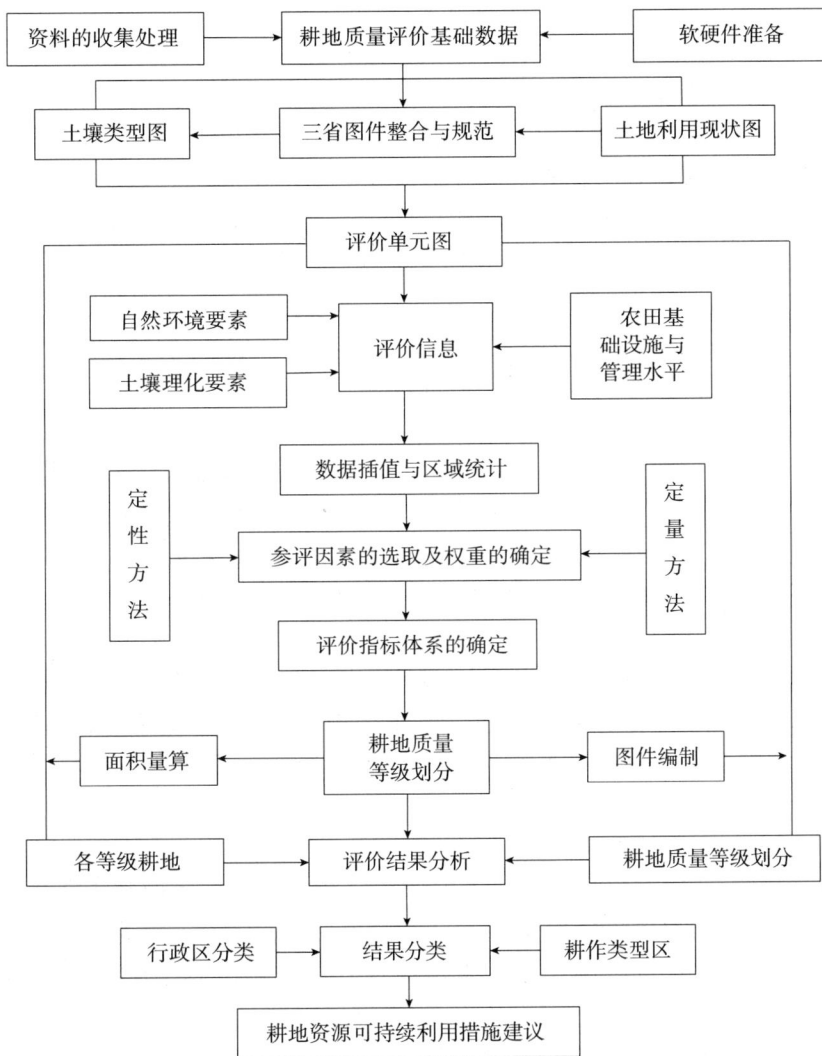

```
┌──────────────┐      ┌──────────────────┐      ┌──────────────┐
│ 资料的收集处理 │ ───► │ 耕地质量评价基础数据 │ ◄─── │  软硬件准备   │
└──────────────┘      └──────────────────┘      └──────────────┘
                               │
        ┌──────────────┐   ┌──────────────────┐   ┌──────────────┐
        │  土壤类型图   │ ◄ │ 三省图件整合与规范 │ ► │ 土地利用现状图 │
        └──────────────┘   └──────────────────┘   └──────────────┘
                               │
                       ┌──────────────┐
                       │   评价单元图   │
                       └──────────────┘
                               │
   ┌──────────────┐    ┌──────────────┐    ┌──────────────┐
   │  自然环境要素  │ ─► │   评价信息    │ ◄─ │  农田基础设施  │
   └──────────────┘    └──────────────┘    │  与管理水平   │
   ┌──────────────┐         │              └──────────────┘
   │  土壤理化要素  │ ───────►│
   └──────────────┘    ┌────────────────┐
                       │  数据插值与区域统计 │
                       └────────────────┘
   ┌────┐                    │                    ┌────┐
   │定性 │ ─► ┌────────────────────┐ ◄─ │定量 │
   │方法 │    │ 参评因素的选取及权重的确定 │    │方法 │
   └────┘    └────────────────────┘         └────┘
                       │
               ┌──────────────────┐
               │  评价指标体系的确定  │
               └──────────────────┘
                       │
   ┌────────┐   ┌──────────────┐   ┌────────┐
   │ 面积量算 │ ◄ │ 耕地质量等级划分 │ ► │ 图件编制 │
   └────────┘   └──────────────┘   └────────┘
                       │
   ┌──────────┐  ┌──────────────┐  ┌──────────────┐
   │ 各等级耕地 │ ►│  评价结果分析  │◄ │ 耕地质量等级划分 │
   └──────────┘  └──────────────┘  └──────────────┘
                       │
   ┌──────────┐  ┌──────────┐  ┌──────────┐
   │ 行政区分类 │ ►│  结果分类  │◄ │ 耕作类型区 │
   └──────────┘  └──────────┘  └──────────┘
                       │
          ┌────────────────────────┐
          │ 耕地资源可持续利用措施建议  │
          └────────────────────────┘
```

图 2-19　长江中游区耕地质量评价流程

（三）评价单元的建立

评价单元是由对耕地质量具有关联影响的各要素组成的空间实体,是耕地质量评价的最基本单位、对象和基础图斑。同一评价单元内耕地自然基本条件、个体属性和经济属性基本一致。不同评价单元之间,既有差异性,又有可比性。耕地质量评价就是要通过对每个评价单元的评价,确定其质量等级,把评价结果落实到实地和编绘的耕地质量等级分布图上。因此,评价单元划分的合理与否,直接关系到评价结果的正确性及工作量的大小。一般认为,进行评价单元划分时应遵循以下 3 个原则:

　　一是因素差异性原则。影响耕地质量的因素很多，但各因素的影响程度不尽相同。在某一区域内，有些因素对耕地质量起决定性影响，区域内变异较大；而另一些因素的影响较小，且指标值变化不大。因此，应结合实际情况，选择在区域内分异明显的主导因素作为划分评价单元的基础，如土壤条件、地貌特征、土地利用类型等。

　　二是相似性原则。评价单元内部的自然因素、社会因素和经济因素应相对均一，单元内同一因素的分值差异应满足相似性统计检验。

　　三是边界完整性原则。耕地质量评价单元要保证边界闭合，形成封闭的图斑，同时对面积过小的零碎图斑应进行适当归并。

　　目前，耕地质量评价单元的划分常见的有以下几种划分方法：一是基于单一专题要素类型的划分。如以土壤类型、土地利用类型、地貌类型划分等。该方法相对简便有效，但在多因素均呈较大变异的情况下，其评价单元的代表性有一定偏差。二是基于行政区划单元的划分。以行政区划单元作为评价单元，便于对评价结果的行政区分析与管理，但对耕地自然属性的差异性反映不足。三是基于地理区位的差异，以方里网、栅格划分。该方法操作简单，但网格或栅格的大小直接影响评价的精度及工作量，而且不能反映土壤的分类属性。四是基于耕地质量关键影响因素的组合叠置方法进行划分。该方法可较好反映耕地自然与社会经济属性的差异，有较好的代表性，但操作相对复杂。

　　综合各项因素考虑，提出采用土壤图、土地利用现状图叠加的方法制作评价单元的方法，该方法的好处是利用土地利用现状图圈定耕地对象，再利用土壤类型分布图、把土壤的分类属性赋值给耕地，使得评价单元兼有耕地及其土壤分类双重属性。为了保证土地利用现状图的准确，汇总时结合基于野外实地调查，对耕地利用现状进行了修正。土壤图与土地利用现状图叠加取交集的方法，可以使同一评价单元内的土壤类型相同，土地利用方式相同，隐含着满足了地貌特征、自然因素、耕作方式和田间设施都基本相同的原则。评价结果出来后，利用行政区划图或耕作区分布图，在 GIS 平台上进行切分，就可以简单地获得对应的边界，使之成为一个闭合的区域。如采用行政区划图对评价成果进行切分，则可以满足行政区内的耕地管理需要。

（四）评价单元的大小与赋值

　　根据三省土壤图实际情况和出图幅面的限制，土壤图的分类单位到亚类，最小图斑的属性也到亚类，其中江西省和湖北省土壤图中土属图斑，归并到上一级的亚类中。土地利用现状图中的耕地图斑与土壤图叠加时，会出现因相交运算产生新的多边形实体导致空间关系变化，因此需要重建拓扑，把这一过程产生的很多面积较小的多边形与相邻的大多边形进行融合，融合后再重建拓扑，如此多次，直到满足要求。

　　融合前首先要确定耕地质量评价的最小评价单元面积。在以往的县域评价中，湖北省控制的最小评价单元为 1 万 m^2（15 亩），相当于 1∶5 万比例尺，A_0 幅面中的图斑面积为 2mm×2mm，行政区最小级别是乡镇。

　　在三省汇总评价的情况下，按照单张 B_0（1 000mm×1 414mm）幅面打印，比例尺为 1∶100 万；单张 A_0（841mm×1 189mm）幅面，比例尺为 1∶125 万，此时 2mm×2mm 的图斑分别相当于 400 万 m^2（6 000 亩）和 625 万 m^2（9 370 亩）。如果土壤图或土地利用现状图的最小图斑面积小于最小评价单元面积，显然是不合理的。

　　为了能最大限度地保留土壤属性信息，保证数据库的精度，汇总前对三省土壤图的土壤分类信息进行了适当处理。湖北省的土壤图数字化后得到 2 361 个图斑，有土类 14 种，亚类 29 种，部分亚类下有土属，如潮土和水稻土都有土属；江西省土壤图有土类 13 种，亚类 22 种，图斑数 6 177 个，部分亚类下有土属；湖南省的土壤图有土类 12 种，亚类 28 种，图斑数 6 409 个，没有土属信息。如上所述，汇总首先按照三省土壤图最小面积的亚类作为依据，对多边形进行融合。

参照湖北、湖南和江西最小亚类面积，汇总初步确定以 10 万 m^2 作为最小多边形进行了融合，融合后的土壤图与利用现状图进行叠加分析、重建拓扑后发现，评价单元个数为 148 172 个，而且三省土壤图最小多边形面积相差悬殊，空间分辨率精度太不一致会对后续的评价与比较工作产生不利影响，因此需要重新界定土壤图的图斑面积融合标准。

考虑与制图结合，按照出图精度进行多边形融合，则一般屏幕数字化的精度为 2mm，如果三省出图的比例尺为 1∶100 万，也就意味着图上小于 400 万 m^2 的多边形是显示不出来的。以 400 万 m^2 为指标，湖北省土壤图小于 400 万 m^2 的多边形面积占该省总面积的比例最大，为 34.43%，达到 1/3 以上，显然这样做就会丢失很多土壤属性信息，也会降低数据库的精度，所以仅按照比例尺和数字化精度决定最小多边形面积显然也是不合理的。因为经过融合后的数据不仅要提供制图，还要为后续的等级分类提供面积支撑。为此，汇总利用土壤图进行最小融合面积比较，权衡土壤分类属性损失较小、评价单元又不至于太小的合适方案较好，表 2-31 是相关数据统计。结果表明，当采用小于 400 万 m^2 融合时，可能被融合的单个多边形面积为 67.89hm²，总面积占总耕地面积的 20.33%，可能损失的土壤分类属性也达到 20.33%；采用小于 10 万 m^2 进行融合时，土壤属性损失虽小，但是单个多边形面积太小，总的多边形数目就会太多；小于 100 万 m^2 作为土壤图最小融合面积时，融合得到的图斑数为 57 178 个，大于 100 万 m^2 的评价单元合计面积占长江中游区总耕地面积的 95.96%，可能损失的土壤属性不到 5%。

表 2-31　土壤图最小融合面积比较

多边形融合标准（m²）	<400 万	<100 万	<50 万	<10 万
多边形数目	79 716	57 178	53 714	32 781
多边形合计面积（khm²）	5 411.53	850.82	599.13	170.75
平均单个多边形面积（hm²）	67.89	14.88	11.15	5.21
占总耕地面积（%）	20.33	4.04	2.98	0.56

经过比较，汇总选择以 100 万 m^2 作为最小土壤亚类面积融合标准进行多边形融合，在与土地利用现状图进行叠加取交集后，也以 100 万 m^2 为标准再进行多边形融合。此时，融合的最小土壤分类单位是亚类，为了尽可能保留亚类土壤，部分小于 100 万 m^2 的评价单元也予以保留，最终得到 87 117 个评价单元。在这些评价单元中，湖北省小于 100 万 m^2 的多边形面积占总面积的比例最大，为 11.05%，江西省最小仅为 0.78%，湖南省居中，为 2.59%（表 2-32）。湖北省的评价单元较多，除了与耕地面积有关以外，湖北省的耕地面积是湖南的 1.28 倍，是江西省的 1.71 倍，还与湖北省境内地貌类型复杂，土壤分类属性较多有关。

表 2-32　三省土壤图小于 100 万 m² 的多边形的数量和面积统计（万 m²）

省别	图斑数	图斑面积	占总面积（%）	平均单图斑面积	评价单元数
湖北省	55 047	7 345 970 139	11.05	133 449.055 2	65 959
湖南省	1 359	854 958 561.1	2.59	629 108.580 6	9 815
江西省	772	307 303 860.8	0.78	398 061.995 9	11 343

在长江中游区中，评价单元按照省内地级市的分布情况分别参见表 2-33、表 2-34 和表 2-35。比较可见，湖北省的评价单元不仅最多，而且单个评价单元的平均面积相差较大，单个评价单元面积较小的都分布在山区，如鄂西北山区的十堰市和神农架林区、鄂西南山区的恩施土家族苗族自治州、鄂西的宜昌市等，此统计数据大致反映了湖北省地貌类型复杂，土壤亚类较多的现状。

表 2-33　湖北省耕地评价单元及其特征

地级市	评价单元数	总面积（khm²）	平均单个评价单元面积（hm²）
神农架林区	831	7.94	9.55
恩施土家族苗族自治州	16 180	265.73	16.42
十堰市	15 418	290.15	18.82
宜昌市	9 926	278.50	28.06
湖北省	65 959	5 281.81	80.08
咸宁市	2 595	221.26	85.26
襄阳市	5 955	709.44	119.13
随州市	2 200	266.41	121.09
黄冈市	4 612	597.52	129.56
黄石市	810	141.80	175.07
荆门市	1 977	400.96	202.81
武汉市	1 097	286.66	261.31
鄂州市	226	60.45	267.48
天门市	251	79.13	315.26
潜江市	348	111.27	319.73
仙桃市	356	134.96	379.10
孝感市	1 195	522.04	436.85
荆州市	1 982	907.61	457.93

湖南省的评价单元总数不多，地级市之间的分布相差没有湖北那么悬殊，山区和平原也没有那么大的差异（表 2-34）。此统计结果不仅反映了湖南省的耕地面积较少，而且也说明湖南省的土壤图亚类数目较少。

江西省的评价单元总数比湖南多，总体分布情况与湖南类似，在地级市之间和山区平原地貌类型中，相差不太大。

表 2-34　湖南省耕地评价单元及其特征

地级市	评价单元数	总面积（khm²）	平均单个评价单元面积（hm²）
郴州市	971	292.04	300.76
株洲市	506	152.86	302.09
湘潭市	264	85.24	322.86
岳阳市	750	274.76	366.35
长沙市	522	195.96	375.39
娄底市	407	166.16	408.24
湖南省	9815	4137.71	421.57
湘西土家族苗族自治州	981	414.20	422.22
怀化市	866	366.82	423.57
永州市	979	420.48	429.50
衡阳市	870	377.18	433.54
邵阳市	976	426.38	436.86
常德市	710	358.37	504.75
益阳市	516	291.36	564.66
张家界市	497	315.92	635.64
总计	9815	4 137.71	421.57

表 2-35　江西省耕地评价单元及其特征

地级市	评价单元数	总面积（khm²）	平均单个评价单元面积（hm²）
抚州市	1 116	281.84	252.54
赣州市	1 864	393.40	211.05
吉安市	1 707	400.55	234.65
景德镇市	311	76.43	245.77
九江市	1 402	413.69	295.07
南昌市	835	301.73	361.35
萍乡市	231	52.78	228.50
上饶市	1 643	512.60	311.99
新余市	295	81.71	276.97
宜春市	1 675	494.53	295.24
鹰潭市	264	79.88	302.57
总计	11 343	3 089.14	272.34

（五）评价单元赋值

在确定了评价单元以后，每个评价单元最终都必须要有参与耕地质量评价的属性数据，于是就需要将评价指标体系中的指标属性值赋给评价单元，保证每个评价单元都能获取到评价指标的值。耕地质量评价中涉及定性和定量两种评价指标或评价因子，这两种评价因子在 ArcGIS 软件中可以用不同的空间分析方法进行处理。本研究根据不同类型的数据特点，通过以下几种途径来获取评价单元的值：

1. 土壤有机质、有效磷、pH、耕层厚度　利用 Arcmap 的插值模块，对采样点位数据进行 Kriging 空间插值，插值设置像元大小为 15 * 15，插值后生成的栅格图再利用该软件的区域统计功能将插值数据链接赋值给评价单元。合理设置插值像元大小，使评价单元都能够获取到相应的属性值（图 2-20）。

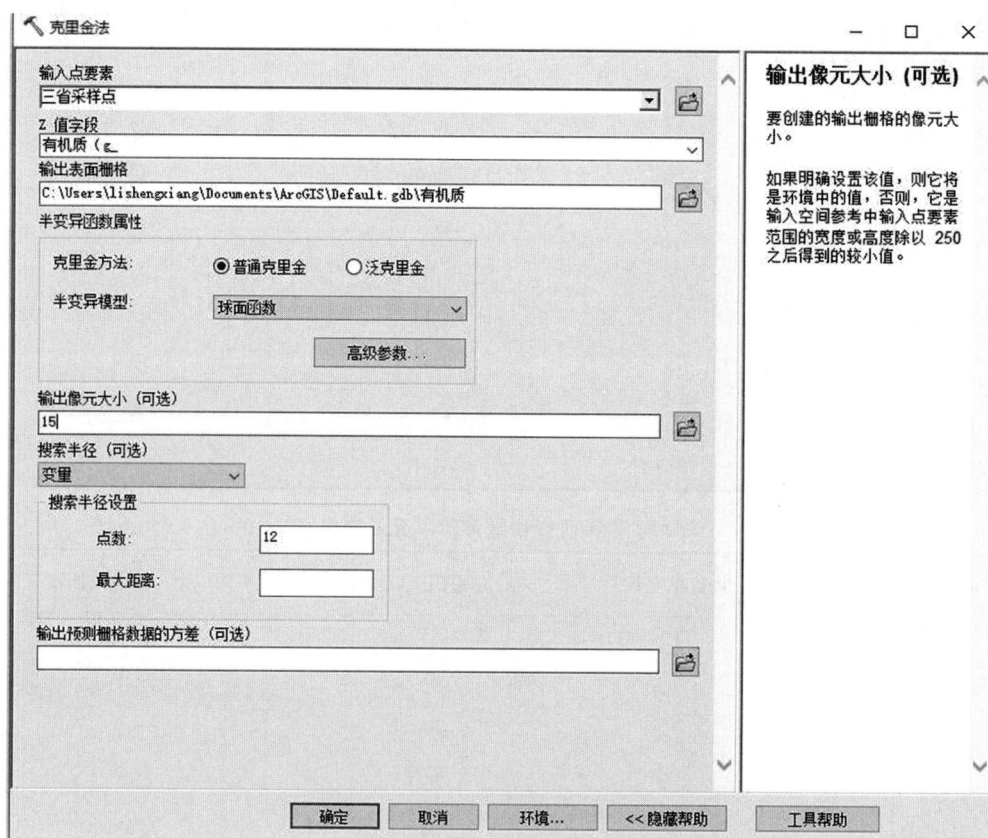

图 2-20　采用 Arcgis 对有机质进行插值设置

2. 地貌类型　在 ArcGIS 软件中，将三省的地貌类型图与评价单元图进行叠加，通过 Spatial Join 可以将地貌类型属性连接到评价单元图上（图 2-21）。

3. 积温、年降雨量　利用气象部门提供的长江中游区域气象台站的最近 30 年平均数据，在 ArcGIS 平台上，选择合适的栅格大小进行空间插值，然后利用 ArcGIS 的区域统计模块，把插值结果赋给评价单元。选择合适的插值栅格设置可以保证所有评价单元获得数据。

4. 成土母质、剖面土体构型、质地、灌溉能力、排水能力　在 ArcGIS 软件中通过采样

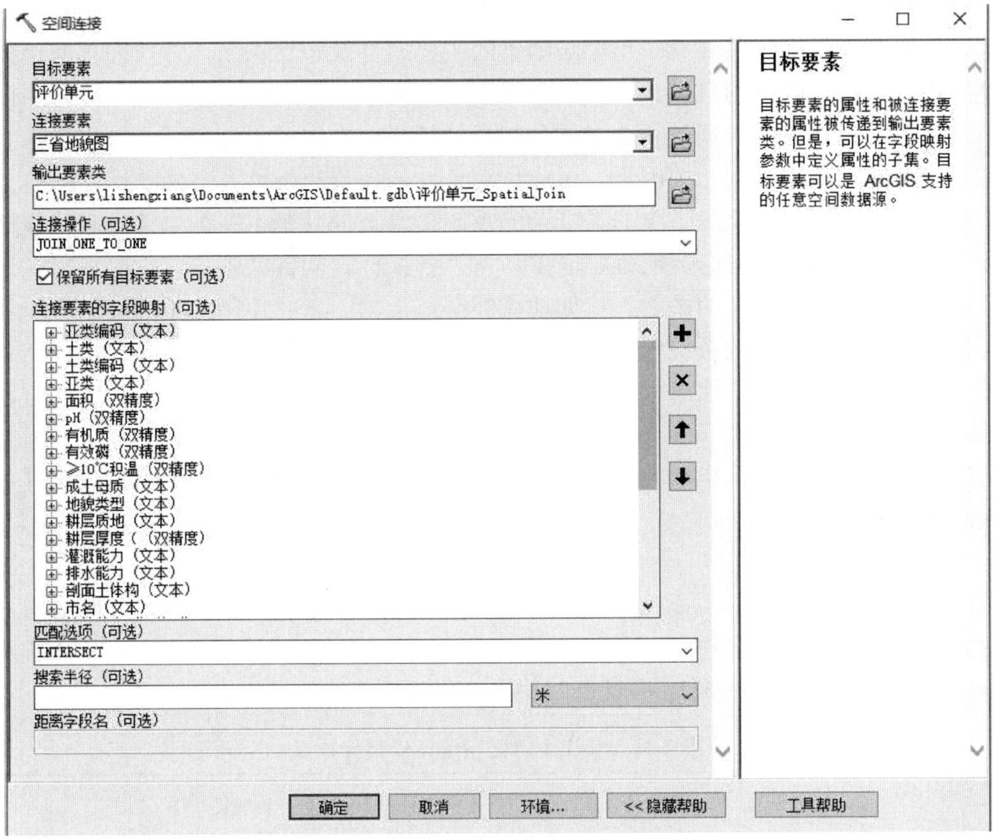

图 2-21　评价单元与地貌类型图连接

点数据建立泰森多边形，将泰森多边形与评价单元进行叠加，就可以将这些评价因子的属性赋给评价单元。

经过以上步骤，得到以评价单元为基本单位的评价空间数据库。

对于没有选择进入评价指标体系的那些指标，即非评价指标，由于需要对耕地质量等级的评价结果做出解释、更好地配合耕地质量管理，则利用采样点数据进行插值、利用评价单元提取数据后，只保留空间索引代码，需要时再与评价单元连接，如用于属性制图，统计评价单元的非评价指标特征。

三、评价指标的选取及其权重确定

（一）指标选取原则

参评指标是指参与评价耕地质量等级的耕地诸多属性。正确进行参评指标选取是科学评价耕地质量的前提，直接关系到评价结果的正确性、科学性和社会可接受性。选取的指标之间应该相互补充，上下层次分明。指标选取的主要原则：

科学性原则：指标体系能够客观地反映耕地综合质量的本质及其复杂性和系统性。选取评价指标应与评价尺度、区域特点等有密切关系。因此，应选取与评价尺度相应、体现区域特点的关键因素参与评价。本次评价区域为长江中游区湖北、湖南、江西三省，既需要考虑降水、积温、地貌类型等大尺度变异因素，又要选择与耕地生产潜力相关的其他因素，例如，灌溉条件，排水条件，成土母质等，从而保障评价的科学性。

综合性原则：指标体系要反映出影响因素的主要属性及相互关系。评价因素的选择和评价标准的确定要考虑当地的自然地理特点和社会经济因素及其发展水平，既要反映当前的局部和单项特征，又要反映长远的、全局的和综合的特征。本次评价选取了土壤理化性状、立地条件、土壤管理等方面的相关因素，形成了综合性的评价指标体系。

主导型原则：耕地系统是一个非常复杂的系统，要把握其基本特征，选出有代表性的起主导作用的指标。指标的概念应明确，简单易行。各指标之间含义各异，没有重复。选取的因子应对耕地质量有比较大的影响，比如地貌类型，土壤因素，年降水量等。

可比性原则：由于耕地系统中的各个因素具有很强的时空差异，因而评价指标体系在空间分布上应具有可比性，选取的评价因子在评价区域内的变异较大，数据资料应具有较好的时效性。

可操作性原则：各评价指标数据应具有可获得性，易于调查、分析、查找或统计，有利于高效准确完成整个评价工作。

（二）建立评价指标体系

依照耕地质量评价规范，采用层次分析法建立评价指标体系，在《全国耕地地力评价指标》数据集中选择、确定了气象、立地条件、土壤理化性状、土壤管理5个中间层或称为准则层，合计共12个指标（表2-36），作为长江中游区耕地质量评价的指标体系。

表 2-36　长江中游区耕地评价指标体系

第二层（B）	第三层（C）
气象	≥10℃积温
	降水量
立地条件	地貌类型
	成土母质
	剖面土体构型
土壤理化性状	质地
	耕层厚度
	pH
土壤管理	灌溉能力
	排水能力
土壤养分	有机质
	有效磷

在所选取的12项指标中，≥10℃积温，年降水量为气象因素指标；地貌类型、成土母质、剖面土体构型为立地条件指标；质地、耕层厚度、pH为土壤理化性状指标；灌溉能力、排水能力为土壤管理指标；有机质、有效磷为土壤养分指标。

气候因素和地貌类型是影响大区域耕地质量和农作物生产的关键性自然要素。长江中游区域包括的地貌类型有平原、阶地、丘陵、低山、中山。同时该区域微地貌类型较为复杂，不同地貌类型其耕地利用和生产潜力有较大差异，因而对长江中游区耕地质量有重要影响。

积温和降水是两个最重要的气候因子，是长江中游区耕地质量评价的关键性因子，区域内不同的区位及其积温与降水条件有明显的差异。因此，本次评价选取了≥10℃积温，年降水量这两个气象因子作为评价指标体系中的关键指标。排灌条件是影响作物产量的重要因素，影响土壤空气和热容量，属于土壤管理的主要内涵。耕层质地和耕层厚度是耕地土壤的重要物理性状指标。不同的耕层质地代表了耕地土壤不同的保水保肥能力及不同的养分丰缺水平，从而对耕地质量产生直接影响。

汇总采用层次分析法（AHP）进行耕地质量评价，该方法是一种系统分析方法，可将人们的经验思维数量化，用以检验决策者判断的一致性，并对综合性因素进行定量化评价，是一种较为广泛采用的评价方法。使用该方法需要根据各参评指标或因素对耕地质量的贡献大小确定权重。确定权重的方法很多，有定性方法和定量方法。本次汇总评价采用了特尔斐（DELPHI）法确定各参评指标的权重，通过研讨会形式，由专家对评价指标及其相对重要性进行打分，获得的结果和层次结构见图 2-22。

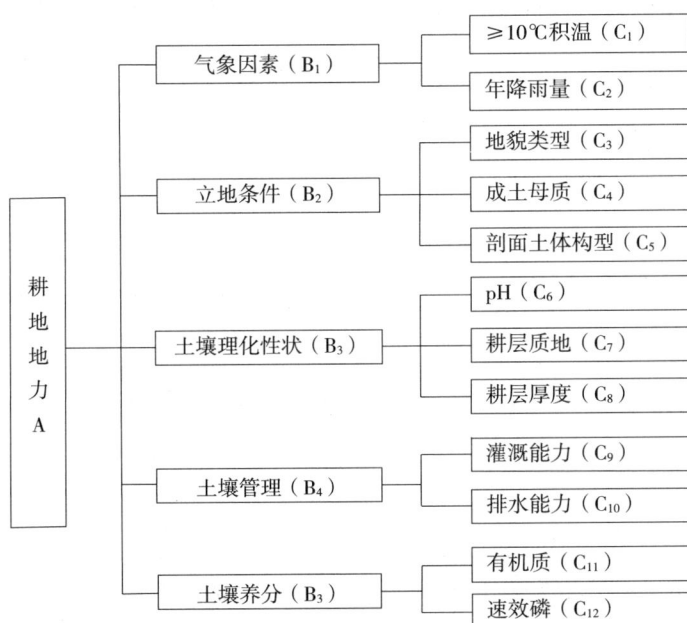

图 2-22　层次结构模型

图 2-22 中，以耕地质量等级作为目标层（A），之后按照指标间的相关性和对耕地质量等级的影响程度和方式，将 12 个指标划分为 5 组作为准则层（B，或称之为中间层）。

第一组为气象因素，包括≥10℃积温，降水量；第二组为立地条件，包括地貌类型、成土母质、剖面土体构型；第三组为土壤理化性质，包括质地，耕层厚度和 pH；第四组为土壤管理，包括灌溉能力、排水能力；第五组为土壤养分，包括有机质、有效磷。准则层之下为指标层。

（三）判断矩阵与指标权重

根据专家的经验来确定准则层各因素对目标层以及指标层各评价因子对准则层的相对重要性，即是 B 层对 A 层以及 C 层对 B 层的相对重要性，并且每位专家都要给出量化的评估值。具体过程为：设目标层 A＝耕地质量，准则层 B 层＝｛u_1，u_2，u_3，u_4，u_5｝为评价要素集，本研究选取了 5 个评价要素集，即 u_1＝气象因素，u_2＝立地条件，u_3＝土壤理化性状，u_4＝土壤管理，u_5＝土壤养分。U_{ij}的取值采用 1～9 标度法，U_{ij}表示相对于上一层，u_i比 u_j 的重要性数值，最后形成 6 个判断矩阵，并通过矩阵求得各因素的权重进行一致性检验。如表 2-36 至表 2-41 所示。

表 2-37　准则层判断矩阵

耕地质量（A）	气象因素（B₁）	立地条件（B₂）	土壤理化性状（B₃）	土壤管理（B₄）	土壤养分（B₅）	权重 W_i
气象因素（B₁）	1.000 0	0.720 0	0.774 2	1.028 6	1.171 7	0.181 6
立地条件（B₂）	1.388 9	1.000 0	1.073 3	1.421 6	1.624 3	0.251 9
土壤理化性状（B₃）	1.291 7	0.931 7	1.000 0	1.324 5	1.513 5	0.234 6
土壤管理（B₄）	0.972 2	0.703 5	0.755 0	1.000 0	1.129 0	0.176 6
土壤养分（B₅）	0.853 5	0.615 6	0.660 7	0.885 7	1.000 0	0.155 4

根据计算该判断矩形一致性比例为 0＜0.1，好的一致性，对总目标的权重为 1。

表 2-38　气象因素层判断矩阵

气象因素 B₁	≥10℃积温 C₁	年降雨量 C₂	权重 W_i
≥10℃积温 C₁	1.000 0	1.272 4	0.559 9
年降雨量 C₂	0.785 9	1.000 0	0.440 1

根据计算该判断矩形一致性比例为 0＜0.1，好的一致性，对总目标的权重为 0.181 6。

表 2-39　立地条件层判断矩阵

立地条件 B₂	地貌类型 C₃	成土母质 C₄	剖面土体构 C₅	权重 W_i
地貌类型 C₃	1.000 0	1.450 5	1.264 6	0.403 2
成土母质 C₄	0.689 4	1.000 0	0.872 1	0.278 0
剖面土体构 C₅	0.790 7	1.146 6	1.000 0	0.318 8

根据计算该判断矩形一致性比例为 0＜0.1，好的一致性，对总目标的权重为 0.251 9。

表 2-40　土壤理化性状层判断矩阵

土壤理化性状 B₃	pH C₆	耕层质地 C₇	耕层厚度 C₈	权重 W_i
pH C₆	1.000 0	0.879 5	0.865 3	0.303 7
耕层质地 C₇	1.137 0	1.000 0	0.983 8	0.345 3
耕层厚度 C₈	1.155 7	1.016 5	1.000 0	0.351 0

根据计算该判断矩形一致性比例为 0＜0.1，好的一致性，对总目标的权重为 0.234 6。

表 2-41　土壤管理层判断矩阵

土壤管理 B₄	灌溉能力 C₉	排水能力 C₁₀	权重 W_i
灌溉能力 C₉	1.000 0	1.197 7	0.545 0
排水能力 C₁₀	0.834 9	1.000 0	0.455 0

根据计算该判断矩形一致性比例为 0<0.1，好的一致性，对总目标的权重为 0.176 6。

表 2-42　土壤养分层判断矩阵

土壤养分 B_5	有机质 C_{11}	有效磷 C_{12}	权重 W_i
有机质 C_{11}	1.000 0	1.435 1	0.589 3
有效磷 C_{12}	0.696 8	1.000 0	0.410 7

根据计算该判断矩形一致性比例为 0<0.1，好的一致性，对总目标的权重为 0.155 4。最终，评价指标的权重及其总排序结果如表 2-43 所示。

表 2-43　评价指标层次总排序结果

指标名称	指标权重	指标名称	指标权重
≥10℃积温	0.101 7	剖面土体构型	0.080 3
地貌类型	0.101 5	排水能力	0.080 3
灌溉能力	0.096 2	年降雨量	0.079 9
有机质	0.091 6	pH	0.071 2
耕层厚度	0.082 3	成土母质	0.070 0
耕层质地	0.081 0	有效磷	0.063 8

从排序的结果来看，积温的权重值最大，同是气象因素的降雨量权重也比较大，为了验证排序结果的合理性，将积温和降雨量与产量做了相关分析。方法是将采样点数据按照专家打分的区段，进行分类，再分别做积温和降雨量与水稻产量的相关。

表 2-44 反映年降雨量与水稻产量在不同降雨量的相关系数存在显著差异，如在年降雨量大于 1 400mm 的高降雨量区段，降雨量与水稻产量呈负相关，而在降雨量低于 1 000mm 区段，降雨量与水稻产量相关系数线显著降低或无相关。这说明，在长江中游区，年降雨量在 1 000mm 到 1 400mm 区间对水稻产量的相关存在线性关系，其他区段的降雨量作为评价指标是非线性的，降雨量不是越高越好，尤其是在丘陵或山区，由于高降雨量引起土壤侵蚀或养分淋失的作用较为突出，对水稻产量的不利影响有必要进行校正。

表 2-44　年降雨量与水稻产量的相关分析

年降雨量（mm）	>1 600	1 400～1 600	1 200～1 400	1 000～1 200	800～1 000	<800
相关系数	−0.135	−0.103	0.178	0.207	0.001	0.101

表 2-45 说明，积温对水稻产量的影响没有降雨量大，尽管不同区段的相关系数存在差异，但是线性关系在各个区段都是存在，不像年降雨量区段那样根本上颠覆相互关系。

表 2-45　积温与水稻产量的相关分析

≥10℃积温（℃）	>5 200	4 800～5 200	4 400～4 800
相关系数	0.251	0.177	0.256

从以上两个表可以看出，年降雨量和积温都在不同的区段与水稻产量存在着一定的相关性，理论上来讲相关性越高，通过特尔菲法赋予的权重应该越大，由此可见汇总建立的隶属

函数具有科学性与合理性，同时也可以提醒注意对年降雨量做必要校正。

四、评价指标的处理

评价指标体系中的各项指标可以分为定量指标和定性或概念性指标两类，为了采用定量化的评价方法和自动化的评价手段，减少人为因素的影响，都需要对这些指标或因素采用无量纲量化处理，根据指标的大小或级别状况赋予其相应的分值或数值。汇总采用 DELPHI 法,依照专家评估参评指标测定值的大小或等级高低对耕地质量及作物生长的影响,确定其相对隶属度。

对于概念型或定性指标，如质地、灌溉能力、排水能力、地貌类型等指标，数据相对集中在几个分段，则直接采用专家打分的方法，获得隶属度。

对于定量指标，由于数据的离散程度高，需要通过建立隶属函数的方法对各项指标的打分情况进行函数拟合，再利用隶属函数计算获得对应的隶属度。

隶属函数和隶属度的确定是耕地质量评价的关键环节，评价过程中需要在确定各评价指标隶属度的基础上，计算各评价单元的综合得分，从而确定耕地质量等级。为了保证所有评价单元都能获得隶属度，需要通过 ArcGIS 的插值与区域统计功能，先给所有评价单元赋值，然后利用评价软件自动计算隶属函数、隶属度和评价单元的累计得分，得到耕地质量评价结果。

（一）定性指标及其隶属度

1. 成土母质　考虑不同成土母质发育的土壤肥力特征，及其与水稻生长发育的关系，同时结合专家意见，赋予不同类别的成土母质的隶属度如表 2-46 所示。

表 2-46　成土母质隶属度

成土母质	河湖冲沉积物	泥质岩类风化物	第四纪红色黏土	碳酸盐类风化物	紫色盐类风化物	结晶岩类风化物	红砂岩类风化物
分值	1.00	0.865	0.83	0.79	0.685	0.645	0.61

2. 地貌类型　评价区域地貌类型多达 63 种，空间变异较为复杂。通过对所有地貌类型进行逐一分析和比较，根据不同海拔、不同地貌类型的耕地质量状况，以及不同地貌类型对农作物生长的影响，将长江中游区所属 63 种地貌类型划分为五大类地貌。其中，第一大类是为冲积平原，河口三角洲、湖积平原和沼泽地等以临近水系发育为特征的耕作区；第二大类为阶地，河谷，河漫滩以及堆积平原，以平坦为特征；第三大类为低台地，低丘陵；第四大类为高台地，高丘陵；第五大类为中山，低山。五大类地貌赋予相应的分值如表 2-47 所示。

表 2-47　地貌类型隶属度

第一类	低海拔冲积湖积平原	低海拔冲积湖积三角洲平原	低海拔冲积平原	低海拔冲积洪积平原	低海拔冲积扇平原	低海拔湖积平原	低海拔冲积高地	低海拔冲积高地	低海拔河谷平原
分值	1.00	0.96	0.96	0.88	0.88	0.85	0.84	0.84	0.81
第一类	低海拔洪积平原	低海拔湖积冲积平原	低海拔喀斯特溶积冲积平原	低海拔冲积洼地	低海拔湖滩	低海拔冲积湖积洼地			
分值	0.80	0.78	0.74	0.76	0.72	0.65			

（续）

第二类	低海拔喀斯特溶积平原	低海拔冲积河漫滩	低海拔湖积低阶地	低海拔宽浅河谷	低海拔河流低阶地	低海拔喀斯特溶蚀平原	低海拔陡深河谷	低海拔湖积高阶地	低海拔喀斯特堆积平原
分值	0.74	0.65	0.62	0.60	0.58	0.58	0.56	0.54	0.54
第二类	低海拔侵蚀剥蚀平原	低海拔河流高阶地	低海拔冲积决口扇	中海拔喀斯特溶蚀平原					
分值	0.50	0.49	0.47	0.47					
第三类	低海拔冲积湖积低台地	低海拔冲积洪积低台地	喀斯特侵蚀低海拔低丘陵	侵蚀剥蚀低海拔低丘陵	低海拔冲积低台地	低海拔洪积低台地	喀斯特低海拔低丘陵	低海拔喀斯特低台地	低海拔喀斯特侵蚀低台地
分值	0.46	0.45	0.44	0.43	0.43	0.42	0.42	0.41	0.41
第三类	低海拔侵蚀剥蚀低台地								
分值	0.40								
第四类	喀斯特侵蚀低海拔高丘陵	侵蚀剥蚀低海拔高丘陵	喀斯特低海拔高丘陵	低海拔冲积湖积高台地	低海拔冲积洪积高台地	低海拔冲积高台地	低海拔洪积高台地	低海拔喀斯特侵蚀高台地	低海拔喀斯特高台地
分值	0.40	0.39	0.38	0.37	0.36	0.34	0.33	0.32	0.30
第四类	低海拔侵蚀剥蚀高台地								
分值	0.29								
第五类	喀斯特侵蚀小起伏低山	侵蚀剥蚀小起伏低山	喀斯特小起伏低山	喀斯特侵蚀中起伏低山	侵蚀剥蚀中起伏低山	喀斯特中起伏低山	喀斯特侵蚀小起伏中山	喀斯特小起伏中山	侵蚀剥蚀小起伏中山
分值	0.42	0.41	0.40	0.39	0.39	0.37	0.28	0.27	0.26
第五类	喀斯特侵蚀中起伏中山	喀斯特中起伏中山	侵蚀剥蚀中起伏中山	侵蚀剥蚀大起伏中山	喀斯特侵蚀大起伏中山	喀斯特大起伏中山	喀斯特冰缘作用的大起伏中山		
分值	0.26	0.25	0.24	0.23	0.23	0.22	0.21		

3. 排灌能力　考虑到长江中游区排灌能力的总体状况，根据排灌能力对耕地质量的影响，按照排灌能力对农作物生产的满足程度划分为 3 个不同的等级，并赋予其相应的分值进行量化处理。如表 2-48 所示。

表 2-48　排灌能力量化处理

排水能力	充分满足	基本满足	不满足
分值	1.00	0.70	0.40
灌溉能力	充分满足	基本满足	不满足
分值	1.00	0.70	0.40

（二）定量指标的隶属函数

有机质、有效磷、pH、≥10℃积温、年降雨量、耕层厚度均为定量指标，可以直接采用数值大小表示其指标状态。建立这些定量指标的隶属函数，分以下几步：首先在正直线型、负直线型、戒上型、戒下型、峰型这五种函数类型中确定该定量指标对应的函数类型，然后依据专家对该指标范围内的成对数据打分，即测定值 X 和专家打分 Y，然后进行函数拟合，得到隶属函数。汇总采用扬州市土壤肥料工作站开发的《省级耕地资源管理信息系统》中的函数拟合功能，满足成对数据要求可以自动生成，比较方便。

1. pH pH 隶属函数为峰型，公式为：

$$Y = \begin{cases} 0, & x \leqslant U_1 \\ 1/[1 + A(x-C)^2], & U_1 < x \leqslant U_2 \\ 0, & x \geqslant U_2 \end{cases}$$

成对数据，pH 测定值和 Y 打分值，如表 2-49 所示。通过函数拟合得到的隶属函数及其成对散点图如图 2-23 所示。

表 2-49　pH 定量指标隶属函数拟合

X，土壤 pH	<4.5	4.75	5.25	5.75	6.25	6.75	7.25	7.75	>8.00
Y，专家打分	0.45	0.575	0.67	0.795	0.905	0.99	0.88	0.75	0.585

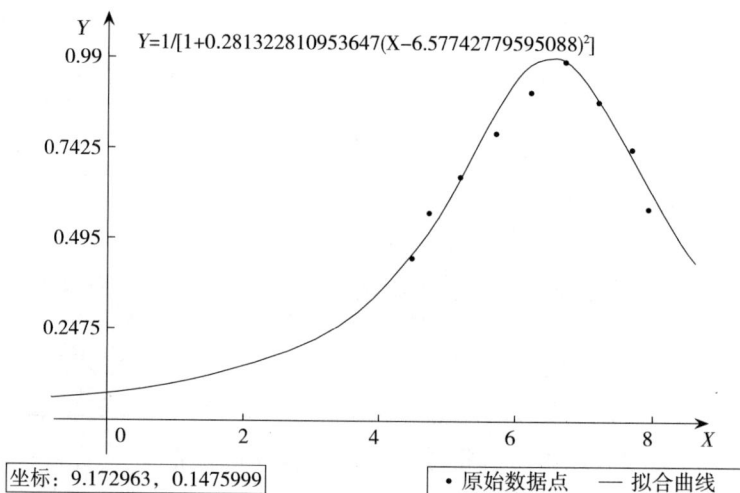

坐标：9.172963，0.1475999　　●原始数据点　——拟合曲线

图 2-23　pH 与隶属度关系散点和模拟曲线

2. 耕层厚度 耕层厚度的隶属函数为戒上型，公式为：

$$Y = \begin{cases} 0, & x \leqslant U_1 \\ 1/[1 + A(x-C)^2], & U_1 < x \leqslant U_2 \\ 1, & x \geqslant U_2 \end{cases}$$

耕层厚度测定值和专家打分情况见表 2-50，隶属函数及其拟合数据的散点图参见图 2-24。

表 2-50　耕层厚度定量指标隶属函数拟合

X，耕层厚度（cm）	20	18	15	12	10	8	6
Y，专家打分	1.00	0.95	0.90	0.80	0.60	0.40	0.20

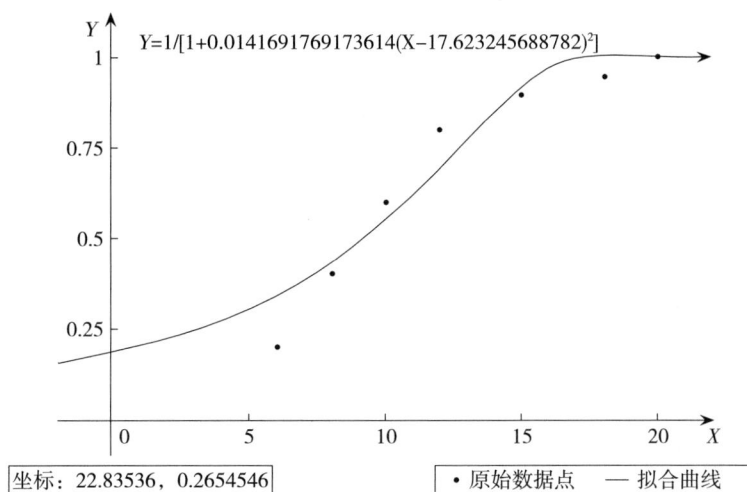

图 2-24　耕层厚度与隶属度关系散点和模拟曲线

对于定量指标，通过函数拟合共得到戒上型函数 5 个，峰型函数 1 个，见表 2-51。

表 2-51　参评定量因素类型及其隶属函数

参评因素	函数类型	隶属函数	系数 A	标准指标值 C	U_1	U_2
有机质（g/kg）	戒上型	$1/[1+a\times(u-c)^2]$	0.001 786	30.0	−40.99	30
有效磷（mg/kg）	戒上型	$1/[1+a\times(u-c)^2]$	0.001 717	20.0	−52.4	20
pH	峰型	$1/[1+a\times(u-c)^2]$	0.281 323	6.58	0.92	12.23
耕层厚度	戒上型	$1/[1+a\times(u-c)^2]$	0.014 169	13	−12.21	13
≥10℃积温	戒上型	$1/[1+a\times(u-c)^2]$	0.000 001	5 500	2 500	5 500
年降水量	戒上型	$1/[1+a\times(u-c)^2]$	0.000 002	1 481.93	−639.4	1 481.93

五、耕地质量等级的划分

（一）耕地质量等级划分依据

耕地质量利用《耕地资源信息管理系统》，在"专题评价"模块中编辑层次分析模型以及各评价因子的隶属函数模型，然后选择"耕地生产潜力评价"功能进行耕地质量综合指数的计算，得出耕地质量综合指数 IFI。

长江中游区耕地质量综合指数 *IFI* 变化于 0.658 7～0.986 2 之间。为了方便耕地质量管理和研究等级差异，汇总确定把耕地质量划分为 10 个等级。为此，汇总把综合指数以 0.01 间隔，分析以评价单元为基本单位，统计了评价单元累计面积，结果见表 2-52。

表 2-52　评价综合指数与评价单元的关系统计

综合指数	单元数	单元（%）	单元累计（%）	面积（khm²）	面积（%）	面积累计（%）
0.658～0.668	8	0.01	0.01	0.75	0.01	0.01
0.668～0.678	47	0.05	0.06	1.28	0.01	0.02
0.678～0.688	157	0.18	0.24	2.74	0.02	0.04
0.688～0.698	266	0.31	0.55	5.79	0.05	0.08
0.698～0.708	540	0.62	1.17	14.03	0.11	0.20
0.708～0.718	971	1.11	2.28	26.14	0.21	0.41
0.718～0.728	2 069	2.37	4.66	51.20	0.41	0.81
0.728～0.738	3 783	4.34	9.00	75.83	0.61	1.42
0.738～0.748	4 942	5.67	14.67	124.85	1.00	2.42
0.748～0.758	6 402	7.35	22.02	216.57	1.73	4.15
0.758～0.768	7 051	8.09	30.12	273.31	2.19	6.34
0.768～0.778	6 976	8.01	38.12	365.44	2.92	9.26
0.778～0.788	6 382	7.33	45.45	513.33	4.10	13.36
0.788～0.798	5 677	6.52	51.97	561.90	4.49	17.85
0.798～0.808	6 158	7.07	59.03	756.24	6.05	23.90
0.808～0.818	5 194	5.96	65.00	796.60	6.37	30.27
0.818～0.828	4 834	5.55	70.55	921.02	7.36	37.63
0.828～0.838	4 644	5.33	75.88	1061.83	8.49	46.12
0.838～0.848	3 965	4.55	80.43	957.00	7.65	53.77
0.848～0.858	3 560	4.09	84.51	910.84	7.28	61.05
0.858～0.868	2 870	3.29	87.81	879.52	7.03	68.08
0.868～0.878	2 671	3.07	90.87	976.53	7.81	75.89
0.878～0.888	1 984	2.28	93.15	710.70	5.68	81.57
0.888～0.898	1 538	1.77	94.92	568.01	4.54	86.11
0.898～0.908	1 325	1.52	96.44	535.55	4.28	90.39
0.908～0.918	1 073	1.23	97.67	422.33	3.38	93.77
0.918～0.928	795	0.91	98.58	285.70	2.28	96.05
0.928～0.938	484	0.56	99.14	181.50	1.45	97.50
0.938～0.948	347	0.40	99.54	137.01	1.10	98.60
0.948～0.958	242	0.28	99.81	94.32	0.75	99.35
0.958～0.968	110	0.13	99.94	54.81	0.44	99.79
0.968～0.978	33	0.04	99.98	17.10	0.14	99.93
0.978～0.988	18	0.02	100.00	7.01	0.06	99.98
0.988～0.998	1	0.00	100.00	1.88	0.02	100.00

由图 2-25 可见，在相同综合指数区间，评价单元数目的累计值和评价单元面积的累计值出现的区间不一样。评价单元累计达到总评价单元数的 51.97％时的综合指数区间是 0.788～0.798，而面积累计达到总面积的 53.77％时，综合指数区间为 0.838～0.848，综合指数峰值相差约 0.4，出现不同步现象的原因在于评价单元的面积不同。图 2-26 的累计分布曲线还反映，不同区间评价单元数目占评价单元总数的比例分布曲线比较拖尾，而面积的分布基本属于正态分布。

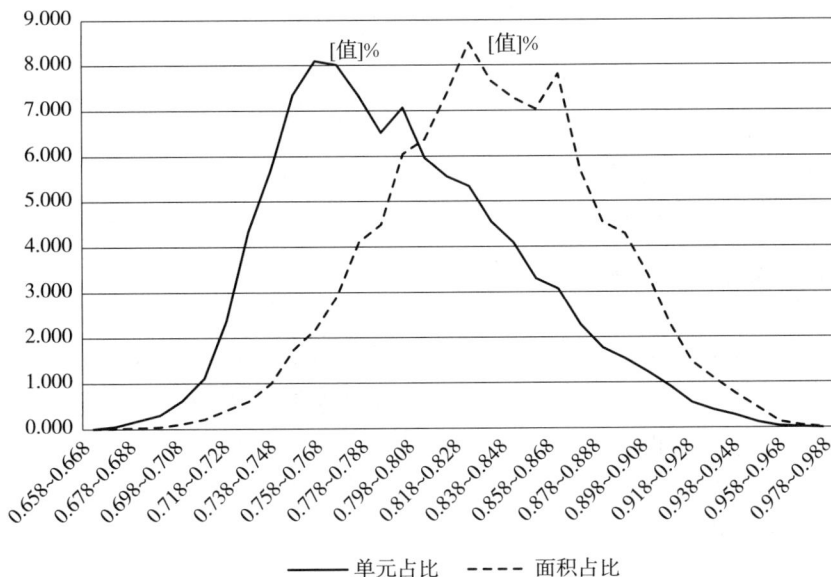

图 2-25　综合指数与评价单元的数目和面积分布特征（%）

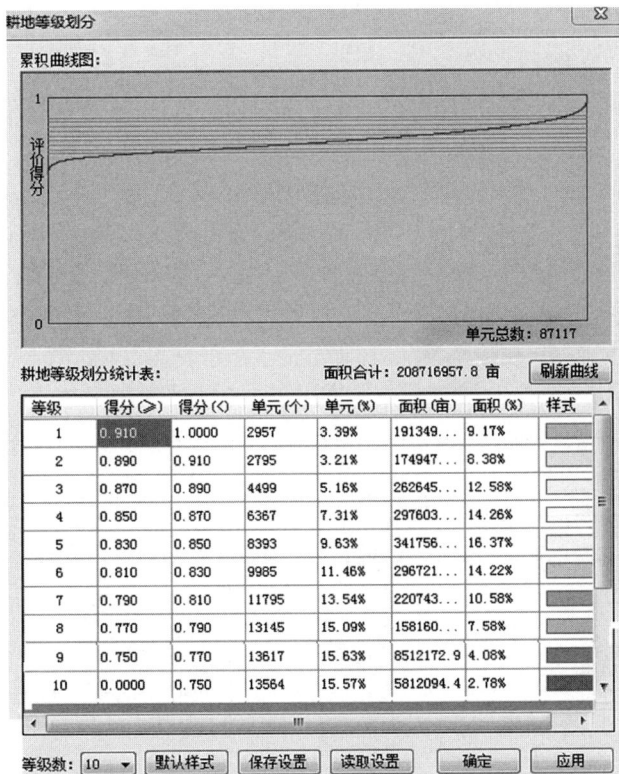

图 2-26　评价综合得分累计曲线

　　显然，以面积累计的分布曲线作为等级区间划分的依据比较科学。由此，汇总选择综合指数中间值对应总面积 50% 左右作为第 5 级取值依据，确定综合指数 0.85 为中间起点，取间隔 0.02，向上划分 5 级，向下划分 5 级，划分结果如表 2-53 所示。

表 2-53 综合指数得分与分级标准

IFI	>0.910	0.890~0.910	0.870~0.890	0.850~0.870	0.830~0.850
等级	一等	二等	三等	四等	五等
IFI	0.810~0.830	0.790~0.810	0.770~0.790	0.750~0.770	≤0.750
等级	六等	七等	八等	九等	十等

（二）耕地质量等级划分结果

结合等级划分标准和各等级所在比例，表 2-54 列出了长江中游区各等级耕地面积的分布结果，其中高等级耕地包括一等地、二等地和三等地，综合指数区间在 0.87 以上，合计面积占总耕地面积的 30.88%；中等级耕地包括四等地、五等地和六等地，综合指数在 0.87~0.81 之间，合计面积占总面积的 44.49%；低等级耕地由七等地、八等地、九等地和十等地组成，综合指数在 0.81 以下，合计占总耕地面积的 24.64%。图 2-27 是长江中游区各等级耕地的分布图。

表 2-54 长江中游区耕地等级划分概况（khm²，%）

综合指数	等级	评价单元	评价单元	总面积	平均面积	级别面积
>0.91	一等	2 957	3.39	1 154.28	0.39	9.23
0.89~0.91	二等	2 795	3.21	1079.03	0.39	8.63
0.87~0.89	三等	4 499	5.16	1 629.04	0.36	13.02
0.85~0.87	四等	6 367	7.31	1 812.22	0.28	14.49
0.83~0.85	五等	8 393	9.63	2 011.38	0.24	16.08
0.81~0.83	六等	9 985	11.46	1 741.05	0.17	13.92
0.79~0.81	七等	11 795	13.54	1 319.62	0.11	10.55
0.77~0.79	八等	13 145	15.09	935.42	0.07	7.48
0.75~0.77	九等	13 617	15.63	493.39	0.04	3.94
<0.75	十等	13 564	15.57	333.24	0.02	2.66
总计	10	87 117	100.00	12 508.67	0.14	100.00

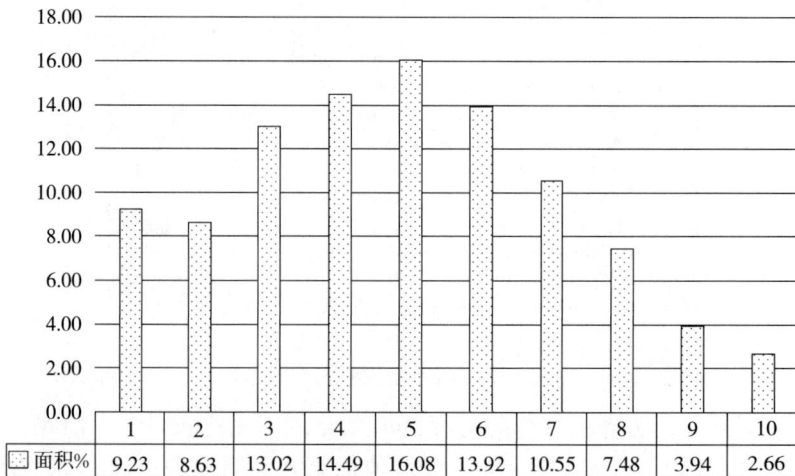

	1	2	3	4	5	6	7	8	9	10
面积%	9.23	8.63	13.02	14.49	16.08	13.92	10.55	7.48	3.94	2.66

图 2-27 长江中游区不同等级耕地的面积分布占比（%）

旱地和水田中的地力等级分布见表 2-55。长江中游区耕地中,水田面积超过 2/3 以上,占总面积的 70.69%,旱地占 29.31%,水田分布面积是旱地分布面积的 2.41 倍。高等 1 级、2 级和 3 级耕地基本上全部延续这个比例,即高等级耕地的 2/3 以上都分布在水田;中等级耕地开始出现分化,在 4 级耕地中,水田面积仍然占约 2/3,约为旱地的 3 倍,5 级耕地中水田分布比例开始减少,到 6 级耕地,水田的面积减少到旱地的 2 倍多一点;低等级中,水田分布面积快速减少、旱地分布面积快速上升,到 10 级耕地时,旱地的分布面积超过水田。总体表现出,水田等级高于旱地,随着耕地等级的下降,水田所占面积比例下降,旱地与此相反。

表 2-55　长江中游区耕地利用类型的等级分布 (khm², %)

等级	一等	二等	三等	四等	五等	六等	七等	八等	九等	十等	面积	面积
旱地	25.05	27.31	25.30	25.33	26.29	30.28	31.04	35.86	45.90	55.09	3666.15	29.31
水田	74.95	72.69	74.70	74.67	73.71	69.72	68.96	64.14	54.10	44.91	8842.52	70.69

六、评价结果的验证

为保证评价结果的科学合理,需要对评价形成的耕地质量等级分布等结果进行审核验证,使其符合实际,更好地指导农业生产与管理。具体采用了以下方法进行耕地质量评价结果的验证。

(一) 产量验证法

作物产量是耕地质量的直接体现。通常情况下,高等级地力水平的耕地一般对应于相对较高的作物产量水平;低等级地力水平的耕地则受到相关限制因素的影响,作物产量水平也较低。因此,可将评价结果中各等级耕地质量对应的农作物调查产量进行对比统计,分析不同耕地质量等级的产量水平。通过产量的差异来判断评价结果是否科学合理。

产量验证方法是,从长江中游区采样点中选择具有水稻产量属性的采样点共 31 300 个,利用这些点制作水稻采样点图层,再采用 ArcGIS 软件模块制作泰森多边形。通过运用 spatial join 方法把泰森多边形与水田评价单元图层进行空间连接,得到具有产量属性的 38 886 个评价单元,然后进行统计分析。验证结果如表 2-56 所列,可见等级评价结果与实际水稻产量呈显著相关。

表 2-56　耕地等级与水稻亩产验证 (kg)

等级	一等	二等	三等	四等	五等	六等	七等	八等	九等	十等
产量	758.17	749.30	743.74	728.27	703.71	664.30	628.49	597.56	557.01	534.44

(二) 对比验证法

不同的耕地质量等级应与其相应的评价指标值相对应。高等级的耕地质量应体现较为优良的耕地理化性状,而低等级耕地则会对应较劣的耕地理化性状。因此可汇总分析评价结果中不同耕地质量等级对应的评价指标值,通过比较不同等级的指标差异,分析耕地质量评价结果的合理性。

以灌溉能力为例 (表 2-57),一等、二等、三等地的灌溉能力以"充分满足"和"基本满足"为主;四等、五等和六等地以"基本满足"为主,七等、八等、九等和十等地以"不满足"为主。可见，评价结果与灌溉能力指标有较好的对应关系，说明评价结果较为合理可信。

表 2-57　长江中游区耕地质量各等级对应的灌溉能力占比情况（%）

等级	一等	二等	三等	四等	五等	六等	七等	八等	九等	十等
充分满足	64.25	52.99	43.37	36.97	26.56	20.63	12.34	5.15	2.92	1.95
基本满足	35.58	44.97	52.63	56.57	62.4	60.64	53.36	40.31	24.82	11.63
不满足	0.17	2.04	4	6.46	11.04	18.73	34.3	54.54	72.26	86.42
合计	100	100	100	100	100	100	100	100	100	100

（三）专家验证法

专家经验的验证也是判定耕地质量评价结果科学性的重要方法。应邀请熟悉区域情况及相关专业的专家，会同参与评价的专业人员，共同对评价指标选取、权重确定、等级划分、评价过程及评价结果进行系统的验证。

本次评价先后了组织了湖北、湖南、江西 3 个省土肥站的专家和技术人员，通过多次召开专题会议，对评价指标体系以及评价结果进行商讨与验证，确保评价结果符合长江中游区耕地的实际状况。

第四节　专题图件编制方法

一、图件编制步骤

耕地属性要素的等级是专题图表达的核心，主要用于反映专题内容的空间分布特征。制图除了属性表达与专题内容相协调外，还要考虑图面的负载量和清晰度，区域内增强空间表达的基础地理要素。

长江中游区的耕地数据汇总与评价以评价单元作为耕地等级和各种属性信息承载的基础单位，基础地理要素主要选取行政区划、耕作区、交通道路、水系、境界线等及其相应的注记，利用 ArcGIS 平台的制图功能模块，对专题要素和基础要素进行制图综合处理，进而编辑生成各类专题图件。

如对于耕地质量等级专题图，制图依据评价软件自动生成的基于评价单元为基础单位的耕地质量评价等级，分两个步骤进行耕地质量等级的表达：一是颜色表达，即赋予不同耕地质量等级以相应的颜色，二是代号表达，用数字或"一等地"表示不同的耕地质量等级（图 2-28）。然后与基础地理要素复合、调整比例尺、整饰图例等获得长江中游区耕地质量等级分布图。

二、图件插值处理

本次长江中游区耕地质量评价土壤养分图件是将所有养分采样点数据在 ArcGIS 下操作，利用其空间分析模块功能中克里金插值方法对各养分数据进行插值。经编辑处理后，在布局视图下，编辑输出养分含量分布图。克里金（Kriging）插值法又称空间自协方差最佳插值法，它首先考虑的是空间属性在空间位置上的变异分布，确定对一个待插点值有影响的距离范围，然后用此范围内的采样点来估计待插点的属性值。该方法在数学上可对所研究的

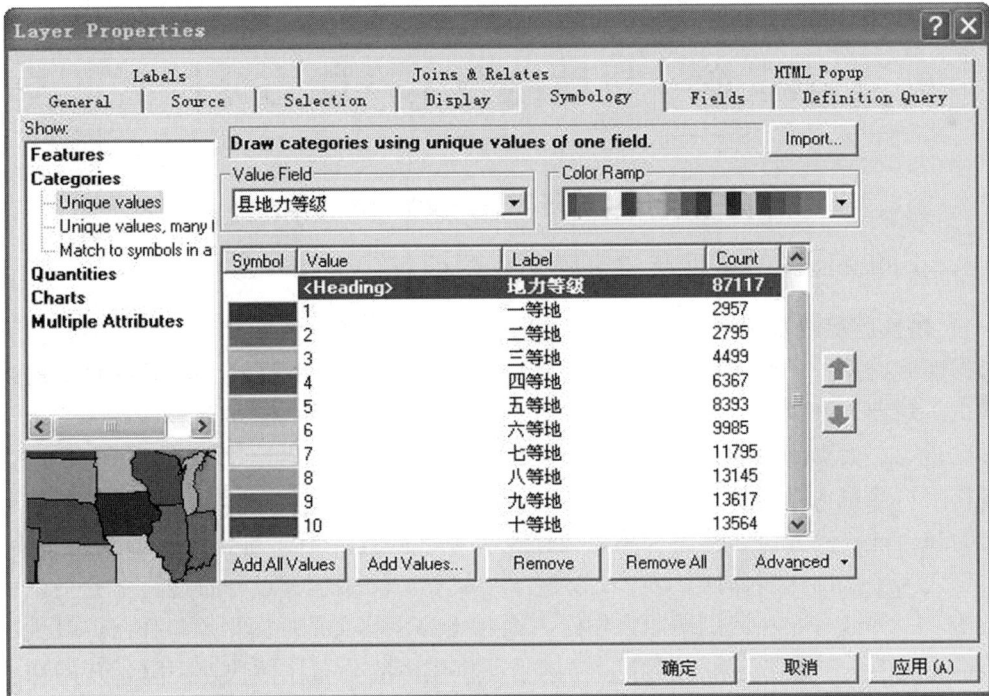

图 2-28　耕地质量等级图的制作（黑白）

对象提供一种最佳线性无偏估计（某点处的确定值）的方法。它是考虑了信息样点的属性、大小及与待估计块段相互间的空间位置等几何特征以及点位的空间结构之后，为达到线性、无偏和最小估计方差，而对每一个样点赋予一定的系数，最后进行加权平均来估计块段数值的方法。但它仍是一种光滑的内插方法，在数据点多时，其内插的结果可信度较高。

三、图件清绘整饰

对于土壤有机质、pH、土壤养分元素含量分布等其他专题要素地图，按照各要素的不同分级分别赋予相应的颜色，标注相应的代号，生成专题图层。之后与地理要素地图叠加，编辑处理生成相应的专题图件，并进行图幅的整饰处理。部分专题图件见附图。

第三章　耕地综合生产能力分析

第一节　耕地等级分布特征

一、不同耕作区的耕地质量等级分布特征

（一）耕作区等级概况

依据地貌类型把长江中游区的耕地立地环境划分为五大类耕作区，第一大类是冲积平原，河口三角洲、湖积平原和沼泽地等临近大面积水系发育为特征的耕作区，称之为河湖平原耕作区；第二大类为阶地，河谷、河漫滩以及堆积平原，以狭窄平坦为特征，称之为丘岗平原耕作区；第三大类为低台地、低丘陵，称之低海拔丘陵台地（低丘台地）耕作区；第四大类为高台地、高丘陵，称之为高海拔丘陵台地（高丘台地）耕作区；第五大类为中山、低山，称之为中低山区耕作。表 3-1 对这 5 个耕作区的耕地等级分布进行了分类，表中数据反映出，一等地分布在河湖平原耕作区占绝对优势，其次是丘岗平原耕作区，其他耕作区的分布都不到 5%。在二等和三等中，河湖平原耕作区的分布比例快速下降，开始快速向丘岗平原和低丘台地耕作区扩展分布，二等地中，河湖平原分布面积约下降了 60%，丘岗平原上升了 1 倍多，同时已经有 11.87% 的耕地扩展进入低丘台地，三等地的分布也具有类似的分布变化趋势。

表 3-1　不同耕作区耕地等级分布（面积%）

级别	一等	二等	三等	四等	五等	六等	七等	八等	九等	十等
河湖平原	78.54	53.13	29.38	12.20	6.64	5.06	2.37	0.44	0.16	0.00
丘岗平原	11.69	23.58	29.08	24.39	11.04	13.25	5.68	6.11	0.57	0.06
低丘台地	3.33	11.87	22.64	34.00	43.22	24.85	22.16	13.73	13.74	6.07
高丘台地	4.90	4.65	6.59	11.37	17.35	31.69	39.08	43.43	39.42	43.68
中低山区	1.53	6.78	12.31	18.03	21.75	25.16	30.71	36.29	46.11	50.19

四等、五等和六等地都属于中等级耕地，河湖平原的面积分布从四等地的 12.20% 快速下降到六等地的 5.06%，同时丘岗平原的分布面积开始减少，以更大的比例向低丘台地扩展，此时中等级耕地的最大分布面积几乎都出现在低丘台地耕作区，只有六等地的分布略低于高丘台地。

七等、八等、九等和十等地都属于低等级耕地，分布出现两种情况，一是分布比例总体向高丘台地和中低山区转移，二是耕作区面积分布的分化，七等地和八等地主要出现在高丘台地，九等和十等地则出现在中低山区。

（二）湖北省不同耕作区耕地等级分布

1. 不同耕作区的等级分布　湖北省不同耕作区的耕地等级分布参见表 3-2。不同耕作区

内，各等级分布面积与耕地等级呈现明显规律性，在一等地的耕作区分布中，河湖平原分布面积最大，丘岗平原其次，其他3个耕作区的分布都很少。二等地中，河湖平原分布面积开始快速向二等地扩展，由一等地分布比例84.91%下降为56.10%，丘岗平原的分布比例则快速上升，由一等地分布比例11.32%上升到40.80%，其他几个耕作区的分布比例也略有提高。三等地中，河湖平原的分布比例开始低于丘岗平原，其他耕作区的分布面积也有显著提高。由此可见，湖北省的高等级耕地主要分布在平原地区，河湖平原的耕地质量优于丘岗平原。

在中等级耕地中，四等地在河湖平原的分布比例显著下降，丘岗平原则上升到最大值，低丘台地的分布比例开始出现明显上升趋势，其他2个耕作区的分布比例也有显著上升；五等地中，河湖平原的分布比例下降到10%以下，低丘台地的分布比例上升到最大值，高丘台地和中低山区的分布面积都超过10%；六等地与五等地类似，只是低丘台地的分布比例下降约50%，高丘台地和中低山区的面积分布比例成倍增加。因此，可以认为湖北省的中等级耕地主要分布在丘岗平原和低丘台地。

七等、八等、九等和十等地，主要分布在高丘台地和中低山区。高丘台地的耕地质量水平略高于中低山区。

表3-2　湖北省不同耕作区等级分布（面积%）

级别	河湖平原	丘岗平原	低丘台地	高丘台地	中低山区	合计
一等	84.91	11.32	1.00	2.67	0.11	100.00
二等	56.10	40.80	2.38	0.52	0.21	100.00
三等	31.63	48.55	14.11	2.60	3.11	100.00
四等	19.32	49.29	17.87	7.78	5.74	100.00
五等	8.80	20.31	46.56	12.67	11.66	100.00
六等	9.88	28.00	23.98	23.59	14.55	100.00
七等	3.32	11.79	29.14	29.33	26.42	100.00
八等	0.52	10.42	15.77	40.38	32.91	100.00
九等	0.16	0.62	16.20	34.54	48.48	100.00
十等	0.00	0.07	5.05	40.83	54.05	100.00
总计	19.71	24.40	20.67	18.25	16.97	100.00

2. 不同耕作区耕地利用方式的比较　表3-3是湖北省不同耕作区耕地利用方式及其等级分布统计情况，全省合计分类可见，湖北省的耕作区及其地力等级具有以下特征：不同耕作区中河湖平原、低丘台地和高丘台地耕作区的水田面积分布显著高于旱地，约为旱地分布面积的2倍左右；丘岗平原旱地分布面积略大于水田，中低山区旱地分布面积显著高于水田，总体呈现水田地力等级高于旱地。

表3-3　湖北省不同耕作区耕地利用方式及其等级分布（面积%）

耕作区 级别	河湖平原		丘岗平原		低丘台地		高丘台地		中低山区	
	水田	旱地	水田	旱地	水田	旱地	水田	旱地	水田	旱地
一等	67.57	32.43	65.63	34.37	84.68	15.32	100.00	0.00	94.58	5.42
二等	64.92	35.08	62.73	37.27	84.27	15.73	100.00	0.00	58.27	41.73
三等	61.16	38.84	60.06	39.94	64.10	35.90	50.47	49.53	66.75	33.25

（续）

耕作区 级别	河湖平原		丘岗平原		低丘台地		高丘台地		中低山区	
	水田	旱地	水田	旱地	水田	旱地	水田	旱地	水田	旱地
四等	65.26	34.74	56.25	43.75	70.25	29.75	82.09	17.91	69.48	30.52
五等	57.33	42.67	31.36	68.64	79.48	20.52	70.75	29.25	61.97	38.03
六等	23.50	76.50	29.67	70.33	67.27	32.73	75.68	24.32	47.67	52.33
七等	60.24	39.76	19.17	80.83	63.98	36.02	70.16	29.84	44.16	55.84
八等	70.78	29.22	23.27	76.73	61.51	38.49	70.54	29.46	33.28	66.72
九等	97.71	2.29	51.20	48.80	60.52	39.48	69.94	30.06	28.26	71.74
十等	0.00	0.00	0.07	99.93	47.20	52.80	62.45	37.55	24.78	75.22
总计	61.61	38.39	47.24	52.76	70.39	29.61	71.10	28.90	39.82	60.18

在高等级耕地中，河湖平原和丘岗平原的一等、二等和三等地水田分布面积都大于旱地，水田分布面积约为旱地的1.5倍到2倍；低丘岗地、高丘岗地和中低山区的水田分布面积极其显著增加，水田分布面积达到旱地分布面积的5倍以上，甚至全部分布在水田中，在三等地分布比例出现分化，水田分布面积尽管仍然高于旱地，但是差异减少。特别是在低丘岗地和高丘岗地，一等和二等地中水田和旱地的分布比例，显著大于河湖平原和丘岗平原，反映该类地貌在满足灌溉条件的前提下，可以培育出高等级耕地。

在中等级耕地中，河湖平原和丘岗平原的水田分布面积急剧减少，四等地中河湖平原和丘岗平原的水田还大于旱地，五等地时，丘岗平原的水田分布开始小于旱地，到六等地中，河湖平原和丘岗平原的水田分布面积都小于旱地。中低山区的水田和旱地分布面积也发生相似变化，到六等地，中低山区的水田分布面积小于旱地分布面积。

低等级耕地中，河湖平原没有十等地，在其余七等、八等和九等3个等级耕地中的分布面积先降后升；丘岗平原和中低山区的七等、八等、九等和十等地中，除了九等地，水田分布面积略高于旱地外，其他几个等级都是旱地大于水田。低丘台地和高丘台地的情况不同，尽管水田分布比例略有下降，但是水田面积仍然普遍高于旱地。

（三）湖南省不同耕作区耕地等级分布

1. 不同耕作区的等级分布 湖南省的高等级耕地，即一等地、二等地和三等地的分布比较集中，与湖北省的高等级耕地同时分布于河湖平原和丘岗平原不同，湖南省的高等级耕地主要分布在河湖平原。四等、五等和六等中等级耕地则主要分布在丘岗平原和低丘台地，以低丘台地略占优势。七等、八等、九等和十等都属于低等级耕地，主要分布在高丘台地和中低山区（表3-4）。

表3-4　湖南省不同耕作区等级分布（面积%）

级别	河湖平原	丘岗平原	低丘台地	高丘台地	中低山区	合计
一等	67.88	9.49	7.48	10.96	4.19	100.00
二等	44.46	12.23	18.47	9.74	15.10	100.00
三等	30.59	16.26	20.47	10.72	21.94	100.00
四等	9.51	14.98	29.76	15.14	30.61	100.00

（续）

级别	河湖平原	丘岗平原	低丘台地	高丘台地	中低山区	合计
五等	6.30	6.08	28.31	21.95	37.36	100.00
六等	0.13	2.51	20.77	31.20	45.39	100.00
七等	0.07	1.24	14.04	35.21	49.45	100.00
八等	0.00	0.07	9.32	33.64	56.97	100.00
九等	0.00	0.00	1.59	40.33	58.07	100.00
十等	0.00	0.00	0.00	33.21	66.79	100.00
总计	19.16	8.89	20.00	20.07	31.88	100.00

2. 不同耕作区耕地利用方式的比较　在各耕作区的耕地利用方式间，耕地海拔高度越低、等级越高。在一等、二等和三等地中，河湖平原、低丘台地和高丘台地的水田与旱地的面积分布比值较大，水田约是旱地的2~3倍，而在丘岗平原中，该比值略小，估计与丘岗灌溉条件稍差有关，而在中低山区除了一等地水田小于旱地外，二等和三等地仍然是水田大于旱地，不过比值相差变小很多（表3-5）。

四等、五等和六等地中，除了河湖平原四等地水田分布面积小于旱地外，其他耕作区的不同级别，水田分布面积都大于旱地。

七等、八等、九等和十等地的分布略有不同，首先河湖平原耕作区没有面积分布，其次丘岗平原，九等和十等地也没有分布，七等地水田和旱地相差不大，八等地全部分布在水田中。低丘台地中也没有十等地分布，七等、八等和九等地也是水田面积显著大于旱地。高丘台地和中低山区的水旱面积分布比例也是水田大于旱地。

湖南省的不同耕作区，耕地质量水平的总体排序是：河湖平原＞丘岗平原＞低丘台地＞高丘台地＞中低山区，水田的地力水平高于旱地。

表3-5　湖南省不同耕作区耕地利用方式及其等级分布（面积%）

耕作区 级别	河湖平原		丘岗平原		低丘台地		高丘台地		中低山区	
	水田	旱地	水田	旱地	水田	旱地	水田	旱地	水田	旱地
一等	77.84	28.47	69.89	43.08	76.56	30.61	91.15	9.71	58.05	72.28
二等	79.67	25.52	63.15	58.35	84.18	18.79	81.22	23.13	71.92	39.05
三等	84.56	18.26	79.57	25.67	77.81	28.51	81.98	21.98	77.98	28.24
四等	53.39	87.29	83.53	19.72	79.40	25.95	85.39	17.10	77.72	28.66
五等	94.95	5.32	67.74	47.63	83.43	19.87	73.51	36.04	77.80	28.54
六等	100.00	0.00	91.33	9.49	83.96	19.11	85.14	17.45	77.15	29.62
七等	0.00	0.00	62.26	60.63	81.90	22.09	86.54	15.55	77.42	29.17
八等	0.00	0.00	100.00	0.00	87.91	13.75	81.47	22.74	73.77	35.57
九等	0.00	0.00	0.00	0.00	100.00	0.00	80.39	24.39	65.38	52.95
十等	0.00	0.00	0.00	0.00	0.00	0.00	76.23	31.18	71.91	39.06
总计	78.86	26.80	76.33	31.01	81.35	22.93	82.74	20.86	76.17	31.28

（四）江西省不同耕作区耕地等级分布

1. 不同耕作区的等级分布 江西省的高等级耕地主要分布在河湖平原耕作区和丘岗平原耕作区，一等地在河湖平原耕作区的分布比例高达83.89%，二等地的分布比例也达到63.75%，三等地则发生显著变化，分布比例只有23.57%。中等级耕地主要分布在丘岗平原和低丘台地，以低丘台地分布面积较多。四等地在低丘台地的分布比例为59.06%，五等地的分布比例也超过了50%，六等地降低到30.71%，分布比例开始向低等级耕地转移。七等、八等、九等和十等地则主要分布在高丘台地和中低山区，其中以高丘台地所占比例较大，高丘台地的分布比例高于中低山区（表3-6）。

表3-6 江西省不同耕作区等级分布（面积%）

级别	河湖平原	丘岗平原	低丘台地	高丘台地	中低山区	合计
一等	83.89	14.80	1.07	0.24	0.00	100.00
二等	63.75	13.36	16.86	2.71	3.32	100.00
三等	23.57	24.17	39.89	4.68	7.69	100.00
四等	7.55	8.06	59.06	10.35	14.99	100.00
五等	3.75	2.59	54.63	19.32	19.71	100.00
六等	2.64	1.10	30.71	45.36	20.18	100.00
七等	3.54	0.30	19.77	61.33	15.05	100.00
八等	0.80	2.68	14.14	64.49	17.89	100.00
九等	0.30	0.99	14.62	63.93	20.16	100.00
十等	0.00	0.00	16.67	69.31	14.02	100.00
总计	19.54	7.65	33.75	25.53	13.53	100.00

2. 不同耕作区耕地利用方式的比较 不同耕作区的耕地利用类型之间，在一等、二等和三等地等高等级耕地中，水田的分布面积普遍大于旱地，除了一等地在中低山区没有分布外，依照质量水平排序，河湖平原＞丘岗平原＞低丘台地＞高丘台地＞中低山区（表3-7）。

表3-7 江西省不同耕作区耕地利用方式及其等级分布（面积%）

耕作区 级别	河湖平原		丘岗平原		低丘台地		高丘台地		中低山区	
	水田	旱地	水田	旱地	水田	旱地	水田	旱地	水田	旱地
一等	82.42	17.58	61.60	38.40	91.04	8.96	100.00	0.00	0.00	0.00
二等	81.54	18.46	60.31	39.69	74.92	25.08	88.58	11.42	100.00	0.00
三等	84.68	15.32	73.34	26.66	87.15	12.85	89.41	10.59	98.48	1.52
四等	74.26	25.74	84.03	15.97	79.35	20.65	93.38	6.62	98.12	1.88
五等	56.70	43.30	51.16	48.84	76.36	23.64	88.97	11.03	97.93	2.07
六等	23.00	77.00	62.06	37.94	81.39	18.61	89.32	10.68	96.73	3.27
七等	19.46	80.54	81.23	18.77	51.56	48.44	88.48	11.52	88.08	11.92
八等	40.58	59.42	1.12	98.88	50.00	50.00	87.22	12.78	83.87	16.13
九等	0.00	100.00	100.00	0.00	25.68	74.32	72.38	27.62	69.27	30.73
十等	0.00	0.00	0.00	0.00	52.05	47.95	50.47	49.53	65.80	34.20
总计	78.56	21.44	67.95	32.05	76.57	23.43	86.74	13.26	94.12	5.88

在四等、五等和六等耕地中，水旱的分布比例发生变化，河湖平原耕作区随着耕地等级下降旱地分布面积超过水田，而其他 4 个耕作区水田的分布比例都有不同程度下降，但仍然没有改变水田分布比例大于旱地的趋势。

河湖平原耕作区随着耕地等级的下降，水田的分布比例随之下降，九等地全部出现在旱地中，十等地没有分布。丘岗平原与河湖平原具有几乎相同的趋势，也没有十等地分布，不同之处在于九等地全部出现在水田中。低丘台地的分布情况不同，随着耕地等级降低，水田分布比例随之降低，而旱地分布面积逐步增加。高丘台地和中低山区的分布特点是，尽管水田分布比例仍然高于旱地，但随着耕地等级下降，旱地的分布比例逐步提高。

二、不同土类的耕地质量等级分布特征

（一）不同土类等级特征

长江中游区耕地土壤的土类有 18 种，其中单个土类分布面积达到总面积 5％以上的只有 4 个土类，即水稻土、红壤、黄棕壤和潮土。表 3-8 反映，无论哪一级别的耕地，水稻土的分布面积都是最大的，且呈现出随着等级上升分布面积随之上升的趋势，如一等地占比为55.61％，十等地则仅为达到 19.67％；潮土的分布也具有类似的趋势。黄棕壤的分布特征与水稻土和潮土相反，表现出随着耕地等级下降，分布面积上升；红壤在中间等级耕地中的分布面积相对较大。

在单个土类面积占总耕地面积不到 5％的其他土类中，石灰土、紫色土、黄壤、黄褐土和棕壤等土类，也呈现随着耕地等级下降，分布比例上升的现象。在沼泽土类中，尽管总的分布面积不大，但是在一等地和六等地中都有较高比例分布。

表 3-8　不同土类的等级分布（面积％）

土类	一等	二等	三等	四等	五等	六等	七等	八等	九等	十等
水稻土	55.61	47.93	44.94	44.68	43.71	36.99	32.65	31.50	28.55	19.67
红壤	20.72	24.37	28.28	29.01	29.53	26.70	28.57	18.21	10.92	8.95
黄棕壤	1.70	2.95	4.41	6.10	8.47	11.34	16.63	23.27	34.43	44.15
潮土	17.64	16.98	13.63	8.95	7.68	5.55	4.85	2.96	0.72	0.36
石灰土	2.00	3.41	4.23	4.95	3.13	5.10	4.42	5.54	6.02	8.35
紫色土	1.19	1.51	1.79	3.18	3.71	3.64	4.19	4.31	4.67	7.29
黄壤	0.65	2.28	1.82	1.69	2.04	2.63	3.71	7.91	6.94	5.88
黄褐土	0.15	0.35	0.53	1.16	1.27	7.39	4.23	5.32	5.23	2.09
棕壤	0.00	0.00	0.00	0.00	0.01	0.03	0.14	0.74	2.23	2.95
沼泽土	0.26	0.09	0.12	0.09	0.18	0.26	0.21	0.11	0.10	0.02
粗骨土	0.02	0.03	0.19	0.10	0.14	0.08	0.10	0.05	0.00	0.00
石质土	0.03	0.02	0.07	0.07	0.04	0.11	0.00	0.03	0.00	0.06
山地草甸土	0.00	0.00	0.00	0.01	0.08	0.00	0.01	0.00	0.10	0.01
火山灰土	0.00	0.08	0.00	0.01	0.00	0.08	0.01	0.02	0.00	0.00

（续）

土类	一等	二等	三等	四等	五等	六等	七等	八等	九等	十等
砂姜黑土	0.00	0.00	0.00	0.00	0.00	0.06	0.10	0.00	0.00	0.00
暗棕壤	0.00	0.00	0.00	0.00	0.00	0.00	0.14	0.02	0.00	0.01
新积土	0.02	0.00	0.00	0.00	0.00	0.00	0.00	0.00	0.09	0.21
红黏土	0.00	0.00	0.00	0.00	0.00	0.02	0.02	0.02	0.00	0.00
合计	100.00	100.00	100.00	100.00	100.00	100.00	100.00	100.00	100.00	100.00

（二）湖北省主要土类的等级特征

1. 湖北省的土类与面积 湖北省耕地的土类有 14 种，总耕地面积为 5 281.81khm²，其中分布比例超过 1％的主要土类有 6 种，水稻土的分布面积最大，达到 45.26％，其后依次为黄棕壤、潮土、黄褐土、石灰土、紫色土和黄壤，见表 3-9。

表 3-9 湖北省土类及其面积分布

土类	面积（khm²）	比例（％）	土类	面积（khm²）	比例（％）
水稻土	2 390.55	45.26	棕壤	30.49	0.58
黄棕壤	1 296.38	24.54	沼泽土	20.13	0.38
潮土	914.73	17.32	红壤	12.83	0.24
黄褐土	261.98	4.96	砂姜黑土	2.34	0.04
石灰土	152.40	2.89	山地草甸土	2.07	0.04
紫色土	107.52	2.04	暗棕壤	2.01	0.04
黄壤	88.02	1.67	石质土	0.36	0.01

2. 湖北省主要土类的耕地等级分布 在湖北省的主要土类中，分布面积最大的是水稻土，在各等级中，分布比例最高的是五等地，占水稻土总面积的 19.50％，更高等级的分布比例普遍超过 10％以上，一等地较低，分布比例为 10.27％，更低等级分布比例显著逐步下降，普遍低于 10％，十等地的分布比例仅为 2.11％，总体呈现正偏态分布。

黄棕壤的等级分布特征与水稻土相反，总体呈现负偏态分布。分布面积比例最大的是七等地。较高等级耕地的分布比例显著低于低等级耕地，如一等地的分布比例仅为 1.33％，二等、三等和四等的分布比例都小于 10％。而八等、九等和十等的分布比例都在 10％以上。

潮土的等级分布与水稻土类似，也是呈正偏态分布，高等级耕地分布比例较高，其中三等地的分布比例最高，达到 19.01％，一等地和二等地的分布比例都接近或超过 15％。四等地之后分布比例逐步下降，八等地之后已经下降到 5％以下。相对而言，潮土面积尽管不大，但是所有土类中高等级耕地分布面积最大的土类。

黄褐土的等级分布是集中度最高的土类，六等地的分布比例几乎达到该土类总面积的一半，达到 45.69％，高于六等地的分布面积之和，小于该等级之后各等级之和，反映该土类的质量状况总体偏低。

石灰土、紫色土和黄壤的等级分布都是以七或八等地最高，与黄褐土一样，七等地之后的低等级分布之和大于该等级以上各等级之和，表现出耕地等级普遍偏低的特征（表3-10）。

表3-10　湖北省主要土类的等级分布（khm²）

土类	一等	二等	三等	四等	五等	六等	七等	八等	九等	十等	合计	面积
水稻土	10.27	10.11	12.12	13.25	19.50	12.44	8.62	7.34	4.23	2.11	100	2 390.55
黄棕壤	1.33	2.27	5.52	8.32	12.83	14.81	16.37	14.85	12.57	11.14	100	1 296.38
潮土	14.79	15.39	19.01	15.14	15.70	10.04	6.65	2.79	0.37	0.11	100	914.73
黄褐土	0.05	1.07	3.28	5.89	8.36	45.69	13.00	14.04	7.27	1.34	100	261.98
石灰土	0.48	1.66	4.74	7.15	8.96	15.70	17.31	15.67	12.49	15.85	100	152.40
紫色土	0.84	0.69	2.71	4.16	11.55	13.68	16.20	14.66	14.36	21.15	100	107.52
黄壤	0.01	0.18	0.89	1.73	8.96	13.70	21.17	21.59	16.77	15.01	100	88.02

（三）湖南省主要土类的等级特征

1. 湖南省的土类与面积　湖南省耕地的土类有11种，总面积4 137.71khm²，其中分布面积占总耕地面积达到1%以上的土类有7种（表3-11）。

表3-11　湖南省土类及其面积分布

土类	面积（khm²）	比例（%）	土类	面积（khm²）	比例（%）
红壤	1 766.21	42.69	黄棕壤	58.94	1.42
水稻土	1 352.05	32.68	粗骨土	7.09	0.17
石灰土	325.90	7.88	石质土	4.09	0.10
黄壤	262.57	6.35	红黏土	0.88	0.02
紫色土	227.68	5.50	山地草甸土	0.73	0.02
潮土	131.58	3.18			

2. 湖南省主要土类的耕地等级分布　红壤是湖南省分布面积最大的土类，不同等级间，以五等地的分布面积最大，该等级以上各等级分布比例之和高于该等级之下各等级之和，显示呈正偏态分布特征。

水稻土的面积分布比例紧跟红壤，等级间分布比例最高的是三等地，也呈现正偏态分布特征，高等级耕地分布面积较多。

石灰土和紫色土的分布类似，不同等级间，石灰土分布比例最大的是四等地，紫色土是五等地，两者较高等级占比之比较低等级之和要低约10个百分点，显示负偏态分布特征。黄壤和黄棕壤的分布类似，两者都是八等地的分布比例最高，后者的质量显著低于前者。

湖南省的潮土分布面积不大，仅占总耕地面积的3.18%，但是高等级耕地的分布面积较高，一等地的分布比例达到28.03%，之后缓慢降低，从四等地开始分布比例快速下降，七等地的分布面积只有1.70%，更低等级则没有分布（表3-12）。

表 3-12　湖南省主要土类的等级分布（khm²）

土类	一等	二等	三等	四等	五等	六等	七等	八等	九等	十等	面积
红壤	8.41	8.71	17.76	17.27	17.90	12.43	11.45	4.46	1.11	0.51	1 766.21
水稻土	13.82	12.58	18.68	17.66	12.58	11.44	8.20	3.43	1.39	0.22	1 352.05
石灰土	5.82	9.56	17.66	21.67	11.79	17.15	7.17	7.26	1.61	0.31	325.90
黄壤	2.87	9.28	10.98	10.93	12.38	12.65	11.00	20.25	7.23	2.42	262.57
紫色土	4.30	5.42	7.93	18.03	20.11	17.21	14.20	9.28	2.94	0.58	227.68
潮土	28.03	25.36	25.33	13.97	3.68	1.94	1.70	0.00	0.00	0.00	131.58
黄棕壤	3.85	4.19	0.47	4.73	6.81	9.19	12.20	42.51	11.43	4.62	58.94

（四）江西省主要土类的等级特征

1. 江西省的土类与面积　江西省耕地面积合计 3 089.14khm²，土类组成如表 3-13 所列，其中分布面积达到 1% 以上的有 6 种。

表 3-13　江西省土类及其面积分布

土类	面积（khm²）	比例（%）	土类	面积（khm²）	比例（%）
水稻土	1 413.49	45.76	粗骨土	4.36	0.14
红壤	1 399.43	45.30	火山灰土	2.83	0.09
潮土	72.35	2.34	石质土	1.56	0.05
黄褐土	65.71	2.13	新积土	1.42	0.05
紫色土	62.66	2.03	黄棕壤	0.28	0.01
石灰土	59.60	1.93	山地草甸土	0.14	0.00
黄壤	5.28	0.17			

2. 江西省主要土类的耕地等级分布　水稻土是江西省分布面积最大的土类，不同等级间，四等地的分布比例最大，除了二等地偏低外，一等地和三等地的分布比例都达到 13% 以上，四等地之后分布比例逐步降低，七等地后分布比例快速下降，到十等地分布比例不到 1%。

红壤的分布面积仅次于水稻土，五等地的分布比例最大，达到 19.75%，高于该等级的分布比例合计与低于该等级的分布比例之和大致相当。

潮土的等级普遍较高，其中一等地分布比例达到 43.48%，之后快速下降到三级的 20.48%，之后急剧下降，到九等地和十等地所占比例都不到 1%。

黄褐土的分布比例以七等地最高，低于七等地之后的 3 个等级分布比例之和为 35.23%，比该等级之前的 6 个等级分布比例之和 31.59% 还要多约 4 个百分点，反映该土类的质量相对较差。

紫色土和石灰土都是五等地的分布比例最高，不同点是，紫色土较高 4 个等级的分布比例之和大于较低 5 个等级的分布比例之和；石灰土则相反，反映石灰土的等级相对紫色土略低（表 3-14）。

表 3-14 江西省主要土类的等级分布（khm²）

土类	一等	二等	三等	四等	五等	六等	七等	八等	九等	十等	面积
水稻土	14.83	7.46	13.42	17.98	17.19	13.57	8.06	5.15	1.48	0.85	1 413.49
红壤	6.47	7.77	10.44	15.64	19.75	17.43	12.38	6.40	2.27	1.45	1 399.43
潮土	43.48	12.56	20.48	7.42	8.27	3.12	1.26	2.95	0.19	0.27	72.35
黄褐土	2.45	1.47	0.00	8.50	5.53	13.64	33.18	19.74	10.27	5.22	65.71
紫色土	4.86	5.12	13.08	19.27	26.30	15.15	8.90	5.45	1.48	0.39	62.66
石灰土	5.76	5.19	6.80	13.71	18.36	14.95	14.52	7.17	9.06	4.48	59.60

三、不同行政区耕地质量等级分布特征

（一）长江中游区耕地等级与分布

1. 区域之间的耕地等级分布特征 表 3-15 是长江中游区不同行政区之间的耕地等级分布情况。

一等地耕地面积为 1 154.28km²，占长江中游区总耕地面积的 9.23%，其中湖南省的分布面积最大，之后顺序为湖北省和江西省，湖南省分布的面积是湖北省的 1.02 倍，是江西省的 1.21 倍。

二等地耕地面积为 1 079.03km²，占长江中游区总耕地面积的 8.63%，湖南省的面积分布比例仍然是湖北省的 1.02 倍，但与江西省的差距拉大，是江西省的 1.85 倍，江西省的面积分布比例降低到 21.48%。

三等地耕地面积为 1 629.04km²，占长江中游区总耕地面积的 13.02%，湖南省该等级分布面积显著增加，湖北省显著下降，江西省略有提升。三省的分布比例顺序为 43.40%、34.23%和 22.37%。

四等地耕地面积为 1 812.22km²，占长江中游区总耕地面积的 14.49%。其中湖南省占 39.07%，湖北省占 33.06%，江西省占 27.88%。与三等地比较，湖南省的占比显著降低，江西省的占比显著提升。

五等地耕地面积为 2 011.38km²，分布面积最大，占长江中游区总耕地面积的 16.08%。该等级中，湖南省所占面积快速下降约 9 个百分点，湖北则增加约 9 个百分点，上升到分布面积最大值，即 41.70%。湖北省、湖南省和江西省的分布比例顺序为 41.70%、30.56%和 27.75%。

六等耕地面积为 1 741.05km²，占长江中游区总耕地面积的 13.92%。湖北省分布面积持续上升，上升约 2 个百分点，湖南进一步下降约 1 个百分点。江西省分布面积变化不大。湖北省、湖南省和江西省的分布比例分别为 43.61%、29.50%和 26.89%。

七等耕地的面积为 1 319.62km²，占长江中游区总耕地面积的 10.55%。湖北省分布面积最大，占长江中游区该等级耕地的 44.34%，湖南省次之，占 30.87%，江西省最少，占 24.79%。

八等耕地的面积为 935.42km²，占长江中游区总耕地面积的 7.48%。三省间的分布特征与七级耕地类似，湖北省分布面积最大，占 53.36%，湖南省次之，占 26.58%，江西省占 20.06%。与七级耕地分布比例比较，湖北省所占比例上升约 9 个百分点，湖南省和江西

省都约下降了 4 个百分点。

九等耕地的面积为 493.39khm²，占长江中游区总耕地面积的 3.94%。三省间的分布特征延续七级和八级耕地的分布趋势，湖北省分布面积快速增加到 71.021%，比八级上升了约 18 个百分点，湖南省和江西省的分布比例则快速下降，湖南省和江西省分别为 15.40% 和 13.58%，与八级耕地分布比例比较，分别下降了约 11 个和 6.5 个百分点。

十等地占长江中游区的 2.66%，面积为 333.24khm²。湖北省的分布比例最高，达到 81.09%，其次是江西省，占该等级总面积的 11.88%，湖南省的分布比例最小，只有 7.02%。

表 3-15　长江中游区三省区域间耕地等级分布（khm²）

等级	总面积	比例（%）	湖北省	比例（%）	湖南省	比例（%）	江西省	比例（%）
一等	1 154.28	9.23	402.99	34.91	411.17	35.62	340.12	29.47
二等	1 079.03	8.63	419.35	38.86	427.94	39.66	231.74	21.48
三等	1 629.04	13.02	557.64	34.23	706.97	43.40	364.43	22.37
四等	1 812.22	14.49	599.03	33.06	707.96	39.07	505.23	27.88
五等	2 011.38	16.08	838.67	41.70	614.65	30.56	558.06	27.75
六等	1 741.05	13.92	759.30	43.61	513.64	29.50	468.11	26.89
七等	1 319.62	10.55	585.09	44.34	407.34	30.87	327.18	24.79
八等	935.42	7.48	499.13	53.36	248.64	26.58	187.65	20.06
九等	493.39	3.94	350.39	71.02	75.99	15.40	67.01	13.58
十等	333.24	2.66	270.23	81.09	23.41	7.02	39.61	11.88
总计	12 508.67	100.00	5 281.81	42.23	4 137.71	33.08	3 089.14	24.70

长江中游区同等级耕地的分布面积比较参见图 3-1。整体看来湖北省和湖南省在高等级耕地中的分布比例相差不大，在 3 级耕地中湖北省开始下降，之后在中等级耕地中开始上升并维持到进入低等级耕地区间，进入低等级区间后，分布面积继续快速上升到 80% 以上。

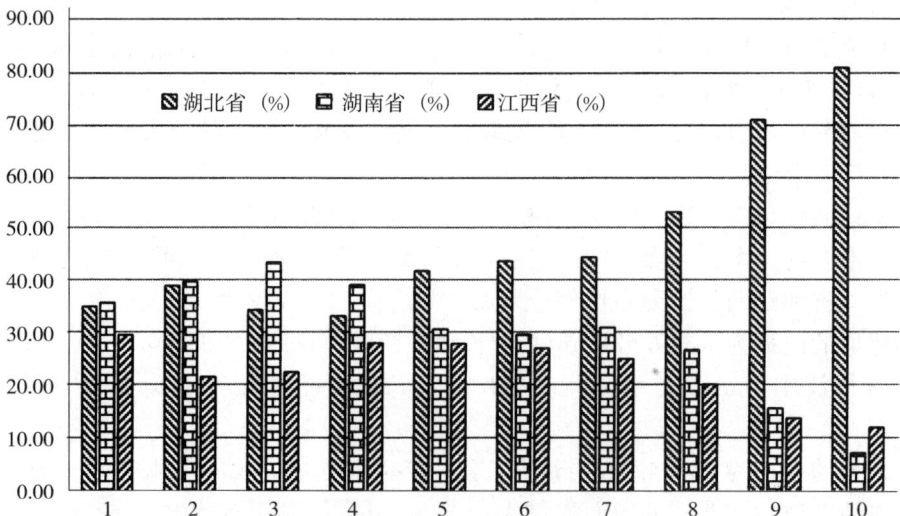

图 3-1　长江中游区三省区域间耕地分布面积统计（%）

湖南省的耕地等级分布在高等3级耕地中逐步上升，进入中等耕地区间后逐级下降，到低等级耕地中稍有提升，然后逐级快速下降。

江西省的耕地在不同等级间的分布变化不像湖北省和湖南省那么大，高等级分布面积不多，中等级分布不少，只有低等级耕地分布相对较少。

长江中游区湖北省、湖南省和江西省的耕地面积分别为 5 281.81khm²，4 137.71khm² 和 3 089.14khm²。湖北省的耕地面积是江西省的 1.71 倍，是湖南省的 1.28 倍，结合各省的耕地面积看，江西省的高等级耕地占本省的比例会高于湖北省和湖南省，湖北省则相反，高等级耕地占本省的比例会下降，而低等级耕地的面积则会上升。

2. 区域内的耕地等级分布特征　长江中游区的耕地等级以五等地分布比例最高，占总耕地面积的 16.08%，湖北省和江西省在该等级中的分布比例也是最高的，分别占总耕地面积的 15.88% 和 18.07%。湖南省分布比例最大的等级是四等地，占总耕地面积的 17.11%，超过长江中游区的平均等级。表明湖南省的耕地质量总体上比湖北省和江西省略高一个等级（表 3-16）。

表 3-16　长江中游区三省区域内耕地等级分布（khm²）

等级	湖北省	比例（%）	湖南省	比例（%）	江西省	比例（%）	总计	比例（%）
一等	402.99	7.63	411.17	9.94	340.12	11.01	1154.28	9.23
二等	419.35	7.94	427.94	10.34	231.74	7.50	1 079.03	8.63
三等	557.64	10.56	706.97	17.09	364.43	11.80	1 629.04	13.02
四等	599.03	11.34	707.96	17.11	505.23	16.36	1 812.22	14.49
五等	838.67	15.88	614.65	14.85	558.06	18.07	2 011.38	16.08
六等	759.30	14.38	513.64	12.41	468.11	15.15	1 741.05	13.92
七等	585.09	11.08	407.34	9.84	327.18	10.59	1 319.62	10.55
八等	499.13	9.45	248.64	6.01	187.65	6.07	935.42	7.48
九等	350.39	6.63	75.99	1.84	67.01	2.17	493.39	3.94
十等	270.23	5.12	23.41	0.57	39.61	1.28	333.24	2.66
总计	5 281.81	100.00	4 137.71	100.00	3089.14	100.00	12 508.67	100.00

图 3-2 是长江中游区三省内不同等级耕地的分布比例图，可见湖南省的等级峰值出现在

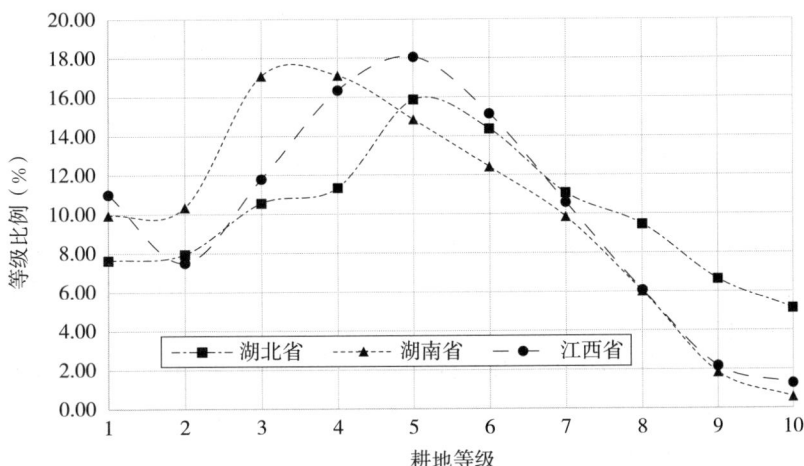

图 3-2　长江中游区三省的耕地等级分布比较

三等地和四等地之间，湖北省和江西省的峰值则出现在五等地。除了江西省的一等地分布面积稍高于湖南省和湖北省外，湖南省的二等地、三等地和四等地都普遍高于湖北省和江西省，五等地之后分布比例逐步低于湖北省和江西省；江西省从一等地开始，一直到六等地，分布的比例普遍高于湖北省，七等地之后，开始显著低于湖北省；而湖北省的耕地等级自七等地之后，分布比例远远高于湖南省和江西省。

（二）湖北省的耕地等级与分布

1. 湖北省地级市之间的耕地等级分布　湖北省耕地总面积为 5 281.81khm²，占长江中游区总耕地面积的 42.23%。省内地级市中，一等地主要分布在荆州市和仙桃市，分布面积分别占全省一等地总面积的 36.56% 和 25.83%，潜江也分布有 9.74%，其他各市各自的分布面积都不到 5%；二等地的分布以荆州市和孝感市占比最大，分别占该级别总耕地面积的 39.55% 和 13.25%，襄阳市、潜江市和武汉市分布在该级别的面积占各自总面积的 5% 到 10% 范围内。三等地的分布中，荆州市和孝感市的分布面积较大，前者的占比为 41.23%，后者为 15.14%（表 3-17）。

表 3-17　湖北省地级市耕地等级分布（面积%）

等级	一等	二等	三等	四等	五等	六等	七等	八等	九等	十等
鄂州市	4.14	2.83	1.00	1.53	1.15	0.52	0.58	0.02	0.05	0.00
恩施土家族苗族自治州	0.00	0.07	0.49	0.86	1.84	2.62	6.60	9.00	21.41	23.59
黄冈市	4.93	4.73	6.24	9.18	15.20	12.13	11.93	17.15	13.49	16.95
黄石市	3.54	2.17	5.32	3.87	4.39	1.72	1.55	0.58	0.60	0.59
荆门市	0.53	3.85	3.85	6.10	17.12	9.97	10.68	6.41	1.79	1.69
荆州市	36.56	39.55	41.23	16.38	21.68	6.45	5.37	0.59	0.34	0.01
潜江市	9.74	7.34	3.84	3.06	0.12	0.06	0.00	0.00	0.00	0.00
神农架林区	0.00	0.00	0.00	0.00	0.07	0.05	0.05	0.66	0.88	0.13
十堰市	0.00	0.29	0.79	0.59	2.36	4.41	7.15	10.17	16.22	28.98
随州市	0.00	0.16	1.06	2.67	2.86	5.93	11.06	10.42	10.89	7.38
天门市	0.19	4.04	1.98	3.42	2.23	1.18	0.38	0.00	0.00	0.00
武汉市	7.99	5.16	6.67	8.58	6.22	7.17	4.53	1.91	0.43	0.04
仙桃市	25.83	3.87	1.08	1.43	0.01	0.00	0.00	0.00	0.00	0.00
咸宁市	1.05	3.23	2.66	7.25	4.30	3.82	5.90	4.81	5.13	1.38
襄阳市	0.50	8.69	7.03	9.20	10.92	26.77	19.20	20.61	15.62	4.42
孝感市	4.84	13.25	15.14	22.14	6.27	9.30	7.84	6.01	5.39	4.41
宜昌市	0.15	0.78	1.62	3.75	3.25	7.91	7.18	11.67	7.79	10.44
总计	100.00	100.00	100.00	100.00	100.00	100.00	100.00	100.00	100.00	100.00

在高等级耕地中，荆州市分布在一等、二等和三等耕地中的面积都是该级别中比例最高的，其次是仙桃市和孝感市。

四等耕地中，孝感市和荆州市的分布面积较大，分别为 22.14% 和 16.38%；五等地中，荆州市、荆门市、黄冈市和襄阳市的分布面积都超过了 10%，其中荆州市达到 21.68%；六级耕地中，只有襄阳市和黄冈市的分布面积超过 10%。由此可见，四、五、六等耕地的分布显得分散一些。分布面积较大的主要是孝感市、荆州市和黄冈市。

低等级耕地在不同地级市的分布也比较离散，七级耕地中，襄阳市、黄冈市、随州市和荆门市的分布面积都超过该级别耕地总面积的10%，分布比例最大的是襄阳市，达到约20%；8级耕地中有襄阳市、黄冈市、宜昌市、随州市和十堰市等5个市的分布面积超过10%，襄阳市的分布面积还是最大的，超过20%；九等地中也有恩施土家族苗族自治州、十堰市、襄阳市、黄冈市和随州市等5个市超过10%，其中恩施土家族苗族自治州的分布面积最大，超过了20%；十等地稍有收敛，仍有十堰市、鄂州市、黄冈市和随州市等4个市的分布面积分别超过10%，十堰市的分布面积最大，达到约30%。由此可见，湖北省低等级耕地分布面广，其中分布面积最大的是十堰市、黄冈市和襄阳市。

表3-18是湖北省耕地利用类型的等级分布情况。湖北省的水田分布面积是旱地分布面积的1.38倍，水田略多于旱地，在长江中游区中，旱地分布面积占本省总耕地面积的比例是最低的。统计结果表明，一等、二等和三等高等级耕地中，旱地的分布面积合计为22.21%，水田为28.97%；四、五和六等地中，旱地分布面积合计为39.81%，水田为42.87%；低等4级耕地中，旱地为37.95%，水田为28.16%。水田高、中等地中的分布面积约比旱地高出10个百分点。

表3-18 湖北省耕地利用类型的等级分布（khm²）

等级	一等	二等	三等	四等	五等	六等	七等	八等	九等	十等	面积	比例（%）
旱地	5.73	6.67	9.81	9.91	13.36	16.57	11.82	10.8	8.18	7.15	3 331.33	42.05
水田	9.01	8.86	11.1	12.38	17.7	12.79	10.54	8.47	5.51	3.64	4 591.40	57.95

2. 湖北省地级市内的耕地等级分布 表3-19是湖北省不同地级市内部的耕地质量等级分布情况统计，结果表明：在高等级耕地分布面积比例超过50%以上的地级市中，仙桃市是高等级耕地分布最多的省管市，高等1级、2级和3级耕地的分布面积达到93.62%，中等4级和5级耕地占6.38%，到此合计就达到100%，没有6级及其之后的较低级耕地分布；潜江市、荆州市和鄂州市的高等级耕地分布面积比例也比较高，都接近或高于60%，其中潜江市高等1、2和3级占82.18%，中等4、5和6级占17.81%，分布在低等7级耕地的面积只有0.01%，没有低于7级的耕地。荆州市高等1级、2级和3级耕地分布面积比例为59.84%，中等4、5和6级为36.24%，低等8和9级为3.92%，没有10级耕地。鄂州市高等1、2和3级的面积占56.41%，中等4、5和6级占37.60%，低等7、8和9级占5.98%，没有10级耕地分布。上述仙桃市、潜江市、荆州市和鄂州市等4个市中，前面3个市都地处江汉平原，鄂州市则位于长江中游区南岸、鄂东沿江平原，梁子湖区畔。这4个市都素有鱼米之乡美称。

中等级耕地面积分布比例超过50%以上的主要有天门市、武汉市、黄石市、荆门市和孝感市，其中天门市高等1、2和3级耕地占36.33%，中等4、5和6级耕地占60.82%，合计超过97%以上，低等4个级别占比仅为2.85%；武汉市高等1、2和3级耕地占31.76%，中等4、5和6级占55.10%，合计约占87%，低等4个级别合计占13.14%；黄石市的高等3个级别占37.43%，中等3个级别占51.53%，合计约占89%，低等4个级别合计占11.04%。孝感市的高等3个级别合计为30.56%，中等3个级别为49.01%，合计占本市耕地面积的79.58%，低等级78910级地合计占20。荆门市的高等3个级别所占面积较少，只有9.92%，中等3个级别占63.81%，合计占73.72%，但是低等7、8、9和10级地占比较高，达 26.28%。这 4 个市的耕地质量水平总体属于中等偏上。耕地质量中等偏下的主要有咸宁市、襄阳市和黄冈市，主要特征是高等 3 级和中等 3 级分布面积合计占各自总耕地面积的比例接近或高于 60%。

湖北省低等级耕地主要分布在神农架林区、恩施土家族苗族自治州、十堰市、随州市和宜昌市，其中神农架林区的低等 7、8、9、10 级耕地所占面积达到 88.08%，没有高等 3 级耕地，中等 4 级耕地也没有分布。恩施土家族苗族自治州和十堰市的耕地分布也是如此，分布在低等 7、8、9、10 级的耕地面积分别占该市总面积的 83.64% 和 78.48%，高等 3 级合计分布面积都不到 2%。随州市和宜昌市的耕地质量水平相对高一点，属于低等偏上，分布在低等 4 级耕地的面积合计分别为 65.61% 和 55.93%，在中等 6、7、8 级耕地中，各自分布面积合计分别为 31.93% 和 39.43%，约为神农架林区、恩施土家族苗族自治州、十堰市等 3 个地级市分布面积的 1 倍或高于 1 倍。

表 3-19　湖北省地级市耕地等级分布（面积%）

级别	一等	二等	三等	四等	五等	六等	七等	八等	九等	十等	合计
鄂州市	27.59	19.60	9.22	15.16	15.94	6.51	5.57	0.15	0.26	0.00	100.00
恩施土家族苗族自治州	0.00	0.11	1.02	1.93	5.81	7.49	14.53	16.90	28.23	23.99	100.00
黄冈市	3.32	3.32	5.82	9.20	21.34	15.42	11.69	14.32	7.91	7.66	100.00
黄石市	10.07	6.42	20.94	16.34	25.98	9.21	6.38	2.05	1.49	1.12	100.00
荆门市	0.53	4.02	5.36	9.12	35.81	18.88	15.59	7.98	1.56	1.14	100.00
荆州市	16.23	18.27	25.33	10.81	20.03	5.40	3.46	0.32	0.13	0.00	100.00
潜江市	35.26	27.67	19.25	16.48	0.92	0.42	0.01	0.00	0.00	0.00	100.00
神农架林区	0.00	0.00	0.00	0.00	7.50	4.45	3.38	41.59	38.79	4.29	100.00
十堰市	0.00	0.42	1.52	1.21	6.83	11.55	14.41	17.49	19.58	27.00	100.00
随州市	0.00	0.25	2.21	6.01	9.01	16.91	24.30	19.51	14.32	7.48	100.00
天门市	0.98	21.39	13.95	25.91	23.63	11.28	2.84	0.01	0.00	0.00	100.00
武汉市	11.24	7.55	12.98	17.92	18.93	12.98	9.25	3.33	0.52	0.04	100.00
仙桃市	77.13	12.04	4.46	6.34	0.04	0.00	0.00	0.00	0.00	0.00	100.00
咸宁市	1.91	6.12	6.70	19.63	16.29	13.09	15.60	10.85	8.13	1.68	100.00
襄阳市	0.28	5.14	5.52	7.76	12.91	28.65	15.84	14.50	7.71	1.68	100.00
孝感市	3.74	10.65	16.18	25.41	10.08	13.53	8.78	5.75	3.62	2.28	100.00
宜昌市	0.22	1.17	3.25	8.08	9.79	21.56	15.09	20.91	9.80	10.13	100.00

（三）湖南省的耕地等级与分布

1. 湖南省地级市之间的耕地等级分布　湖南省的地级市共 14 个，与湖北省不同，湖南省的耕地等级分布比较离散。任一级别的分布比例，相差不像湖北省那么大，在高等 3 个级别和中等 3 个级别中，不同地级市之间的面积分布比例没有超过 15%，低等 4 个级别中的分布比例最大也只有 28.19%，出现在 10 级耕地中，其他 7、8 和 9 级耕地的分布面积都在 20% 以下（表 3-20）。因此，以下分析按照每个市任一级别的耕地分布比例达到平均分配比例的约 1.3 倍作为优势分布市，平均分配比例为 7.14%，优势分布比例为 9%。

表 3-20　湖南省地级市耕地等级分布（面积%）

行标签	一等	二等	三等	四等	五等	六等	七等	八等	九等	十等
常德市	7.33	9.49	10.72	6.72	6.63	11.93	11.44	4.25	5.75	3.05
郴州市	5.87	8.15	6.32	8.45	8.74	7.28	4.22	6.44	4.44	3.44
衡阳市	10.98	7.89	7.82	11.02	9.22	8.81	9.34	9.75	0.67	0.83
怀化市	4.93	11.61	5.83	5.07	14.68	6.64	9.74	16.96	14.75	10.25
娄底市	4.55	5.61	5.03	5.23	3.38	3.33	2.35	0.51	2.22	2.06
邵阳市	9.36	9.62	9.06	9.58	10.63	9.92	15.31	7.26	15.14	28.19
湘潭市	2.05	1.70	1.98	2.61	2.68	2.63	1.42	0.51	0.00	0.00
湘西土家族苗族自治州	4.52	6.65	9.23	11.50	9.73	14.31	9.68	13.92	12.97	13.68
益阳市	10.78	11.90	9.10	9.51	2.99	4.04	3.25	3.07	2.90	9.44
永州市	12.29	8.19	9.55	11.04	9.71	10.22	11.22	10.91	4.08	5.01
岳阳市	13.05	10.30	5.68	5.04	6.09	4.71	5.87	3.16	8.61	5.38
张家界市	3.08	2.90	14.34	6.70	5.62	6.38	4.88	15.17	18.10	14.44
长沙市	8.90	3.09	2.45	4.73	5.85	4.86	5.43	3.19	5.43	1.14
株洲市	2.30	2.89	2.89	2.81	4.05	4.93	5.85	4.90	4.96	3.09
总计	100.00	100.00	100.00	100.00	100.00	100.00	100.00	100.00	100.00	100.00

　　高等 1 级耕地分布面积占全省总耕地面积 9%以上的有岳阳市、永州市、衡阳市、益阳市和邵阳市等 5 个市，2 级耕地中有益阳市、怀化市、岳阳市和邵阳市的分布面积超过 9%，3 级耕地的分布面积高于 9%的市较多，有张家界市、常德市、永州市、湘西土家族苗族自治州、益阳市和邵阳市等 6 个市。高等 3 个级别中，有 2 个级别达到 9%以上，合计超过 27%的包括益阳市、永州市、岳阳市、邵阳市和常德市等 5 个市，高等 3 个级别耕地的合计面积比例顺序为 31.78%、30.03%、29.03%、28.04 和 27.54%。其中，邵阳市的低等 4 个级别的耕地分布面积合计比高等 3 个级别高出 1 倍多，更应该属于地力水平低的一类。

　　低等级耕地分布面积较大的市，除了邵阳市外，还有张家界市、怀化市和湘西土家族苗族自治州，这 3 个市的低等 7、8、9 和 10 级耕地所占面积合计都超过该等总耕地面积的 50%以上。由此可见，湖南省的低等级耕地分布区主要是邵阳市、张家界市、怀化市和湘西土家族苗族自治州等 4 个市（州）。

　　衡阳市、郴州市、长沙市、娄底市、株洲市和湘潭市等 6 个市仅属于耕地质量水平中等的地级市，其中衡阳市和郴州市主要特征是：高等 3 个级别和中等 3 个级别的耕地面积分布合计超过接近或超过 50%。株洲市、长沙市、娄底市和湘潭市等 4 个市的低等 7、8、9、10 级耕地的分布面积合计不到 20%，其中湘潭市不到 2%，说明这几个市的耕地等级比较离散。尤其是湘潭市，没有低等 9 级和 10 级耕地分布，8 级耕地分布面积也仅有 0.51%，结合湘潭市耕地面积只有湖南总耕地面积的 2.06%来看，似乎应该归入高等级耕地分布区，娄底市和长沙市也有类似情况。

　　湖南省不同耕地利用类型的面积分布及其等级分布与湖北省不同，湖南省水田分布面积是旱地的 3.77 倍，水田显著高于旱地。无论高等 3 级、中等 3 级，还是低等 4 级耕地中，不同利用类型的耕地等级分布差异不大，见表 3-21。

表 3-21　湖南省耕地利用类型的等级分布（khm²）

等级	一等	二等	三等	四等	五等	六等	七等	八等	九等	十等	面积	比例（%）
旱地	10.62	11.13	15.79	18.02	14.95	11.00	8.92	6.4	2.46	0.72	1 300.00	20.95
水田	9.76	10.13	17.43	16.87	14.83	12.79	10.09	5.91	1.67	0.52	4 906.57	79.05

2. 湖南省地级市内的耕地等级分布　湖南省不同地级市内的耕地等级分布也比较离散，耕地质量水平总体偏高，高等 3 级和中等 3 级共 6 级地合计，所有市的耕地面积都超过 73.51% 以上，即任一地级市的低等 4 个级别的耕地面积合计不超过该市总面积的 26.49%，参见表 3-22。

表 3-22　湖南省地级市耕地等级分布（面积%）

行标签	一等	二等	三等	四等	五等	六等	七等	八等	九等	十等	合计
常德市	8.41	11.33	21.14	13.28	11.37	17.10	13.00	2.95	1.22	0.20	100.00
郴州市	8.26	11.95	15.30	20.49	18.39	12.81	5.89	5.48	1.15	0.28	100.00
衡阳市	11.97	8.95	14.66	20.69	15.03	11.99	10.09	6.43	0.13	0.05	100.00
怀化市	5.53	13.54	11.23	9.78	24.59	9.30	10.81	11.50	3.06	0.65	100.00
娄底市	11.25	14.46	21.39	22.27	12.51	10.29	5.75	0.77	1.02	0.29	100.00
邵阳市	9.03	9.65	15.03	15.91	15.32	11.95	14.63	4.23	2.70	1.55	100.00
湘潭市	9.89	8.54	16.41	21.70	19.34	15.86	6.78	1.48	0.00	0.00	100.00
湘西土家族苗族自治州	4.49	6.87	15.76	19.66	14.44	17.75	9.52	8.36	2.38	0.77	100.00
益阳市	15.21	17.47	22.09	23.11	6.32	7.13	4.54	2.62	0.76	0.76	100.00
永州市	12.02	8.34	16.05	18.58	14.19	12.48	10.87	6.45	0.74	0.28	100.00
岳阳市	19.52	16.04	14.63	12.98	13.62	8.80	8.70	2.86	2.38	0.46	100.00
张家界市	4.01	3.93	32.10	15.01	10.93	10.37	6.29	11.94	4.35	1.07	100.00
长沙市	18.68	6.76	8.83	17.07	18.34	12.75	11.28	4.04	2.11	0.14	100.00
株洲市	6.20	8.08	13.36	13.01	16.30	16.57	15.59	7.96	2.46	0.47	100.00
总计	9.94	10.34	17.09	17.11	14.85	12.41	9.84	6.01	1.84	0.57	100.00

娄底市、湘潭市和益阳市的高等和中等共 6 个级别的耕地面积合计占各市总面积的 90% 以上，其中高等 3 个级别合计面积超过本市总面积的三分之一，低等 4 个级别耕地分布面积都不到 10%，属于高等级耕地集中分布区。

郴州市、岳阳市、衡阳市、常德市、长沙市和永州市等 6 个市的高等 3 个级别和中等 3 个级别的耕地面积合计占各市总面积的 80% 以上，其中低等 4 个级别合计面积占各市面积的 20% 以内，属于中等级耕地集中分布区。

湘西土家族苗族自治州、邵阳市、张家界市、怀化市和株洲市等 5 个市（州），低等 4 个级别耕地合计所占面积超过各市总耕地面积的 20%，尽管高等 3 个级别和中等 3 个级别的耕地面积合计占各市总面积的 70% 以上，但是由于低等级分布面积相对较大，属于低等级耕地集中分布区。

（四）江西省的耕地等级与分布

1. 江西省地级市之间的耕地等级分布　　江西省地级市有 11 个，相互之间的耕地等级分布差异介入湖北省和湖南省之间，即地级市间的等级分布差异比湖南省大，比湖北省小。在不同等级中有 4 个等级的相差小于 20%，湖北只有 1 个小于 20%，但是江西省九江市有 2 个等级的分布面积占同等级耕地总面积的比例相差超过湖北省，9 级达到 58.77%，10 级耕地甚至达到 78.56%（表 3-23）。

表 3-23　江西省地级市之间的耕地等级分布（面积%）

级别	一等	二等	三等	四等	五等	六等	七等	八等	九等	十等
抚州市	9.11	10.79	7.31	7.08	12.84	8.51	7.10	14.23	1.10	3.17
赣州市	4.35	10.13	11.41	13.00	14.75	16.67	18.12	12.19	6.31	2.89
吉安市	10.67	12.34	12.78	14.32	12.73	17.90	12.76	8.56	5.60	0.84
景德镇市	3.01	2.39	4.01	1.85	2.58	2.27	2.32	1.71	1.15	0.28
九江市	8.07	9.56	4.46	6.73	10.73	12.66	21.30	29.03	58.77	78.56
南昌市	16.44	13.09	17.20	11.92	8.72	5.90	3.49	2.61	0.00	0.00
萍乡市	4.30	2.48	2.53	1.78	0.97	0.79	1.15	0.73	0.00	0.00
上饶市	23.32	17.96	15.43	17.65	14.68	14.43	15.46	16.80	17.37	7.67
新余市	2.30	3.35	2.34	2.23	2.58	2.65	3.72	2.23	3.52	2.18
宜春市	12.89	13.51	18.97	20.75	17.60	16.04	14.13	10.74	5.90	4.41
鹰潭市	5.53	4.41	3.56	2.70	1.82	2.18	0.45	1.16	0.30	0.00
总计	100.00	100.00	100.00	100.00	100.00	100.00	100.00	100.00	100.00	100.00

江西省的地级市内，耕地等级分布有的离散、有的集中，如上饶市的高等 3 个级别的面积分布比例合计达到 56.71%，而低等 4 个级别的合计分布比例超过高等级分布比例，达到 57.30%，显示高、底 2 头分布较多，中间偏少的特点。又如南昌市，高等 3 个级别合计分布面积比例为 46.72%，低等 9 级和 10 级没有分布，显得分布相对集中。

综合来看，高等 3 个级别耕地中，1 级、2 级和 3 级耕地分布面积占该级别面积超过 10% 的有上饶市、南昌市、宜春市和吉安市，其中上饶市低等 4 级耕地面积合计超过高等 3 级合计，宜春市和吉安市的低等 4 个级别的分布面积也接近 30%，只有南昌市低等 4 级分布面积不到 10%，9 级和 10 级耕地没有分布，因此可以认为南昌市的高等级耕地相对比较集中。

江西省低等级别的耕地主要分布在九江市和上饶市，其中九江市随着耕地等级下降，分布比例上升，到 10 级耕地中，占比甚至达到 78.56%。

除了南昌、九江和上饶外，其他 8 个地级市的耕地等级主要分布在中等级耕地区间。其中，由于本市总耕地面积相比其他地级市少，从地级市之间的比较中，高等级耕地所占面积比例相对较小，如萍乡市和鹰潭市，各自耕地面积占江西省总耕地面积的比例分别为 1.71% 和 2.59%，而萍乡市和鹰潭市在低等 4 个等级中的分布同样很少，萍乡市没有 9 级和 10 级耕地，鹰潭市没有 10 级耕地，因此只有通过本市内的耕地等级分布比较才能获得更为全面的评价。

3 个级别合计面积达到 50% 以上的有宜春市，此外还有吉安市、赣州市、九江市和抚州市，这 4 个市的中等 3 个级别合计面积都接近或高于 30%，高等 3 级耕地面积合计占比也接近或高于 30% 以上，且中等级分布面积大于高等级分布面积，可以认为是中等级耕地的主要分布区。

在长江中游区，江西省总耕地面积中水田的分布面积最大，是旱地的 4.34 倍。与湖北省和湖南省不同，在高等 1 级耕地中，旱地的分布比例略高于水田的分布比例，但是高等 3 个级别合计水田分布面积与旱地相差不到 1%；在中等 3 个级别耕地中，水田分布面积合计大于旱地约 8 个百分点；低等 4 个级别合计，水田分布面积比例显著小于旱地，相差约 8%。由此可见，江西省的水田和旱地的等级差异不显著，水田地力水平略高于旱地（表 3-24）。

表 3-24　江西省耕地利用类型的等级分布 （khm²）

等级	一等	二等	三等	四等	五等	六等	七等	八等	九等	十等	面积	比例（%）
旱地	12.06	8.65	9.95	14.31	17.69	11.07	12.07	6.91	4.06	3.23	867.90	18.73
水田	10.77	7.24	12.22	16.83	18.15	16.1	10.25	5.88	1.73	0.83	3 765.81	81.27

2. 江西省地级市内的耕地等级分布　表 3-25 是江西省各地级市内的耕地等级分布情况，高等 1 级、2 级和 3 级耕地分布面积合计接近或大于 50% 的有萍乡市、鹰潭市和南昌市，这 3 个市的低等 7、8、9 和 10 级耕地合计面积都小于 10%，且中等 3 个级别合计面积小于高等 3 级，因此属于高等级分布较集中的市。

九江市低等 4 个级别的耕地面积分布比例合计达到 47.05%，是所有地级市中分布比例最高的，尽管高中等级占比稍高一点，但是低等只有 4 级，因此可以算作低等级耕地集中分布区。

其他的 7 个地级市均是中等级集中分布区，其特征是中等 3 个级别合计面积分布比例低于中等 3 个级别合计比例。其中新余市和赣州市的低等 4 个级别分布面积合计超过 20%，耕地质量水平属于中等偏下，其余 5 个市耕地质量水平都属于中等偏上。

表 3-25　江西省地级市内的耕地等级分布 （面积%）

级别	一等	二等	三等	四等	五等	六等	七等	八等	九等	十等	合计
抚州市	11.00	8.87	9.45	12.69	25.43	14.13	8.25	9.48	0.26	0.45	100.00
赣州市	3.76	5.97	10.57	16.69	20.92	19.84	15.07	5.81	1.07	0.29	100.00
吉安市	9.06	7.14	11.62	18.06	17.74	20.92	10.42	4.01	0.94	0.08	100.00
景德镇市	13.39	7.24	19.12	12.23	18.82	13.91	9.94	4.19	1.00	0.15	100.00
九江市	6.64	5.36	3.93	8.22	14.48	14.32	16.84	13.17	9.52	7.52	100.00
南昌市	18.53	10.05	20.77	19.96	16.12	9.15	3.78	1.62	0.00	0.00	100.00
萍乡市	27.70	10.87	17.46	16.99	10.25	6.99	7.15	2.59	0.00	0.00	100.00
上饶市	15.47	8.12	10.97	17.39	15.99	13.18	9.87	6.15	2.27	0.59	100.00
新余市	9.58	9.49	10.44	13.77	17.59	15.18	14.89	5.12	2.89	1.05	100.00
宜春市	8.87	6.33	13.98	21.20	19.86	15.18	9.35	4.48	0.35		100.00
鹰潭市	23.56	12.80	16.26	17.09	12.70	12.77	1.84	2.73	0.25	0.00	100.00
总计	11.01	7.50	11.80	16.36	18.07	15.15	10.59	6.07	2.17	1.28	100.00

第二节　一等地主要质量特征

一、一等地空间分布特征

长江中游区的高等级耕地包括一等地、二等地和三等地，图 3-3 是长江中游区高等级耕地的分布示意图，集中分布面积最大的区域位于长江中游区荆州段两岸，即两湖平原，其中包括江汉平原和洞庭湖平原，其次是鄱阳湖平原，都属于中国三大平原之一的长江中下游平原的主要组成部分。

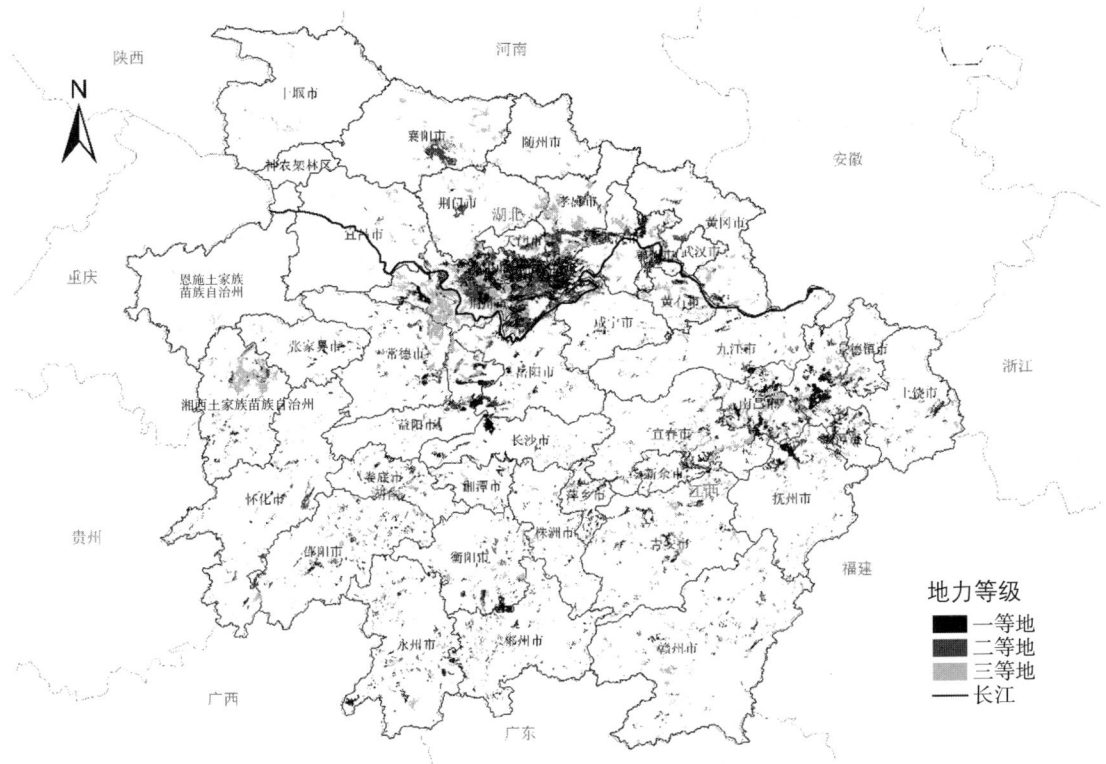

图 3-3　长江中游区高等级耕地分布

江汉平原西起宜昌枝江，东迄武汉，北自荆门钟祥，南与洞庭湖平原相连，主要包括荆州市、仙桃市、潜江市、天门市和武汉市 5 个地级市和省直管市，并辐射到周边武汉市、孝感市、荆门市、宜昌市和襄阳 5 个地级市的临近地区。

洞庭湖平原则包括环洞庭湖分布的常德市、益阳市和岳阳市等地级市。

鄱阳湖平原东自鄱阳、余干，西至武宁，南起进贤，北抵长江，包括南昌、九江、景德镇、鹰潭、新余、抚州 6 个地级市。

一等地总面积 1 154.28khm²，主要分布在湖北省荆州市，仙桃市，潜江市。荆州市一等级地主要分布在公安县东南部、石首市中部以及监利县中部。潜江市南部以及仙桃市东南部与监利县，洪湖市相连处有一等地分布。湖南省一等地分布主要分三部分，第一部分位于东洞庭湖平原，长沙、岳阳、益阳三市交界处，以及益阳市东北部沅江市。第二部分位于衡阳市东南部耒阳市，该处为湘江上游。第三部分永州市西南部江永县，该地与广西壮族自治区相邻。江西省一等地在鄱阳湖以东上饶市西部分布最多，其余还有环鄱阳湖地区南昌市、九江市，抚州市北部，宜春市西部也有一等地分布，两市分别有抚河和赣江川流而过。

一等地在其他地级市也有小片分布，如鄂东地区、武汉、黄冈、孝感三市都有少量分布，该地区水资源丰富，长江顺流而下，大小湖泊众多。湘北地区常德市东部汉寿县和湘南地区郴州市西南与永州市交界处有少量分布。赣西地区，新余市、萍乡市、吉安市三市交界处形成环状分布，但面积较小。

从长江中游区来看，一等地主要分布于湖北省中南部，湖南省东北部以及江西省中东部地区，以上地区位于大江大湖的两侧，基本为河湖平原地貌，土地肥沃，利于耕作。

二、一等地主要属性特征

主要属性包括评价指标体系中的各项定性和定量指标。

（一）成土母质与地貌类型

表 3-26 是长江中游区一等地与成土母质属性的分类统计结果。长江中游区一等地的耕地面积为 1 154.28khm²，不同母质一等地分布面积合计占总耕地面积的 9.23%。其中，河湖冲沉积物的分布面积最大，达到 727.57khm²，占一等地的 63.03%，在一等地中占绝对优势，其次为泥质岩类风化物和第四纪红色黏土，在一等地中的分布都在 10% 以上。

表 3-26　一等地的成土母质分布

成土母质	一等地面积（khm²）	占一等地总面积（%）	占长江中游区总面积（%）
第四纪红色黏土	118.05	10.23	4.17
河湖冲沉积物	727.57	63.03	22.06
红砂岩类风化物	24.80	2.15	3.68
结晶岩类风化物	49.41	4.28	2.81
泥质岩类风化物	137.23	11.89	6.23
碳酸盐岩类风化物	73.99	6.41	6.50
紫色岩类风化物	23.22	2.01	3.83
总计	1 154.28	100.00	9.23

一等地主要分布在河湖平原地貌中，占长江中游区总面积的 37.20%。一等地中，分布在河湖平原的占的 78.54%，其次是丘岗平原，占 11.69%，其他 3 种地貌的分布比例都不到 5%（表 3-27）。

表 3-27　一等地的地貌类型分布

地貌	河湖平原	丘岗平原	低丘台地	高丘台地	中低山区
面积（khm²）	906.60	134.97	38.44	56.61	17.67
占本等级（%）	78.54	11.69	3.33	4.90	1.53
占区域（%）	37.20	7.13	1.30	2.19	0.67

（二）耕层质地与厚度

一等地的耕层厚度主要分布在 15～20cm 区间，占一等地总面积的 45.49%，其次是 20～25cm 区间和 10～15cm 区间，分别占一等地的 27.20% 和 22.49%。占长江中游区耕层厚度 10～15cm 的耕地总面积的 11.18%（表 3-28）。

在长江中游区质地为壤土的各等耕地中，一等地的占比达到 12.34%。在一等地中，壤土质地的面积达到 827.41khm²，占一等地总面积的 71.68（表 3-28）。其次是黏壤土，占一等地总面积的 17.38%，再次是黏土，占该等级耕地总面积的 10.03%。

表 3-28　一等地耕层厚度与质地统计（khm²）

耕层厚度	面积	面积（%）	占区域（%）	耕层质地	面积	面积（%）	占区域（%）
10~15	259.65	22.49	11.18	壤土	827.41	71.68	12.34
15~20	520.19	45.07	9.37	砂土	10.49	0.91	2.30
20~25	313.92	27.20	9.00	黏壤土	200.61	17.38	6.86
25~30	39.51	3.42	6.72	黏土	115.78	10.03	4.78
30~35	21.01	1.82	3.75	总计	1 154.28	100.00	9.23

（三）灌溉能力和排水能力

灌溉保证率是高等级耕地的重要保障，也是耕地管理的重要内容。统计结果表明（表3-29），在长江中游区耕地总面积中，灌溉能力达到充分满足要求的一等地面积只有20.60%。在一等地中，灌溉能力达到充分满足要求的比例为66.08%，是长江中游区平均的3倍多；一等地基本满足灌溉要求的比例为33.79%，是区域平均的6倍；不满足的比例只有0.12%，接近区域平均的2倍。

排水能力充分满足要求的一等地面积占长江中游区总面积的比例为15.62%，基本满足的比例为5.08%。在一等地中，达到充分满足的比例为69.99%，是区域平均值的4.5倍，基本满足排水要求的比例为29.55%，是区域平均的5倍多。

数据分析表明，一等地的排水能力高于灌溉能力，灌排水平都高于长江中游区域平均值，但是区域耕地中仍然有约80%以上的耕地达不到充分满足水平，有约94%以上的耕地达不到基本满足水平。

表 3-29　一等地的灌溉与排水能力

灌溉能力	面积（khm²）	面积（%）	占区域（%）	排水能力	面积（khm²）	面积（%）	占区域（%）
不满足	1.43	0.12	0.07	不满足	5.27	0.46	0.85
基本满足	390.05	33.79	5.82	基本满足	341.08	29.55	5.08
充分满足	762.81	66.08	20.60	充分满足	807.93	69.99	15.62

（四）≥10℃活动积温和年降雨量

一等地立地环境≥10°活动积温主要分布在 5 500~5 749℃区间，平均为 5 673.44℃，占一等地总面积的42.04%；其次分布在 5 750~5 999℃和 6 000~6 249℃区间，平均积温量分别为 5 936.24℃和 6 105.50℃，分别占一等地总面积的29.43%和20.27%。

在≥10°活动积温低于 5 499℃以下，或高于 6 249℃以上的立地环境中，一等地的分布面积比例都急剧下降。如在 5 250~5 499℃区间，一等地的分布比例仅为4.24%，和高于6 000~6 249℃及其以上区间，分布比例都小于5%（表3-30）。

表 3-30　一等地≥10℃活动积温分布

区间（℃）	面积（khm²）	平均积温（℃）	面积（%）	区间（℃）	面积（khm²）	平均积温（℃）	面积（%）
<5 000	2.25	4 973.00	0.20	5 750~5 999	339.67	5 836.24	29.43
5 000~5 249	14.03	5 120.15	1.22	6 000~6 249	233.98	6 105.50	20.27
5 250~5 499	48.94	5 395.89	4.24	6 250~6 500	18.70	6 330.65	1.62
5 500~5 749	485.29	5 673.44	42.04	>6 500	11.42	6 611.89	0.99

表 3-31 的统计结果反映，一等地的年降雨量主要分布在 1 200～1 400mm 区间，该区段 10 个耕地等级合计面积占长江中游区总面积的 12.50%，占一等地总面积的 41.64%。其次是 1 400～1 600mm 区间和 1 600～1 800mm 区间，分别占一等地总面积的 28.97 和 18.13%。其他几个降雨量区间的分布面积比例分别都不到一等地面积的 10%。

表 3-31　一等地年降雨量分布

区间（mm）	面积（khm²）	平均降雨量（mm）	面积（%）	区间（mm）	面积（khm²）	平均降雨量（mm）	面积（%）
<800	0.00	0.00	0.00	1 400～1 600	334.45	1 483.04	28.97
800～1 000	2.87	931.81	0.25	1 600～1 800	209.29	1 669.91	18.13
1 000～1 200	71.59	1 156.54	6.20	>1 800	55.45	1 863.45	4.80
1 200～1 400	480.62	1 301.11	41.64				

（五）有机质、有效磷和 pH

表 3-32 是一等地的有机质和有效磷含量及其分布统计，结果表明，一等地的有机质含量范围比较离散，占一等地总面积 59.53% 的耕地有机质含量处于三级水平，平均为 25.36g/kg；36.62% 处于二级水平，平均含量为 33.44%；一级水平仅占 1.13%。

土壤有效磷的含量主要分布在五级和四级水平上，分别占一等地总面积的 34.25% 和 33.05%，平均含量分别为 12.57mg/kg 和 17.33mg/kg。达到三级水平的只有 18.26%，平均含量为 23.72mg/kg。值得注意的是，在一等耕地中仍然还有 10.60% 的耕地有效磷含量处于六级水平，即低于 10mg/kg。

表 3-32　一等地有机质和有效磷含量统计

质量分级	含量区间	有机质			有效磷		
		面积（khm²）	平均含量（g/kg）	面积（%）	面积（khm²）	平均含量（mg/kg）	面积（%）
一级	>40	13.01	41.50	1.13	2.71	43.46	0.24
二级	30～40	422.66	33.44	36.62	41.66	32.70	3.61
三级	20～30	687.09	25.36	59.53	210.81	23.72	18.26
四级	15～20	30.62	18.81	2.65	381.46	17.33	33.05
五级	10～15	0.90	14.80	0.08	395.29	12.57	34.25
六级	<10	0.00	0.00	0.00	122.35	8.62	10.60

一等地中没有 pH 小于 4.5 的强酸性土壤，主要分布区域位于 pH 5.5～6.5 酸性区间，占一等地总面积的 33.27%。其次是 pH 4.5～5.5 酸性区间和 pH 6.5～7.5 中性区间，分别占该等级耕地面积的 27.25% 和 26.49%；在 pH 7.5～8.5 弱碱性区间也有 12.99% 分布（表 3-33）。

表 3-33　一等地 pH 分布统计

pH 分级	<4.5	4.5～5.5	5.5～6.5	6.5～7.5	7.5～8.5
面积（khm²）	0	314.56	384.03	305.77	149.93
pH 平均	0	5.14	5.92	6.98	7.75
面积（%）	0	27.25	33.27	26.49	12.99

（六）产量水平

在具有水稻产量的 38 886 个评价单元中，一等地合计有 2 188 个评价单元，占总数的 5.63%。水稻产量及其频次分布见表 3-34。

一等地的平均亩产为 758.17kg，面积分布呈现 2 个高峰，一个出现在 500～549kg 区间，占一等地总面积的 12.67%，平均亩产为 520.09kg；另一个出现在 900～949kg 区间，平均亩产为 921.40kg，占该等级耕地的 15.80%。该产量差异主要来自耕作制度，湖北省的水稻种植以单季中稻为主，湖南省和江西省则以双季稻为主。

表 3-34　一等地的水稻亩产与分布特征

亩产区间 (kg)	平均亩产 (kg)	面积 (khm²)	面积 (%)	亩产区间 (kg)	平均亩产 (kg)	面积 (khm²)	面积 (%)
<400	382.00	7.35	0.57	800～849	823.47	100.02	7.71
400～449	425.18	12.12	0.93	850～899	872.48	103.10	7.94
450～499	473.24	47.57	3.67	900～949	921.40	205.10	15.80
500～549	520.09	164.41	12.67	950～999	971.62	155.22	11.96
550～599	568.25	138.98	10.71	1 000～1 049	1 014.06	87.38	6.73
600～649	619.20	100.44	7.74	1 050～1 099	1 065.71	24.32	1.87
650～699	668.66	32.46	2.50	1 100～1 149	1 120.00	4.89	0.38
700～749	727.11	26.14	2.01	1 150～1 200	1 186.25	10.18	0.78
750～799	769.60	78.04	6.01	总计	758.17	1 297.73	100.00

三、一等地其他养分属性特征

其他养分属性主要包含汇总数据中与耕地质量等级相关性较强的一些非评价指标属性。

长江中游区一等地全氮的含量属于二级水平，平均为 1.59g/kg，江西省与此均值相当，湖北省低于该平均值，湖南省则高于该平均值。湖南省和江西省的缓效钾和有效硅的含量水平相当，湖北省的缓效钾含量则高出湖南省和江西省的 1 倍以上，有效硅含量也高于湖南省和江西省 90% 以上。同时拉高了区域缓效钾和有效硅的平均含量。有效硫的含量差异不大，区域平均为 46.15mg/kg，湖北省略高，湖南省略低。

在一等地的微量元素中，有效铜的含量都达到一级标准，超过 1.8mg/kg 水平。湖北省和江西省的有效锌含量达到二级水平，超过 1.5mg/kg，湖南省的含量稍低，处于三级，即 1～1.5mg/kg。有效铁含量都达到一级标准，超过 20mg/kg；有效锰达到二级标准 20～30mg/kg。有效硼的含量以江西省的最高，达到四级水平，平均值为 0.50mg/kg，湖北省和湖南省则都处于五级水平，即位于 0.2～0.5mg/kg 之间（表 3-35）。

表 3-35　一等地其他养分属性统计

汇总区域	全氮 (g/kg)	缓效钾 (mg/kg)	有效硅 (mg/kg)	有效硫 (mg/kg)	有效铜 (mg/kg)	有效锌 (mg/kg)	有效铁 (mg/kg)	有效锰 (mg/kg)	有效硼 (mg/kg)
湖北省	1.40	595.90	211.02	56.01	3.71	1.67	54.45	22.76	0.38
湖南省	1.81	244.56	119.13	36.28	2.95	1.17	78.73	28.37	0.30
江西省	1.61	246.44	122.66	43.20	3.16	2.30	101.26	27.22	0.50
长江中游区	1.59	380.74	155.74	46.15	3.31	1.73	76.71	25.83	0.40

四、一等地的利用方向

一等地是长江中游区相对质量最好的耕地，其特征是：立地环境降雨量主要位于1 200～1 400mm之间，活动积温主要分布在5 500～5 749℃范围内，成土母质大部分以河湖冲沉积物为主。该类母质地处平原，土壤pH呈弱酸性，有机质和营养元素含量高，一等地产量水平也是该区域最高的。从耕地保育和等级提升方面看，采取适当措施，还有提升空间。

首先，排灌能力是提升一等地生产潜能的有效措施。一等地中，充分满足灌溉条件的尽管达到66.08%，但是仍然有约34%的提升空间，其面积为258.71km²。基本满足灌溉要求的耕地面积提升空间更大。在排水能力方面也是这样，充分满足排水要求的耕地面积，有约30%的提升空间，基本满足排水要求的提升空间更大，即使排水能力只达到全部基本满足要求，也有约70%的提升空间。

其次，一等地的有机质含量主要处于三级水平，平均为25.36g/kg，达到有机质一级水平的面积比例仅为1.13%。此外，湖南省和江西省的有效硅、缓效钾都低于区域平均值，微量元素中湖南省的有效锌还处在二级水平，区域有效硼的含量整体处于五级水平。

维护和提升一等地的质量，需要针对性采取措施。一等地主要分布在河湖平原和丘岗平原。对于河湖平原，地势低洼，要积极制定区域规划，通过区域沟渠配套建设，提高排水能力；对于丘岗平原，则要加强灌溉能力建设。

一等地肥力维护和提升则需要持续实施有机质提升工程，实行秸秆还田并加强其腐殖化研究，促进秸秆的快速腐熟。在减量施肥的原则下，针对性施用化肥和微量元素肥料，强化用地养地相结合，促进一等地的提档升级。

第三节　二等地主要质量特征

一、二等地空间分布特征

图3-4反映，二等地分布与一等地分布区域大致相同，主要分布于湖北省中南部，湖南省东北部以及江西省中东部地区，这些地区位于大江大湖的两侧，基本为河湖平原地貌。其中，湖北省孝感市是除了荆州市以外二等地分布面积最多的地级市，襄阳市东南部宜城市为汉江上游，二等地也有较大面积分布。湖南省怀化市，尽管处于湘西地区，但该市有沅江流过，因而有少量零星分布。其余岳阳市，常德市，邵阳市也有分布。江西省上饶市，该市水库较多，无论是一等地还是二等地都是该省分布最多区域，主要分布在南部与东北部，西部也有零星分布。宜春，南昌，吉安三市的二等地分布规模相当。

二、二等地主要属性特征

（一）成土母质与地貌类型

表3-36是长江中游区二等地与成土母质属性的分类统计结果。长江中游区二等地的耕地面积为1 079.03km²，不同母质二等地分布面积合计占总耕地面积的8.63%。其中，河湖冲沉积物母质的分布面积最大，达到503.19km²，占二等地面积的46.63%。二等地中分布面积排在第二位的是泥质岩类风化物，分布面积为191.62km²，占二等地的17.76%。其次，是第四纪红色黏土，在二等地总面积中所占比例为14.68%。

其他分布在二等地的母质所占比例都比较小，结晶岩类风化物和碳酸盐岩类风化物母质分别站到二等地的 6% 以上。

表 3-36　二等地的成土母质分布

成土母质	二等地面积（khm²）	占二等地总面积（%）	占长江中游区总面积（%）
第四纪红色黏土	158.36	14.68	5.59
河湖冲沉积物	503.19	46.63	15.26
红砂岩类风化物	44.03	4.08	6.53
结晶岩类风化物	72.53	6.72	4.12
泥质岩类风化物	191.62	17.76	8.71
碳酸盐岩类风化物	79.14	7.33	6.95
紫色岩类风化物	30.16	2.79	4.97
总计	1 079.03	100.00	8.63

二等地与一等地类似，主要分布在河湖平原地貌中，占长江中游区总面积的 23.52%，与一等地比较分布面积减少约 14 个百分点。二等地中，分布在河湖平原的占 53.13%，与一等地在该地貌中分布比例 78.54% 比较，降低幅度大于 25 个百分点名。其次是丘岗平原，占 23.58%，比一等地的 11.69%，高出约12%。同时，低丘台地在二等地中占比显著上升到 11.87%，比一等地的分布多出约10个百分点，其他2种地貌的分布比例也略有上升（表3-37）。

表 3-37　二等地的地貌类型分布

地貌	河湖平原	丘岗平原	低丘台地	高丘台地	中低山区
面积（khm²）	573.24	254.39	128.11	50.12	73.17
占本等级（%）	53.13	23.58	11.87	4.65	6.78
占区域（%）	23.52	13.44	4.32	1.94	2.78

（二）耕层质地与厚度

二等地面积为 1 079.03khm²，耕层厚度主要分布在 15～20cm 区间，占二等地总面积的 46.20%，与一等地接近，其次是 20～25cm 区间和 10～15cm 区间，分别占一等地的 29.28% 和 16.20%。

壤土质地的耕地分布面积占长江中游区域的 10.40%，二等地中分布面积为 697.67khm²，占比达到 64.66%，比一等地的分布比例71.68%减少约 7%。其次是黏壤土，占二等地总面积的 19.29%，比一等地上升约 2%。再次是黏土，占该等级耕地总面积的 13.38%，也比一等地分布比例有所上升（表 3-38）。

表 3-38　二等地耕层厚度与质地统计

耕层厚度（cm）	面积（khm²）	面积（%）	占区域（%）	耕层质地（cm）	面积（khm²）	面积（%）	占区域（%）
10～15	174.81	16.20	7.53	壤土	697.67	64.66	10.40
15～20	498.46	46.20	8.98	砂土	28.77	2.67	6.30
20～25	315.97	29.28	9.06	黏壤土	208.18	19.29	7.12
25～30	42.50	3.94	7.23	黏土	144.41	13.38	5.96
30～35	47.29	4.38	8.44				

（三）灌溉能力和排水能力

在长江中游区耕地总面积中，灌溉能力达到充分满足要求的二等地面积只占 15.34%。在二等地中，灌溉能力达到充分满足要求的比例为 52.65%，是长江中游区的 3 倍多；二等地基本满足灌溉要求的比例为 45.26%，是区域平均的 6 倍；不满足的比例只有 2.09%，接近区域平均的 2 倍（表 3-39）。与一等地比较，二等地充分满足要求所占比例下降约 14 个百分点，基本满足上升约 12 个百分点，不满足上升了约 2 个百分点。

排水能力充分满足要求的二等地面积占长江中游区总面积的比例为 11.33%，基本满足的比例为 7.11%。在二等地中，达到充分满足的比例为 54.32%，是区域平均值的 5 倍多，基本满足排水要求的比例为 44.24%，是区域平均的 6 倍多。与一等地比较，二等地充分满足和基本满足排水要求的面积比例都下降了约 15 个百分点，不满足排水要求的上升了约 1 个百分点。

二等地的排水能力稍高于灌溉能力。长江中游区域耕地中仍然有约 80% 的耕地灌溉达不到充分满足水平，有约 85% 的耕地排水达不到基本满足水平。

表 3-39　二等地的灌溉与排水能力

灌溉能力	面积（khm²）	面积（%）	占区域（%）	排水能力	面积（khm²）	面积（%）	占区域（%）
不满足	22.55	2.09	1.07	不满足	15.50	1.44	2.50
基本满足	488.40	45.26	7.28	基本满足	477.35	44.24	7.11
充分满足	568.07	52.65	15.34	充分满足	586.18	54.32	11.33

（四）≥10℃活动积温和年降雨量

与一等地相同，二等地立地环境≥10℃活动积温主要分布在 5 500～5 749℃区间，平均值也为 5 673.44℃，占一等地总面积的 45.73%；其次分布在 5 750～5 999℃和 6 000～6 249℃区间，平均积温分别为 5 836.24℃和 6 105.50℃，分别占二等地总面积的 24.78% 和 15.09%。

在≥10℃活动积温低于 5 499℃以下，或高于 6 249℃以上的立地环境中，二等地的分布面积比例都急剧下降。如在 5 250～5 499℃区间，一等地的分布比例仅为 9.75%，高于 6 000～6 249℃及其以上区间，分布比例都小于 3%（表 3-40）。

表 3-40　二等地≥10℃活动积温分布

区间（℃）	面积（khm²）	平均积温（℃）	面积（%）	区间（℃）	面积（khm²）	平均积温（℃）	面积（%）
<5 000	0.37	4 973.00	0.03	5 750～5 999	267.37	5 836.24	24.78
5 000～5 249	8.32	5 120.15	0.77	6 000～6 249	162.78	6 105.50	15.09
5 250～5 499	105.23	5 395.89	9.75	6 250～6 500	27.83	6 330.65	2.58
5 500～5 749	493.48	5 673.44	45.73	>6 500	13.65	6 611.89	1.26

二等地的年降雨量主要分布在 1 200～1 400mm 区间，占二等地总面积的 39.44%。其次是 1 400～1 600mm 区间和 1 600～1 800mm 区间，分别占二等地总面积的 28.54% 和 12.03%，此分布趋势与一等地相同。与一等地不同的是，二等地中，在 1 000～2 000mm 区间的分布比例比一等地高约 5 个百分点，在 1 600～1 800mm 区间降低了约 6 个百分点，出现耕地等级随着降雨量减少而降低的趋势。反映长江中游区最适合的年降雨量区间大致在

分布在 1 200~1 800mm 范围内（表3-41）。

表3-41 二等地年降雨量分布

区间（mm）	面积（khm²）	平均降雨量（mm）	面积（%）	区间（mm）	面积（khm²）	平均降雨量（mm）	面积（%）
<800	0.03	787.83	0.00	1 400~1 600	307.96	1 484.36	28.54
800~1 000	51.07	925.59	4.73	1 600~1 800	129.80	1 685.96	12.03
1 000~1 200	118.98	1 146.19	11.03	>1 800	45.57	1 868.55	4.22
1 200~1 400	425.61	1 309.90	39.44				

（五）有机质、有效磷和 pH

二等地有机质和有效磷含量及其分布统计见表3-42，结果反映，二等地的有机质含量水平与一等地类似，有总面积60.54%的二等地有机质含量处于三级水平，平均为25.16 g/kg；31.63%处于二级水平，平均含量为33.60%；一级水平仅占0.80%。

二等地土壤有效磷的含量主要分布在五级和四级水平上，分别占二等地总面积的39.33%和36.28%，平均含量分别为12.64mg/kg和17.24mg/kg。达到三级水平的只有11.80%，平均含量为23.36mg/kg。与一等地比较，二等地的比例分布尽管处于相同水平，但是含量水平略有下降。在二等耕地中仍然还有10.47%的耕地有效磷含量处于六级水平，即低于10mg/kg，平均为8.52mg/kg。

表3-42 二等地有机质和有效磷含量统计

质量分级	含量区间	有机质			有效磷		
		面积（khm²）	平均含量（g/kg）	面积（%）	面积（khm²）	平均含量（mg/kg）	面积（%）
一级	>40	8.67	41.41	0.80	2.37	45.62	0.22
二级	30~40	341.28	33.60	31.63	20.51	33.22	1.90
三级	20~30	653.28	25.16	60.54	127.29	23.36	11.80
四级	15~20	75.18	18.34	6.97	391.45	17.24	36.28
五级	10~15	0.62	14.35	0.06	424.43	12.64	39.33
六级	<10	0.00	0.00	0.00	112.98	8.52	10.47

二等地与一等地一样，没有 pH 小于 4.5 的强酸性土壤，主要分布区域位于pH5.5~6.5弱酸性区间，占二等地总面积的32.37%。其次是pH6.5~7.5中性区间和pH4.5~5.5酸性区间，分别占该等级耕地面积的32.66%和24.34%；在 pH7.5~8.5弱碱性区间也有10.63%的面积分布。总体来看，二等地与一等地比较，pH 分布在中性区间的比例上升较多，约上升6个百分点，其他与一等地大致相同（表3-43）。

表3-43 二等地 pH 分布统计

pH 分级	<4.5	4.5~5.5	5.5~6.5	6.5~7.5	7.5~8.5
面积（khm²）	0.00	262.61	349.27	352.46	114.70
pH 平均	0.00	5.11	5.94	6.95	7.72
面积（%）	0.00	24.34	32.37	32.66	10.63

（六）产量水平

二等地的平均亩产为766.03kg，比一等地略低。在面积分布上与一等地类似，也呈现2个高峰，一个出现在500~549kg区间，占一等地总面积的11.25%，平均亩产为512.20kg；另一个峰出现在950~999kg区间，平均亩产为969.59kg，占该等级耕地的14.84%，比一等地略高一点。之所以出现2个峰，其原因主要来自耕作制度，湖北省的水稻种植以单季中稻为主，湖南省和江西省则以双季稻为主（表3-44）。

表3-44　二等地的水稻亩产与分布特征

亩产区间(kg)	平均亩产(kg)	面积(khm²)	面积(%)	亩产区间(kg)	平均亩产(kg)	面积(khm²)	面积(%)
<400	369.63	2.95	0.25	800~849	821.53	100.65	8.56
400~449	423.17	12.46	1.06	850~899	871.32	102.88	8.74
450~499	468.56	36.03	3.06	900~949	922.19	168.01	14.28
500~549	512.20	132.32	11.25	950~999	969.59	174.54	14.84
550~599	565.68	121.92	10.36	1 000~1 049	1015.61	41.30	3.51
600~649	613.49	109.43	9.30	1 050~1 099	1 062.92	5.07	0.43
650~699	665.61	50.36	4.28	1 100~1 149	1 110.00	4.81	0.41
700~749	721.52	40.05	3.40	1 150~1 200	0.00	0.00	0.00
750~799	766.03	73.68	6.26	总计	749.30	1 176.44	100.00

三、二等地其他养分属性特征

长江中游区二等地全氮的平均含量为1.56g/kg，比一等地略低，仍属于二级水平，湖南省和江西省的平均含量都稍高于区域平均值，但仍处于同一级别。湖北省的全氮含量则低一个级别，属于三级，平均为1.32g/kg。

湖南省和江西省的二等地缓效钾和有效硅的含量水平相当，湖北省的缓效钾含量则高出湖南省和江西省的1倍以上，有效硅含量也高于湖南省和江西省90%以上。同时拉高了区域缓效钾和有效硅的平均含量。有效硫的含量没有缓效钾和有效硅差异大，区域平均为44.44mg/kg，湖北省略高，湖南省略低。总体而言，二等地与一等地的含量水平相差不大。

在微量元素中，长江中游区湖北省、湖南省和江西省的二等地有效铜和有效铁的含量都位于一级标准，含量分别超过1.80mg/kg和20mg/kg；三省有效锰的含量都处于二级水平，位于20.0~30.0mg/kg之间；有效锌的含量则有所差异，湖南省的平均含量较低，为1.12mg/kg，处于三级范围，湖北省和江西省的含量稍高，都进入了二级范围。二级地中，三省有效硼含量都处在五级范围，平均含量为0.41mg/kg，三省之间的含量水平相差不大。

与一等地比较，二等地的有效铁、有效锰和有效硼的含量稍有上升，有效铜和有效锌略有下降（表3-45）。

表 3-45　二等地其他养分属性统计

汇总区域	全氮 (g/kg)	缓效钾 (mg/kg)	有效硅 (mg/kg)	有效硫 (mg/kg)	有效铜 (mg/kg)	有效锌 (mg/kg)	有效铁 (mg/kg)	有效锰 (mg/kg)	有效硼 (mg/kg)
湖北省	1.32	534.37	205.02	52.12	3.61	1.67	63.73	26.74	0.43
湖南省	1.80	244.11	119.13	35.88	2.92	1.12	75.14	27.16	0.32
江西省	1.60	245.73	120.47	43.88	3.19	2.18	111.88	26.46	0.47
长江中游区	1.56	353.96	151.90	44.44	3.26	1.65	82.04	26.79	0.41

四、二等地的利用方向

二等地属于长江中游区高等级耕地之一，立地环境的降雨量、活动积温和成土母质属性与一等地类似。略微不同的是成土母质组成，河湖平原冲沉积物的分布比例略有下降，第四纪红色黏土和泥质岩类风化物的比例有较大上升。

二等地的有机质含量与一等地基本相同，也是处于三级水平的居多，平均为 25.16 g/kg，达到有机质一级水平的面积比例仅为 1.13%，显著小于一等地，提升土壤有机质含量的需求更为迫切，提升空间也更大。

有效硅和缓效钾的含量，微量元素的含量特征在省域间的差异也与一等地相似。如区域有效硼的含量整体处于五级水平，湖北省和江西省的有效锌含量处于二级水平，比湖南省高一个等级。

二等地的改良利用方向与一等地类似，提升排灌能力是最有效的措施之一，二等地中，充分满足灌溉要求和基本满足灌溉要求的比例分别为 52.65% 和 45.26%，如果采取农田工程措施，使充分满足灌溉条件的耕地达到 100%，面积的提升空间为 269khm²。基本满足灌溉要求的耕地面积提升空间更大。在排水能力方面也是这样，充分满足排水要求的耕地面积有约 55% 的提升空间。

改善二等地的排灌条件，需要针对立地环境，二等地主要发育于河湖平原、丘岗平原和低丘台地，对于河湖平原，要在制定区域规划的前提下，通过区域性沟渠配套建设，提高排水能力，紧靠个体农户难以解决问题；对于丘岗平原和低丘台地，重点是加强灌溉能力建设，可以组织农户自行完善。

二等地肥力维护和提升与一等地相同，需要持续实施有机质提升工程，实行秸秆还田、增施有机肥，针对性施用化肥和微量元素肥料，强化科学施肥。

第四节　三等地主要质量特征

一、三等地空间分布特征

图 3-5 反映，三等地空间分布与一等地和二等地略有不同，荆州、常德两市交接处有大量三等地分布。湘西地区张家界市分布规模也不少。江西省宜春市为该省三等地分布最广地区，主要位于该市西南部高安市，该地区位于锦江上游，支流众多，同时水库也有一定分布。在长江中游区西北部十堰市，西南部永州市，郴州市以及东南部抚州市，赣州市也零星分布有三等地。

二、三等地主要属性特征

（一）成土母质与地貌类型

表 3-46 是长江中游区三等地与成土母质属性的分类统计结果。长江中游区三等地的耕地面积为 1 629.04khm²，占长江中游区总耕地面积的 13.02%。其中，河湖冲沉积物母质的分布面积最大，达到 660.73khm²，占三等地面积的 40.56%。泥质岩类风化物占 17.38%，排在第二位，分布面积为 283.06khm²。第四纪红色黏土排在第三位，分布面积为 259.32khm²，占三等地的 15.92%。碳酸盐岩类风化物和结晶岩类风化物母质在三等地总面积中所占比例分别为 9.93% 和 9.06%。

与二等地的成土母质结构比较，河湖沉积物所占比例减少约 6 个百分点，泥质岩类风化物占比没有显著变化，碳酸盐岩类风化物和结晶岩类风化物母质的占比提高了 2~3 个百分点。

表 3-46　三等地的成土母质分布

成土母质	三等地面积（khm²）	占三等地总面积（%）	占长江中游区总面积（%）
第四纪红色黏土	259.32	15.92	9.16
河湖冲沉积物	660.73	40.56	20.03
红砂岩类风化物	63.63	3.91	9.44
结晶岩类风化物	147.54	9.06	8.39
泥质岩类风化物	283.06	17.38	12.86
碳酸盐岩类风化物	161.69	9.93	14.20
紫色岩类风化物	53.08	3.26	8.75
总计	1 629.04	100.00	13.02

三等地在长江中游区河湖平原地貌类型中的占比为 19.64%，比二等地下降了约 4 个百分点，比一等地减少约 18 个百分点。三等地分布在河湖平原的比例为 29.38%，与一等地在该地貌中分布比例 78.54% 比较，降低幅度大于 50 个百分点名，与二等地比较减少了 24 个百分点，但河湖平原地貌仍然是三等地中分布比例最高的母质。

三等地中，丘岗平原地貌占 29.08%，比二等地占比 23.58% 有显著上升，比一等地的 11.69%，上升了约 2.5 倍。同时，低丘台地在三等地中的占比显著上升到 22.64%，高出二等地分布比例的约 1 倍，比二等地高丘台地分布比例高出 50%，比二等地的中低山区分布比例高约 1 倍（表 3-47）。

表 3-47　三等地的地貌类型分布

地貌	河湖平原	丘岗平原	低丘台地	高丘台地	中低山区
面积（khm²）	478.58	473.80	368.83	107.33	200.49
占本等级（%）	29.38	29.08	22.64	6.59	12.31
占区域（%）	19.64	25.03	12.45	4.16	7.61

（二）耕层质地与厚度

三等地耕层厚度主要位于 15~20cm 区间，占三等地总面积的 52.70%，其次是 20~

25cm 区间和 10～15cm 区间，分别占三等地总面积的 22.89％和 15.45％。与二等地比较，耕层厚度 15～20cm 的分布面积扩大了约 6 个百分点，20～25cm 减少了约 7 个百分点。耕层厚度 10～15cm、25～30cm 和 30～35cm 区间的变化约为 2 到 3 个百分点，相对变化较小。

长江中游区壤土质地的耕地有 13.90％分布在三等地中，分布面积为 932.20khm²。三等地总面积中，壤土质地的分布面积占该等级的 57.22％，比二等地的分布比例减少 7.4 个百分点。黏壤土占三等地总面积的 24.79％，比二等地上升约 5.5％。黏土和砂土的分布比例，也比二等地分布提升约 1 个百分点（表 3-48）。

表 3-48　三等地耕层厚度与质地统计

耕层厚度（cm）	面积（khm²）	面积（％）	占区域（％）	耕层质地	面积（khm²）	面积（％）	占区域（％）
10～15	251.63	15.45	10.84	壤土	932.20	57.22	13.90
15～20	858.45	52.70	15.47	砂土	60.08	3.69	13.15
20～25	372.93	22.89	10.69	黏壤土	403.89	24.79	13.82
25～30	108.53	6.66	18.46	黏土	232.86	14.29	9.61
30～35	37.50	2.30	6.69				

（三）灌溉能力和排水能力

在长江中游区耕地总面积中，灌溉能力达到充分满足要求的三等地面积只占 17.07％，稍高于二等地。在三等地中，灌溉能力达到充分满足要求的比例为 38.79％，是长江中游区的 2.3 倍，比二等地降低了约 14 的百分点；三等地基本满足灌溉要求的比例为 52.34％，是区域平均的 4 倍多；不满足的比例只有 8.88％，稍高于区域平均的 6.88％（表 3-49）。与一级耕地比较，三等耕地的灌溉保证率下降较多，一等地中充分满足灌溉要求的比例为 66.08％，相对比较，三等地下降了约 27 个百分点。

排水能力充分满足要求的三等地面积占长江中游区总面积的比例为 17.95％，基本满足的比例为 9.84％。在三等地中，达到充分满足的比例为 57.00％，是区域平均值的 2.8 倍，基本满足排水要求的比例为 40.54％，是区域平均的 4 倍多。与一等地比较，三等地充分满足排水要求的面积比例下降了 12.99％，不满足排水要求的上升了 10.99％。同时三等地不满足排水要求的耕地面积显著上升，相比一等地为 0.85％、二等地为 2.50％，三等地则快速上升到 6.46％。

三等地的排水能力显著高于灌溉能力。对照发现，三等地充分满足排水要求的耕地面积比例高于充分满足灌溉要求的 18.22％。而在一等地和二等地中，灌溉和排水能力的差异不到 4％。由此可见，部分三等地只要改善排水能力，耕地等级可以得到快速提升。

表 3-49　三等地的灌溉与排水能力

灌溉能力	面积（khm²）	面积（％）	占区域（％）	排水能力	面积（khm²）	面积（％）	占区域（％）
不满足	144.63	8.88	6.88	不满足	40.05	2.46	6.46
基本满足	852.57	52.34	12.72	基本满足	660.39	40.54	9.84
充分满足	631.84	38.79	17.07	充分满足	928.59	57.00	17.95

（四）≥10℃活动积温和年降雨量

与一等地和二等地相同，三等地立地环境≥10°活动积温主要分布在 5 500～5 749℃区间，平均值也为 5 673.44℃，占一等地总面积的 41.88%；其次分布在 5 750～5 999℃和 6 000～6 249℃区间，平均积温分别为 5 836.24℃和 6 105.50℃，分别占二等地总面积的 20.78%和 6.51%。

不同于一等地和二等耕地的是，在≥10°活动积温低于 5 499℃以下，三等地的分布比例显著上升到 14.96%，如在 5 250～5 499℃区间，比二等地的 9.75%，一等地的 4.24%，分别上升了 5.21%和 10.72%。在≥10°活动积温高于 6 249℃以上时，分布比例急剧下降，且与一等地和二等地比较，分布比例变化不大。由此可见，低等级耕地具有立地环境活动温度偏低的特征（表 3-50）。

表 3-50　三等地≥10℃活动积温分布

区间（℃）	面积（khm²）	平均积温（℃）	面积（%）	区间（℃）	面积（khm²）	平均积温（℃）	面积（%）
＜5 000	1.39	4 973.00	0.09	5 750～5 999	338.58	5 836.24	20.78
5 000～5 249	28.34	5 120.15	1.74	6 000～6 249	268.93	6 105.50	16.51
5 250～5 499	243.68	5 395.89	14.96	6 250～6 500	39.51	6 330.65	2.43
5 500～5 749	682.27	5 673.44	41.88	＞6 500	26.35	6 611.89	1.62

三等地的年降雨量主要分布在 1 200～1 400mm 区间，平均为 1 305.45mm，占三等地总面积的 45.51%，与二等地分布比例 39.44%比较，该区间的分布比例有显著上升，与一等地的 41.64%比较，相差不大。分布比例较高的还有 1 400～1 600mm 和 1 600～1 800mm 区间，分别占三等地总面积的 24.05%和 14.06%，此分布趋势与一等地和二等地相同，不同的是具体数值稍有变化。与一等地比较，在 1 000～1 200mm 区间，三等地的分布比例 9.10%，比一等地的 6.20%提高约 3%，比二等地的 11.03%，降低约 2 个百分点。

在 1 600～1 800mm 区间，三等地比一等地降低了约 4 个百分点，比二等地高 2 个百分点，相差不大。大于 1800mm 后，三等地的占比最低，有随着降雨量减少耕地等级降低的趋势（表 3-51）。

表 3-51　三等地年降雨量分布

区间（mm）	面积（khm²）	平均降雨量（mm）	面积（%）	区间（mm）	面积（khm²）	平均降雨量（mm）	面积（%）
＜800	0.86	790.14	0.05	1 400～1 600	391.86	1 483.24	24.05
800～1 000	56.42	900.35	3.46	1 600～1 800	228.97	1 687.42	14.06
1 000～1 200	148.30	1 126.67	9.10	＞1 800	61.19	1 871.36	3.76
1 200～1 400	741.45	1 305.45	45.51				

（五）有机质、有效磷和 pH

三等地的有机质和有效磷含量及其分布统计结果见表 3-52，与一等地和二等地的有机质含量一样，三等地分布面积最大，有 63.61%的三等地有机质含量落在该区间。一等地、二等地和三等地中，有机质含量位于三级区间的占各自耕地等级的比例和平均含量都相差不大，如占各自等级的比例顺序为：59.53%、60.54% 和 63.61%；平均含量顺序为

25.36mg/kg、25.16mg/kg 和 25.07mg/kg。似乎反映有机质含量在一等地、二等地和三等地间不是影响耕地质量的主要因素。

与有机质含量在一等地、二等地和三等地之间的分布类似，三等地分布面积最大的有效磷含量区间主要位于五级范围，占三等地总面积的 40.22%，平均含量为 12.68mg/kg，其次是四级区间，占 34.37%，平均为 17.12mg/kg。在有效磷含量三级区间分布的三等地面积有 13.39%，平均含量为 17.12mg/kg。一到三等地之间，在五级有效磷含量范围内，面积分布比例顺序为：34.25%、39.33% 和 40.22%；在四级区间的分布比例顺序为：33.05%、36.28% 和 34.37%，看不出显著差异。似乎说明，有效磷含量也不是影响高等级耕地的主要因素。

表 3-52   三等地有机质和有效磷含量统计

质量分级	含量区间	有机质			有效磷		
		面积（khm²）	平均含量（g/kg）	面积（%）	面积（khm²）	平均含量（mg/kg）	面积（%）
一级	>40	11.60	41.60	0.71	0.80	44.70	0.05
二级	30～40	480.78	33.48	29.51	31.72	33.02	1.95
三级	20～30	1 036.25	25.07	63.61	218.05	23.42	13.39
四级	15～20	96.06	18.47	5.90	559.88	17.12	34.37
五级	10～15	4.34	13.88	0.27	655.23	12.68	40.22
六级	<10	0.00	0.00	0.00	163.35	8.56	10.03

一等地和二等地没有 pH 小于 4.5 的强酸性土壤不同，三等地中开始出现 pH 小于 4.5 的强酸性土壤，占比只有约 0.01%。三等地中面积占比最大的 pH 分布区域位于 pH5.5～6.5 弱酸性区间，占三等地总面积的 39.70%。其次是 pH4.5～5.5 酸性区间和 pH6.5～7.5 中性区间，它们占三等地的比例相差无几；在 pH7.5～8.5 弱碱性区间分布面积较二等地有显著提升，达到 14.82%。

相互比较，在中性区间，一等地、二等地和三等地的分布比例顺序为：26.49%、22.63% 和 32.66%，在分布面积都是最大的弱酸性区间，一等地、二等地和三等地的分布比例分别为：33.27%、39.70% 和 32.37%，较高等级耕地的土壤 pH 落在弱酸性范围的较多（表 3-53）。

表 3-53   三等地 pH 分布统计

pH 分级	<4.5	4.5～5.5	5.5～6.5	6.5～7.5	7.5～8.5
面积（khm²）	0.08	372.19	646.70	368.69	241.38
pH 平均	4.40	5.12	5.97	6.90	7.70
面积（%）	0.01	22.85	39.70	22.63	14.82

（六）产量水平

三等地的平均亩产为 743.74kg，比二等地略低。在面积分布上与一等地和二等地类似，也呈现 2 个高峰，在 550～599kg 区间有一个，占三等地总面积的 10.80%，平均亩产为 604.31kg；另一个峰出现在 900～949kg 区间，平均亩产为 919.95kg，占该等级耕地的 14.14%。

与一等地和二等地比较，三等地的前一个较低产量峰值区间向较高产量方向发生移动，一等地和二等地前一个面积分布高峰均为500～549kg区间，三等地则移动到600～649kg区间，而3个等级耕地分布面积较多的较高亩产峰值区间基本维持不变（表3-54）。

表3-54 三等地的水稻亩产与分布特征

亩产区间(kg)	平均亩产(kg)	面积(khm²)	面积(%)	亩产区间(kg)	平均亩产(kg)	面积(khm²)	面积(%)
<400	366.57	9.22	0.50	800～849	818.60	127.41	6.98
400～449	412.62	30.71	1.68	850～899	869.92	204.61	11.21
450～499	474.79	77.86	4.27	900～949	919.95	258.01	14.14
500～549	505.16	158.45	8.68	950～999	962.69	222.35	12.18
550～599	558.00	120.66	6.61	1 000～1 049	1 013.17	44.46	2.44
600～649	604.31	197.13	10.80	1 050～1 099	1 077.69	13.14	0.72
650～699	661.04	51.83	2.84	1 100～1 149	1 120.00	0.25	0.01
700～749	721.80	84.92	4.65	1 150～1 200	1 170.00	128.26	7.03
750～799	766.05	96.00	5.26	总计	743.74	1 825.28	100.00

三、三等地其他养分属性特征

长江中游区一等地全氮平均含量为1.59g/kg、二等地为1.56g/kg，三等地为1.57，相互间几乎相同，都属于二级水平。区域间，湖北省的全氮平均含量为1.38g/kg，位于全氮三级区间，低于湖南省和江西省的二级水平。

三等地缓效钾、有效硅和有效硫的含量水平除了数值上互有高低外，变化趋势与二等地相当。微量元素的含量与变化趋势同一等地和二等地相差无几。如有效铜和有效铁的含量都处于一级标准范围内（>1.80mg/kg和>20mg/kg），有效锰的含量都处于二级水平，位于20.0～30.0mg/kg之间；湖南省的有效锌的含量处于三级范围（1.0～1.5mg/kg），湖北省和江西省的含量稍高，都进入了二级范围（1.5～3.0mg/kg）。有效硼含量都在处在五级范围（0.2～0.50mg/kg），三省之间的含量相差不大（表3-55）。

表3-55 三等地其他养分属性统计

汇总区域	全氮(g/kg)	缓效钾(mg/kg)	有效硅(mg/kg)	有效硫(mg/kg)	有效铜(mg/kg)	有效锌(mg/kg)	有效铁(mg/kg)	有效锰(mg/kg)	有效硼(mg/kg)
湖北省	1.38	441.71	203.71	51.85	3.62	1.76	66.61	27.92	0.44
湖南省	1.78	249.77	119.14	35.64	2.93	1.09	73.05	26.23	0.32
江西省	1.61	246.09	119.94	44.21	3.07	2.18	114.23	27.34	0.51
长江中游区	1.57	327.13	153.89	44.61	3.25	1.66	81.73	27.23	0.42

四、三等地的利用方向

三等地也属于长江中游区高等级耕地之一，立地环境的降雨量、活动积温和成土母质属性与一等地类似，三等地降雨量比一等地和二等地稍低，分布于1 200～1 400mm的面积约高出4～5个百分点，而在1 400～1 600mm的区间的分布少约4个百分点。成土母质的组成也有不同，河湖平原冲沉积物的分布比例比一等地下降约20%，比二等地下降约6%，碳酸盐岩类风化物和泥质岩类风化物的比例上升了50%到100%，第四纪红色黏土和紫色岩类风化物的占比也有显著提升。

三等地的机质含量比一等地和二等地略高，也是处于三级水平的居多，平均为25.07g/kg，达到有机质一级水平的面积比例小于一等地和二等地，仅为0.71％。

有效硅和缓效钾的含量，微量元素的含量特征在省域间的差异也与一等地相似。如区域有效硼的含量整体处于五级水平，湖北省和江西省的有效锌含量处于二级水平，比湖南省高一个等级。

三等地的改良利用方向与一等地类似，提升排灌能力是最有效的措施之一，三等地中，充分满足灌溉要求和基本满足灌溉要求的比例分别为52.34％和38.79％，基本满足灌溉要求的面积下降较多，仅略高于1/3。如果采取农田工程措施，使基本满足灌溉条件的耕地面积提升约50％，达到80％水平，面积的提升空间约为300khm²。在排水能力方面也是这样，充分满足排水要求的耕地面积有约45％的提升空间。

改善三等地的排灌条件，也需要针对立地环境，三等地主要发育于河湖平原、丘岗平原和低丘台地，对于河湖平原，要在制定区域规划的前提下，通过区域性沟渠配套建设，提高排水能力，仅靠个体农户难以解决问题；对于丘岗平原和低丘台地，重点是加强灌溉能力建设，可以组织农户自行完善。

三等地肥力维护和提升与一等地相同，需要持续实施有机质提升工程，实行秸秆还田、增施有机肥，针对性施用化肥和微量元素肥料，强化科学施肥。

第五节　四等地主要质量特征

一、四等地空间分布特征

四等地到六等地都属于中等级耕地，空间分布见图3-4。总体来看，中等级耕地集中分布面积最大的区域位于鄂东北部丘岗平原和鄂中丘陵地区，江汉平原北部地区，环鄱阳湖平原外围低海拔丘陵台地地区，湘中丘陵区，以及洞庭湖平原西北部，长江流域两侧。三省中等级耕地分布除鄂中地区有成片分布以外其余都较为离散。

鄂中丘陵包括荆山与大别山之间的江汉河谷丘陵，大洪山与桐柏山之间的水流域丘陵。鄂东北丘陵以低丘为主，地势起伏较小，丘间沟谷开阔，土层较厚，宜农宜林。

湖南省东、西、南三面山地环绕，逐渐向中部及东北部倾斜，形成向东北开口不对称的马蹄形。地势属于云贵高原向江南丘陵和南岭山地向江汉平原的过渡地带。其中湘中地区有大量丘陵地貌。

江西省位于东亚大陆板块的东南部，是我国江南丘陵的重要组成部分。省东、西、南三面环山，中间丘陵起伏。

四等地主要分布在湖北省荆门、天门、孝感3个地级市中，荆门、天门位于鄂中丘陵区，孝感市位于鄂东北丘陵区。该地区汉江从北向南川流而过，经过钟祥，到达中下游，沿潜江、天门二市顺流而下与长江相汇。湖南省湘西土家苗族自治州位于西水中游和武陵山脉中部，东西部为低山丘陵区，平均海拔200～500m，溪河纵横其间，两岸多冲积平原。总体轮廓是一个以山原山地为主，兼有丘陵和小平原，该地区有大量四等地分布。衡阳市、永州市四等地分布较为分散，益阳市北部有成块分布，但总体规模比以上两市较小。赣抚中游河谷阶地，赣西北丘陵区和赣东北丘陵区是江西省四等地主要分布区域，其中宜春、上饶两

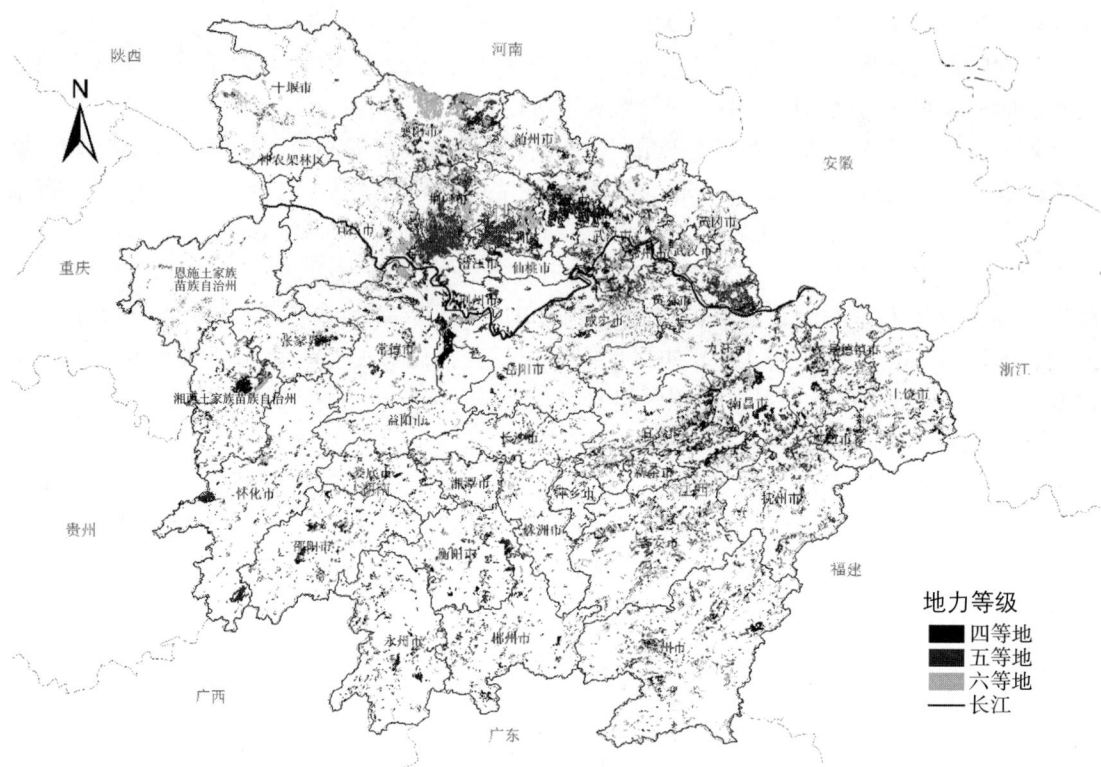

图 3-4　长江中游区中等级耕地分布

市分布规模较大，九江市南部和赣州市西北有少量零星分布。

二、四等地主要属性特征

（一）成土母质与地貌类型

长江中游区四等地与成土母质属性的分类统计结果见表 3-56。长江中游区四等地的耕地面积为 1 812.22khm²，占长江中游区总耕地面积的 14.49%。其中，河湖冲沉积物母质的分布面积最大，达到 524.57khm²，占四等地面积的 28.95%。

表 3-56　四等地的成土母质分布

成土母质	四等地面积（khm²）	占四等地面积（%）	占长江中游区面积（%）
第四纪红色黏土	425.92	23.50	15.04
河湖冲沉积物	524.57	28.95	15.91
红砂岩类风化物	71.63	3.95	10.63
结晶岩类风化物	196.77	10.86	11.19
泥质岩类风化物	285.79	15.77	12.98
碳酸盐岩类风化物	215.71	11.90	18.95
紫色岩类风化物	91.84	5.07	15.14
总计	1 812.22	100.00	14.49

第四纪红色黏土排在第二位，分布面积为 425.92khm²，占四等地的 23.50%，比一等地和二等地有显著提高。排在第三位的是泥质岩类风化物，占 15.77%，分布面积为

285.798khm²，与三等地相差无几。碳酸盐岩类风化物和结晶岩类风化物母质在四等地总面积中所占比例分别为 11.90% 和 10.87%，与三等地比较均略有提升。

中等级耕地成土母质的特征是，第四纪红色黏土母质的占比显著提高，河湖沉积物所占比例大幅减少，其他母质所占比例都有少量增加，反映成土母质的多样化。

四等地在长江中游区河湖平原地貌类型中的分布面积为 221.15khm²，占四等地总面积的 12.20%，比该地貌类型高等三个级别平均 53.68% 下降了约 41 个百分点。占长江中游区河湖平原总面积的比例首次低于 10%，标志着耕地由高等级向中等级的转折。与一等、二等和三等地分别占长江中游区河湖平原总面积的 37.20%、23.52% 和 19.64% 比较，四等地占比仅为 9.07%，下降了 10 个百分点以上。

四等地中，丘岗平原地貌占 24.39%，比三等地占比 29.08% 略有下降，比一等地的 11.69% 有显著上升，比二等地 23.58，略有上升，反映丘岗地貌不是区分地力等级的主要因子。在四等地中，低丘台地在四等地中的占比显著上升到 34.00%，比一等、二等和三等地分别高出 22.30%、10.42% 和 11.36%，表现为中等级耕地的地貌特征。

高丘台地和中低山区在四级地中的占比为 11.37% 和 18.03%，与高等 3 个级别比较也有较大幅度以上，但是提升幅度小于低丘台地（表 3-57）。

表 3-57 四等地的地貌类型分布

地貌	河湖平原	丘岗平原	低丘台地	高丘台地	中低山区
面积（khm²）	221.15	442.04	616.10	206.11	326.82
占本等级（%）	12.20	24.39	34.00	11.37	18.03
占区域（%）	9.07	23.35	20.80	7.98	12.41

（二）耕层质地与厚度

四等地耕层厚度主要位于 15～20cm 区间，占三等地总面积的 47.47%，其次是 20～25cm 区间和 10～15cm 区间，分别占四等地总面积的 26.00% 和 21.07%。与三等地比较，耕层厚度 15～20cm 的分布面积下降了约 5 个百分点，20～25cm 减少了约 3.5 个百分点，而 10～15cm 区间的分布面积增加了 5.5 个百分点。反映耕地质量进入中等金区间后，耕层厚度开始下降。

在耕层厚度 25～30cm 和 30～35cm 区间，四等地的分布面积比三等地也有不同程度的下降，降低幅度约为 2 到 3 个百分点。

四等地中，耕层质地分布在壤土区间的比例 53.16%，占长江中游区壤土质地耕地总面积的 14.37%，分布面积为 963.33khm²。与三等地比较，壤土、黏壤土和砂土质地的土壤分布比例略有下降，黏土的比例显著上升，上升幅度达到 7.66%（表 3-58）。

表 3-58 四等地耕层厚度与质地统计

耕层厚度（cm）	面积（khm²）	面积（%）	占区域（%）	耕层质地	面积（khm²）	面积（%）	占区域（%）
10～15	381.85	21.07	16.44	壤土	963.33	53.16	14.37
15～20	860.17	47.47	15.50	砂土	26.35	1.45	5.77
20～25	471.19	26.00	13.51	黏壤土	424.70	23.44	14.53
25～30	66.08	3.65	11.24	黏土	397.84	21.95	16.42
30～35	32.93	1.82	5.88				

（三）灌溉能力和排水能力

四等地中，灌溉能力达到充分满足要求的面积比例有 34.82%，比三等地降低了约 4 个百分点；灌溉能力达到基本满足要求的比例为 57.69%，比三等地分别提高约 5 个百分点；不满足灌溉要求的耕地面积与三等地比较略有下降。

相对而言，四等地排水能力下降幅度更大，充分满足要求的占比由三等地的 57.00% 下降到 45.11%，不满足排水要求的耕地面积略有上升（表 3-59）。

表 3-59　四等地的灌溉与排水能力

灌溉能力	面积（khm²）	面积（%）	占区域（%）	排水能力	面积（khm²）	面积（%）	占区域（%）
不满足	135.83	7.50	6.46	不满足	65.76	3.63	10.61
基本满足	1 045.41	57.69	15.59	基本满足	928.91	51.26	13.83
充分满足	630.99	34.82	17.04	充分满足	817.55	45.11	15.80

（四）≥10℃活动积温和年降雨量

与一等地、二等地和三等地的主要分布区间相同，四等地立地环境≥10℃活动积温主要分布在 5 500～5 749℃区间，平均值也为 5 673.44℃，占四等地总面积的 40.05%；其次分布在 5 750～5 999℃和 6 000～6 249℃区间，平均分别为 5 836.24℃和 6 105.50℃，分别占四等地总面积的 19.34%和 17.66%。

四等地与一等、二等和三等地的差异主要表现在低积温区间和高积温区间的分布面积略有上升，如三等地在<5 000℃和>6 500℃区间的分布面积比例为 0.09%和 1.62，四等地分别为 0.29%和 2.66%，在 5 000～5 249℃和 6 250～6 500℃区间分别为 1.74%和 2.43%，四等地则分别为 2.64%和 2.65%，均有不同程度的提升，低积温区间的上升比例多于高积温区间，可见低等级耕地具有立地环境活动温度偏低的特征（表 3-60）。

表 3-60　四等地≥10℃活动积温分布

区间（℃）	面积（khm²）	平均积温（℃）	面积（%）	区间（℃）	面积（khm²）	平均积温（℃）	面积（%）
<5 000	5.18	4973.00	0.29	5 750～5 999	350.49	5 836.24	19.34
5 000～5 249	47.79	5 120.15	2.64	6 000～6 249	320.11	6 105.50	17.66
5 250～5 499	266.58	5 395.89	14.71	6 250～6 500	48.04	6 330.65	2.65
5 500～5 749	725.80	5 673.44	40.05	>6 500	48.23	6 611.89	2.66

四等地的年降雨量主要分布在 1 200～1 400mm 区间，平均为 1 323.78mm，占四等地的总面积的 30.59%，1 400～1 600mm 区间紧靠其后，平均为 1 490.68mm，分布面积占该等级总面积的 30.23%。与三等地比较，四等地在这 2 个区间的分布比例一降一升，低降雨量区间分布面积下降了约 15%，稍高降雨量区间的分布面积上升了约 6%。

在其他低降雨量区间，四等地的分布比例略有上升，高含量区间也表现为上升。反映了较低等级耕地的降雨量分布较为离散（表 3-61）。

表 3-61　四等地年降雨量分布

区间（mm）	面积（khm²）	平均降雨量（mm）	面积（%）	区间（mm）	面积（khm²）	平均降雨量（mm）	面积（%）
<800	0.19	788.46	0.01	1 400~1 600	547.87	1 490.68	30.23
800~1 000	99.81	905.86	5.51	1 600~1 800	312.78	1 687.18	17.26
1 000~1 200	224.66	1 105.18	12.40	>1 800	72.63	1 883.05	4.01
1 200~1 400	554.28	1 323.78	30.59				

（五）有机质、有效磷和 pH

表 3-62 是四等地的有机质和有效磷含量及其分布统计结果，与一等、二等和三等地的有机质含量一样，四等地中分布面积最大的也是有机质含量三级区间，有 61.01% 的四等地有机质含量落在该区间。与三等地比较，四等地的分布比例略有下降。在更高含量区间，四等地的分布面积也略有上升。

与有机质含量的区间分布不同，四等地的有效磷含量分布主要位于四级含量区间，三等地分布面积最大的有效磷含量区间则主要位于五级范围。在低含量区间，低等地的面积分布也略高于三等地，表现出较低等级耕地有效磷含量偏低的趋势。

表 3-62　四等地有机质和有效磷含量统计

质量分级	含量区间	有机质			有效磷		
		面积（khm²）	平均含量（g/kg）	面积（%）	面积（khm²）	平均含量（mg/kg）	面积（%）
一级	>40	20.87	41.37	1.15	2.18	44.91	0.12
二级	30~40	574.43	33.46	31.70	45.65	32.90	2.52
三级	20~30	1 105.55	25.29	61.01	302.82	23.59	16.71
四级	15~20	106.57	18.12	5.88	673.88	17.11	37.19
五级	10~15	4.81	14.04	0.27	637.80	12.66	35.19
六级	<10	0.00	0.00	0.00	149.89	8.27	8.27

四等地土壤 pH 主要分布在弱酸性区间，在 pH5.5~6.5 区间的分布比例为 44.11%，其次是酸性区间，即 pH4.5~5.5 区间，面积分布比例为 28.19%。与三等地明显不同的是，强酸性、酸性和弱酸性土壤的分布面积都有增加，而在中性和弱碱性土壤中分布的面积都有减少，如在 pH6.5~7.5 的中性区间，四等地的面积分布比减少约 4 个百分点，在 pH7.5~8.5 弱碱性区间，四等地的分布面积减少了 6 个百分点。

在中性区间，一等、二等、三等和四等耕地的分布比例顺序为：26.49%、32.66%、22.63% 和 18.65%，弱酸性区间，一等地、二等地、三等和四等地的分布比例分别为：33.27%、32.37%、39.70% 和 44.11%，可见随着耕地等级降低，土壤 pH 随之下降的现象（表3-63）。

表 3-63　四等地 pH 分布统计

pH 分级	<4.5	4.5~5.5	5.5~6.5	6.5~7.5	7.5~8.5
面积（khm²）	0.32	510.91	799.44	337.95	163.60
pH 平均	4.40	5.13	5.95	6.81	7.75
面积（%）	0.02	28.19	44.11	18.65	9.03

（六）产量水平

四等地的平均亩产为 728.27kg，略低于三等地平均亩产 743.74kg。与一等、二等和三等地类似，也呈现 2 个高峰，但是峰值略有变化。第一个峰，四等地在 500～549kg 区间，占四等地总面积的 11.27%，平均亩产为 505.04kg；第二个峰出现在 900～949kg 区间，占四等地总面积的 13.26%，平均亩产为 918.15kg。此外，与第二个峰相邻的 950～999kg 区间，分布比例高达 12.54%，平均亩产为 965.00kg。

与三等地比较，四等耕地的第一个峰下移了 1 个含量区间，第二个峰几乎上移了 1 个含量区间。反映，进入中等级耕地后，产量出现了分异，低的更低，高的更高。结合长江中游区的地域特点看，可能是水稻耕作制度的原因，长江以南的江西和湖南以双季稻为主，而长江以北的湖北，则以单季中稻为主。在较低等级耕地中，双季产量一般高于单季（表 3-64）。

表 3-64　四等地水稻亩产与分布特征

亩产区间(kg)	平均亩产(kg)	面积(khm²)	面积(%)	亩产区间(kg)	平均亩产(kg)	面积(khm²)	面积(%)
<400	357.32	19.03	0.94	800～849	815.67	263.53	12.98
400～449	416.25	44.31	2.18	850～899	868.24	253.15	12.47
450～499	471.69	120.90	5.96	900～949	918.15	269.15	13.26
500～549	505.04	228.76	11.27	950～999	965.00	254.55	12.54
550～599	557.13	131.69	6.49	1 000～1 049	1 013.48	37.08	1.83
600～649	605.61	143.81	7.09	1 050～1 099	1 068.96	18.49	0.91
650～699	663.41	42.08	2.07	1 100～1 149	1 103.53	7.73	0.38
700～749	723.64	93.10	4.59	1 150～1 200	1 175.00	0.49	0.02
750～799	766.08	101.84	5.02	总计	728.27	2 029.70	100.00

三、四等地其他养分属性特征

长江中游区四等地全氮平均含量为 1.55g/kg，与一等、二等和三等地相差无几，都属于二级含量水平。区域间，湖北省的全氮平均含量位于全氮三级区间，为 1.36g/kg，低于湖南省和江西省的二级水平。

四等地缓效钾和有效硅的含量以湖北省的水平整体较高，比长江中游区平均水平高约 30%，比湖南和江西高约 60% 以上，湖南和江西的含量水平相当。有效硫的含量水平相差略少，其中湖北省的含量也是最高的，达到 49.90mg/kg，次高是江西省，湖南省较低。

微量元素的含量与变化趋势与较高等级耕地类似，彼此之间相差无几。有效铜和有效铁含量都处于一级标准范围内（>1.80mg/kg 和 >20mg/kg），有效锰的含量都处于二级水平，位于 20.0～30.0mg/kg 之间；湖南省的有效锌的含量处于三级范围（1.0～1.5mg/kg），湖北省和江西省的含量稍高，都进入了二级范围（1.5～3.0mg/kg）。有效硼含量除了江西较高，平均含量为 0.51mg/kg，处于含量四级范围，湖南省和湖北省的含量都位于五级范围（0.2～0.50mg/kg），不过，三省之间的含量相差不大（表 3-65）。

表 3-65 四等地其他养分属性统计

汇总区域	全氮(g/kg)	缓效钾(mg/kg)	有效硅(mg/kg)	有效硫(mg/kg)	有效铜(mg/kg)	有效锌(mg/kg)	有效铁(mg/kg)	有效锰(mg/kg)	有效硼(mg/kg)
湖北省	1.36	451.85	192.17	49.90	3.42	1.85	69.21	29.59	0.47
湖南省	1.78	249.89	116.28	35.61	2.89	1.11	73.67	26.30	0.31
江西省	1.61	246.46	119.94	44.87	3.21	2.13	112.31	26.06	0.52
长江中游区	1.55	338.11	150.83	44.53	3.21	1.73	82.61	27.68	0.44

四、四等地的利用方向

四等地属于长江中游区的中等级耕地，生产水平较高，主要位于低丘台地，成土母质多为河湖冲沉积物和第四纪红色黏土，立地环境的降雨量、活动积温分布范围较大，处于较适宜区间。

四等地的有机质平均含量与一等、二等、三等相当，处于三级水平的居多。有机质含量达到一级含量水平的占比仅为 1.15%，二级水平的占 31.70%，平均为 33.46g/kg，与高等级耕地比较略低。

四等地的立地环境主要为低丘台地，因此改良利用方向首先是提高灌溉能力。四等地中，充分满足灌溉要求和基本满足灌溉要求的比例分别为 34.82% 和 57.69%，如果能利用农田设施建设把基本满足灌溉要求的面积提高到 80%，则耕地升级的面积可达 400km^2 以上，且提档升级措施较好实施。四等地中排水能力相比灌溉能力建设重要性略低，但是也是较易实施的改良利用措施之一。

四等地肥力维护和提升的首要措施也是提高有机质含量，前述分析说明，相对较高等级耕地的有机质含量也出现有机质含量有所降低的现象，因此需要持续实施有机质提升工程，通过实行秸秆还田、增施有机肥，有效提升四等地的有机质含量，并要能保障有机质的品质。此外，虽然各种营养元素没有出现严重缺乏的情况，但是也要注意在提升农田产出的同时，针对性施用化肥和微量元素肥料，维护耕地的养分平衡归还，避免等级下降。

第六节 五等地主要质量特征

一、五等地空间分布特征

长江中游区五等地主要分布在高丘台地和中低山区耕作区，其土壤类型主要为水稻土，占 43.71%，其次为红壤，占 29.53%。在高丘台地，43.22% 的耕地属于五等地；在中低山区，21.75% 的耕地属于五等地。但不同省份之间有一定差异。

湖北省有 838.67km^2 五等地，占长江中游区五等地的 41.7%，其中 46.56% 分布在低丘台地，以水田为主，占 79.48%，旱地占 20.52%；20.31% 分布在丘岗平原，以旱地为主，占 68.64%，水田占 31.36%。主要分布在荆门、荆州和黄冈市，分别占湖北省五等地的 21.68%、17.12% 和 15.20%。从五等地占地市级耕地面积的比例来看，荆门市五等地比例最大，占该市耕地的 35.81%，依次为黄石市、天门市、黄冈市、荆州市、武汉市、咸宁市和鄂州市，分别占各自市级耕地的 25.98%、23.63%、21.34%、20.03%、18.19%、

16.29%和15.94%，其他市五等地相对较少。

湖南省有614.65khm²五等地，占长江中游区五等地的30.56%，其中37.36%分布在中低山区，28.31%地分布在低丘台地，21.95%分布在高丘台地。主要分布在怀化市、邵阳市、湘西土家族苗族自治州、永州市和衡阳市，分别占湖南省五等地的14.68%、10.63%、9.73%、9.71%和9.22%。从五等地占地市级耕地面积的比例来看，怀化市、湘潭市、郴州市、长沙市、株洲市、邵阳市和衡阳市的五等地相对较多，分别占各自市级耕地的24.59%、19.34%、18.39%、18.34%、16.30、15.32%和15.03%。

江西省有558.06khm²的五等地，占长江中游区五等地的27.75%，其中54.63%分布在低丘台地，以水田为主，占76.36%，旱地占23.64%；19.71%分布在中低山区，以水田为主，占97.93%，旱地只占2.07%；19.32%的五等地分布在高丘台地，以水田为主，占88.97%，旱地占11.03%。主要分布在宜春市、赣州市、上饶市、抚州市和吉安市。江西省11个市的五等地占各自地市级耕地面积的比例均超过10%，且只有萍乡市、鹰潭市和九江市低于15%，抚州市有25.43%的耕地是五等地，其次是赣州市，为20.92%，宜春市为19.86%。

二、五等地主要属性特征

（一）成土母质与地貌类型

表3-66是长江中游区五等地的成土母质的分类统计。长江中游区五等地的耕地面积为2 011.38khm²，占总耕地面积的16.08%。主要有7种成土母质。其中，第四纪红色黏土母质的分布面积最大，达694.01khm²，占五等地面积的34.5%。五等地中分布面积较多的母质还有泥质岩类风化物、河湖冲积物和结晶岩类风化物，分布面积分别为327.33khm²、315.12khm²和267.09khm²，它们分别占五等地的16.27%、15.67和13.28%。碳酸盐岩类风化物、红砂岩类风化物和紫色岩类风化物母质占五等地的比例较小，都低于10%。

表3-66　五等地的成土母质分布

成土母质	五等地面积（khm²）	占五等地总面积（%）	占长江中游区总面积（%）
第四纪红色黏土	694.01	34.50	24.51
河湖冲沉积物	315.12	15.67	9.55
红砂岩类风化物	127.48	6.34	18.91
结晶岩类风化物	267.09	13.28	15.19
泥质岩类风化物	327.33	16.27	14.87
碳酸盐岩类风化物	166.52	8.28	14.63
紫色岩类风化物	113.82	5.66	18.76
总计	2 011.38	100.00	16.08

长江中游区五等地主要分布在低丘台地地貌中，占长江中游区总面积的43.22%，比四等地分布面积增加约10个百分点。其次是中低山区，占21.75%，比四等地分布大约增加4个百分点。五等地还有17.35%分布在高丘台地，比四等地增加约6个百分点。河湖平原和丘岗平原两种地貌的五等地较少，只有同类母质四等地比例的一半（表3-67）。

表 3-67 五等地的地貌类型分布

地貌	河湖平原	丘岗平原	低丘台地	高丘台地	中低山区
面积（khm²）	133.51	222.10	869.37	348.92	437.48
占本等级（%）	6.64	11.04	43.22	17.35	21.75
占区域（%）	5.48	11.73	29.35	13.51	16.61

（二）耕层质地与厚度

五等地耕层厚度分布及其比例与四等地非常接近，主要分布在 15～20cm 区间，占五等地总面积的 47.14%，其次是 20～25cm 区间和 10～15cm 区间，分别占五等地的 27.12% 和 20.46%。分布在 25～30cm 和 30～35cm 区间的五等地很少，都低于 3%。

长江中游区五等地以壤土为主，面积达 1 062.66km²，比例达 52.83%，与四等地差不多。其次是黏壤土，占五等地总面积的 26.91%，比四等地上升约 4.5%。黏土占五等地总面积的 18.56%，比四等地分布比例降低约 3 个百分点。五等地中砂土很少，占该等级耕地面积不到 2%（表 3-68）。

表 3-68 五等地耕层厚度与质地统计

耕层厚度（cm）	面积（khm²）	面积（%）	占区域（%）	耕层质地	面积（khm²）	面积（%）	占区域（%）
10～15	411.61	20.46	17.73	壤土	1 062.66	52.83	15.85
15～20	948.20	47.14	17.09	砂土	34.11	1.70	7.47
20～25	545.55	27.12	15.64	黏壤土	541.35	26.91	18.52
25～30	53.59	2.66	9.11	黏土	373.26	18.56	15.41
30～35	52.42	2.61	9.36				

（三）灌溉能力和排水能力

长江中游区耕地中，灌溉能力达到充分满足要求的五等地面积只占 25.4%，比四等地比例下降约 10%；63.59% 的五等地的灌溉能力处于基本满足状态，比四等地占比增加约 6%；还有 11.01% 的五等地不能满足灌溉要求，比四等地占比增加约 4%。

排水能力充分满足要求的五等地面积占 31.83%，比四等地占比下降约 14%；基本满足排水要求的五等地面积比例为 64.05%，比四等地增加约 13%。还有大约 4% 的五等地不能满足排水要求。

五等地的排水能力略好于灌溉能力。长江中游区域耕地中仍然有约 75% 的五等地灌溉能力达不到充分满足水平，有约 70% 的五等地排水能力达不到充分满足水平。说明灌溉和排水能力较差是制约五等地生产能力的主要因素之一，改善排灌能力是提升该等级耕地生产力的重要措施（表 3-69）。

表 3-69 五等地的灌溉与排水能力

灌溉能力	面积（khm²）	面积（%）	占区域（%）	排水能力	面积（khm²）	面积（%）	占区域（%）
不满足	221.47	11.01	10.54	不满足	82.74	4.11	13.35
基本满足	1 279.03	63.59	19.08	基本满足	1 288.35	64.05	19.19
充分满足	510.88	25.40	13.80	充分满足	640.29	31.83	12.38

（四）≥10℃活动积温和年降雨量

与四等地相同，五等地立地环境≥10°活动积温主要分布在 5 500～5 749℃区间，平均值为 5 673.44℃，占五等地总面积的 40.29％；其次分布在 5 750～5 999℃、6 000～6 249℃和 5 250～5 499℃区间，均约占五等地的 15％。

≥10°活动积温低于 5 000℃或高于 6 250℃立地环境中的五等地的分布都很少。其中低于 5 000℃以下的面积分布不到五等地的 1％，高于 6 250℃区间面积分布比例都小于 3％（表 3-70）。

表 3-70　五等地≥10℃活动积温分布

区间（℃）	面积（khm²）	平均积温（℃）	面积（%）	区间（℃）	面积（khm²）	平均积温（℃）	面积（%）
<5 000	10.72	4 973.00	0.53	5 750～5 999	316.18	5 836.24	15.72
5 000～5 249	143.13	5 120.15	7.12	6 000～6 249	315.53	6 105.50	15.69
5 250～5 499	304.15	5 395.89	15.12	6 250～6 500	60.34	6 330.65	3.00
5 500～5 749	810.45	5 673.44	40.29	>6 500	50.87	6 611.89	2.53

五等地的年降雨量主要分布在 1 400～1 600mm 区间，占五等地总面积的 30％，与四等地相当。其次是 1 200～1 400mm 区间，占五等地总面积的 21.72％，比四等地占比降低约 9％。再次为 1 000～1 200mm 区间，占五等地总面积的 18.94％，比四等地占比增加约 6％。还有 15.92％的五等地降雨量在 1 600～1 800mm 区间，于四等地略低。年降雨量低于 1 000mm 和高于 1 800mm 区间的五等地较少，尤其是年降雨量低于 800mm 的耕地面积分布不到 0.1％（表 3-71）。

表 3-71　五等地年降雨量分布

区间（mm）	面积（khm²）	平均降雨量（mm）	面积（%）	区间（mm）	面积（khm²）	平均降雨量（mm）	面积（%）
<800	1.75	789.46	0.09	1 400～1 600	603.50	1 493.27	30.00
800～1 000	174.92	901.66	8.70	1 600～1 800	320.15	1 686.80	15.92
1 000～1 200	381.02	1 078.72	18.94	>1 800	93.24	1 880.47	4.64
1 200～1 400	436.80	1 328.50	21.72				

（五）有机质、有效磷和 pH

五等地有机质和有效磷含量及其分布统计表明。有总面积 62.17％的五等地有机质含量处于三级水平，平均为 25.23g/kg；28.12％处于二级水平，平均含量为 33.35％；一级水平仅占 1.12％。与四等地相比，五等地的有机质含量水平处于二级水平的面积比下降了约 3％，处于五级水平的耕地面积比增加了约 3％，其他级别的面积比与四等地基本相当。

五等地土壤有效磷的含量主要分布在五级和四级水平上，分别占五等地总面积的 37.72％和 35.70％，平均含量分别为 12.62mg/kg 和 17.12mg/kg。达到三级水平的只有 15.35％，平均含量为 23.54mg/kg。与四等地相比，五等地有效磷分布在四级水平上的比例降低约 2％，而分布在五级水平上的面积约增加 2％，其他水平分布基本相当（表 3-72）。

表 3-72　五等地有机质和有效磷含量统计

质量分级	含量区间	有机质			有效磷		
		面积（khm²）	平均含量（g/kg）	面积（%）	面积（khm²）	平均含量（mg/kg）	面积（%）
一级	>40	22.44	41.35	1.12	4.43	44.70	0.22
二级	30～40	565.66	33.35	28.12	45.19	32.83	2.25
三级	20～30	1 250.46	25.23	62.17	308.70	23.54	15.35
四级	15～20	105.53	17.82	5.25	718.03	17.12	35.70
五级	10～15	67.29	13.94	3.35	758.71	12.62	37.72
六级	<10	0.00	0.00	0.00	176.33	8.30	8.77

　　五等地几乎没有 pH 小于 4.5 的强酸性土壤，其土壤 pH 主要分布于 5.5～6.5 的弱酸性区间，占五等地总面积的 47.18%。其次是 pH4.5～5.5 的酸性区间，占该等级耕地面积的 30.81%。还有 16.66% 的面积分布在 pH6.5～7.5 的中性区间。只有 5.35% 的五等地分布于 pH 7.5～8.5 的弱碱性区间。总体来看，与四等地比较，pH 分布在酸性和弱酸性区间的比例有所上升，分别上升约 3%，而分布在中性和弱碱性区域的比例分别下降约 2% 和 4%（表 3-73）。

表 3-73　五等地 pH 分布统计

pH 分级	<4.5	4.5～5.5	5.5～6.5	6.5～7.5	7.5～8.5
面积（khm²）	0.02	619.71	948.92	335.12	107.61
pH 平均	4.40	5.14	5.94	6.77	7.76
面积（%）	0.00	30.81	47.18	16.66	5.35

（六）产量水平

　　五等地的平均亩产为 703.71kg，比四等地略低。不同产量区间的面积分布差异比较明显。面积分布最多的是 600～649kg 亩产区间，占五等地总面积的 17.70%，平均亩产为 605.12kg；其次是 500～549kg 亩产区间，占五等地总面积的 13.37%，平均亩产为 505.87kg。还有 10.86%、9.70%、9.62% 和 8.85% 的五等地分别位于 900～949kg、850～899kg、800～849kg 和 950～999kg 亩产区间，这些区域基本属于双季稻区域。亩产低于 400kg 和高于 1 000kg 的五等地极少（表 3-74）。

表 3-74　五等地的水稻亩产与分布特征

亩产区间(kg)	平均亩产(kg)	面积(khm²)	面积(%)	亩产区间(kg)	平均亩产(kg)	面积(khm²)	面积(%)
<400	363.09	18.12	0.81	800～849	818.06	214.00	9.62
400～449	416.54	73.94	3.32	850～899	867.65	215.83	9.70
450～499	475.87	125.35	5.64	900～949	917.95	241.48	10.86
500～549	505.87	297.37	13.37	950～999	965.73	196.89	8.85
550～599	557.40	89.51	4.02	1 000～1 049	1 011.78	40.02	1.80
600～649	605.12	393.68	17.70	1 050～1 099	1 066.25	9.59	0.43
650～699	665.58	54.91	2.47	1 100～1 149	1 102.47	7.83	0.35
700～749	718.78	80.91	3.64	1 150～1 200	1 182.14	42.06	1.89
750～799	769.00	122.47	5.51	总计	703.71	2 223.97	100.00

三、五等地其他养分属性特征

长江中游区五等地的全氮平均含量为 1.52g/kg。湖南省的土壤全氮平均含量最高，为 1.77g/kg；江西省的平均全氮含量略高于区域平均值，为 1.59g/kg；湖北省的全氮含量较低，平均为 1.41g/kg。

长江中游区五等地的缓效钾平均含量为 363.32mg/kg，比四等地约高 25mg/kg。湖南省和江西省的五等地缓效钾和有效硅的含量水平相当，湖北省的缓效钾含量几乎是湖南省和江西省的 2 倍，有效硅含量也比湖南省和江西省高约 70mg/kg。有效硫的区域平均含量为 43.72mg/kg，湖北省和江西省约为 45mg/kg，而湖南省略只有 35.87mg/kg。

在微量元素中，长江中游区湖北省、湖南省和江西省的五等地有效铜和有效铁的含量都位于一级标准，含量分别超过 1.80mg/kg 和 20mg/kg；三省有效锰的含量都处于二级水平，位于 20.0～30.0mg/kg 之间，且含量基本相当；有效锌的含量则有所差异，湖南省的平均含量较低，为 1.14mg/kg，处于三级范围，湖北省和江西省的含量稍高，属于二级范围。五等地中，三省有效硼含量都在处在五级范围，平均含量为 0.44mg/kg，但湖北省和江西省的有效硼含量明显高于湖南省。

总体而言，与四等地相比，五等地缓效钾明显增加，有效铜略有下降，其他养分含量基本相当，且缓效钾和有效铜的变化基本上是由湖北省的变化引起的（表 3-75）。

表 3-75　五等地其他养分属性统计

汇总区域	全氮 （g/kg）	缓效钾 （mg/kg）	有效硅 （mg/kg）	有效硫 （mg/kg）	有效铜 （mg/kg）	有效锌 （mg/kg）	有效铁 （mg/kg）	有效锰 （mg/kg）	有效硼 （mg/kg）
湖北省	1.41	454.84	185.44	45.52	3.01	1.82	66.05	28.16	0.47
湖南省	1.77	251.58	114.09	35.87	2.91	1.14	76.00	25.69	0.31
江西省	1.59	245.04	119.65	45.50	3.14	2.14	117.49	28.14	0.48
长江中游区	1.52	363.32	155.33	43.72	3.02	1.78	81.07	27.69	0.44

四、五等地的利用方向

五等地属于长江中游区中等级耕地之一。其总体状况为：第四纪红色黏土母质比重较大，其次为红砂岩类风化物和紫色岩类风化物母质，河湖冲沉积物母质比重很少。立地环境以低丘台地比重较大，其次为中低山区和高丘台地，河湖平原很少。耕层厚度主要位于 25cm 范围以内，大约有 45% 的土壤为黏土和黏壤土，75% 以上的耕地基本满足甚至不满足灌溉能力，70% 以上的耕地基本满足甚至不满足排水能力，78% 以上的耕地 pH 属于酸性和弱酸性，70% 以上的耕地的有机质含量处于三级及以下水平，82% 以上的耕地有效磷含量低于 20mg/kg，有效铁含量普遍过高（尤其是江西省表现明显），有效硫含量偏低，缓效钾和有效硼严重不足。

因此，五等地的改良方向非常明确。地理位置和成土母质无法人为改变，但南方降雨量充足、水源充沛，通过农业工程措施提升灌溉和排水能力是提升地力的有效措施之一。持续实施有机质提升工程，实行秸秆还田、增施有机肥，不仅可以调节土壤过于黏重以及有效铁过多对地力的不利影响，而且可以提高土壤有效磷含量，减少磷肥的投入。增施钾肥和硼肥、补充含硫肥料，强化科学施肥也是提升长江中游区五等地的重要举措。

第七节　六等地主要质量特征

一、六等地空间分布特征

长江中游区六等地主要分布在高丘台地耕作区，面积占31.69%；其次为中低山区和低丘台地，面积分别占25.16%和24.85%。其土壤类型主要为水稻土，占36.99%，其次为红壤，占26.70%。但不同省份之间有一定差异。

长江中游区共有1 741.05km² 六等地，占区域耕地总面积的13.92%。其中湖北省有759.3km² 六等地，占长江中游区六等地面积的43.61%，占该省耕地总面积的14.38%。主要土壤类型为黄褐土，占湖北省主要土壤类型的45.69%。其中28%分布在丘岗平原，以旱地为主，占70.33%，水田占29.67%；23.98%分布在低丘台地，以水田为主，占75.68%，旱地占24.32%；23.59%分布在高丘台地，以旱地为主，占68.64%，水田占31.36%。主要分布在襄阳市，占湖北省六等地的26.77%；其次为黄冈市、荆门市和孝感市，分别占湖北省六等地的12.13%、9.97%和9.30%。从六等地占地市级耕地面积的比例来看，依然是襄阳市六等地比例最大，占该市耕地的28.65%，依次为宜昌市、武汉市、荆门市、随州市、黄冈市、孝感市和咸宁市，分别占各自市级耕地的21.56%、18.98%、18.88%、16.91%、15.42%、13.53%和13.09%，其他市六等地相对较少。

湖南省有513.64km² 六等地，占长江中游区六等地的29.50%，占该省耕地总面积的12.41%。土壤类型以石灰土和紫色土较多，分别占主要土壤类型的17.15%和17.21%。其中45.39%分布在中低山区，31.2%地分布在高丘台地，20.77%分布在低丘台地。主要分布在湘西土家族苗族自治州、常德市、永州市和邵阳市，分别占湖南省六等地的14.31%、11.93%、10.22%和9.92%。六等地占地市级耕地面积超过15%的有湘西土家族苗族自治州、常德市、株洲市和湘潭市，分别各自市级耕地的17.15%、17.10%、16.57%和15.86%。

江西省有468.11km² 的六等地，占长江中游区六等地的26.89%，占该省耕地总面积的15.15%。土壤类型以红壤和紫色土较多，分别占主要土壤类型的17.43%和15.15%。其中45.36%分布在高丘台地，以水田为主，占89.32%，旱地占10.68%；30.71%分布在低丘台地，以水田为主，占81.39%，旱地占18.61%；20.18%分布在中低山区，以水田为主，占97.63%，旱地仅占3.27%。主要分布在吉安市、赣州市、宜春市、上饶市和九江市。六等地占地市级耕地面积超过15%的有吉安市、赣州市、新余市和宜春市，分别占各自市级耕地的20.92%、19.84%、15.18%和15.18%。

二、六等地主要属性特征

（一）成土母质与地貌类型

长江中游区六等地的耕地面积为1 741.05km²，占区域总耕地面积的13.92%。主要有7种成土母质。其中，第四纪红色黏土母质的分布面积最大，达479.63km²，占六等地面积的27.55%。六等地中分布面积较多的母质还有泥质岩类风化物、河湖冲沉积物和结晶岩类风化物，面积分别为321.66km²、273.99km² 和272.87km²，分别占六等地的

18.48%、15.74 和 15.67%。碳酸盐岩类风化物、红砂岩类风化物和紫色岩类风化物母质占六等地的比例较小，都低于 10%（表 3-76）。

表 3-76　六等地的成土母质分布

成土母质	六等地面积（khm²）	占六等地总面积（%）	占长江中游区总面积（%）
第四纪红色黏土	479.63	27.55	16.94
河湖冲沉积物	273.99	15.74	8.31
红砂岩类风化物	143.15	8.22	21.24
结晶岩类风化物	272.87	15.67	15.52
泥质岩类风化物	321.66	18.48	14.61
碳酸盐岩类风化物	148.16	8.51	13.02
紫色岩类风化物	101.59	5.84	16.74
总计	1 741.05	100.00	13.92

长江中游区六等地主要分布在高丘台地地貌中，占长江中游区总面积的 21.36%，占区域六等地总面积的 31.69%。其次是中低山区和低丘台地，分别占长江中游区总面积的 16.64% 和 14.60%，占区域六等地总面积的比例分别为 25.16% 和 24.85%。河湖平原和丘岗平原两种地貌的六等地较少（表 3-77）。

表 3-77　六等地的地貌类型分布

地貌	河湖平原	丘岗平原	低丘台地	高丘台地	中低山区
面积（khm²）	88.03	230.70	432.56	551.66	438.10
占本等级（%）	5.06	13.25	24.85	31.69	25.16
占区域（%）	3.61	12.19	14.60	21.36	16.64

（二）耕层质地与厚度

六等地耕层厚度分布及其比例与五等地非常接近，主要分布在 15～20cm 区间，占六等地总面积的 38.23%，比五等地降低约 9%。其次是 20～25cm 区间和 10～15cm 区间，分别占六等地的 30.29% 和 21.02%。分布在 25～30cm 和 30～35cm 区间的六等地很少，大约为 5%。

长江中游区六等地以壤土为主，面积达 777.28khm²，比例达 44.64%，比五等地降低约 8%。其次是黏壤土和黏土，分别占六等地总面积的 28.69% 和 23.88%，分别比五等地降低约 2% 和增加约 5%。六等地中砂土占该等级耕地面积不到 3%（表 3-78）。

表 3-78　六等地耕层厚度与质地统计

耕层厚度（cm）	面积（khm²）	面积（%）	占区域（%）	耕层质地	面积（khm²）	面积（%）	占区域（%）
10～15	365.89	21.02	15.76	壤土	777.28	44.64	11.59
15～20	665.62	38.23	11.99	砂土	48.54	2.79	10.63
20～25	527.43	30.29	15.12	黏壤土	499.54	28.69	17.09
25～30	89.51	5.14	15.22	黏土	415.69	23.88	17.16
30～35	92.60	5.32	16.52				

（三）灌溉能力和排水能力

长江中游区耕地中，灌溉能力达到充分满足要求的六等地面积只占 18.17%，比五等地比例下降约 7%；62.69% 的六等地的灌溉能力处于基本满足状态，与五等地基本相当；还有 19.15% 的六等地不能满足灌溉要求，比五等地占比增加约 8%。

排水能力充分满足要求的六等地面积占 34.32%，比五等地占比增加约 2.5%；基本满足排水要求的六等地面积比例为 60.78%，比五等地降低约 3%。还有大约 5% 的六等地不能满足排水要求。

六等地的排水能力略好于灌溉能力。长江中游区域耕地中仍然有 82% 以上的六等地灌溉能力达不到充分满足水平，有 65% 以上的六等地排水能力达不到充分满足水平。说明灌溉和排水能力较差是制约六等地生产能力的主要因素之一，改善排灌能力是提升该等级耕地生产力的重要措施（表 3-79）。

表 3-79　六等地的灌溉与排水能力

灌溉能力	面积（khm²）	面积（%）	占区域（%）	排水能力	面积（khm²）	面积（%）	占区域（%）
不满足	333.33	19.15	15.86	不满足	85.30	4.90	13.76
基本满足	1 091.42	62.69	16.28	基本满足	1 058.15	60.78	15.76
充分满足	316.30	18.17	8.54	充分满足	597.60	34.32	11.55

（四）≥10℃ 活动积温和年降雨量

与四等和五等地相同，六等地立地环境 ≥10℃ 活动积温主要分布在 5 500~5 749℃ 区间，平均值为 5 673.44℃，占六等地总面积的 33.97%，比五等地降低约 6%。其次为 5 250~5 499℃ 区间，占六等地总面积的 22.29%，比五等地增加约 12%。分布在 6 000~6 249℃ 和 5 750~5 999℃ 区间的六等地均约占 13%，比五等地降低约 2%。≥10℃ 活动积温低于 5 000℃ 或高于 6 250℃ 立地环境中的六等地的分布都很少。其中低于 5 000℃ 以下的面积分布不到五等地的 1%，高于 6 250℃ 区间面积分布比例都在 3% 左右（表 3-80）。

表 3-80　六等地 ≥10℃ 活动积温分布

区间（℃）	面积（khm²）	平均积温（℃）	面积（%）	区间（℃）	面积（khm²）	平均积温（℃）	面积（%）
<5 000	13.56	4 973.00	0.78	5 750~5 999	230.26	5 836.24	13.23
5 000~5 249	172.19	5 120.15	9.89	6 000~6 249	231.85	6 105.50	13.32
5 250~5 499	388.13	5 395.89	22.29	6 250~6 500	63.08	6 330.65	3.62
5 500~5 749	591.40	5 673.44	33.97	>6 500	50.60	6 611.89	2.91

六等地的年降雨量主要分布在 1 400~1 600mm 区间，占六等地总面积的 26.68%，比五等地降低约 3%。其次是 1 200~1 400mm 区间，占六等地总面积的 23.48%，比五等地占比增加约 2%。再次为 800~1 000mm 区间，占六等地总面积的 17.83%，比五等地占比增加约 9%。还有 14.43% 的六等地降雨量在 1 600~1 800mm 区间，比五等地约低 2%。与五等地相比，年降雨量主要在 1 000~1 200mm 区间的六等地比例降低约 6%。年降雨量低于 800mm 和高于 1 800mm 区间的六等地较少，尤其是年降雨量低于 800mm 的耕地面积分布不到 0.3%（表 3-81）。

表 3-81　六等地年降雨量分布

区间（mm）	面积（khm²）	平均降雨量（mm）	面积（%）	区间（mm）	面积（khm²）	平均降雨量（mm）	面积（%）
＜800	4.48	787.76	0.26	1 400～1 600	464.60	1 489.11	26.68
800～1 000	310.36	912.08	17.83	1 600～1 800	251.31	1 683.61	14.43
1 000～1 200	221.25	1 077.78	12.71	＞1 800	80.30	1 884.79	4.61
1 200～1 400	408.76	1 325.38	23.48				

（五）有机质、有效磷和 pH

六等地有机质和有效磷含量及其分布统计表明，有总面积 55.98% 的六等地有机质含量处于三级水平，平均为 24.94g/kg；26.11% 处于二级水平，平均含量为 33.29%；一级水平仅占 1.04%。与五等地相比，六等地的有机质含量水平处于三级水平的面积比下降了约 6%，处于二级水平的面积比下降了约 2%，处于四级水平的耕地面积比增加了约 11%。

六等地土壤有效磷的含量主要分布在五级和四级水平上，分别占六等地总面积的 39.84% 和 29.64%，平均含量分别为 12.55mg/kg 和 17.21mg/kg。达到三级水平的只有 13.7%，平均含量为 23.16mg/kg。与五等地相比，六等地有效磷分布在三级水平上的比例降低约 2%，分布在四级水平上的比例降低约 6%，分布在五级水平的比例增加约 2%，分布在六级水平的比例增加约 6%。说明六等地较五等地有效磷明显下降（表 3-82）。

表 3-82　六等地有机质和有效磷含量统计

质量分级	含量区间	有机质			有效磷		
		面积（khm²）	平均含量（g/kg）	面积（%）	面积（khm²）	平均含量（mg/kg）	面积（%）
一级	＞40	18.19	41.70	1.04	7.41	45.07	0.43
二级	30～40	454.57	33.29	26.11	33.31	33.10	1.91
三级	20～30	974.69	24.94	55.98	238.50	23.16	13.70
四级	15～20	279.09	17.85	16.03	515.97	17.21	29.64
五级	10～15	14.51	13.96	0.83	693.57	12.55	39.84
六级	＜10	0.00	0.00	0.00	252.29	8.15	14.49

与五等地一样，六等地几乎没有 pH 小于 4.5 的强酸性土壤，其土壤 pH 主要分布于 5.5～6.5 的弱酸性区间，占六等地总面积的 47% 左右。其次是 pH4.5～5.5 的酸性区间，占该等级耕地面积的 30% 左右。还有 18.69% 的面积分布在 pH6.5～7.5 的中性区间，比五等地增加约 2%。只有 4.08% 的六等地分布于 pH7.5～8.5 的弱碱性区间。总体来看，长江中游区域六等地偏酸（表 3-83）。

表 3-83　六等地 pH 分布统计

pH 分级	＜4.5	4.5～5.5	5.5～6.5	6.5～7.5	7.5～8.5
面积（khm²）	0.96	529.69	813.94	325.49	70.97
pH 平均	4.38	5.14	5.95	6.82	7.73
面积（%）	0.06	30.42	46.75	18.69	4.08

（六）产量水平

六等地的平均亩产为 664.3kg，比五等地低约 40kg。不同产量区间的面积分布差异比较明显。面积分布最多的是 900～949kg 亩产区间，占六等地总面积的 13.89%，平均亩产为 917.74kg；其次是 500～549kg 亩产区间，占六等地总面积的 11.33%，平均亩产为 504.58kg。还有 10.1%、10.0%、9.46% 和 8.62% 的六等地分别位于 800～849kg、850～899kg、600～849kg 和 950～999kg 亩产区间。亩产低于 400kg 和高于 1 000kg 的六等地极少（表 3-84）。

表 3-84　六等地的水稻亩产与分布特征

亩产区间(kg)	平均亩产（kg）	面积（khm²）	面积（%）	亩产区间(kg)	平均亩产（kg）	面积（khm²）	面积（%）
<400	361.27	22.19	1.22	800～849	818.75	183.84	10.10
400～449	415.38	63.57	3.49	850～899	867.52	182.09	10.00
450～499	477.19	118.10	6.49	900～949	917.74	252.96	13.89
500～549	504.58	206.31	11.33	950～999	965.95	156.94	8.62
550～599	558.84	135.00	7.41	1 000～1 049	1 007.39	51.43	2.82
600～649	607.48	172.23	9.46	1 050～1 099	1 053.75	3.61	0.20
650～699	667.88	59.10	3.25	1 100～1 149	1 103.00	2.77	0.15
700～749	720.36	103.04	5.66	1 150～1 200	1 175.00	0.55	0.03
750～799	768.30	107.01	5.88	总计	664.30	1 820.73	100.00

三、六等地其他养分属性特征

长江中游区六等地的全氮平均含量为 1.47g/kg，比四等地和五等地有所下降，属于三级水平。湖南省的土壤全氮平均含量最高，为 1.74g/kg，江西省的平均全氮含量为 1.56g/kg，二者都属于二级水平；湖北省的全氮含量较低，平均为 1.39g/kg，属于三级水平（表 3-85）。

表 3-85　六等地其他养分属性统计

汇总区域	全氮（g/kg）	缓效钾（mg/kg）	有效硅（mg/kg）	有效硫（mg/kg）	有效铜（mg/kg）	有效锌（mg/kg）	有效铁（mg/kg）	有效锰（mg/kg）	有效硼（mg/kg）
湖北省	1.39	453.96	185.68	43.65	2.68	1.81	62.52	26.61	0.50
湖南省	1.74	256.40	113.32	36.09	2.88	1.21	75.86	26.26	0.30
江西省	1.56	244.87	119.47	46.57	3.19	2.13	116.84	27.36	0.49
长江中游区	1.47	387.91	163.38	43.11	2.80	1.78	74.29	26.70	0.47

长江中游区六等地的缓效钾平均含量为 387.91mg/kg，比五等地约高 24mg/kg。六等地缓效钾和有效硅含量与五等地基本相当。湖南省和江西省的六等地缓效钾和有效硅的含量水平相当，湖北省的缓效钾含量几乎是湖南省和江西省的 2 倍，有效硅含量也比湖南省和江西省高约 70mg/kg。六等地有效硫的区域平均含量为 43.11mg/kg，湖北省和江西省明显比湖南省高，与五等地基本相当。

在微量元素中，长江中游区湖北省、湖南省和江西省的六等地有效铜和有效铁的含量都位于一级标准，含量分别超过 1.80mg/kg 和 20mg/kg；三省有效锰的含量都处于二级水平，位于 20.0～30.0mg/kg 之间，且含量基本相当；有效锌的含量则有所差异，湖南省的平均含量较低，为 1.21mg/kg，处于三级范围，湖北省和江西省的有效锌含量分别为 1.81mg/kg 和 2.13mg/kg，属于二级范围。六等地中，三省有效硼含量都在处在五级范围，平均含量为 0.47mg/kg，但湖北省和江西省的有效硼含量明显高于湖南省。

总体而言，与五等地相比，六等地缓效钾明显增加，有效铜和有效铁略有下降，但依然含量很高，且有效铜和有效铁的变化基本上是由湖北省的变化引起的。其他养分含量基本相当。

四、六等地的利用方向

六等地属于长江中游区中等级耕地中地力较差的耕地。其总体状况为：第四纪红色黏土母质比重较大，其次为泥质岩类风化物、结晶岩类风化物和河湖冲沉积物母质。立地环境以高丘台地比重较大，其次为中低山区和低丘台地，河湖平原很少。耕层厚度主要位于 15～20cm 区间，其次为 20～25cm 区间。大约有 53% 的土壤为黏土和黏壤土，82% 以上的耕地基本满足甚至不满足灌溉条件，65% 以上的耕地基本满足甚至不满足排水条件，78% 以上的耕地 pH 属于酸性和弱酸性，72% 以上的耕地的有机质含量处于三级及以下水平，82% 以上的耕地有效磷含量低于 20mg/kg，有效铁含量普遍过高（尤其是江西省表现明显），有效硫含量偏低，缓效钾和有效硼严重不足。

与五等地相比，六等地海拔更高、土层更浅、土壤更黏重、降水量减少、灌溉能力更差；有效铁略微降低，但依然远高于一级水平。

因此，迫切需要通过农业工程措施提升灌溉和排水能力；持续实施有机质提升工程，实行秸秆还田、增施有机肥，调节土壤过于黏重以及有效铁过多对地力的不利影响，提高土壤有效磷含量；增施钾肥和硼肥、补充含硫肥料，强化科学施肥等措施来提升长江中游区六等地的地力。

第八节　七等地主要质量特征

一、七等地空间分布特征

七、八、九、十等地属于低等级耕地，其生产能力较差。长江中游区七等地主要分布在高丘台地耕作区，面积占 39.08%，比六等地高约 7.5%；其次为中低山区，占 30.71%，比六等地高约 5.5%；还有 22.16% 的七等地位于低丘台地，比六等地低约 2.5%。其土壤类型主要为水稻土，占 32.65%，其次为红壤，占 28.57%。但不同省份之间有一定差异。

长江中游区共有 1 319.62khm² 七等地，占区域耕地总面积的 10.55%。其中湖北省有 585.09khm² 七等地，占长江中游区七等地面积的 44.34%，占该省耕地总面积的 11.08%。主要土壤类型为黄壤、石灰土、黄棕壤和紫色土，分别占湖北省主要土壤类型的 21.17%、17.31%、16.37% 和 16.20%。其中 29.33% 分布在高丘台地，以水田为主，占 70.16%，旱地占 29.84%；29.14% 分布在低丘台地，以水田为主，占 63.98%，旱地占 36.02%；26.42% 分布在中低山区，以旱地为主，占 55.84%，水田占 44.16%。主要分布在襄阳市，占湖北省七等地的 19.20%；其次为黄冈市、随州市和荆门市，分别占湖北省七等地的 11.93%、11.06% 和 10.68%。从七等地占地市级耕地面积的比例来看，随州市七等地比例最大，占该市耕地的 24.30%，其次为襄阳市、荆门市、咸宁市、宜昌市、恩施市和十堰市，均 20.91%、19.51%、占各自市级约 15% 的耕地面积。仙桃市几乎没有七等地。

湖南省有 407.34khm² 七等地，占长江中游区七等地的 30.87%，占该省耕地总面积的 9.84%。主要土壤类型为紫色土、黄棕壤、红壤和黄壤，分别占该省主要土类型 14.2%、12.2%、11.45% 和 11.0%。其中 49.45% 分布在中低山区，35.12% 地分布在高丘台地，14.04% 分布在低丘台地。主要分布在邵阳市、常德市和永州市，分别占湖南省七等地的 15.31%、11.44% 和 11.22%。七等地占该地市级耕地面积超过 10% 的有株洲市、邵阳市、常德市、长沙市永州市、怀化市和衡阳市，分别各自市级耕地的 15.59%、14.63%、13.0% 和 11.28%、10.81% 和 10.09%。

江西省有 327.18khm² 的七等地，占长江中游区七等地的 24.79%，占该省耕地总面积的 10.59%。土壤类型以黄褐土最多，占该省主要土壤类型的 33.18%。其中 61.33% 分布在高丘台地，以水田为主，占 88.48%，旱地占 11.52%；19.77% 分布在低丘台地，水田占 51.56%，旱地占 48.44%；15.05% 分布在中低山区，以水田为主，占 88.08%，旱地占 11.92%。主要分布在九江市、赣州市、上饶市、宜春市和吉安市，分别占该省七等地的 21.30%、18.12%、15.46%、14.13% 和 12.76%。七等地占地市级耕地面积超过 10% 的有吉安市、赣州市、新余市和吉安市，分别占各自市级耕地的 16.84%、15.07%、14.89% 和 10.42%。

二、七等地主要属性特征

（一）成土母质与地貌类型

长江中游区七等地的耕地面积为 1 319.62khm²，占区域总耕地面积的 10.55%。主要有七种成土母质。其中，第四纪红色黏土母质的分布面积最大，达 316.97khm²，占七等地面积的 24.02%。七等地中分布面积较多的母质还有结晶岩类风化物和泥质岩类风化物，面积分别为 284.84khm² 和 267.65khm²，分别占七等地的 21.58% 和 20.28%。碳酸盐岩类风化物、红砂岩类风化物和紫色岩类风化物母质占七等地的比例较小，都低于 10%（表 3-86）。

表 3-86　七等地的成土母质分布

成土母质	七等地面积（khm²）	占七等地总面积（%）	占长江中游区总面积（%）
第四纪红色黏土	316.97	24.02	11.19
河湖冲沉积物	162.46	12.31	4.93
红砂岩类风化物	101.06	7.66	14.99
结晶岩类风化物	284.84	21.58	16.20
泥质岩类风化物	267.65	20.28	12.16
碳酸盐岩类风化物	108.03	8.19	9.49
紫色岩类风化物	78.62	5.96	12.96
总计	1 319.62	100.00	10.55

长江中游区七等地主要分布在高丘台地地貌中，占长江中游区总面积的 19.97%，占区域七等地总面积的 39.09%，比六等地占比增加约 8%。其次是中低山区和低丘台地，分别占长江中游区总面积的 15.39% 和 9.87%，占区域七等地总面积的比例分别为 30.71% 和 22.16%。河湖平原和丘岗平原两种地貌的七等地较少（表 3-87）。

表 3-87　七等地的地貌类型分布

地貌	河湖平原	丘岗平原	低丘台地	高丘台地	中低山区
面积（%）	31.29	74.99	292.40	515.67	405.27
占本等级（%）	2.37	5.68	22.16	39.08	30.71
占区域（%）	1.28	3.96	9.87	19.97	15.39

（二）耕层质地与厚度

七等地耕层厚度主要分布在 15~20cm 区间，占七等地总面积的 43.70%，比六等地降低约 5%。其次是 20~25cm 区间，占七等地的 26.25%，比六等地增加约 4%。还有 20.38% 的七等地耕层厚度分布在 10~15cm 区间。分布在 25~30cm 和 30~35cm 区间的七等地很少，大约为 5%。

长江中游区七等地以壤土为主，面积达 641.34khm²，比例达 48.60%，比六等地增加约 4%。其次是黏土和黏壤土，分别占七等地总面积的 25.48% 和 21.55%。七等地中砂土占该等级耕地面积不到 5%（表 3-88）。

表 3-88　七等地耕层厚度与质地统计

耕层厚度（cm）	面积（khm²）	面积（%）	占区域（%）	耕层质地	面积（khm²）	面积（%）	占区域（%）
10~15	268.97	20.38	11.58	壤土	641.34	48.60	9.56
15~20	576.64	43.70	10.39	砂土	57.63	4.37	12.62
20~25	346.37	26.25	9.93	黏壤土	284.35	21.55	9.73
25~30	60.20	4.56	10.24	黏土	336.29	25.48	13.88
30~35	67.44	5.11	12.03				

（三）灌溉能力和排水能力

长江中游区耕地中，灌溉能力达到充分满足要求的七等地面积只占 13.09%，比六等地比例下降约 5%；60.17% 的七等地的灌溉能力处于基本满足状态，与六等地基本相当；还有 26.74% 的七等地不能满足灌溉要求，比六等地占比增加约 7.5%（表 3-89）。

排水能力充分满足要求的七等地面积占 27.12%，比六等地占比降低约 7%；基本满足排水要求的七等地面积比例为 65.85%，比六等地增加约 5%。还有大约 7% 的七等地不能满足排水要求，比六等地约增加 2%。

七等地的排水能力略好于灌溉能力，这可能与七等地的地貌分布有关。长江中游区域耕地中仍然有 86% 以上的七等地灌溉能力达不到充分满足水平，有 72% 以上的七等地排水能力达不到充分满足水平。说明灌溉和排水能力较差是制约七等地生产能力的重要因素之一，改善排灌能力是提升该等级耕地生产力的重要措施。

表 3-89　七等地的灌溉与排水能力

灌溉能力	面积（khm²）	面积（%）	占区域（%）	排水能力	面积（khm²）	面积（%）	占区域（%）
不满足	352.85	26.74	16.79	不满足	92.81	7.03	14.97
基本满足	794.02	60.17	11.84	基本满足	868.93	65.85	12.94
充分满足	172.74	13.09	4.67	充分满足	357.88	27.12	6.92

（四）≥10℃活动积温和年降雨量

与六等地相同，七等地立地环境≥10°活动积温主要分布在 5 500～5 749℃区间，平均值为 5 673.44℃，占七等地总面积的 32.67%，与六等地基本相当。其次为 5 250～5 499℃区间，占七等地总面积的 24.88%，比六等地增加约 2%。分布在 5 750～5 999℃、6 000～6 249℃和 5 000～5 249℃区间的七等地分别占 12.45%、11.59% 和 10.71%。≥10°活动积温低于 5 000℃或高于 6 250℃立地环境中的七等地的分布都很少。其中低于 5 000℃以下的面积分布不到七等地只占 1.39%，高于 6 250℃区间面积分布比例都在 3% 左右（表 3-90）。

表 3-90　七等地≥10℃活动积温分布

区间（℃）	面积（khm²）	平均积温（℃）	面积（%）	区间（℃）	面积（khm²）	平均积温（℃）	面积（%）
<5 000	18.35	4 973.00	1.39	5 750～5 999	164.36	5 836.24	12.45
5 000～5 249	141.30	5 120.15	10.71	6 000～6 249	152.90	6 105.50	11.59
5 250～5 499	328.28	5 395.89	24.88	6 250～6 500	45.43	6 330.65	3.44
5 500～5 749	431.12	5 673.44	32.67	>6 500	37.87	6 611.89	2.87

总体来看，七等地的降雨量分布与六等地基本相似。七等地的年降雨量主要分布在 1 400～1 600mm 区间，占七等地总面积的 27.37%，与六等地基本相当。其次是 1 200～1 400mm 区间，占七等地总面积的 25.25%，比六等地占比增加约 2%。再次为 800～1 000mm 区间，占七等地总面积的 16.48%，比六等地占比增加约 1%。还有 13.06% 的七等地降雨量在 1 000～1 200mm 区间，12.95% 的七等地降雨量在 1 600～1 800mm 区间。年降雨量低于 800mm 和高于 1 800mm 区间的七等地较少，尤其是年降雨量低于 800mm 的耕地面积分布不到 1%（表 3-91）。

表 3-91　七等地年降雨量分布

区间（mm）	面积（khm²）	平均降雨量（mm）	面积（%）	区间（mm）	面积（khm²）	平均降雨量（mm）	面积（%）
<800	11.84	788.24	0.90	1 400～1 600	361.21	1 475.99	27.37
800～1 000	217.42	901.22	16.48	1 600～1 800	170.92	1 673.93	12.95
1 000～1 200	172.31	1 074.97	13.06	>1 800	52.76	1 887.53	4.00
1 200～1 400	333.15	1 330.52	25.25				

（五）有机质、有效磷和 pH

七等地有机质和有效磷含量及其分布统计表明，有总面积 56.78% 的七等地有机质含量处于三级水平，平均为 24.82g/kg，比六等地增加约 4%；25.44% 处于二级水平，平均含量为 33.68%；一级水平仅占 0.67%。与六等地相比，七等地的有机质含量水平处于三级水平的面积比增加，处于四级水平的耕地面积比例下降。

七等地土壤有效磷的含量主要分布在五级和四级水平，分别占七等地总面积的 34.37% 和 30.36%，平均含量分别为 12.64mg/kg 和 17.23mg/kg。还有 19.59% 的七等地有效磷处于六级水平。达到三级水平的只有 13.54%，平均含量为 23.14mg/kg。与六等地相比，七等地有效磷分布在五级水平上的比例降低约 5%，分布在六级水平的比例增加约 5%。说明七等地较六等地有效磷明显下降（表 3-92）。

表 3-92　七等地有机质和有效磷含量统计

质量分级	含量区间	有机质			有效磷		
		面积（khm²）	平均含量（g/kg）	面积（%）	面积（khm²）	平均含量（mg/kg）	面积（%）
一级	>40	8.88	42.12	0.67	4.35	46.02	0.33
二级	30~40	335.77	33.68	25.44	23.82	32.79	1.80
三级	20~30	749.23	24.82	56.78	178.68	23.14	13.54
四级	15~20	167.80	17.90	12.72	400.62	17.23	30.36
五级	10~15	57.94	13.76	4.39	453.62	12.64	34.37
六级	<10	0.00	0.00	0.00	258.53	7.90	19.59

　　与六等地一样，七等地几乎没有 pH 小于 4.5 的强酸性土壤，其土壤 pH 主要分布于 5.5~6.5 的弱酸性区间，占七等地总面积的 42.69% 左右，比六等地降低约 4%。其次是 pH 4.5~5.5 的酸性区间，占该等级耕地面积的 33.35%，比六等地增加约 3%。还有 20.04% 的面积分布在 pH 6.5~7.5 的中性区间，比六等地增加约 1%。只有 3.92% 的七等地分布于 pH 7.5~8.5 的弱碱性区间。总体来看，长江中游区七等地偏酸，而且比六等地酸化严重（表 3-93）。

表 3-93　七等地 pH 分布统计

pH 分级	<4.5	4.5~5.5	5.5~6.5	6.5~7.5	7.5~8.5
面积（khm²）	0.06	440.06	563.40	264.43	51.66
pH 平均	4.40	5.15	5.97	6.81	7.67
面积（%）	0.00	33.35	42.69	20.04	3.92

（六）产量水平

　　七等地的平均亩产为 628.49kg，比六等地低约 36kg。不同亩产区间的面积分布差异比较明显。面积分布超过 10% 的有 500~549kg、550~599kg 和 900~949kg 亩产区间，分别占七等地总面积的 15.48%、11.19% 和 10.27%，平均亩产分别为 505.5kg、559.36kg 和 917.21kg。亩产低于 450kg 和高于 1 000kg 的七等地极少（表 3-94）。

表 3-94　七等地的水稻亩产与分布特征

亩产区间	平均亩产（kg）	面积（khm²）	面积（%）	亩产区间（kg）	平均亩产（kg）	面积（khm²）	面积（%）
<400	369.28	52.74	3.86	800~849	817.22	114.95	8.42
400~449	415.98	43.89	3.22	850~899	867.28	105.67	7.74
450~499	480.25	125.92	9.22	900~949	917.21	140.21	10.27
500~549	505.00	211.30	15.48	950~999	963.75	107.23	7.86
550~599	559.36	152.70	11.19	1 000~1 049	1 010.47	18.10	1.33
600~649	604.77	115.61	8.47	1 050~1 099	1 065.31	7.80	0.57
650~699	664.35	27.85	2.04	1 100~1 149	1 103.17	3.08	0.23
700~749	721.19	60.91	4.46	1 150~1 200	1 177.50	0.74	0.05
750~799	767.34	76.37	5.59	总计	628.49	1 365.05	100.00

三、七等地其他养分属性特征

长江中游区七等地的全氮平均含量为 1.44g/kg，属于三级水平。湖南省的土壤全氮平均含量最高，为 1.69g/kg，江西省的平均全氮含量为 1.52g/kg，二者都属于二级水平；湖北省的全氮含量较低，平均为 1.40g/kg，属于三级水平。

长江中游区七等地的缓效钾平均含量为 387.35mg/kg，与六等地基本相当。七等地缓效钾和有效硅含量与六等地基本相当。湖南省和江西省的七等地缓效钾和有效硅的含量水平相当，湖北省的缓效钾和有效硅含量几乎是湖南省和江西省的 1.8 倍。七等地有效硫的区域平均含量为 42.80mg/kg，湖北省和江西省明显比湖南省高，与六等地基本相当。

在微量元素中，长江中游区湖北省、湖南省和江西省的七等地有效铜和有效铁的含量都位于一级标准，含量分别超过 1.80mg/kg 和 20mg/kg；三省有效锰的含量都处于二级水平，位于 20.0～30.0mg/kg 之间，且含量基本相当；有效锌的含量则有所差异，湖南省的平均含量较低，为 1.13mg/kg，处于三级范围，湖北省和江西省的有效锌含量分别为 1.78mg/kg 和 2.13mg/kg，属于二级范围。七等地中，三省有效硼含量都在处在五级范围，平均含量为 0.48mg/kg，但湖北省和江西省的有效硼含量明显高于湖南省（表 3-95）。

总体而言，与六等地相比，七等地有效铜和有效铁略有下降，但依然含量很高，且有效铜和有效铁的变化基本上是由湖北省的变化引起的。其他养分含量基本相当。

表 3-95　七等地其他养分属性统计

汇总区域	全氮(g/kg)	缓效钾(mg/kg)	有效硅(mg/kg)	有效硫(mg/kg)	有效铜(mg/kg)	有效锌(mg/kg)	有效铁(mg/kg)	有效锰(mg/kg)	有效硼(mg/kg)
湖北省	1.40	409.63	190.72	43.20	2.52	1.78	59.01	25.72	0.50
湖南省	1.69	255.94	110.61	35.36	2.87	1.13	73.55	26.21	0.31
江西省	1.52	247.74	118.98	45.41	3.25	2.13	114.04	26.61	0.45
长江中游区	1.44	378.35	175.86	42.80	2.64	1.76	66.51	25.86	0.48

四、七等地的利用方向

七等地属于长江中游区低等级耕地。其总体状况为：母质以第四纪红色黏土、泥质岩类风化物和结晶岩类风化物为主。立地环境以高丘台地和中低山区比重较大，其次为低丘台地，河湖平原很少。65％以上的耕层厚度小于 20cm。大约有 46％的土壤为黏土和黏壤土，86％以上的耕地基本满足甚至不满足灌溉能力，72％以上的耕地基本满足甚至不满足排水能力，76％以上的耕地 pH 属于酸性和弱酸性，74％以上的耕地的有机质含量处于三级及以下水平，85％以上的耕地有效磷含量低于 20mg/kg，有效铁含量普遍过高（尤其是江西省表现明显），有效硫含量偏低，缓效钾和有效硼严重不足。

与六等地相比，七等地海拔更高、土层更浅、土壤更黏重、降水量减少、灌溉能力更差；有效铁略微降低，但依然远高于一级水平。

因此，迫切需要通过农业工程措施改善长江中游区七等地的灌溉和排水能力，并防止季节性干旱；持续实施有机质提升工程，实行秸秆还田、增施有机肥，调节土壤过于黏重以及有效铁过多对地力的不利影响，提高土壤有效磷含量；增施钾肥和硼肥、补充含硫肥料，强化科学施肥等措施来提升长江中游区七等地的地力。此外，采取水土保持措施防止水土流失和耕层变浅在长江中游区七等地改良中也显得尤为重要。

第九节　八等地主要质量特征

一、八等地空间分布特征

长江中游区八等地主要分布在高丘台地耕作区，面积占 43.43％，比七等地高约 4％；其次为中低山区，面积占 36.28％，比七等地高约 6％；还有 13.73％的八等地位于低丘台地，比七等地低约 9.5％。其土壤类型主要为水稻土，占 31.5％，其次为黄棕壤，占 23.27％。但不同省份之间有一定差异。

长江中游区共有 935.42khm² 八等地，占区域耕地总面积的 7.48％。其中湖北省有 499.13khm² 八等地，占长江中游区八等地面积的 53.36％，占该省耕地总面积的 9.45％。主要土壤类型为黄壤、石灰土、黄棕壤、紫色土和黄褐土，分别占湖北省主要土壤类型的 21.59％、15.67％、14.85％、14.66％和 14.04％。其中 40.38％分布在高丘台地，以水田为主，占 70.54％，旱地占 29.46％；32.91％分布在中低山区，以旱地为主，占 66.72％，水田占 33.28％。主要分布在襄阳市，占湖北省八等地的 20.61；其次为黄冈市，占湖北省八等地的 17.15；还有宜昌市、随州市和十堰市占湖北省八等地的比例超过 10％。从八等地占地市级耕地面积的比例来看，神农架林区八等地比例最大，占该林区耕地的 41.59％，其次为宜昌市、随州市、十堰市、恩施土家族苗族自治州、襄阳市和黄冈市，分别占各自市级耕地面积的 17.49％、16.90、14.50 和 14.32％。仙桃市、天门市、潜江市、鄂州市和荆州市几乎没有八等地。

湖南省有 248.64khm² 八等地，占长江中游区八等地的 26.58％，占该省耕地总面积的 6.01％。主要土壤类型为黄棕壤、黄壤和紫色土，分别占该省主要土类型 42.51％、20.25％和 9.28％。其中 56.97％分布在中低山区，33.64％分布在高丘台地。要分布在怀化市、张家界市、湘西土家族苗族自治州和永州市，分别占湖南省八等地的 16.96％、15.17％和 13.92％和 10.91％。娄底市和湘潭市几乎没有八等地。从八等地占地市级耕地面积的比例来看，只有张家界市和怀化市的八等地面积比超过 10％，分别占各自市级耕地的 11.94％和 11.50％。

江西省有 187.65khm² 的八等地，占长江中游区八等地的 20.06％，占该省耕地总面积的 6.07％。土壤类型以黄褐土最多，占该省主要土壤类型的 19.74％。其中 64.49％分布在高丘台地，以水田为主，占 87.22％，旱地占 12.78％；17.89％分布在中低山区，以水田为主，占 83.87％，旱地占 16.13％；14.14％分布在低丘台地，水田和旱地各占 50％。主要分布在九江市、上饶市、抚州市、赣州市和宜春市，分别占该省八等地的 29.03％、16.80％、14.23％、12.19％和 10.74％。八等地占地市级耕地面积超过 10％的只有九江市，占市级耕地的 13.17％。

二、八等地主要属性特征

（一）成土母质与地貌类型

长江中游区八等地的耕地面积为 935.42khm²，占区域总耕地面积的 7.48％。主要有七种成土母质。其中，结晶岩类风化物母质的分布面积最大，达 235.24khm²，占八等地面积的 25.15%。八等地中分布面积较多的母质还有第四纪红色黏土和泥质岩类风化物，面积分别为 196.56khm² 和 179.04khm²，分别占八等地的 21.01% 和 19.14%。红砂岩类风化物、紫色岩类风化物和河湖冲积物母质占八等地的比例都低于 10%（表 3-96）。

表 3-96　八等地的成土母质分布

成土母质	八等地面积（khm²）	占八等地总面积（%）	占长江中游区总面积（%）
第四纪红色黏土	196.56	21.01	6.94
河湖冲沉积物	92.19	9.86	2.80
红砂岩类风化物	58.20	6.22	8.63
结晶岩类风化物	235.24	25.15	13.38
泥质岩类风化物	179.04	19.14	8.13
碳酸盐岩类风化物	107.78	11.52	9.47
紫色岩类风化物	66.41	7.10	10.95
总计	935.42	100.00	7.48

长江中游区八等地主要分布在高丘台地地貌中，占长江中游区总面积的 15.73%，占区域八等地总面积的 43.43%，比七等地占比增加约 4%。其次是中低山区和低丘台地，分别占长江中游区总面积的 12.89% 和 4.33%，占区域八等地总面积的比例分别为 36.29% 和 13.73%。河湖平原和丘岗平原两种地貌的八等地较少（表 3-97）。

表 3-97　八等地的地貌类型分布

地貌	河湖平原	丘岗平原	低丘台地	高丘台地	中低山区
面积（khm²）	4.09	57.20	128.40	406.23	339.50
占本等级（%）	0.44	6.11	13.73	43.43	36.29
占区域（%）	0.17	3.02	4.33	15.73	12.89

（二）耕层质地与厚度

八等地耕层厚度主要分布在 15～20cm 区间，占八等地总面积的 39.78%，比七等地降低约 4%。其次是 20～25cm 区间，占八等地的 28.73%，比七等地降低约 2%。分布在 25～30cm 和 30～35cm 区间的八等地很少。

长江中游区八等地以壤土为主，面积达 422.30khm²，比例达 45.15%，比七等地降低约 3%。其次是黏土和黏壤土，分别占八等地总面积的 24.05% 和 22.68%。八等地中砂土占该等级耕地面积约为 8%（表 3-98）。

表 3-98　八等地耕层厚度与质地统计

耕层厚度（cm）	面积（khm²）	面积（%）	占区域（%）	耕层质地	面积（khm²）	面积（%）	占区域（%）
10～15	129.68	13.86	5.58	壤土	422.30	45.15	6.30
15～20	372.10	39.78	6.70	砂土	76.01	8.13	16.64
20～25	268.78	28.73	7.70	黏壤土	212.13	22.68	7.26
25～30	67.28	7.19	11.44	黏土	224.99	24.05	9.29
30～35	97.59	10.43	17.41				

（三）灌溉能力和排水能力

长江中游区耕地中，灌溉能力达到充分满足要求的八等地面积只占 9.17%，比七等地比例下降约 4%；51.78% 的八等地的灌溉能力处于基本满足状态，比七等地降低约 9%；还有 39.05% 的八等地不能满足灌溉要求，比七等地比例增加约 13%。

排水能力充分满足要求的八等地面积占 24.79%，比七等地占比降低约 3%；基本满足排水要求的八等地面积比例为 64.46%，与七等地基本相当。还有 10.75% 的八等地不能满足排水要求，比七等地约增加 4%。

八等地的排水能力优于灌溉能力，这可能与七等地的地貌分布有关。长江中游区耕地中仍然有 90% 以上的八等地灌溉能力达不到充分满足水平，有 75% 以上的八等地排水能力达不到充分满足水平。说明灌溉和排水能力较差是制约长江中游区八等地生产能力的重要因素之一，改善排灌能力是提升该等级耕地生产力的重要措施（表 3-99）。

表 3-99　八等地的灌溉与排水能力

灌溉能力	面积（khm²）	面积（%）	占区域（%）	排水能力	面积（khm²）	面积（%）	占区域（%）
不满足	365.32	39.05	17.38	不满足	100.58	10.75	16.22
基本满足	484.32	51.78	7.22	基本满足	602.96	64.46	8.98
充分满足	85.78	9.17	2.32	充分满足	231.89	24.79	4.48

（四）≥10℃活动积温和年降雨量

与七等地不同的是，八等地立地环境 ≥10° 活动积温主要分布在 5 250～5 499℃ 区间，平均值为 5 395.89℃，占八等地总面积的 32.58%，比七等地增加约 8%。其次为 5 500～5 749℃ 区间，占八等地总面积的 27.52%，比七等地降低约 5%。分布在 5 000～5 249℃、6 000～6 249℃ 和 5 750～5 999℃ 区间的八等地分别占 15.50%、11.73% 和 7.08%。≥10° 活动积温低于 5 000℃ 或高于 6 250℃ 立地环境中的八等地的分布都很少。其中低于 5 000℃ 以下的面积分布不到八等地只占 2.30%，高于 6 250℃ 区间面积分布比例不到 2%（表 3-100）。

表 3-100　八等地≥10℃活动积温分布

区间（℃）	面积（khm²）	平均积温（℃）	面积（%）	区间（℃）	面积（khm²）	平均积温（℃）	面积（%）
＜5 000	21.50	4 973.00	2.30	5 750～5 999	66.21	5 836.24	7.08
5 000～5 249	144.98	5 120.15	15.50	6 000～6 249	109.68	6 105.50	11.73
5 250～5 499	304.80	5 395.89	32.58	6 250～6 500	17.74	6 330.65	1.90
5 500～5 749	257.42	5 673.44	27.52	＞6 500	13.09	6 611.89	1.40

总体来看，八等地的年降雨量主要分布在 1 200～1 400mm 和 1 400～1 600mm 区间，分别占八等地总面积的 26.73% 和 25.67%，与七等地基本相当。降雨量分布在 800～1 000mm 区间的八等地占八等地总面积的 20.36%，比七等地占比增加约 4%。还有 12.68% 的七等地降雨量在 1 000～1 200mm 区间，与七等地基本相当。年降雨量低于 800mm 和高于 1 800mm 区间的八等地较少，尤其是年降雨量低于 800mm 的耕地面积分布不到 2%（表 3-101）。

表 3-101　八等地年降雨量分布

区间（mm）	面积（khm²）	平均降雨量（mm）	面积（%）	区间（mm）	面积（khm²）	平均降雨量（mm）	面积（%）
<800	17.57	788.34	1.88	1 400～1 600	240.16	1 478.01	25.67
800～1 000	190.45	894.00	20.36	1 600～1 800	78.38	1 682.75	8.38
1 000～1 200	118.57	1 081.66	12.68	>1 800	40.29	1 887.36	4.31
1 200～1 400	250.01	1 333.43	26.73				

（五）有机质、有效磷和 pH

八等地有机质和有效磷含量及其分布统计表明，总面积 54.35% 的八等地有机质含量处于三级水平，平均为 24.73g/kg，比七等地降低约 2%；21.02% 的八等地有机质含量处于二级水平，平均含量为 33.54%g/kg，比七等地降低约 4%；有机质处于一级水平的仅占 0.82%。与七等地相比，八等地的有机质含量水平处于二级和三级水平的面积占比减少，处于四级水平的耕地面积比例增加约 6%。

八等地土壤有效磷的含量主要分布在五级和四级水平，分别占八等地总面积的 37.59% 和 27.90%，平均含量分别为 12.65mg/kg 和 17.18mg/kg。还有 19.77% 的八等地有效磷分布在六级水平，平均含量只有 7.84mg/kg。达到三级水平的只有 13.04%，平均含量为 23.11mg/kg。与七等地相比，八等地有效磷分布在四级水平上的比例降低，而分布在五级水平的比例增加。说明八等地较七等地有效磷水平下降（表 3-102）。

表 3-102　八等地有机质和有效磷含量统计

质量分级	含量区间	有机质			有效磷		
		面积（khm²）	平均含量（g/kg）	面积（%）	面积（khm²）	平均含量（mg/kg）	面积（%）
一级	>40	7.66	41.71	0.82	2.33	45.18	0.25
二级	30～40	196.63	33.54	21.02	13.54	33.12	1.45
三级	20～30	508.38	24.73	54.35	122.01	23.11	13.04
四级	15～20	171.21	17.70	18.30	260.96	17.18	27.90
五级	10～15	51.54	13.78	5.51	351.64	12.65	37.59
六级	<10	0.00	0.00	0.00	184.95	7.84	19.77

与七等地一样，八等地几乎没有 pH 小于 4.5 的强酸性土壤，其土壤 pH 主要分布于 5.5～6.5 的弱酸性区间，占七等地总面积的 43.04% 左右，与七等地基本相当。其次是 pH4.5～5.5 的酸性区间，占该等级耕地面积的 34.68%，也与七等地基本相当。还有 19.90% 的面积分布在 pH6.5～7.5 的中性区间，与七等地基本一致。只有 2.01% 的八等地分布于 pH7.5～8.5 的弱碱性区间。总体来看，长江中游区域八等地偏酸（表 3-103）。

表 3-103　八等地 pH 分布统计

pH 分级	<4.5	4.5～5.5	5.5～6.5	6.5～7.5	7.5～8.5
面积（khm²）	0.06	324.40	405.99	186.17	18.80
pH 平均	4.37	5.10	5.98	6.81	7.70
面积（%）	0.01	34.68	43.40	19.90	2.01

（六）产量水平

八等地的平均亩产为 597.56kg，比七等地低约 30kg。不同亩产区间的面积分布差异比较明显。面积分布超过 10% 的只有 500～549kg 和 450～499kg 亩产区间，分别占八等地总面积的 24.19% 和 14.68%，平均亩产分别为 506.05kg 和 480.59kg。亩产低于 400kg 和高于 1 050kg 的八等地极少，面积比例不超过 1%（表 3-104）。

表 3-104　八等地的水稻亩产与分布特征

亩产区间(kg)	平均亩产(kg)	面积(khm²)	面积(%)	亩产区间(kg)	平均亩产(kg)	面积(khm²)	面积(%)
<400	368.94	8.17	0.91	800～849	821.52	51.13	5.68
400～449	414.32	22.70	2.52	850～899	867.45	57.49	6.39
450～499	480.59	132.11	14.68	900～949	916.44	76.37	8.49
500～549	506.05	217.68	24.19	950～999	963.13	55.96	6.22
550～599	558.41	89.34	9.93	1 000～1 049	1 010.63	13.18	1.46
600～649	604.54	79.26	8.81	1 050～1 099	1 054.17	1.22	0.14
650～699	666.28	17.02	1.89	1 100～1 149	1 100.00	0.33	0.04
700～749	718.72	42.08	4.68	1 150～1 200	1 177.50	0.57	0.06
750～799	766.51	35.45	3.94	总计	597.56	900.04	100.00

三、八等地其他养分属性特征

长江中游区八等地的全氮平均含量为 1.42g/kg，属于三级水平。湖南省的土壤全氮平均含量最高，为 1.71g/kg，属于二级水平；江西省和湖北省的平均全氮含量较低，分别为 1.48g/kg 和 1.40g/kg，二者都属于二级水平（表 3-105）。

长江中游区八等地的缓效钾平均含量为 399.20mg/kg，与七等地基本相当。八等地缓效钾和有效硅含量与七等地基本相当。湖南省和江西省的八等地缓效钾和有效硅的含量水平相当，湖北省的缓效钾超过湖南省和江西省的 1.5 倍，有效硅含量高出湖南省和江西省约 80mg/kg。八等地有效硫的区域平均含量为 42.13mg/kg，湖北省和江西省明显比湖南省高，与七等地基本相当。

在微量元素中，长江中游区湖北省、湖南省和江西省的八等地有效铜和有效铁的含量都位于一级标准，含量分别超过 1.80mg/kg 和 20mg/kg；三省有效锰的含量都处于二级水平，位于 20.0～30.0mg/kg 之间，且含量基本相当；有效锌的含量则有所差异，湖南省的平均含量较低，为 1.07mg/kg，处于三级范围，湖北省和江西省的有效锌含量分别为 1.75mg/kg 和 2.16mg/kg，属于二级范围。八等地中，三省有效硼含量都在处在五级范围，平均含量为 0.47mg/kg，但湖北省有效硼含量最高，其次为江西省，湖南省的有效硼含量最低。

总体而言，八等地与七等地的养分水平基本相当。

表 3-105　八等地其他养分属性统计

汇总区域	全氮(g/kg)	缓效钾(mg/kg)	有效硅(mg/kg)	有效硫(mg/kg)	有效铜(mg/kg)	有效锌(mg/kg)	有效铁(mg/kg)	有效锰(mg/kg)	有效硼(mg/kg)
湖北省	1.40	415.66	191.35	42.23	2.39	1.75	55.17	26.44	0.48
湖南省	1.71	269.74	107.96	35.12	2.85	1.07	72.25	26.01	0.30
江西省	1.48	245.02	118.90	46.15	3.22	2.16	115.05	26.71	0.40
长江中游区	1.42	399.20	183.39	42.13	2.45	1.74	59.39	26.43	0.47

四、八等地的利用方向

八等地属于长江中游区低等级耕地。其总体状况为：母质以结晶岩类风化物和第四纪红色黏土为主。立地环境以高丘台地和中低山区比重较大，河湖平原和丘岗平原很少。53％以上的耕层厚度小于20cm。大约有46％的土壤为黏土和黏壤土，90％以上的耕地基本满足甚至不满足灌溉能力，75％以上的耕地基本满足甚至不满足排水能力，78％以上的耕地pH属于酸性和弱酸性，78％以上的耕地的有机质含量处于三级及以下水平，86％以上的耕地有效磷含量低于20mg/kg，有效铁含量普遍过高（尤其是江西省表现明显），有效硫含量偏低，缓效钾和有效硼严重不足。

与七等地相比，八等地海拔更高、降水量减少、灌溉能力更差、土壤有机质和有效磷含量更低，有效铁依然远高于一级水平，缓效钾和有效硼仍然严重不足。

因此，迫切需要通过农业工程措施改善长江中游区八等地的灌溉和排水能力，并防止季节性干旱；持续实施有机质提升工程，实行秸秆还田、增施有机肥，调节土壤过于黏重以及有效铁过多对地力的不利影响，提高土壤有效磷含量；增施钾肥和硼肥、补充含硫肥料，强化科学施肥等措施来提升长江中游区八等地的地力。此外，采取水土保持措施防止水土流失和耕层变浅在长江中游区八等地改良中也显得尤为重要。

第十节 九等地主要质量特征

一、九等地空间分布特征

长江中游区九等地主要分布在中低山区耕作区，面积占46.11％，比八等地高约10％；其次为高丘台地，面积占39.42％，比八等地约低4％；还有13.73％的九等地位于低丘台地，与八等地基本相当。其土壤类型主要为黄棕壤，占34.43％，其次水稻土，占28.55％。但不同省份之间有一定差异。

长江中游区共有493.39km² 九等地，占区域耕地总面积的3.94％。其中湖北省有350.49km² 九等地，占长江中游区九等地面积的71.02％，占该省耕地总面积的6.63％。主要土壤类型为黄壤、紫色土、黄棕壤和石灰土，分别占湖北省主要土壤类型的16.77％、14.36％、12.57％和12.49％。其中48.48％分布在中低山区，以旱地为主，占71.74％，水田占28.26％；34.54％分布在高丘台地，以水田为主，占69.94％，旱地占30.06％；16.2％分布在低丘台地，以水田为主，占60.52％，旱地占39.48％。主要分布在恩施土家族苗族自治州、十堰市、襄阳市、黄冈市和随州市，分别占湖北省九等地的21.41％、16.22％、15.62％、13.49和10.89％。从九等地占地市级耕地面积的比例来看，神农架林区九等地比例最大，占该市耕地的38.79％。其次为恩施土家族苗族自治州、十堰市和随州市，分别占各自市级约耕地面积的28.23％、19.58和14.32。仙桃市、天门市、潜江市、荆州市、鄂州市和武汉市几乎没有九等地。

湖南省有75.99km² 九等地，占长江中游区九等地的15.40％，占该省耕地总面积的1.81％。主要土壤类型为黄棕壤和黄壤，分别占该省主要土类型11.43％和7.23％。其中58.07％分布在中低山区，40.33％分布在高丘台地。要分布在张家界市、邵阳市、怀化市和湘西土家族苗族自治州，分别占湖南省九等地的18.10％、15.14％、14.75％和12.97％。

湘潭市和衡阳市几乎没有九等地。从九等地占地市级耕地面积的比例来看，只有张家界市的九等地面积比超过 4%。

江西省有 67.01khm² 的九等地，占长江中游区九等地的 13.58%，占该省耕地总面积的 2.17%。主要土壤类型以黄褐土和石灰土，分别占该省主要土壤类型的 10.27% 和 9.06%。其中 63.93% 分布在高丘台地，以水田为主，占 72.38%，旱地占 27.62%；20.16% 分布在中低山区，以水田为主，占 69.27%，旱地占 30.73%；14.62% 分布在低丘台地，以旱地为主，占 74.32%，水田占 25.68%。主要分布在九江市和上饶市，分别占该省九等地的 58.77% 和 17.37%。九等地占地市级耕地面积超过 3% 的只有九江市，占市级耕地的 9.52%。

二、九等地主要属性特征

（一）成土母质与地貌类型

长江中游区九等地只有 493.39khm²，占区域总耕地面积的 3.94%。主要有 7 种成土母质。其中，第四纪红色黏土、结晶岩类风化物和泥质岩类风化物母质的分布面积较大，分别达 123.97khm²、122.70khm² 和 118.10khm²，分别占九等地面积的 25.13%、24.87% 和 23.94%。碳酸盐类风化物、紫色岩类风化物、河湖冲沉积物和红砂岩类风化物母质占九等地的比例都低于 10%（表 3-106）。

表 3-106　九等地的成土母质分布

成土母质	九等地面积（khm²）	占九等地总面积（%）	占长江中游区总面积（%）
第四纪红色黏土	123.97	25.13	4.38
河湖冲沉积物	26.98	5.47	0.82
红砂岩类风化物	24.58	4.98	3.65
结晶岩类风化物	122.70	24.87	6.98
泥质岩类风化物	118.10	23.94	5.37
碳酸盐岩类风化物	45.57	9.24	4.00
紫色岩类风化物	31.49	6.38	5.19
总计	493.39	100.00	3.94

长江中游区九等地主要分布在中低山区地貌中，占长江中游区总面积的 8.64%，占区域九等地总面积的 46.11%，比八等地占比增加约 10%。其次是高丘台地和低丘台地，分别占长江中游区总面积的 7.53% 和 2.29%，占区域九等地总面积的比例分别为 39.42% 和 13.74%。河湖平原和丘岗平原两种地貌的九等地都不足 1%（表 3-107）。

表 3-107　九等地的地貌类型分布

地貌	河湖平原	丘岗平原	低丘台地	高丘台地	中低山区
面积（khm²）	0.77	2.83	67.77	194.50	227.51
占本等级（%）	0.16	0.57	13.74	39.42	46.11
占区域（%）	0.03	0.15	2.29	7.53	8.64

（二）耕层质地与厚度

九等地耕层厚度主要分布在 20～25cm 和 15～20cm 区间，分别占九等地总面积的 37.34％和 32.16％，前者比八等地增加约 9％，后者比八等地降低约 7％。分布在 25～30cm 和 10～15cm 区间的九等地很少。

长江中游区九等地以壤土为主，面积达 237.07khm²，比例达 48.05％，比八等地增加约 3％。其次是黏土和黏壤土，分别占九等地总面积的 24.93％和 18.32％。九等地中砂土占该等级耕地面积的 8.7％（表 3-108）。

表 3-108 九等地耕层厚度与质地统计

耕层厚度（cm）	面积（khm²）	面积（%）	占区域（%）	耕层质地	面积（khm²）	面积（%）	占区域（%）
10～15	46.83	9.49	2.02	壤土	237.07	48.05	3.54
15～20	158.66	32.16	2.86	砂土	42.94	8.70	9.40
20～25	184.21	37.34	5.28	黏壤土	90.40	18.32	3.09
25～30	32.94	6.68	5.60	黏土	122.98	24.93	5.08
30～35	70.74	14.34	12.62				

（三）灌溉能力和排水能力

长江中游区耕地中，灌溉能力达到充分满足要求的九等地面积只占 3.58％，比八等地比例下降约 6％；40.55％的九等地的灌溉能力处于基本满足状态，比八降低约 11％；还有 55.87％的九等地不能满足灌溉要求，比八等地比例增加约 16％。

排水能力充分满足要求的九等地面积占 26.83％，比八等地占比增加约 2％；基本满足排水要求的九等地面积比例为 57.86％，比八等地降低约 7％。还有 15.31％的九等地不能满足排水要求，比八等地约增加 5％。

九等地的排水能力优于灌溉能力，这可能与九等地的地貌分布有关。长江中游区耕地中有 96％以上的九等地灌溉能力达不到充分满足水平，有 73％以上的九等地排水能力达不到充分满足水平。说明灌溉和排水能力较差是制约长江中游区九等地生产能力的重要因素之一，改善排灌能力是提升该等级耕地生产力的重要措施（表 3-109）。

表 3-109 九等地的灌溉与排水能力

灌溉能力	面积（khm²）	面积（%）	占区域（%）	排水能力	面积（khm²）	面积（%）	占区域（%）
不满足	275.64	55.87	13.12	不满足	75.56	15.31	12.19
基本满足	200.06	40.55	2.98	基本满足	285.47	57.86	4.25
充分满足	17.68	3.58	0.48	充分满足	132.35	26.83	2.56

（四）≥10℃活动积温和年降雨量

与八等相似的是，九等地立地环境≥10°活动积温主要分布在 5 250～5 499℃区间，平均值为 5 395.89℃，占九等地总面积的 34.96％，比八等地增加约 2％。其次为 5 000～5 249℃区间，占九等地总面积的 28.18％，比八等地增加约 13％。还有 20.12％的九等地≥10°活动积温分布在为 5 500～5 749℃区间，比八等地降低约 7％。≥10°活动积温低于 5 000℃以下或高于 6 000℃以上立地环境中的九等地的分布都很少。其中高于 6 250℃区间面积分布比例不到 1％（表 3-110）。

表 3-110　九等地≥10℃活动积温分布

区间（℃）	面积（khm²）	平均积温（℃）	面积（%）	区间（℃）	面积（khm²）	平均积温（℃）	面积（%）
<5 000	26.46	4 973.00	5.36	5 750～5 999	31.41	5 836.24	6.37
5 000～5 249	139.02	5 120.15	28.18	6 000～6 249	18.76	6 105.50	3.80
5 250～5 499	172.49	5 395.89	34.96	6 250～6 500	2.46	6 330.65	0.50
5 500～5 749	99.27	5 673.44	20.12	>6 500	3.51	6 611.89	0.71

　　总体来看，九等地的年降雨量主要分布在 1 400～1 600mm、800～1 000mm 以及 1 200～1 400mm 区间，分别占九等地总面积的 29.57%、24.66% 和 23.28%。降雨量分布在 1 000～1 200mm 区间的九等地占该等级总面积的 11.58%，与八等地基本相当。年降雨量低于 800mm 和高于 1 600mm 区间的九等地较少，占该等地耕地的比例不到 5%（表 3-111）。

表 3-111　九等地年降雨量分布

区间（mm）	面积（khm²）	平均降雨量（mm）	面积（%）	区间（mm）	面积（khm²）	平均降雨量（mm）	面积（%）
<800	22.40	787.57	4.54	1 400～1 600	145.92	1 470.16	29.57
800～1 000	121.69	883.68	24.66	1 600～1 800	20.92	1 660.51	4.24
1 000～1 200	57.13	1 083.53	11.58	>1 800	10.45	1 914.21	2.12
1 200～1 400	114.87	1 319.50	23.28				

（五）有机质、有效磷和 pH

　　九等地有机质和有效磷含量及其分布统计表明，总面积 48.86% 的九等地有机质含量处于三级水平，平均为 25.12g/kg，比八等地降低约 6%；26.82% 的九等地有机质含量处于四级水平，平均含量为 17.66g/kg，比八等地增加约 8%；还有 17.67% 的九等地有机质含量处于二级水平，比八等地降低约 3.5%。九等地有机质含量处于一级水平的面积仅占 0.82%。与八等地相比，九等地的有机质含量水平处于二级和三级水平的面积比减少，处于四级水平的耕地面积比例增加约 8%。

　　九等地土壤有效磷的含量分布情况与八等地类似。主要分布在五级和四级水平，分别占九等地总面积的 35.81% 和 27.01%，平均含量分别为 12.46mg/kg 和 17.41mg/kg。还有 19.53% 的九等地有效磷分布在六级水平，平均含量只有 7.93mg/kg。达到三级水平的只有 13.63%，平均含量为 23.70mg/kg。与八等地相比，九等地有效磷分布在二级水平上的比例增加约 2%，而分布在五级水平的比例降低约 2%（表 3-112）。

表 3-112　九等地有机质和有效磷含量统计

质量分级	含量区间	有机质			有效磷		
		面积（khm²）	平均含量（g/kg）	面积（%）	面积（khm²）	平均含量（mg/kg）	面积（%）
一级	>40	4.32	43.55	0.87	0.36	51.35	0.07
二级	30～40	87.17	33.33	17.67	19.48	32.57	3.95
三级	20～30	241.05	25.12	48.86	67.27	23.70	13.63
四级	15～20	132.32	17.66	26.82	133.24	17.41	27.01
五级	10～15	28.53	13.84	5.78	176.70	12.46	35.81
六级	<10	0.00	0.00	0.00	96.34	7.93	19.53

与七等地和八等地一样，九等地几乎没有 pH 小于 4.5 的强酸性土壤，其土壤 pH 主要分布于 5.5～6.5 的弱酸性区间，占九等地总面积的 44.26%，比八等地增加 1%。其次是 pH 4.5～5.5 的酸性区间，占该等级耕地面积的 31.69%，比八等地降低约 3%。还有 21.44% 的九等地分布在 pH 6.5～7.5 的中性区间，比八等地增加约 1.5%。只有 2.54% 的九等地分布于 pH 7.5～8.5 的弱碱性区间。总体来看，长江中游区域九等地依然偏酸（表 3-113）。

表 3-113　九等地 pH 分布统计

pH 分级	<4.5	4.5～5.5	5.5～6.5	6.5～7.5	7.5～8.5
面积（khm²）	0.31	156.35	218.37	105.80	12.55
pH 平均	4.39	5.12	5.93	6.84	7.73
面积（%）	0.06	31.69	44.26	21.44	2.54

（六）产量水平

九等地的平均亩产为 557.01kg，比八等地低约 40kg。不同产量区间的面积分布差异比较明显。面积分布超过 10% 的只有 500～549kg、600～649kg、450～499kg 和 550～599kg 产量区间，分别占九等地总面积的 19.38%、17.41%、14.40% 和 14.06%，平均亩产分别为 505.27kg、602.12kg、484.12kg 和 555.63kg。产量低于 400kg 和高于 1 000kg 的九等地极少，面积比例均不超过 1%（表 3-114）。

表 3-114　九等地的水稻亩产与分布特征

亩产区间(kg)	平均亩产(kg)	面积(khm²)	面积(%)	亩产区间(kg)	平均亩产(kg)	面积(khm²)	面积(%)
<400	350.17	5.82	1.45	800～849	814.61	24.01	6.00
400～449	413.76	12.87	3.21	850～899	865.73	14.62	3.65
450～499	484.12	57.67	14.40	900～949	917.39	22.44	5.60
500～549	505.27	77.58	19.38	950～999	960.05	23.10	5.77
550～599	555.63	56.29	14.06	1 000～1 049	1 006.00	1.15	0.29
600～649	602.12	69.72	17.41	1 050～1 099	1 090.00	0.16	0.04
650～699	658.54	5.12	1.28	1 100～1 149	1 100.00	1.25	0.31
700～749	713.37	14.31	3.58	1 150～1 200	0.00	0.00	0.00
750～799	768.30	14.26	3.56	总计	557.01	400.37	100.00

三、九等地其他养分属性特征

长江中游区九等地的全氮平均含量为 1.44g/kg，属于三级水平。湖南省的土壤全氮平均含量最高，为 1.69g/kg，属于二级水平；江西省和湖北省的平均全氮含量较低，分别为 1.37g/kg 和 1.43g/kg，二者都属于三级水平（表 3-115）。

长江中游区九等地的缓效钾平均含量为 387.85mg/kg，与七等地和八等地都差不多。九等地缓效钾和有效硅含量与七等地和八等地基本相当。湖南省和江西省的九等地缓效钾和有效硅的含量水平相当，但二者都远低于湖北省的水平。九等地有效硫的区域平均含量为 41.54mg/kg，湖北省和江西省明显比湖南省高，与七等地和八等地基本相当。

在微量元素中，长江中游区湖北省、湖南省和江西省的九等地有效铜和有效铁的含量都位于一级标准，含量分别超过 1.80mg/kg 和 20mg/kg；三省有效锰的含量都处于二级水平，位于 20.0～30.0mg/kg 之间，且含量基本相当；有效锌的含量则有所差异，湖南省的平均含量较低，为 1.06mg/kg，处于三级范围，湖北省和江西省的有效锌含量分别为 1.78mg/kg 和 2.19mg/kg，属于二级范围。九等地中，三省有效硼含量都在处在五级范围，平均含量为 0.49mg/kg，但湖北省有效硼含量最高，其次为江西省，湖南省的有效硼含量最低。

总体而言，九等地与七等地和八等地相比，除有效铁含量有较大幅度的下降之外，其他养分水平基本相当。

表 3-115　九等地其他养分属性统计

汇总区域	全氮(g/kg)	缓效钾(mg/kg)	有效硅(mg/kg)	有效硫(mg/kg)	有效铜(mg/kg)	有效锌(mg/kg)	有效铁(mg/kg)	有效锰(mg/kg)	有效硼(mg/kg)
湖北省	1.43	392.67	199.31	41.65	2.18	1.78	49.92	25.90	0.50
湖南省	1.69	286.43	103.08	34.84	2.85	1.06	69.50	26.15	0.29
江西省	1.37	248.55	123.08	42.09	3.38	2.19	91.25	26.03	0.39
长江中游区	1.44	387.85	196.02	41.54	2.22	1.78	51.10	25.91	0.49

四、九等地的利用方向

九等地属于长江中游区低等级耕地中的劣等地。其总体状况为：母质以第四纪红色黏土、结晶岩类风化物和泥质岩类风化物母质为主，河湖冲沉积物母质极少。立地环境以中低山区和高丘台地比重较大，河湖平原和丘岗平原极少。40％以上的耕层厚度小于 20cm。大约有 43％的土壤为黏土和黏壤土，96％以上的耕地基本满足甚至不满足灌溉要求，73％以上的耕地基本满足甚至不满足排水要求，75％以上的耕地 pH 属于酸性和弱酸性，82％以上的耕地的有机质含量处于三级及以下水平，83％以上的耕地有效磷含量低于 20mg/kg，有效铁含量普遍过高（尤其是江西省表现明显），有效硫含量偏低，缓效钾和有效硼严重不足。

与七等地和八等地相比，九等地海拔更高、降水量减少、灌溉能力更差、土壤有机质更低，有效铁含量虽然明显下降，但依然远高于一级水平，缓效钾和有效硼仍然严重不足。

因此，迫切需要通过农业工程措施改善长江中游区九等地的灌溉和排水能力，并防止季节性干旱；持续实施有机质提升工程，实行秸秆还田，增施有机肥，调节土壤过于黏重以及有效铁过多对地力的不利影响，提高土壤有效磷含量；增施钾肥和硼肥，补充含硫肥料，强化科学施肥等措施来提升长江中游区九等地的地力。采取水土保持措施防止水土流失和耕层变浅在长江中游区九等地改良中也显得尤为重要。此外，还可以根据地形和气候特点调整九等地的种植结构，因地制宜，既减少土壤改良的成本，又可增加经济效益。

第十一节　十等地主要质量特征

一、十等地空间分布特征

长江中游区十等地主要分布在中低山区耕作区，面积占 50.19％，比九等地高约 4％；其次为高丘台地，面积占 43.68％，比九等地约低 4％；还有 6.07％的十等地位于低丘台地，比九等地低约 7％。其土壤类型主要为黄棕壤，占 44.15％，其次水稻土，占 19.67％。

但不同省份之间有一定差异。

长江中游区共有 333.24khm² 十等地,占区域耕地总面积的 2.66%。其中湖北省有 270.23khm² 十等地,占长江中游区十等地面积的 81.09%,占该省耕地总面积的 5.12%。主要土壤类型为紫色土、石灰土、黄壤和黄棕壤,分别占湖北省主要土壤类型的 21.15%、15.85%、15.01% 和 11.14%。其中 54.05% 分布在中低山区,以旱地为主,占 75.22%,水田占 24.78%;40.83% 分布在高丘台地,以水田为主,占 62.45%,旱地占 37.55%。主要分布在十堰市、恩施土家族苗族自治州、黄冈市和宜昌市,分别占湖北省十等地的 28.98%、23.59%、16.95% 和 10.44%。从十等地占地市级耕地面积的比例来看,十堰市十等地比例最大,占该市耕地的 27.00%。还有宜昌市的十等地面积超过该市耕地面积的 10%,为 10.13%。仙桃市、天门市、潜江市、荆州市、鄂州市和武汉市几乎没有十等地。

湖南省有 23.41khm² 十等地,占长江中游区十等地的 7.02%,占该省耕地总面积的 0.57%。主要土壤类型为黄棕壤和黄壤,分别占该省主要土类型 4.62% 和 2.42%。其中 66.79% 分布在中低山区,33.21% 分布在高丘台地。要分布在邵阳市、张家界市、湘西土家族苗族自治州和怀化市,分别占湖南省十等地的 28.19%、14.44%、13.68% 和 10.25%。衡阳市几乎没有十等地。从十等地占地市级耕地面积的比例来看,只有邵阳市和张家界市的十等地面积比超过 1%。

江西省有 39.61khm² 的十等地,占长江中游区十等地的 11.88%,占该省耕地总面积的 1.28%。主要土壤类型以黄褐土和石灰土,分别占该省主要土壤类型的 5.22% 和 4.48%。其中 69.31% 分布在高丘台地,水田和旱地各约占 50%;16.67% 分布在低丘台地,也是水田和旱地各约占 50%;14.02% 分布在中低山区,以水田为主,占 65.80%,旱地占 34.20%。主要分布在九江市和上饶市,分别占该省十等地的 78.56% 和 7.67%。十等地占地市级耕地面积超过 5% 的只有九江市,占市级耕地的 7.52%。

二、十等地主要属性特征

(一)成土母质与地貌类型

长江中游区十等地只有333.24khm²,占区域总耕地面积的2.66%。主要有七种成土母质。其中,结晶岩类风化物和泥质岩类风化物母质的分布面积较大,分别达109.57khm²和89.78khm²,分别占十等地面积的32.88%和26.94%。其次为第四纪红色黏土母质,占十等地面积的17.69%。紫色岩类风化物、红砂岩类风化物和河湖冲积物母质占十等地的比例都低于5%(表3-116)。

表 3-116 十等地的成土母质分布

成土母质	十等地面积(khm²)	占十等地总面积(%)	占长江中游区总面积(%)
第四纪红色黏土	58.95	17.69	2.08
河湖冲沉积物	11.29	3.39	0.34
红砂岩类风化物	15.45	4.64	2.29
结晶岩类风化物	109.57	32.88	6.23
泥质岩类风化物	89.78	26.94	4.08
碳酸盐岩类风化物	31.68	9.51	2.78
紫色岩类风化物	16.52	4.96	2.72
总计	333.24	100.00	2.66

长江中游区十等地主要分布在中低山区地貌中，占长江中游区总面积的6.35%，占区域十等地总面积的50.19%，比九等地占比增加约4%。其次是高丘台地，占长江中游区总面积的5.64%，占区域十等地总面积的43.68%。十等地几乎没有河湖平原和丘岗平原两种地貌（表3-117）。

表 3-117　十等地的地貌类型分布

地貌	河湖平原	丘岗平原	低丘台地	高丘台地	中低山区
面积（khm²）	0.00	0.20	20.24	145.57	167.24
占本等级（%）	0.00	0.06	6.07	43.68	50.19
占区域（%）	0.00	0.01	0.68	5.64	6.35

（二）耕层质地与厚度

十等地耕层厚度主要分布在 20～25cm 和 15～20cm 区间，分别占十等地总面积的42.68%和27.36%，前者比九等地增加约 5%，后者比九等地降低约 5%。分布在 25～30cm 和 10～15cm 区间的十等地很少，面积比不足都 10%。

长江中游区十等地以壤土为主，面积达 144.60khm²，比例达 43.39%，比九等地增加约 5%。砂土、黏土和黏壤土分别占十等地总面积的 21.57%、17.64%和 17.40%（表3-118）。

表 3-118　十等地耕层厚度与质地统计

耕层厚度（cm）	面积（khm²）	面积（%）	占区域（%）	耕层质地	面积（khm²）	面积（%）	占区域（%）
10～15	31.06	9.32	1.34	壤土	144.60	43.39	2.16
15～20	91.18	27.36	1.64	砂土	71.88	21.57	15.74
20～25	142.24	42.68	4.08	黏壤土	57.99	17.40	1.98
25～30	27.90	8.37	4.74	黏土	58.77	17.64	2.43
30～35	40.86	12.26	7.29				

（三）灌溉能力和排水能力

长江中游区耕地中，灌溉能力达到充分满足要求的十等地面积只占 1.62%，比九等地比例下降约 2%；23.77%的十等地的灌溉能力处于基本满足状态，比九等地降低约 17%；还有 74.617%的十等地不能满足灌溉要求，比九等地比例增加约 19%。

排水能力充分满足要求的十等地面积占 22.14%，比九等地占比增加约 4%；基本满足排水要求的十等地面积比例为 60.95%，比九等地增加约 3%。还有 16.91%的十等地不能满足排水要求，比九等地约增加 1%。

十等地的排水能力优于灌溉能力，这可能与其等地的地貌分布有关。长江中游区域耕地中有 98%以上的十等地灌溉能力达不到充分满足水平，有 78%以上的十等地排水能力达不到充分满足水平。说明灌溉和排水能力较差是制约长江中游区十等地生产能力的重要因素之一，改善排灌能力是提升该等级耕地生产力的重要措施（表 3-119）。

表 3-119　十等地的灌溉与排水能力

灌溉能力	面积（khm²）	面积（%）	占区域（%）	排水能力	面积（khm²）	面积（%）	占区域（%）
不满足	248.62	74.61	11.83	不满足	56.37	16.91	9.09
基本满足	79.22	23.77	1.18	基本满足	203.10	60.95	3.02
充分满足	5.40	1.62	0.15	充分满足	73.78	22.14	1.43

（四）≥10℃活动积温和年降雨量

十等地立地环境≥10°活动积温主要分布在 5 000～5 249℃区间，平均值为 5 120.15℃，占十等地总面积的 37.9%，比九等地增加约 9%。其次为 5 250～5 499℃和 5 500～5 749℃区间，分别占十等地总面积的 26.67% 和 22.37%，比九等地降低约 8%，后者比九等地增加约 2%。≥10°活动积温低于 5 000℃以下或高于 5 750℃以上立地环境中的十等地的分布都很少。其中高于 6 250℃区间面积分布比例不到 1%（表 3-120）。

表 3-120　十等地≥10℃活动积温分布

区间（℃）	面积（khm²）	平均积温（℃）	面积（%）	区间（℃）	面积（khm²）	平均积温（℃）	面积（%）
<5 000	31.27	4 973.00	9.38	5 750～5 999	5.72	5 836.24	1.72
5 000～5 249	126.29	5 120.15	37.90	6 000～6 249	5.08	6 105.50	1.52
5 250～5 499	88.86	5 395.89	26.67	6 250～6 500	0.33	6 330.65	0.10
5 500～5 749	74.55	5 673.44	22.37	>6 500	1.14	6 611.89	0.34

总体来看，十等地的年降雨量主要分布在 1 200～1 400mm 和 800～1 000mm 区间，分别占十等地总面积的 29.61% 和 26.79%，分别比九等地增加约 6% 和 2%。降雨量分布在 1 400～1 600mm 区间的十等地占该等级总面积的 18.94%，比九等地降低约 11%。还有 12.76% 的十等地降雨量分布在 1 000～1 200mm 区间，与九等地基本相当。年降雨量低于 800mm 和高于 1 600mm 区间的十等地较少，占该等地耕地的比例不到 10%（表 3-121）。

表 3-121　十等地年降雨量分布

区间（mm）	面积（khm²）	平均降雨量（mm）	面积（%）	区间（mm）	面积（khm²）	平均降雨量（mm）	面积（%）
<800	25.90	785.74	7.77	1 400～1 600	63.12	1 454.94	18.94
800～1 000	89.27	878.50	26.79	1 600～1 800	11.70	1 651.24	3.51
1 000～1 200	42.51	1 080.36	12.76	>1 800	2.06	1 888.70	0.62
1 200～1 400	98.68	1 322.92	29.61				

（五）有机质、有效磷和 pH

十等地有机质和有效磷含量及其分布统计表明，总面积 45.73% 的九等地有机质含量处于三级水平，平均为 24.56g/kg，比九等地降低约 3%；32.56% 的十等地有机质含量处于四级水平，平均含量为 17.64g/kg，比九等地增加约 6%；还有 13.37% 的十等地有机质含量处于二级水平，比九等地降低约 4%。十等地有机质含量处于一级水平的面积仅占 0.37%。与九等地相比，十等地的有机质含量水平处于二级和三级水平的面积比减少，处于四级水平的耕地面积比例增加约 6%。

十等地土壤有效磷的含量主要分布在五级、四级和六级水平，分别占十等地总面积的 34.57%、25.08% 和 24.89%，平均含量分别为 12.53mg/kg、17.41mg/kg 和 8.11mg/kg。达到三级水平的只有 14.17%，平均含量为 23.86mg/kg。与九等地相比，十等地有效磷分布在二级和三级水平上的比例降低约 5%，而分布在六级水平的比例增加约 5%（表 3-122）。

表 3-122 十等地有机质和有效磷含量统计

质量分级	含量区间	有机质			有效磷		
		面积（khm²）	平均含量（g/kg）	面积（%）	面积（khm²）	平均含量（mg/kg）	面积（%）
一级	>40	1.22	43.27	0.37	0.00	0.00	0.00
二级	30~40	44.54	32.91	13.37	4.30	32.17	1.29
三级	20~30	152.39	24.56	45.73	47.23	23.86	14.17
四级	15~20	109.63	17.64	32.90	83.57	17.22	25.08
五级	10~15	25.46	13.65	7.64	115.20	12.53	34.57
六级	<10	0.00	0.00	0.00	82.95	8.11	24.89

十等地和七、八、九等地一样，也几乎没有 pH 小于 4.5 的强酸性土壤，其土壤 pH 主要分布于 5.5~6.5 的弱酸性区间，占十等地总面积的 37.03%，比九等地降低约 7%。其次是 pH 4.5~5.5 的酸性区间，占该等级耕地面积的 32.05%，与九等地基本相当。还有 23.83% 的十等地分布在 pH 6.5~7.5 的中性区间，比九等地增加约 2%。只有 6.95% 的十等地分布于 pH 7.5~8.5 的弱碱性区间。总体来看，长江中游区十等地依然以酸性土壤为主（表 3-123）。

表 3-123 十等地 pH 分布统计

pH 分级	<4.5	4.5~5.5	5.5~6.5	6.5~7.5	7.5~8.5
面积（khm²）	0.44	106.81	123.42	79.42	23.16
pH 平均	4.38	5.08	5.94	6.87	7.72
面积（%）	0.13	32.05	37.03	23.83	6.95

（六）产量水平

十等地的平均亩产为 534.44kg，比九等地低约 23kg。不同产量区间的面积分布差异比较明显。面积分布超过 10% 的有 500~549kg、550~599kg、450~499kg 和 600~649kg 亩产区间，分别占十等地总面积的 26.85%、21.77%、17.11% 和 14.51%，平均亩产分别为 504.44kg、560.04kg、483.07kg 和 603.42kg。亩产低于 400kg 和高于 1 000kg 的十等地极少，面积比例均不超过 1%（表 3-124）。

表 3-124 十等地的水稻亩产与分布特征

亩产区间(kg)	平均亩产(kg)	面积(khm²)	面积(%)	亩产区间(kg)	平均亩产(kg)	面积(khm²)	面积(%)
<400	344.50	1.36	0.61	800~849	810.77	6.98	3.11
400~449	410.52	8.37	3.73	850~899	862.43	2.47	1.10
450~499	483.07	38.41	17.11	900~949	912.15	8.75	3.90
500~549	504.44	60.28	26.85	950~999	971.45	7.66	3.41
550~599	560.04	48.86	21.77	1 000~1 049	1 020.00	1.22	0.54
600~649	603.42	32.57	14.51	1 050~1 099	0.00	0.00	0.00
650~699	681.37	4.76	2.12	1 100~1 149	0.00	0.00	0.00
700~749	713.75	1.43	0.64	1 150~1 200	0.00	0.00	0.00
750~799	776.00	1.33	0.59	总计	534.44	224.47	100.00

三、十等地其他养分属性特征

长江中游区十等地的全氮平均含量为 1.38g/kg，属于三级水平。湖南省的土壤全氮平均含量最高，为 1.73g/kg，属于二级水平；湖北省的平均全氮含量为 1.38g/kg，属于三级水平；江西省十等地的全氮平均含量仅为 1.23g/kg，属于四级水平。

长江中游区十等地的缓效钾平均含量为 392.77mg/kg，与七、八、九等地都差不多。三省十等地缓效钾和有效硅含量与七、八、九等地基本相当。湖南省和江西省的十等地缓效钾的含量水平相当，但二者都远低于湖北省的水平。十等地有效硅以湖北省最高，湖南省最低，三省份之间差异明显。十等地有效硫的区域平均含量为 40.27mg/kg，三省含量水平基本相当。

在微量元素中，长江中游区湖北省、湖南省和江西省的十等地有效铜和有效铁的含量都位于一级标准，含量分别超过 1.80mg/kg 和 20mg/kg，但二者含量都以江西省含量最高，湖北省含量最低，且差异明显；三省有效锰的含量都处于二级水平，位于 20.0～30.0mg/kg 之间，且含量基本相当；有效锌的含量则有所差异，湖南省的平均含量较低，为 1.07mg/kg，处于三级范围，湖北省和江西省的有效锌含量分别为 1.72mg/kg 和 2.01mg/kg，属于二级范围。十等地中，湖北省有效硼含量处于四级水平，湖南省和江西省都在处在五级范围，平均含量为 0.51mg/kg（表 3-125）。

总体而言，十等地与七、八、九等地相比，除有效铁含量有较大幅度的下降之外，其他养分水平基本相当。

表 3-125　十等地其他养分属性统计

汇总区域	全氮(g/kg)	缓效钾(mg/kg)	有效硅(mg/kg)	有效硫(mg/kg)	有效铜(mg/kg)	有效锌(mg/kg)	有效铁(mg/kg)	有效锰(mg/kg)	有效硼(mg/kg)
湖北省	1.38	395.23	202.27	40.28	2.00	1.72	49.47	26.10	0.51
湖南省	1.73	259.89	99.22	37.63	2.92	1.07	67.20	25.59	0.29
江西省	1.23	250.56	125.00	40.57	3.70	2.01	68.36	26.82	0.24
长江中游区	1.38	392.77	200.76	40.27	2.03	1.72	49.79	26.11	0.51

四、十等地的利用方向

十等地属于长江中游区地力最差的耕地。其总体状况为：母质以结晶岩类风化物和泥质岩类风化物母质为主，河湖冲沉积物母质极少。基本上都是中低山区和高丘台地地貌，河湖平原和丘岗平原极少。37％以上的耕层厚度小于 20cm。大约有 57％的土壤为黏土、黏壤土和砂土，98％以上的耕地基本满足甚至不满足灌溉要求，78％以上的耕地基本满足甚至不满足排水要求，70％以上的耕地 pH 属于酸性和弱酸性，86％以上的耕地的有机质含量处于三级及以下水平，85％以上的耕地有效磷含量低于 20mg/kg，有效铁含量普遍过高（尤其是江西省表现明显），有效硫含量偏低，缓效钾和有效硼严重不足。

与七、八、九等地相比，十等地更多在山区、降水量减少、排灌溉能力更差、土壤有机质和有效磷更低，有效铁含量虽然明显下降，但依然远高于一级水平，缓效钾仍然严重不足，有效硼缺乏更严重。

十等地和九等地的改良措施类似。迫切需要通过农业工程措施改善长江中游区十等地的灌溉和排水能力，并防止季节性干旱；持续实施有机质提升工程，实行秸秆还田、增施有机肥，调节土壤过于黏重或过砂以及有效铁过多对地力的不利影响，提高土壤有效磷含量；增施钾肥和硼肥、补充含硫肥料，强化科学施肥等措施来提升长江中游区十等地的地力。采取水土保持措施防止水土流失和耕层变浅在长江中游区十等地改良中也显得尤为重要。此外，还可以根据地形和气候特点调整十等地的种植结构，因地制宜，减少土壤改良的成本。

第十二节　低等级耕地的主要障碍与改良

对不同等级耕地的影响因素分析揭示，长江中游区的低等级耕地的主要障碍因素包括4个方面：一是灌溉排水能力不足，二是土壤酸化，三是有机质含量偏低，四是耕层剖面构型有待培育改善。

一、灌溉排水能力

前述分析说明，长江中游区耕地的灌溉和排水能力都具有较大的改良空间，就统计数据看，灌溉能力的提升空间大于排水。但是结合不同耕作区高中低等级耕地的产量水平可见，对于河湖平原耕作区，产量水平却没有丘岗平原甚至低丘台地耕作区高，一般而言是不可能的，导致出现这一现象的主要原因，不是灌溉而是排水，因为河湖平原的取水方便、灌溉经济，因此加强河湖平原的排水防涝能力建设是提升该耕作区耕地等级的有效手段。

而对于丘岗平原、低丘台地耕作区，排水自然条件较好，从目前的产量水平看，部分已经超过河湖平原耕作区，一方面反映该类耕作区经过多年水利设施建设有效改善了灌溉能力，另一方面也说明通过灌溉能力建设，可以保障耕地质量等级的提升。

在高丘台地和高低山区耕作区，低等级耕地的分布面积最大，其中高丘台地在低等4个级别中的面积分布比例全部接近或达到40%以上，中低山区的低等4级耕地的面积分布比例也在30%以上，最高达到超过50%。此时灌溉只是影响因素之一，其他如耕层浅薄、有机质含量较低等则上升为主要矛盾。

河湖平原的洪涝灾害是我国长江流域特别是长江中下游平原普遍的农业灾害，严重影响该地区农业生产经营和经济稳定。随着人类经济活动地域范围扩大和地理环境变迁，长江中游区平原遭受洪涝灾害的频率上升，次数增加，农业水灾损失呈逐步加大趋势。有研究报道，1998年特大洪水对湖北、湖南、江西三省的洪灾直接经济损失高达1 000亿元以上。长江中游区平原是我国重要的农产品生产基地，频繁的洪涝灾害已严重影响到该耕作区的耕地潜力发挥，直接影响我国农产品的供给。汇总数据所反映的该耕作区耕地生产力不及丘岗平原和低丘岗地，应当引起我国政府高度关注和重视。洪涝灾害的防治措施主要包括：

（一）提高认识，加强组织，统一规划

洪涝灾害对河湖平原耕作区的耕地质量影响已经显现，不仅是耕地质量受到不利影响，而且必然伴随农村经济社会发展和粮食安全。对此，要改变以往重视灌溉忽略排水、重视大江大河治理，忽略农田排水管网建设的意识。加强耕作区内的排水，不是农户家庭小规模农业治理能改变的，小农经营既受自然风险影响，又受农产品市场波动风险制约，单靠自身力量是无力防范和承担农业洪涝巨灾风险的。因此，建议在长江中游区农业洪涝灾害风险的保

障上，政府应当发挥主导作用。

河湖平原耕作区的应在技术上进行统一规划，组织论证、提出系统解决河湖平原耕作区的排水渠道或管网铺设工作。此项工作可以和现行的高产农田建设配合实施。

（二）搞好水利基本建设

在有限的条件下，可以利用冬、春枯水期，此时地下水位降低，低湖田要抓紧开沟排水，降低地下水位。

目前有一种观点，认为河湖平原耕作区的涝滞地不需要治理，最好避险，排斥改良，只有恢复河湖自然湿地是唯一出路。但是，为了应对国家粮食安全，回避是不可取的，只有通过合理规划，通过工程措施才能根本上解决河湖平原耕作区普遍存在的涝、滞地问题。

河湖平原耕作区抓住了排水为主的治水环节，就是抓住了涝渍地治理改造的关键，排水措施的改土增产效果最为明显，特别是地下排水的改土增产效果更为显著。因而许多农业专家和水利专家认为，采用地下排水技术是涝渍中低产田改良的治本措施。不过不能孤立地看待地下排水技术，实施暗管排水工程的前提是具备比较完善的、能够满足降低地下水位要求的明排系统，而且对排水单元能够实施有效的排水管理，否则就是在需要实施地下排水的地方铺设了暗管也无济于事。以往在政府支持下，曾经建设的暗管排水工程就是由于明排与暗降相脱节，排水管理跟不上，实际上在项目结束后大多没有发挥其应有的作用。

河湖平原地势低平，暗管排水工程是基本农田建设的延续与深化，在涝水和渍水排得出去的情况下，还要综合考虑农田灌溉、田间作业等多种因素，这样才能有效提升耕地质量等级，建成高标准的旱涝保收的高产稳产农田。

（三）保护自然生态环境

针对长江中游区平原湿地分洪蓄洪能力、围垦状况、防洪工程布局、人口及社会经济发展状况进行详细调查研究，结合流域可持续发展目标，编制长江中游区平原地区湿地保护和恢复重建规划。对于一些地势低洼、排涝能力差、涝渍严重且妨碍水道畅通的围垦区必须退田还湖，遏制湿地不合理开发和利用。

对于改造困难的低湖区耕地，可以利用退田还湖的垸田，发展精养渔业。长江中游区围垦的一部分低湖垸田，常年渍水受灾，农作物产量低而生产成本高，理应退出种植业。垸田退湖后形成的水域深度一般都较浅，十分有利于渔业发展。或者种植投入产出效益更高的水生植物，辅以人工种养殖模式。通过水生植物、动物复合养殖，综合利用水资源，形成良性的水生农业生态循环，提高农业综合生产能力。

二、pH

与第二次土壤普查结果相比，长江中游区 pH 普遍下降，上一节对不同耕地等级旱地与水田 pH 特征分析说明，pH 变化导致的产量变化幅度远大于等级差异。因此，关注耕地土壤 pH 的变化，采取措施逐步提升 pH，防治土壤酸化加剧，是一项重要的耕地管理措施。

酸性土壤的改良，常采用化学改良剂。常用的化学改良剂有石灰类物质，如向土壤添加碳酸钙、硝石灰等土壤改良剂，同时必须结合水利、农业等措施，才能取得更好的效果。另外，控制工业和环境二氧化碳排放，制止酸雨发展都是减缓或消除酸化影响的措施。在农田施肥品种方面，要选择施用生理碱性肥料，避免施用生理酸性肥料加速土壤酸化。归纳起来，酸性土壤改良技术措施主要包括以下几条：

（一）增施农家肥，选用生理碱性肥料

在作物种植前一定要施足底肥，并以农家肥为主，借以增加土壤中的有机质，改善土壤通透性，促进根际微生物活动，敦促土壤中难溶性矿质元素变为可给态的养料，达到改善耕性和培肥地力的效果。选用碱性肥料，如碳酸氢铵、磷矿石粉、氨水等，都具有提高单产和增加效益的目的。

（二）种植耐酸作物，水旱轮作改造酸性

水稻本身就属于耐酸作物，通过生物育种技术选育更为耐酸的品种种植，改进栽培技术，防止水土流失。通过整地、施肥、管理，使土壤活化，改善耕层理化性状，调整酸度。实践证明，酸性土实行水旱轮作（2～3 年一换），既可改善土壤耕性和理化性状，又能有效消灭杂草和病虫害，同时又利于有机质的积累，提高耕地质量水平和单位面积的综合效益。一般轮作田比没有轮作田增加效益达 20％以上，此外调整复种方式，如肥—稻—稻，改为油—稻—稻或麦—瓜—稻，都可以缓解土壤酸性加剧。

（三）适时增施石灰，直接进行改良

石灰类改良剂可分为四大类：碳酸盐类、氧化物、氢氧化物、副产物。碳酸盐类包括石灰石、白云石、泥灰、贝壳粉类。其酸中和能力由强到弱（白云石＞石灰石≥贝壳粉类＞泥炭）。贝壳粉类中以牡蛎为原料的土壤改良剂主要就是碱性有机钙粉。

氧化物其实是石灰石粉或白云石粉经烧制而成的氧化钙或氧化镁。这类物质提升土壤 pH 的速率较快，是石灰改良剂里中和酸能力最强者，但其会吸湿产生高温，对作物产生影响，另施用过多会使土壤有机质减少，从而造成土壤板结。只可推荐用于强酸性土壤上改良。熟石灰和生石灰一样具有反应快和处理不便的特性，农业上不常使用。氢氧化镁有的用氧化镁加水反应制成，也有天然的矿物源氢氧化镁俗称水镁石。除了补充镁元素，还具有提高土壤 pH 的作用。因此，在酸性缺镁土壤上施用非常理想。

副产物如炼钢厂的炉渣，燃煤厂的粉煤灰，糖厂、纸厂的石灰性污泥等。这类产品中和酸度能力弱于石灰石，且含有一定量的重金属，但其中含有磷、硫、铁等多种作物生长必需的养分。因此，在弱酸性土壤上可以施用。

决定施用石灰性物质之前应确定提高土壤 pH 的目标。然后了解土壤黏粒和有机质含量情况，含量越高则石灰需要量越大。

选取正确的施用时间也比较重要，石灰类改良剂可以在作物收获后与栽种前施用，应尽早施用，尽可能远离播种期。由于石灰改土效果可维持 3 年左右，所以隔年要再测试土壤 pH，以决定是否需再补充。如酸性田在整地时，头年施石灰 40kg，第二年施 20kg，第三年施 10kg，逐年减少并测定 pH 的变化，直到变为微酸性或中性土壤，这项方法是改良酸性土的关键措施。

三、培育良好的耕层剖面构型

良好的剖面土体构型是一项综合性指标，相对于贫瘠化的土壤，耕层浅薄，质地砂或黏，土壤有机质含量低，pH 过酸，有的耕层夹砂或夹黏，有效养分缺乏等都是贫瘠化土壤的特征，严重影响耕地的生产性能。因而，改良瘠薄化耕地的具体措施也必然针对性解决这些问题。显然这些问题相互关联、相互影响，必须应用系统论原理，从调整农村产业结构、发展农村经济开始，增加农业的整体投入，优化农业生态系统的结构，合理施肥，减少水土流失，最终达到防治土壤贫瘠化的目的。这些措施按照贫瘠原因有针对性地进行改良。

（一）质地黏重土壤

土壤黏重，透气和透水性比较差，作物生长比较困难。改良黏重土壤的方法主要有：①客土法，就是人为加细沙土；②增施有机肥，改善土壤结构。其实增施有机肥是最好的方法，能增加土壤透气和透水性，还能改良土壤团粒结构，提高土壤肥力。一般有机肥每亩至少使用量在600～1 000kg，而且要连续使用3年。在商品有机肥的价格比较高的情况下，可以利用秸秆还田的方法解决。

黏土地改良应深翻地深施有机肥。应该注意：第一，黏土地要深翻。因为黏质土的空隙小，并且存在大量的非活性孔阻止毛管水的移动，排水困难，容易在犁底层形成上层积水，从而影响作物根系的向下生长，同时还会导致土壤中缺乏氧气而产生沤根现象，并且在长期不深耕的耕地中最为严重，如果翻地较浅，一般深度在20cm以内，这样就会导致犁底层逐渐上移，使耕作层越来越薄，水分及营养物质都集中在较薄的耕作层中，使得水肥使用过于集中，不利于作物根系生长。但是通过深翻的方法，逐步深翻，可使犁底层下移，即耕作层加深，使水分及肥料分散空间加大，以有利于配肥土壤，促进作物根系的生长。第二，有机肥要深施。有机肥深施，主要是增加土壤中有机质的含量，促进土壤团粒结构的形成，增加土壤的透气性。因为黏质土空隙容易被水分占据，土壤通气性差，这样会导致好氧型微生物的活动受到抑制，有机质分解较慢，这样也就不利于促进土壤团粒结构的快速形成。深施能促进有机肥的快速腐熟，从而加快土壤的改良。有机肥深施后还能促进深层土壤的透气性，利于根系呼吸作用的进行。在冬季使用有机肥时，则以使用发酵腐熟好的有机肥为好，以增加土壤有机质含量，提高土壤的透气性。第三，黏土地使用客土法改良土壤时，掺的量少不起作用，掺多了工作量大，所以使用客土法改良黏土的较少。

（二）质地过砂的土壤

砂土地改良与黏土相反，首先，有机肥料要浅施。因为作物根系多集中在25cm以内的土层中，不必将有机肥深翻，这样做的目的是使有机肥尽可能施在根系分布集中的土层中，以增强根系周围土壤的有机质含量，利用有机质对水肥吸附能力强的特点，提高土壤的保水保肥能力，以防灌水时水肥从土壤颗粒间的空隙中流失。对使用秸秆增加土壤有机质，改良土壤的，最好将秸秆全部粉碎，在喷施一定量的腐熟剂后，再按照秸秆与尿素比例10∶1的比例混匀，再将秸秆翻压到耕作层土壤当中即可。其次，制造犁底层增强土壤对水肥的保持能力。因为砂土地的土壤颗粒较大，对水肥的保持能力差，所以改良砂土地时，应该在耕作层以下设置犁底层，并适当进行夯实，将土壤改良成"蒙金土"，即利用犁底层的保水保肥性增加土壤的抗旱保水能力，同时又便于耕作、施肥浇灌等，是一种良好的土壤质地，增强土壤对水肥的保持能力。砂土地翻耕时，不建议深翻，以防加剧土壤的漏水漏肥。当然有条件时，可以使用客土改土法制造犁底层，也就是在砂土地耕作层的下部掺入一定量的黏土，如每亩地掺入约30m³的黏土，以减轻土壤对水肥的流失。

此外，大量施用塘泥、河泥也是改良砂土的好办法。

（三）瘠薄耕地

瘠薄型耕地主要分布在山丘区冲垅的中部和上部，表现为耕作层厚度不足15cm，一般土壤中的有机质含量较低，耕作层土壤中有效养分含量因浅薄相对较低，有的耕地砾石含量多，土壤熟化程度差，漏肥漏水，耕作层土壤中的有机质与速效养分含量较低，水土流失严重，抗旱力弱。

瘠薄型耕地的改造有工程改造和农艺技术改造两类。工程改造主要目的是为瘠薄型农田配套建设田间基础设施，确保渍涝时积水排得出，干旱时水分灌得进，农业机械进入农田耕作方便，水田工程改造重点是建设完善排灌设施和田间机耕道，提高水田的旱涝保收能力和机械化生产水平，旱地工程改造的重点是建设水土保持设施，如"提水蓄水设施"，高效节水灌溉设施和机耕道设施。水土保持设施主要采取的是沿等高线方向修建统一规整的水平梯田，利用修建的梯埂保护农田不被雨水强烈冲刷，增加土层和耕作层厚度。提水蓄水设施建设包括修建提水泵站"山塘"集雨池（窖）等小型水源工程。高效节水灌溉设施主要是建设喷灌和滴灌设施，减少灌溉水消耗，提高农业生产管理效率。

农艺改良利用技术中，有机培肥为主要方式，施农家肥、"秸秆还田"、种植绿肥等，施农家肥一般每亩用腐熟的厩肥、堆肥 2～3t，结合耕作施入土壤。秸秆还田最好将秸秆打碎施入，并配合施用速效性氮肥，调整碳氮比到 25 左右。秋冬季节则种植紫云英、肥田萝卜等绿肥作物，春季翻耕入土沤肥。瘠薄型农田还要注重测土配方施肥，增施氮肥、钾肥，合理调配基肥与追肥比例。结合施肥，利用大型机械逐年增加耕作层厚度。

瘠薄型水田要逐年深耕到 18～20cm，旱地要大力深耕深松，保证耕作土层厚度在 25cm 以上，加深耕作层要注意逐步进行，每年加深不超过 3cm。瘠薄型农田还要在秋冬季节进行深耕深翻，晒垡冻坏，熟化土壤。

可将塘泥、河泥和沟泥、陈砖土等有机质含量高、养分较丰富的肥土加入到瘠薄型农田中，既可增厚耕层，又能改善土壤结构状况。

水田可以进行水旱轮作，如稻—菜、稻 油轮作，有利于改善土壤结构和透气性。旱土可种植一些耐瘠薄、抗旱的作物，如花生、大豆等豆科作物，还可以种植一些牧草，既有利于加深土层厚度，又可以达到养地目的。

（四）有机质提升和保持土壤养分平衡

土壤有机质含量高低是土壤肥力的重要特征，为了增加土壤有机质含量，实现土壤的持续可利用，我国自 2007 年以来一直支持并推行土壤有机质提升项目的实施。

土壤有机质提升方法就是向耕地中大量投入有机质含量高的有机物质，加大有机物质的投入能大幅度直接提高土壤有机质，并且能改良土壤结构，提供土壤微生物的能源，提供植物生长全面的营养元素。

可大量应用的有机物质资源主要有农作物秸秆、畜禽粪便和绿肥和农家肥。随着耕地利用率大幅提高，种植绿肥的土地已很少，农家肥也随着农村养殖向集中化、集约化发展大量减少，秸秆和畜禽粪便成为可以大量使用的主要有机物质。

1. 秸秆还田 秸秆有机质含量高，约 70%，没有重金属污染才能大量使用；其次数量也应考虑，一般秸秆（水稻、小麦、油菜）还田量每亩 300～400kg，连续 3 年以上效果明显。

2. 畜禽粪便的应用 畜禽粪便主要有猪粪、牛粪、鸡粪和鸭粪，新鲜粪便有机质含量在 10%～25%，大量应用要经过发酵，杀灭蛔虫卵和大肠杆菌，同时重金属含量也不能超标，一般施用发酵后的畜禽粪便每亩 1 000kg 效果较好。大多数畜禽养殖场未建发酵设施，没有专业的生产管理人员，大多由商品有机肥生产企业进行发酵处理，处理后生产的商品有机肥料有机质含量高，大多数还含固氮、解磷、解钾微生物。商品有机肥成为新形势下土壤有机质的重要来源之一。

3. 施用腐殖酸类肥料　腐殖酸类肥料是以腐殖酸含量较高的泥炭、褐煤、风化煤等为主要原料，加入一定量的氮、磷、钾或某些微量元素制成的肥料，腐殖酸类肥料含有大量有机质，又含有速效养分，兼有有机肥和化肥的某些特征，也是一种多功能的有机无机复混肥，具有培肥改土和促进作物生长的双重功能。

4. 重视补充氮、磷、钾肥　在施用有机物质提高土壤有机质的同时，有机碳与氮不平衡造成有机物质与作物"抢"氮、磷和钾，引起作物营养不足的现象，作物长势差，产量和品质都会受到影响，施用有机肥改良土壤，要重视补充氮、磷、钾肥，有机无机结合效果更好。

在施肥技术方面，各地已有很多成功的经验，需要进行收集整理，并加以系统化和深入研究。在投入水平较高时，可以在满足作物需求的同时，不断提高土壤养分的含量及质量，但在投入水平较低时，应以改善土壤养分的品质，即以提高土壤养分中有效部分的比例为主，不应强求土壤养分含量的大幅度提高。

在施肥时还应根据实际情况定量施用，减少养分的无效投入。"以土定产、以产定肥"方法以及"以调控土壤供氮指标为主体的诊断施肥技术"等经验都需要在实践中积极采用，利用计算建立氮、磷、钾合理施用量模型，使之适用于不同有机无机肥料、不同养分、不同土壤条件的养分投入模型。

第十三节　粮食生产潜力分析

一、生产潜力估算方法

在本次评价中，共从区域调查得到 31 300 个点位的水稻年产量数据，利用这些点制作水稻采样点图层，再采用 ArcGIS 软件模块制作泰森多边形，通过运用 Spatial Join 方法把泰森多边形与水田评价单元图层进行空间连接，得到具有水稻产量属性的 38 886 个评价单元，然后进行统计分析，从而将产量数据的点位与耕地质量评价单元建立对应关系。以产量的平均值与耕地质量指数平均值建立拟合函数（图 3-5），证明评价结果与水稻产量间有较好的相关关系。

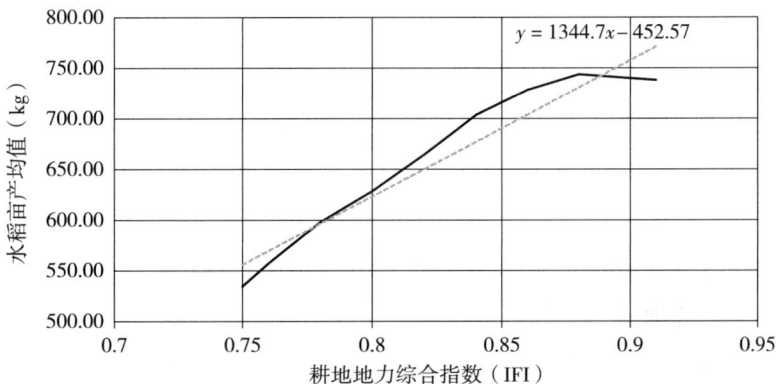

$$y = 1344.7x - 452.57$$

图 3-5　耕地质量指数与水稻平均产量拟合函数图

估算认为，通过加强农田基础设施建设、深耕深松、增施有机肥、秸秆还田、测土配方施肥等综合措施，可以保障将二等地到十等地地力各自提高一个等级，按照此原则分析，依次将一等地到九等地的平均亩产作为二等地到十等地的增产后平均产量，计算获得长江中游区耕地粮食增产潜力。

以各等级耕地的面积与平均产量作为基础，计算当前的产量水平。按二等地到十等地的产量各提高一个等级的原则进行分析，即依次将一等地到九等地的平均产量作为二等地到十等地增产后的平均产量，计算长江中游区水稻的增产潜力。

二、生产潜力分析

(一) 基本情况

调查统计数据反映，长江中游区水田面积 8 842.52km²，湖北省、湖南省和江西省的水田面积分别为 3 060.93、3 271.05 和 2 510.54km²，各省稻谷产量平均分别为 8.42、11.90 和 11.48t/hm²，各等级面积与产量统计结果见表 3-126。

表 3-126　耕地等级与水稻产量概况

等级	湖北省		湖南省		江西省		长江中游区	
	面积(khm²)	产量(t/hm²)	面积(khm²)	产量(t/hm²)	面积(khm²)	产量(t/hm²)	面积(khm²)	产量(t/hm²)
一等地	275.70	9.00	319.14	12.45	270.32	12.54	865.15	11.37
二等地	271.13	9.22	331.50	12.22	181.67	11.92	784.30	11.24
三等地	339.83	9.20	570.15	12.06	306.88	12.04	1 216.85	11.16
四等地	378.94	8.96	551.78	12.05	422.41	11.65	1 353.13	10.92
五等地	541.86	8.72	485.09	11.90	455.70	11.65	1 482.65	10.56
六等地	391.41	8.42	418.32	11.64	404.09	11.25	1 213.82	9.96
七等地	322.68	8.40	330.01	11.55	257.34	10.97	910.03	9.43
八等地	259.20	8.29	193.18	11.41	147.64	10.53	600.03	8.96
九等地	168.67	8.12	54.70	11.21	43.54	9.11	266.91	8.36
十等地	111.53	7.91	17.17	11.18	20.94	9.08	149.64	8.02
总计	3 060.93	8.42	3 271.05	11.90	2 510.54	11.48	8 842.52	9.90

2014 年中国统计年鉴反映，长江中游区中湖北省、湖南省和江西省的稻谷总产量分别为 1 676.60 万 t、2 561.50 万 t 和 2 004.00 万 t。按照年鉴稻谷总产量和播种面积可得长江中游区湖北省、湖南省和江西省的单季单位面积产量（表 3-127）。为了获得可靠并能与年鉴相互衔接的结果，需要进行平差处理，通过计算，湖北省、湖南省和江西省的产量平差系数分别 1.06、1.90 和 1.91，此差异主要源于水稻种植制度不同。调查汇总以单位面积产量为依据，有单季稻和双季稻之分，湖北省的耕地主要位于长江以北，水稻种植以单季中稻为主，而湖南和江西位于长江以南，则是以双季稻为主（表 3-127）。

表 3-127　长江中游区稻谷产量水平概况

产区名	湖北省	湖南省	江西省	长江中游区
水田播种面积（khm²）	2 101.2	4 085	3 338	9 524.2
稻谷总产量（万 t）	1 676.6	2 561.5	2 004	6 242.1
平均稻谷每季单产（kg/hm²）	7 979.25	6 270.45	6 003.6	6 751.1
调查汇总平均产量（kg/hm²）	8 422.75	11 897.25	11 480.44	10 600.15
产量平差系数	1.055 6	1.897 4	1.912 3	1.570 1

（二）增产潜力估算

估算假设播种面积不变，根据长江中游区耕地质量评价结果，按照十等地划分后各等级所占比例，再分别乘以上一年播种面积，计算出用于估算的播种面积。

再依据长江中游区湖北省、湖南省和江西省的汇总调查获得的实际产量，乘以产量平差系数，再乘以估算播种面积，获得与统计年鉴产量相符合的稻谷总产，由于各省的产量平差系数不同，因而分别计算，结果分别见表 3-128、表 3-129 和表 3-130。

湖北省的播种面积为 2 101.20km²，假设估算面积不变，经过产量平差系数调整后，分别计算十等地水稻产量分布以及增产潜力，其中三等地比二等地产量略低，计算时增产量为零。从表 3-128 可以看出，湖北省三等、四等、五等、六等、七等、八等、九等和十等地提升一个级别后，可分别增产 0.53 万 t、5.83 万 t、8.74 万 t、7.43 万 t、0.52 万 t、1.78 万 t、1.94 万 t、1.47 万 t，合计增产 28.24 万 t，增产幅度为 1.68%。

湖北省耕地提档升级后，增产幅度最大的是中等级耕地，即四等、五等和六等地，在该省总增产份额中的比例都超过了 20%，其中尤其是五等地甚至超过 30% 以上。

表 3-128　湖北省各等级耕地稻谷增产潜力分析

耕地等级	播种面积（khm²）	校正产量（t/hm²）	增产（t/hm²）	增产量（万 t）	占总增产份额（%）
一等地	189.26	8.53	—	—	—
二等地	186.12	8.74	—	—	—
三等地	233.28	8.72	0.02	0.53	1.89
四等地	260.12	8.49	0.22	5.83	20.64
五等地	371.96	8.26	0.23	8.74	30.93
六等地	268.68	7.98	0.28	7.43	26.30
七等地	221.51	7.96	0.02	0.52	1.85
八等地	177.93	7.86	0.10	1.78	6.31
九等地	115.78	7.69	0.17	1.94	6.87
十等地	76.56	7.50	0.19	1.47	5.21
合计/平均	2 101.20	8.17	0.15	28.24	100.00

湖南省的水稻播种面积为 4 085km²，是湖北省的 1.94 倍，湖南省的水田面积为 3 271.05km²，仅为湖北省水田面积 3 060.93km² 的 1.07 倍，反映湖南省的双季稻种植面积显著大于湖北省。经产量平差，湖南省二等地、三等地、四等地、五等地、六等地、七

等地、八等地、九等地、十等地可分别增产 4.97 万 t、5.70 万 t、0.69 万 t、4.85 万 t、7.31 万 t、1.65 万 t、1.93 万 t、0.68 万 t、0.04 万 t（表 3-129），比上年合计增产量达到 27.82 万 t，增产幅度为 1.09%。

湖南省的稻田增产空间较大的等级有二等、三等、五等和六等地。

表 3-129　湖南主产区各等级耕地增产潜力分析

耕地等级	播种面积（khm²）	校正产量（t/hm²）	增产（t/hm²）	增产量（万 t）	占总增产份额（%）
一等地	398.55	6.56	—	—	—
二等地	413.99	6.44	0.12	4.97	17.86
三等地	712.02	6.36	0.08	5.70	20.48
四等地	689.09	6.35	0.01	0.69	2.48
五等地	605.79	6.27	0.08	4.85	17.42
六等地	522.42	6.13	0.14	7.31	26.29
七等地	412.13	6.09	0.04	1.65	5.93
八等地	241.25	6.01	0.08	1.93	6.94
九等地	68.32	5.91	0.10	0.68	2.46
十等地	21.44	5.89	0.02	0.04	0.15
合计/平均	4 085	6.201	0.07	27.82	99.99

从表 3-130 可见，江西省的播种面积为 3 338.01km²，各等级耕地的校正产量中，三等地略大于二等地，计算时设增产为零，经计算其他二等地、四等地、五等地、六等地、七等地、八等地、九等地、十等地各提升一级可分别增产 7.94 万 t、11.22 万 t、0.24 万 t、11.12 万 t、5.12 万 t、4.47 万 t、4.30 万 t、0.03 万 t，合计增产 44.44 万 t。与上年稻谷总产比较，耕地等级提升一个档次，增产率为 2.2%。

江西省增产幅度大于 10% 的有二等地、四等地、六等地和七等地，其中六等地的增产幅度最大，达到 25.02%

表 3-130　江西主产区各等级耕地增产潜力分析

耕地等级	播种面积（khm²）	校正产量（t/hm²）	增产（t/hm²）	增产量（万 t）	占总增产份额（%）
一等地	359.41	6.56	—	—	—
二等地	241.54	6.23	0.33	7.94	17.86
三等地	408.02	6.29	—	—	—
四等地	561.64	6.09	0.20	11.22	25.25
五等地	605.90	6.09	0.00	0.24	0.54
六等地	537.28	5.88	0.21	11.12	25.02
七等地	342.16	5.73	0.15	5.12	11.52
八等地	196.31	5.51	0.23	4.47	10.05
九等地	57.90	4.76	0.74	4.30	9.68
十等地	27.85	4.75	0.01	0.03	0.08
合计/平均	3 338.01	5.79	0.23	44.44	100.00

三、生产潜力小结

以上分析表明，长江中游区在水稻播种面积维持不变的情况下，耕地等级提升一个档次可以增产 100 万 t 以上，其中江西省的增产幅度最大，湖北省次之，湖南省较少。

在各等级耕地中，增产潜力较高的主要是中等级耕地。

第四章 耕地土壤有机质及
主要营养元素

土壤有机质及主要营养元素是作物生长发育所必需的物质基础,其含量的高低直接影响作物的生长发育、产量与品质。土壤有机质及主要营养元素状况是土壤肥力的核心内容,是土壤生产的物质基础,农业生产上通常以土壤耕层养分含量作为衡量土壤肥力高低的主要依据。通过对长江中游区耕地土壤有机质及主要营养元素现状分析,为该区域作物科学施肥、高产高效、环境安全和可持续发展提供技术支持。

根据长江中游区耕地土壤有机质及主要营养元素的现状,参照第二次土壤普查的分级标准,将土壤有机质、全氮、有效磷、速效钾、缓效钾、有效硫、有效硅、有效铜、有效锌、有效铁、有效锰、有效硼 12 个指标分为 6 个级别,见表 4-1。

表 4-1 长江中游区主要养分分级标准

项目	分级标准					
	一级	二级	三级	四级	五级	六级
有机质（g/kg）	>40	30～40	20～30	15～20	10～15	<10
全氮（g/kg）	>2	1.5～2	1.25～1.5	1～1.25	0.75～1	<0.75
有效磷（mg/kg）	>40	30～40	20～30	15～20	10～15	<10
速效钾（mg/kg）	>150	120～150	100～120	80～100	50～80	<50
缓效钾（mg/kg）	>1 500	1 200～1 500	900～1 200	750～900	500～750	<500
有效铜（mg/kg）	>1.8	1.5～1.8	1～1.5	0.5～1	0.2～0.5	<0.2
有效锌（mg/kg）	>3	1.5～3	1～1.5	0.5～1	0.3～0.5	<0.3
有效铁（mg/kg）	>20	15～20	10～15	4.5～10	2.5～4.5	<2.5
有效锰（mg/kg）	>30	20～30	15～20	10～15	5～10	<5
有效硼（mg/kg）	>2	1.5～2	1～1.5	0.5～1	0.2～0.5	<0.2
有效硅（mg/kg）	>250	200～250	150～200	100～150	50～100	<50
有效硫（mg/kg）	>200	100～200	50～100	25～50	12～25	<12

第一节 土壤有机质

土壤有机质是指存在于土壤中所有含碳的有机物质,是土壤中除碳酸盐和二氧化碳以外的各种含碳化合物的总称。它包括各种动植物的残体、微生物体以及在土壤中可分解和合成的各种有机物质。

土壤有机质的含量只占土壤总量的很小一部分,在不同土壤中的含量差异很大,可以变化于小于 5g/kg 到大于 300g/kg 之间。有机质在土壤中经矿化过程会发生分解并释放养分,导致土壤弹力结构破坏和养分流失,要维持或提升土壤有机质的含量需要不断补充新的有机物质，这样腐殖化过程和有机质的矿化才能达到平衡，或有机物资的腐殖化速度超过矿化速度才能有效补充土壤腐殖质。近几年，农业部农技中心推动的土壤有机质提升工程，就是为了有效保障耕地的根本质量，满足作物产量持续提高对耕地质量的需求。

土壤有机质是土壤中各种营养元素特别是氮、磷的重要来源。它还含有刺激植物生长的胡敏酸类等物质。由于它具有胶体特性，能吸附较多的阳离子，因而使土壤具有保肥力和缓冲性。它还能使土壤疏松和形成结构，从而可改善土壤的物理性状。有机质还是土壤微生物生长发育必不可少的碳源，赋予土壤使其具有生命特性。一般来说，土壤有机质含量的多少，是土壤肥力或耕地质量高低的一个重要指标。

一、耕地土壤有机质含量空间差异

（一）土壤有机质含量概况

长江中游区耕地土壤有机质总体样点平均为 27.9g/kg，其组成中，旱地土壤采样点占24.54%，平均为 22.4g/kg；水田土壤采样点占 75.46%，平均含量为 39.7g/kg。水稻土有机质的含量比旱地土壤高 32.35%，旱地土壤有机质含量的变异幅度大于水稻土 5.76%，完全符合有机质在旱地土壤和水田土壤中的分布规律（表 4-2）。

表 4-2　长江中游区耕地土壤有机质含量概况（g/kg，%）

利用类型	采样点数	均值	标准差	变异系数
旱地	10 292	22.4	8.35	37.21
水田	31 651	29.7	9.34	31.45
总体	41 943	27.9	9.63	34.49

（二）土壤有机质含量的区域分布特征

1. 三省之间有机质含量分布特征　长江中游区三省中（表 4-3），湖北的有机质平均含量最低，变异幅度最大。江西省的与湖北省正好相反，不仅有机质含量最高，达到 30.8g/kg，而且变异幅度相对最小。湖南省则无论含量高低还是含量变化均介于其中。此结果反映，湖北的地貌类型比较复杂，有机质含量的变幅也大，最大值和最小值相差约 20 倍，结合总体含量较低的现象看，湖北省的中低等级的耕地面积较大。

表 4-3　长江中游区三省有机质含量特征（g/kg，%）

省份	采样点数	均值	标准差	变异系数
湖北省	11 239	23.2	8.28	35.76
湖南省	14 122	28.3	9.36	33.05
江西省	16 582	30.8	9.46	30.73

2. 三省地级市土壤有机质分布特征　不同地级市以江西省的萍乡市土壤有机质平均含量最高，为 36.5g/kg；其次是江西省的新余市和南昌市，分别为 35.9g/kg 和 34.1g/kg；均值高于 31g/kg 的地级市有江西省的抚州市、景德镇市、宜春市、上饶市和湖南省的长沙市；均值含量较低的有湖北省的随州市和天门市，分别为 18.4g/kg 和 17.1g/kg；其余各市介于 20.1～30.9g/kg 之间。变异系数最大的是湖北省的天门市，为 48.01%，最小的是湖北省的鄂州市，仅为 15.49%（表 4-4）。

表 4-4　长江中游区地级市耕层土壤有机质含量（g/kg,%）

省份	地级市	采样点个数	均值	标准差	变异系数
湖北省	鄂州市	103	27.6	4.27	15.49
	恩施土家族苗族自治州	964	29.4	10.84	36.88
	黄冈市	1 280	22.9	7.60	33.23
	黄石市	283	24.7	6.82	27.64
	荆门市	880	24.8	6.01	24.20
	荆州市	1 466	23.0	7.40	32.24
	潜江市	237	22.4	9.04	40.39
	神农架林区	20	29.3	6.48	22.08
	十堰市	608	20.8	8.42	40.57
	随州市	456	18.4	6.81	37.01
	天门市	363	17.7	8.50	48.01
	武汉市	608	23.9	7.00	29.26
	仙桃市	316	23.3	8.54	36.65
	咸宁市	511	23.6	5.71	24.20
	襄阳市	1 397	20.4	6.38	31.28
	孝感市	911	24.0	8.66	36.01
	宜昌市	836	23.4	9.22	39.41
湖南省	常德市	1 174	28.4	8.05	28.38
	郴州市	1 401	30.9	9.90	32.01
	衡阳市	1 179	26.4	8.71	32.99
	怀化市	1 576	28.0	9.31	33.31
	娄底市	610	30.4	9.25	30.43
	邵阳市	1 305	29.3	9.40	32.05
	湘潭市	439	28.8	8.54	29.63
	湘西土家族苗族自治州	1 223	26.8	8.77	32.73
	益阳市	732	28.6	8.72	30.45
	永州市	1 492	28.4	9.86	34.75
	岳阳市	1 003	28.2	8.34	29.55
	张家界市	489	25.8	8.52	32.96
	长沙市	632	31.3	8.31	26.52
	株洲市	867	25.3	11.65	46.09
江西省	抚州市	1 728	33.4	9.02	27.01
	赣州市	2 928	28.9	9.08	31.45
	吉安市	2 414	30.9	8.69	28.17
	景德镇市	495	33.2	8.57	25.80
	九江市	1 818	23.9	7.52	31.53
	南昌市	1 283	34.1	9.55	27.99
	萍乡市	508	36.5	9.17	25.10
	上饶市	2 441	31.3	9.07	28.96
	新余市	497	35.9	10.25	28.55
	宜春市	1 947	32.3	9.01	27.89
	鹰潭市	523	27.8	9.27	33.35

二、有机质含量及其影响因素

（一）不同土壤类型的有机质含量

长江中游区主要土壤类型有机质含量水平顺序为：暗棕壤＞水稻土＞棕壤＞石灰土＞红

壤＞黄棕壤＞黄壤＞紫色土＞潮土＞黄褐土＞新积土＞砂姜黑土（表 4-5）。其中以暗棕壤
土壤有机质含量最高，为 32.5g/kg，在 12.9～81.9g/kg 之间变动；其次是水稻土，为
29.7g/kg，在 4.8～72.5g/kg 之间变动。砂姜黑土的有机质含量最低，为 16.8g/kg，在
14.8～20.9g/kg 之间变动。其余土类有机质含量则介于 18.1～28.0g/kg。水稻土的采样点
个数为 31 651 个，占总采样点数的 75.46%，这反映了长江中游区的特征，同时水田土壤有
机质的含量大于旱地土壤。

在各类土壤中，暗棕壤的有机质含量变异系数最大，为 46.21%；黄棕壤次之，为
40.64%；砂姜黑土的变异系数最小，为 16.67%。其余土类变异系数在 28.33%～38.03%
之间。总体看，旱地土壤有机质含量的变异系数都大于水稻土，反映了旱地土壤有机质含量
变幅大于水田这一规律。

表 4-5　长江中游区耕地土壤土类与有机质含量（g/kg,%）

土类	采样点数	均值	标准差	变异系数
暗棕壤	21	32.5	15.01	46.21
潮土	2 828	20.6	7.39	35.84
红壤	3 145	23.8	8.19	34.41
黄褐土	292	19.3	6.06	31.43
黄壤	1 041	22.1	8.25	37.28
黄棕壤	1 483	23.4	9.53	40.64
砂姜黑土	4	16.8	2.80	16.67
石灰土	673	24.1	8.52	35.42
水稻土	31 651	29.7	9.34	31.45
新积土	7	18.1	5.14	28.33
紫色土	703	20.7	7.86	38.03
棕壤	95	28.0	10.26	36.61

在长江中游区的主要亚类中，以漂洗水稻土的土壤有机质含量最高，为 32.7g/kg，其
次是典型暗棕壤、潜育水稻土和潴育水稻土，分别为 32.5g/kg、32.2g/kg 和 29.9g/kg；第
三个层次是潮棕壤、渗育水稻土和淹育水稻土，分别为 29.5g/kg、27.8g/kg 和 26.8g/kg；
有机质含量最低的是典型砂姜黑土，为 16.8g/kg，其余的各亚类则介于 18.1～26.4g/kg
（表 4-6）。

变异系数以典型暗棕壤最大，为 46.21%；黄棕壤性土次之，为 44.89%；石灰性紫色
土和典型黄褐土变异系数为 41.75% 和 41.24%；其余各亚类变异系数低于 40%，介于
16.67%～39.80%。

表 4-6　长江中游区耕地土壤亚类与有机质含量（g/kg,%）

亚类	采样点数	均值	标准差	变异系数
暗黄棕壤	326	25.3	9.21	36.40
典型暗棕壤	21	32.5	15.01	46.21
潮棕壤	58	29.5	11.66	39.49

（续）

亚类	采样点数	均值	标准差	变异系数
典型潮土	649	20.0	7.15	35.80
典型红壤	2 065	24.0	8.42	35.10
典型黄褐土	106	19.0	7.83	41.24
典型黄壤	1 013	22.0	8.20	37.21
典型黄棕壤	731	23.2	9.23	39.80
黑色石灰土	138	25.9	8.91	34.46
红壤性土	158	23.4	8.01	34.28
红色石灰土	230	23.9	7.99	33.46
黄红壤	527	25.0	8.57	34.30
黄壤性土	28	26.4	9.34	35.43
黄色石灰土	54	24.1	8.57	35.58
黄棕壤性土	426	22.5	10.08	44.89
灰潮土	2 163	20.8	7.46	35.86
漂洗水稻土	158	32.7	8.30	25.35
潜育水稻土	2 454	32.2	9.52	29.55
典型砂姜黑土	4	16.8	2.80	16.67
渗育水稻土	945	27.8	6.76	24.37
湿潮土	16	23.3	6.14	26.30
石灰性紫色土	234	21.0	8.75	41.75
酸性紫色土	293	19.9	6.58	33.03
典型新积土	7	18.1	5.14	28.33
淹育水稻土	3 302	26.8	8.58	32.08
黏盘黄褐土	186	19.4	4.78	24.60
中性紫色土	176	21.6	8.48	39.36
潴育水稻土	24 792	29.9	9.40	31.45
棕红壤	395	21.5	5.79	26.90
棕壤性土	37	25.7	7.13	27.74
棕色石灰土	251	23.2	8.66	37.31

（二）地貌类型与土壤有机质含量

地貌是组成自然环境的基本因素，也是耕地发育的重要条件，研讨地貌类型与土壤有机质含量的关系，综合分析各种地貌类型的有机质含量特征是因地制宜进行耕地土壤管理与农业生产规划的基础性工作。

第一章介绍的长江中游区地貌类型图，综合了成因和地貌单元，共划分了63种地貌类型，依据地貌类型的特征对耕地发育和地力等级的影响，可以进一步简化为表4-7所列的五大类地貌。该表反映，各种地貌类型中，采样点主要集中在第一类中，第二类较少，但是该类型与第一类相似，都是低海拔，只是成土母质不一样，前者是冲击或沉积物，后者以堆积、溶蚀和沉积扇为主，由此导致前者有机质含量比后者高约4g/kg。两者采样点数合计占总采样点数目的37.17%。其后随着海拔高度上升，采样点数目逐步下降，第3、第4和第

5 类的采样点占总采样点的比例分别为 23.72%、19.92% 和 19.20%，顺序下降。与此相反的是，这三大类地貌类型发育的耕地土壤有机质的含量随着海拔高度上升而增加。所有地貌类型有机质含量的变幅以第 2 类较高，达到 38.38%，高出其他 4 种类型约 4% 以上，而其他 4 种类型之间相差不大，变异系数都在 34% 左右。

表 4-7　地貌特征与有机质含量的分类比较（g/kg,%）

类别	地貌特征	采样点数	均值	标准差	变异系数
1	低海拔、冲积或湖积平原或洼地	11 497	28.6	9.65	33.76
2	低海拔、溶蚀平原、堆积或冲积扇	3 979	24.7	9.47	38.38
3	低海拔、低台地或低丘陵	9 875	28.1	9.66	34.42
4	低海拔、高台地或高丘陵	8 292	28.1	9.37	33.31
5	大或小起伏低山或中山	7 993	28.3	9.57	33.84

（三）成土母质与土壤有机质含量

有机质含量与成土母质的关系见表 4-8。长江中游区三省的成土母质合计 7 类，其中采样点占比最高的是河湖冲沉积物，高达 23.27%，占比在 13% 到 20% 间的有：泥质岩类风化物，19.71%；第四纪红色黏土，18.43%；结晶岩类风化物，16.08%；其他如碳酸盐岩类风化物、红砂岩类风化物和紫色岩类风化物三类都不到 10%，顺序为 8.82%、7.53% 和 6.15%。

不同成土母质发育的土壤中有机质含量变幅较大且相差不多，在 32% 到 38% 之间，含量最高的是泥质岩类风化物，有机质含量为 29.8g/kg，其次为碳酸盐岩类和结晶岩类风化物，有机质含量分别为 28.9g/kg 和 28.7g/kg；红砂岩类风化物和第四纪红色黏土的有机质含量也分别达到 27.2g/kg 和 27.8g/kg；河湖冲沉积物和紫色岩类风化物的有机质含量几乎相同，分别只有 26.4g/kg 或 26.4g/kg。此结果除了隐含长江中游区耕地土壤的立地环境中，有机质含量较高的成土母质可能处在低山和中山地貌类型之中以外，河湖冲沉积物发育的土壤中，可能存在消耗大于积累的现象。

表 4-8　不同成土母质发育的耕地土壤有机质含量统计（g/kg,%）

母质分类	采样点数	占比	均值	标准差	变异系数
泥质岩类风化物	8 268	19.71	29.8	9.86	33.13
碳酸盐岩类风化物	3 701	8.82	28.9	9.64	33.42
结晶岩类风化物	6 745	16.08	28.7	9.16	31.89
红砂岩类风化物	3 160	7.53	27.8	9.10	32.75
第四纪红色黏土	7 729	18.43	27.2	9.39	34.49
河湖冲沉积物	9 761	23.27	26.4	9.67	36.59
紫色岩类风化物	2 579	6.15	26.4	9.88	37.40
合计（平均）	41 943	100.00	27.5	9.32	34.00

（四）土壤质地与土壤有机质含量

质地继承了成土母质的特点，同时又受耕作、施肥、排灌、平整土地等人为因素的影响，是土壤的一种十分稳定的自然属性。质地不仅对土壤结构和耕性有很大影响，而且也影响耕地质量和地力的稳定性。在有机质含量较高的情况下，土壤质地越黏，保水保肥能力越好，质地越砂，漏水漏肥严重，有机质难以积累，肥力越差。但是质地黏到一定程度，加上有机质含量缺乏则成为黏土，严重影响土壤的生产能力。

表4-9显示，长江中游区耕地土壤有机质含量以壤土居多，占采样总数的55.08%，其次为黏壤土，占25.58%，黏土和砂土占比较少，前者为16.32%，后者为3.02%。有机质含量最高和最低的样点都出现在壤土中，分别达到81.9g/kg和4.3g/kg，平均含量最高值出现在黏壤土中，稍高于壤土27.9g/kg和黏土27.6g/kg，砂土的含量最低。

各类质地土壤有机质含量变幅都比较大，其中砂土最大，黏壤土最小。

表4-9　不同质地土壤中有机质含量统计（g/kg，%）

质地	采样点数	均值	标准差	变异系数
壤土	23 104	27.9	9.56	34.24
砂土	1 267	22.8	8.92	39.10
黏壤土	10 727	28.7	9.44	32.88
黏土	6 845	27.6	9.97	36.10

三、土壤有机质含量分级与变化

（一）分级

根据长江中游区土壤有机质含量状况，参照第二次土壤普查时土壤有机质及主要营养元素分级标准，将土壤有机质含量划分为6级。全区耕地有机质含量分级面积见图4-1。

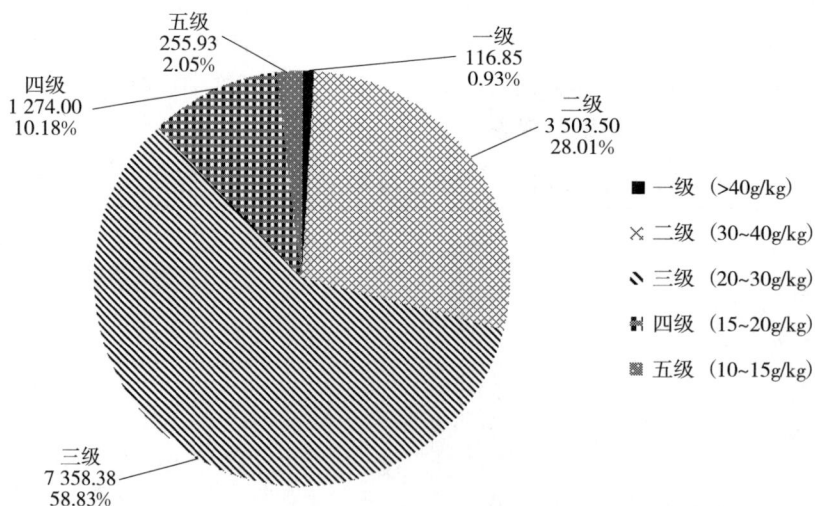

图4-1　长江中游区耕层土壤有机质含量分级面积与比例（khm²）

土壤有机质一级水平全区共计116.85khm²，占全区耕地面积的0.93%，其中湖北省11.58khm²（占0.09%），湖南省2.47khm²（占0.02%），江西省102.79khm²（占0.82%）。二级水平全区共计3 503.50khm²，占全区耕地面积的28.01%，其中湖北省267.92khm²（占

2.14%），湖南省1 608.72khm²（占12.86%），江西省1 626.86khm²（占13.01%）。三级水平全区共计7 358.38khm²，占全区耕地面积的58.83%，其中湖北省3 672.93 khm²（占29.36%），湖南省2 446.11khm²（占19.56%），江西省1 239.35khm²（占9.91%）。四级水平全区共计1 274.00khm²，占全区耕地面积的10.18%，其中湖北省1 076.83khm²（占8.61%），湖南省78.02khm²（占0.62%），江西省119.15khm²（占0.95%）。五级水平全区共计255.93khm²，占全区耕地面积的2.05%，其中湖北省252.55khm²（占2.02%），湖南省2.39khm²（占0.02%），江西省0.99khm²（占0.01%）（表4-10）。

表4-10　长江中游区耕层土壤有机质不同等级所占面积分析（khm²，g/kg）

省名	一级 >40	二级 30～40	三级 20～30	四级 15～20	五级 10～15
湖北	11.58	267.92	3 672.93	1 076.83	252.55
湖南	2.47	1 608.72	2 446.11	78.02	2.39
江西	102.79	1 626.86	1 239.35	119.15	0.99
总计	116.85	3 503.50	7 358.38	1 274.00	255.93

（二）土壤有机质含量变化分析

本次长江中游区的调查结果显示，与20世纪80年代第二次土壤普查时相比，土壤有机质含量总体呈增加趋势，5级、6级区间的耕地土壤全部消失。

表4-11　本次评价与第二次土壤普查时土壤有机质分级面积比较（g/kg，khm²，%）

等级	轮作区	第二次土壤普查 面积	占比	本次评价 面积	占比	等级	轮作区	第二次土壤普查 面积	占比	本次评价 面积	占比
1 （>40）	湖北	200.13	5.40	11.58	0.22	4 （10～20）	湖北	1 525.90	41.20	1 329.38	25.17
	湖南	596.45	16.98	2.47	0.06		湖南	555.22	15.81	80.41	1.94
	江西	242.61	6.93	102.79	3.33		江西	785.63	22.45	120.14	3.89
	长江中游区	1 039.19	9.70	116.85	0.93		长江中游区	2 866.75	26.75	1 529.93	12.23
2 （30～40）	湖北	450.31	12.16	267.92	5.07	5 （6～10）	湖北	263.81	7.12	—	—
	湖南	1 101.90	31.37	1 608.72	38.88		湖南	95.19	2.71	—	—
	江西	759.83	21.72	1 626.86	52.66		江西	75.57	2.16	—	—
	长江中游区	2 312.03	21.58	3 503.50	28.01		长江中游区	434.57	4.06	—	—
3 （20～30）	湖北	1 193.97	32.24	3 672.93	69.54	6 （<6）	湖北	69.58	1.88	—	—
	湖南	1 143.27	32.55	2 446.11	59.12		湖南	20.56	0.59	—	—
	江西	1 616.07	46.19	1 239.35	40.12		江西	19.13	0.55	—	—
	长江中游区	3 953.31	36.89	7 358.38	58.83		长江中游区	109.28	1.02	—	—

第二次土壤普查时，全区土壤有机质含量以 3、4 级为主，分别占耕地总面积的 36.89% 和 26.75%；其次是 2 级，占耕地总面积的 21.58%；5、6 级分别占耕地总面积的 4.06% 和 1.02%（表 4-11）。本次调查土壤有机质 3 级面积显著增加，占全区耕地总面积的 58.83%；2 级也略有增加，占耕地总面积的 28.01%；4 级、5 级和 6 级耕地明显减少，其中 5、6 级耕地全部消失，4 级耕地的面积占比也由 26.75% 降低到 12.23%。但是值得关注的是，1 级区间土壤有机质含量显著下降，高等级分布的耕地面积反而减少了。总体可见长江中游区土壤有机质仍为提升。

从三省之间来看，1 级、4 级、5 级和 6 级耕地有机质的面积变化与长江中游区一致，2 级区间除了湖北省土壤有机质面积变化与整个长江中游区变化相反外，湖南省和江西省与长江中游区一致，其中江西省面积增加了 1.5 倍；3 级区间除了江西省面积变化相反外，湖北省和湖南省与长江中游区一致，由此可见江西省的有机质含量三省中最高。

四、土壤有机质调控

无论耕地质量等级的高低，随着作物产量的不断提高，耕地对有机质含量的要求也逐步提高，如果耕地有机质入不敷出，必然会导致难以支撑作物产量持续提升的不良后果。因此注意土壤的培肥管理，首先就是指土壤有机质的提升，然后才是营养元素的合理配合。即使高产田，由于有机质不断分解，也需要不断补充有机质。目前提升长江中游区土壤有机质的途径主要包括以下内容：

（一）提倡秸秆还田

秸秆直接还田比施用等量的沤肥效果更好。目前，大力提倡以高茬为主要措施的秸秆还田技术，或利用机械粉碎秸秆直接还田，通过配合施用秸秆腐熟剂，使得秸秆快速腐解，成为上好的有机肥料。秸秆还田简单易行，省力省工，但在还田时，就应加施化学氮肥，降低碳氮比，不仅有利于微生物腐解秸秆，还可以避免微生物与作物争氮。

（二）种养结合，科学耕作

粮肥轮作、作物间作，都是我国传统的用地养地相结合的耕作措施。随着农业生产的发展，复种指数越来越高，致使许多土壤有机质含量降低，肥力下降。实行粮肥轮作、间作制度，不仅可以保持和提高有机质含量，还可以改善土壤有机质的品质，活化已经老化了的腐殖质。

（三）有效利用自然有机肥

如增施有机粪肥。堆肥、沤肥、饼肥、人畜粪肥、河湖泥等都是良好的有机肥。

（四）种植绿肥

绿肥可为土壤提供丰富的有机质和氮素，改善农业生态环境及土壤的理化性状。主要品种有苜蓿、绿豆、田菁等。

第二节　土壤全氮

氮是植物体内蛋白质的主要构成成分，适量的氮素可以促进植物细胞增殖和生长，促进植物的光合作用，形成更多的碳水化合物，有利于植物营养器官的繁茂，对提高作物产量有明显的促进作用。

土壤缺氮时，生长其上的植株生长矮小，分枝分蘖少，叶色变淡，呈浅绿或黄绿，由于植株缺氮时会从较老组织运输到幼嫩组织中再利用，因此首先从下部叶片开始黄化，逐渐扩展到上部叶片，黄叶脱落提早。株型也发生改变，瘦小、直立，茎秆细瘦。根量少、细长而色白。侧芽呈休眠状态或枯萎。花和果实少。成熟提早。产量、品质下降。

一、耕地土壤全氮含量空间差异

（一）土壤全氮含量概况

长江中游区耕地土壤全氮总体样点平均为 1.56g/kg，其组成中，旱地土壤采样点占 24.54％，平均为 1.35g/kg；水田土壤采样点占 75.46％，平均含量为 1.63g/kg。水稻土全氮的含量比旱地土壤高 20.74％，旱地土壤全氮含量的变异幅度大于水稻土 6.70％，完全符合全氮在旱地土壤和水田土壤中的分布规律（表 4-12）。

表 4-12　长江中游区耕地土壤全氮含量概况（g/kg，％）

利用类型	采样点个数	均值	标准差	变异系数
旱地	10 292	1.35	0.54	40.22
水田	31 651	1.63	0.55	33.52
总体	41 943	1.56	0.56	35.80

（二）土壤全氮含量的区域分布特征

1. 三省之间全氮含量分布特征　长江中游区三省中（表 4-13），湖北省的全氮平均含量最低，变异幅度最大。湖南省全氮含量最高，达到 1.74g/kg，但变异幅度居中。江西省全氮含量居中但变异幅度相对最小。此结果反映，湖北省的地貌类型比较复杂，全氮含量的变幅也大，最大值和最小值相差约 15 倍，结合总体含量较低的现象看，湖北省的中低等级的耕地面积较大，这与有机质统计的结果相一致。

表 4-13　长江中游区三省全氮含量特征（g/kg，％）

省份	采样点个数	均值	标准差	变异系数
湖北省	11 239	1.32	0.48	36.37
湖南省	14 122	1.74	0.62	35.47
江西省	16 582	1.58	0.49	31.35

2. 三省地级市土壤全氮分布特征　不同地级市以江西省的新余市土壤全氮平均含量最高，为 1.98g/kg；其次是湖南省的湘潭市和长沙市，分别为 1.95g/kg 和 1.93g/kg；湖南省的郴州市和江西省的萍乡市均值均为 1.91g/kg；均值含量较低的有湖北省的随州市和天门市，均为 1.02g/kg；其余各市介于 1.14～1.89g/kg 之间。变异系数最大的是湖南省的株洲市，为 49.34％；最小的是江西省的景德镇市，为 25.29％（表 4-14）。

表 4-14　长江中游区地级市耕层土壤全氮含量（g/kg，％）

省份	地级市	采样点个数	均值	标准差	变异系数
湖北省	鄂州市	103	1.58	0.50	31.89
	恩施土家族苗族自治州	964	1.63	0.51	31.32

（续）

省份	地级市	采样点个数	均值	标准差	变异系数
湖北省	黄冈市	1 280	1.26	0.44	34.51
	黄石市	283	1.30	0.38	28.93
	荆门市	880	1.36	0.42	30.65
	荆州市	1 466	1.37	0.43	31.70
	潜江市	237	1.25	0.43	34.25
	神农架林区	20	1.57	0.44	28.06
	十堰市	608	1.27	0.55	42.84
	随州市	456	1.02	0.39	38.22
	天门市	363	1.02	0.47	46.51
	武汉市	608	1.49	0.42	28.23
	仙桃市	316	1.41	0.49	35.08
	咸宁市	511	1.40	0.39	27.65
	襄阳市	1 397	1.14	0.47	41.40
	孝感市	911	1.38	0.50	35.94
	宜昌市	836	1.29	0.45	35.23
湖南省	常德市	1 174	1.70	0.52	30.54
	郴州市	1 401	1.91	0.71	37.06
	衡阳市	1 179	1.84	0.58	31.22
	怀化市	1 576	1.65	0.58	34.94
	娄底市	610	1.89	0.66	34.75
	邵阳市	1 305	1.83	0.64	35.05
	湘潭市	439	1.95	0.54	27.75
	湘西土家族苗族自治州	1 223	1.57	0.57	36.19
	益阳市	732	1.75	0.56	32.09
	永州市	1 492	1.69	0.61	36.12
	岳阳市	1 003	1.69	0.50	29.78
	张家界市	489	1.52	0.54	35.54
	长沙市	632	1.93	0.57	29.28
	株洲市	867	1.57	0.78	49.34
江西省	抚州市	1 728	1.69	0.48	28.59
	赣州市	2 928	1.47	0.47	32.31
	吉安市	2 414	1.58	0.42	26.42
	景德镇市	495	1.67	0.42	25.29
	九江市	1 818	1.22	0.45	36.97
	南昌市	1 283	1.75	0.48	27.12
	萍乡市	508	1.91	0.52	27.22
	上饶市	2 441	1.60	0.46	28.64
	新余市	497	1.98	0.54	27.27
	宜春市	1947	1.65	0.46	27.90
	鹰潭市	523	1.41	0.48	33.69

二、全氮含量及其影响因素

(一) 不同土壤类型的全氮含量

长江中游区主要土壤类型全氮含量水平顺序为：棕壤＞暗棕壤＞水稻土＞红壤＞石灰土＞黄棕壤＞黄壤＞紫色土＞潮土＞黄褐土＞砂姜黑土＞新积土（表 4-15）。其中以棕壤和暗棕壤土壤全氮含量最高，都为 1.66g/kg，分别在 0.50～2.87g/kg 之间和 0.75～2.50g/kg 变动；其次是水稻土，为 1.63g/kg，在 0.26～3.82g/kg 之间变动。新积土的全氮含量最低，为 0.79g/kg，在 0.43～1.40g/kg 之间变动。其余土类全氮含量则介于 0.96～1.49g/kg。水稻土的采样点个数为 31 651 个，占总采样点数的 75.46%，这反映了长江中游区的特征，同时水田土壤全氮的含量明显大于旱地土壤。

在各类土壤中，黄褐土的全氮含量变异系数最大，为 51.20%；砂姜黑土次之，为 46.27%；暗棕壤的变异系数最小，为 29.84%。其余土类变异系数在 32.94～45.80% 之间。总体看，旱地土壤全氮含量的变异系数都大于水稻土，反映了旱地土壤全氮含量变幅大于水田这一规律。

表 4-15　长江中游区耕地土壤土类与全氮含量（g/kg, %）

土类	采样点数	均值	标准差	变异系数
暗棕壤	21	1.66	0.49	29.84
潮土	2 828	1.22	0.47	38.56
红壤	3 145	1.49	0.56	37.75
黄褐土	292	0.98	0.50	51.20
黄壤	1 041	1.32	0.56	42.45
黄棕壤	1 483	1.36	0.54	39.46
砂姜黑土	4	0.96	0.44	46.27
石灰土	673	1.44	0.52	35.98
水稻土	31 651	1.63	0.55	33.52
新积土	7	0.79	0.36	45.80
紫色土	703	1.26	0.52	41.16
棕壤	95	1.66	0.55	32.94

在长江中游区的主要亚类中，以漂洗水稻土的土壤全氮含量最高，为 1.90g/kg，其次是潜育水稻土、棕壤性土和渗育水稻土，分别为 1.85g/kg、1.85g/kg 和 1.84g/kg；第三个层次是典型暗棕壤、潴育水稻土和淹育水稻土，分别为 1.66g/kg、1.61g/kg 和 1.57g/kg；全氮含量最低的是典型新积土，为 0.79g/kg，其余的各亚类则介于 0.91～1.56g/kg（表 4-16）。

变异系数以典型黄褐土最大，为 50.60%；黏盘黄褐土次之，为 49.87%；典型砂姜黑土和石灰性紫色土变异系数为 46.27% 和 45.98%；棕壤性土变异系数最小，为 27.09%，其余各亚类变异系数介于 27.37%～45.80%。

表 4-16　长江中游区耕地土壤亚类与全氮含量（g/kg,%）

亚类	采样点数	均值	标准差	变异系数
暗黄棕壤	326	1.53	0.54	35.19
典型暗棕壤	21	1.66	0.49	29.84
潮棕壤	58	1.54	0.54	35.35
典型潮土	649	1.20	0.46	38.33
典型红壤	2 065	1.53	0.57	37.43
典型黄褐土	106	1.11	0.56	50.60
典型黄壤	1 013	1.32	0.56	42.71
典型黄棕壤	731	1.34	0.53	39.83
黑色石灰土	138	1.54	0.55	35.51
红壤性土	158	1.45	0.57	39.11
红色石灰土	230	1.41	0.49	35.04
黄红壤	527	1.48	0.57	38.56
黄壤性土	28	1.56	0.49	31.63
黄色石灰土	54	1.38	0.47	34.09
黄棕壤性土	426	1.28	0.52	40.71
灰潮土	2 163	1.23	0.48	38.63
漂洗水稻土	158	1.90	0.54	28.49
潜育水稻土	2 454	1.85	0.59	31.81
典型砂姜黑土	4	0.96	0.44	46.27
渗育水稻土	945	1.84	0.57	30.78
湿潮土	16	1.06	0.29	27.37
石灰性紫色土	234	1.31	0.60	45.98
酸性紫色土	293	1.18	0.40	33.62
典型新积土	7	0.79	0.36	45.80
淹育水稻土	3 302	1.57	0.57	36.37
黏盘黄褐土	186	0.91	0.46	49.87
中性紫色土	176	1.34	0.56	42.09
潴育水稻土	24 792	1.61	0.53	33.03
棕红壤	395	2.84	0.45	34.09
棕壤性土	37	2.87	0.50	27.09
棕色石灰土	251	1.43	0.53	37.07

（二）地貌类型与土壤全氮含量

表 4-17 反映，各种地貌类型中，采样点主要集中在第一类中，第二类较少，但是该类型与第一类相似，都是低海拔，只是成土母质不一样，前者是冲积或沉积物，后者以堆积、溶蚀和沉积扇为主，由此导致前者全氮含量比后者高约一倍。两者采样点数合计占总采样点数的 37.17%。其后随着海拔高度上升，采样点数逐步下降，第 3、第 4 和第 5 类的采样点

占总采样点的比例分别为 23.72%、19.92% 和 19.20%，顺序下降。与此相反的是，这三大类地貌类型发育的耕地土壤全氮的含量随着海拔高度上升而略有增加。所有地貌类型全氮含量的变幅以第 2 类最高，为 38.97%，而其他 4 种类型之间相差不大，变异系数都在 35% 左右。

表 4-17　地貌特征与全氮含量的分类比较 （g/kg，%）

类别	地貌特征	采样点数	均值	标准差	变异系数
1	低海拔、冲积或湖积平原或洼地	11 497	1.58	0.54	33.99
2	低海拔、溶蚀平原、堆积或冲积扇	3 979	0.77	0.30	38.97
3	低海拔、低台地或低丘陵	9 875	1.57	0.56	35.59
4	低海拔、高台地或高丘陵	8 292	1.55	0.55	35.79
5	大或小起伏低山或中山	7 993	1.64	0.59	35.74

（三）成土母质与土壤全氮含量

全氮含量与成土母质的关系见表 4-18。不同成土母质发育的土壤中全氮含量变幅较大且相差不多，在 33% 到 38% 之间，含量最高的是碳酸盐岩类风化物，全氮含量为 1.71g/kg，其次为泥质岩类风化物和结晶岩类风化物，全氮含量分别为 1.64g/kg 和 1.62g/kg；紫色岩类风化物和第四纪红色黏土的全氮含量也分别达到 1.55g/kg 和 1.51g/kg；河湖冲沉积物和红砂岩类风化物的全氮含量相同，都是 1.48g/kg。变异系数最高的是紫色岩类风化物，为 38.19%；最低是红砂岩类风化物，为 33.34%。最大值在泥质岩类风化物上，为 3.82g/kg；最小值在红砂岩类风化物，为 3.42g/kg。

表 4-18　不同成土母质发育的耕地土壤全氮含量统计 （g/kg，%）

母质分类	采样点数	均值	标准差	变异系数
第四纪红色黏土	7 729	1.51	0.53	35.46
河湖冲沉积物	9 761	1.48	0.54	36.61
红砂岩类风化物	3 160	1.48	0.49	33.34
结晶岩类风化物	6 745	1.62	0.55	34.06
泥质岩类风化物	8 268	1.64	0.57	34.61
碳酸盐岩类风化物	3 701	1.71	0.62	36.29
紫色岩类风化物	2 579	1.55	0.59	38.19
总计	41 943	1.56	0.56	35.80

（四）土壤质地与土壤全氮含量

表 4-19 显示，长江中游区耕地土壤的质地以壤土居多，占采样总数的 55.08%，其次为黏壤土，占 25.58%，黏土和砂土占比较少，前者为 16.32%，后者为 3.02%。全氮含量最高出现在黏壤土中，为 3.82g/kg；全氮含量最低出现在壤土中，为 0.26g/kg，平均含量最高值出现在黏土中，稍高于黏壤土 0.04 和壤土 0.11g/kg，砂土的含量最低，为 1.35g/kg。变异系数最大的是砂土，达到 40.18%；变异系数最小的是黏壤土，为 34.45%。

表 4-19 不同质地土壤中全氮含量统计（g/kg，%）

质地	采样点数	均值	标准差	变异系数
壤土	23 104	1.53	0.54	34.88
砂土	1 267	1.35	0.54	40.18
黏壤土	10 727	1.60	0.55	34.45
黏土	6 845	1.64	0.63	38.61

三、土壤全氮含量分级与变化

（一）分级

根据长江中游区土壤全氮含量状况，参照第二次土壤普查时土壤全氮及主要营养元素分级标准，将土壤全氮含量划分为 6 级。全区耕地全氮含量分级面积见图 4-2。

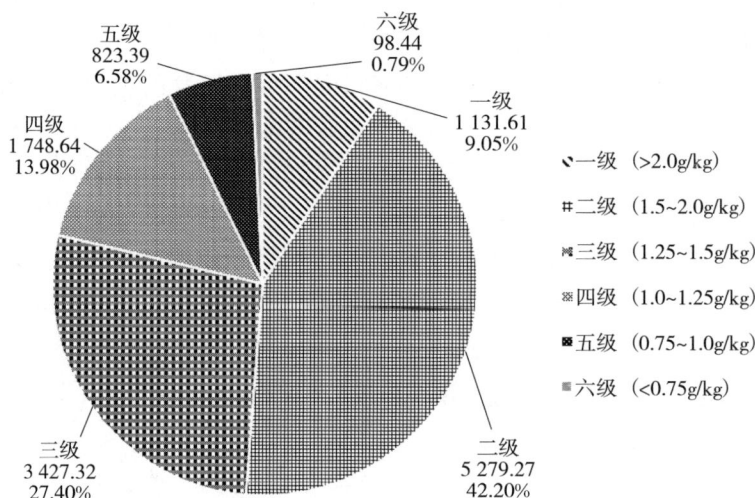

图 4-2 长江中游区耕层土壤全氮含量分级面积与比例（khm²）

土壤全氮一级水平全区共计 1 131.61khm²，占全区耕地面积的 9.05%，主要分布在湖北省 38.62khm²（占 0.31%），湖南省 877.52khm²（占 7.02%），江西省 215.46khm²（占 1.72%）。二级水平全区共计 5 279.27khm²，占全区耕地面积的 42.20%，其中湖北省 1 053.64khm²（占 8.42%），湖南省 2 534.55khm²（占 20.26%），江西省 1 691.09khm²（占 13.52%）。三级水平全区共计 3 427.32khm²，占全区耕地面积的 27.40%，其中湖北省 2 145.40khm²（占 17.15%），湖南省 564.47khm²（占 4.51%），江西省 717.44khm²（占 5.74%）。四级水平全区共计 1 748.64khm²，占全区耕地面积的 13.98%，其中湖北省 1 315.10khm²（占 10.51%），湖南省 141.67khm²（占 1.13%），江西省 291.87khm²（占 2.33%）。五级水平全区共计 823.39khm²，占全区耕地面积的 6.58%，其中湖北省 687.16khm²（占 5.49%），湖南省 19.41khm²（占 0.16%），江西省 116.82khm²（占 0.93%）。六级水平全区共计 98.44khm²，占全区耕地面积的 0.79%，其中湖北省 41.90khm²（占 0.33%），湖南省 0.09khm²（占 0.001%），江西省 56.45khm²（占 0.45%）（表 4-20）。

表 4-20　长江中游区耕层土壤全氮不同等级所占面积分析（khm²，g/kg）

省名	一级 >2	二级 1.5~2	三级 1.25~1.5	四级 1~1.25	五级 0.75~1	六级 <0.75
湖北	38.62	1 053.64	2 145.40	1 315.10	687.16	41.90
湖南	877.52	2 534.55	564.47	141.67	19.41	0.09
江西	215.46	1 691.09	717.44	291.87	116.82	56.45
总计	1 131.61	5 279.27	3 427.32	1 748.64	823.39	98.44

（二）土壤全氮含量变化分析

本次长江中游区的调查结果显示，与 20 世纪 80 年代第二次土壤普查时相比，土壤全氮含量总体呈增加趋势。

第二次土壤普查时，全区土壤全氮含量以 2、3 级为主，分别占耕地总面积的 26.89% 和 31.05%；其次是 4 级，占耕地总面积的 14.49%；5、6 级分别占耕地总面积的 9.40% 和 4.44%（表 4-21）。本次调查土壤全氮 2 级面积显著增加，占全区耕地总面积的 42.20%；其次是 3 级，占耕地总面积的 41.38%；4 级、5 级和 6 级耕地明显减少，分别占耕地面积的 6.58%、0.62% 和 0.17%。与土壤有机质含量相同的是：1 级区间土壤全氮含量显著下降，高等级分布的耕地面积由 13.73% 下降到 9.05%。总体可见长江中游区土壤全氮仍为提升。

从三省之间来看，1 级、2 级、4 级、5 级和 6 级耕地全氮的面积变化与长江中游区一致，3 级区间除了湖北省土壤全氮面积变化与整个长江中游区变化一致外，湖南省和江西省与长江中游区相反；5、6 级耕地湖北省和湖南省耕地全部消失。在 1 级区间中湖南省的耕地面积基本保持二普比例，可见湖南省的全氮含量三省中最高。

表 4-21　本次评价与第二次土壤普查时土壤全氮分级面积比较（g/kg，khm²，%）

等级	轮作区	第二次土壤普查 面积	第二次土壤普查 占比	本次评价 面积	本次评价 占比	等级	轮作区	第二次土壤普查 面积	第二次土壤普查 占比	本次评价 面积	本次评价 占比
1 (>2)	湖北	297.97	8.05	38.62	0.73	4 (0.75~1)	湖北	817.64	22.08	687.16	13.01
	湖南	753.89	21.46	877.52	21.21		湖南	346.33	9.86	19.41	0.47
	江西	419.47	11.99	215.46	6.97		江西	388.87	11.11	116.82	3.78
	长江中游区	1 471.33	13.73	1 131.61	9.05		长江中游区	1 552.85	14.49	823.39	6.58
2 (1.5~2)	湖北	562.27	15.18	1 053.64	19.95	5 (0.5~0.75)	湖北	679.74	18.35	41.90	0.79
	湖南	1 218.62	34.69	2 534.55	61.25		湖南	127.13	3.62	0.09	0.002
	江西	1 100.15	31.44	1 691.09	54.74		江西	200.17	5.72	35.41	1.15
	长江中游区	2 881.04	26.89	5 279.27	42.20		长江中游区	1 007.04	9.40	77.40	0.62
3 (1~1.5)	湖北	989.63	26.72	3 460.50	65.52	6 (<0.5)	湖北	356.44	9.62	—	—
	湖南	1 025.04	29.18	706.14	17.07		湖南	41.58	1.18	—	—
	江西	1 312.86	37.52	1 009.31	32.67		江西	77.32	2.21	21.04	0.68
	长江中游区	3 327.53	31.05	5 175.96	41.38		长江中游区	475.34	4.44	21.04	0.17

四、土壤氮素调控

在作物生产中，氮素直接影响其产量和品质。氮素营养充足，各种养分比例协调才能经济产量高、品质纯正、经济效益大，构成"高产、优质、高效"型农业；如果氮素供应不足，则作物生长发育受到明显抑制，尤其对水稻、玉米、棉花等生长期长，产量高、需氮多的作物。但是氮素过多，养分比例失调，往往会引起作物中、后期徒长，抗逆能力减弱，使产量下降、品质降低。

（一）重视平衡施肥

作物对各种养分的需求有一定的比例。因此，化学氮肥必经配合磷、钾肥等施用，有机肥料与化学氮肥配合施用。有研究结果表明，硫酸铵与柽麻配合施用时，土壤中氮素供应过程平缓而持久。水稻生长过程中、后期对氮的吸收分别超过两种肥料单独施用的吸收量。当季作物收货后，残留在土壤中的有机肥料氮量较多，该残留氮的有效性高于土壤氮。故配用有机肥料对保持和提高土壤的氮素供应能力具有积极意义。不同有机肥料对化肥氮供应过程有不同的影响，这与有机肥料的含氮量及 C/N 有关。

（二）坚持合理的施氮技术

1. 坚持"深施覆土"的原则　铵态氮肥和尿素做基肥时，坚持深施并结合耕翻覆土，利用土壤的吸附能力减少氮的挥发量，施用深度一般应大于 6cm。做追肥时，应采用穴施、沟施覆土或结合灌溉深施。为了克服氮肥深施可能出现的肥效迟缓现象，施用时间应适当提前几天，中、后期追肥时则应酌情减少用量。

2. 避免硝态氮的淋失与反硝化作用　硝态氮肥施于水田，一般不做基肥，追肥后应避免大水浇灌，雨季尽量少施或不施。避免与大量未腐熟的有机肥同时施用。这样可避免硝态氮的淋失和反硝化脱氮损失。

3. 采用合理的水、肥综合管理　长江中游区是我国重要的水稻生产区，在推行粒肥深施的基础上，提出了稻田水肥综合管理新技术，如在有排灌条件的稻田推广"以水带氮"的氮肥深施技术，对水稻节肥增产效果显著。

第三节　土壤有效磷

土壤有效磷是土壤中可被植物吸收的磷组分，包括全部水溶性磷、部分吸附态磷及有机态磷，有的土壤中还包括某些沉淀态磷。土壤有效磷是土壤磷素养分供应水平高低的指标，土壤磷素含量高低在一定程度上反映了土壤中磷素的储量和供应能力。土壤中有效磷含量低于 3mg/kg 时，土壤往往表现缺少有效磷。我国自北而南或自西向东土壤含磷量呈递减趋势。土壤中的磷主要来源于矿物质，在长期风化和成土过程中，经过生物的积累而逐渐聚积到土壤的上层。开垦后，则主要来源于施用磷肥。

一、耕地土壤有效磷含量空间差异

（一）土壤有效磷含量概况

长江中游区耕地土壤有效磷的含量，按照修改的分级标准，采样点分布特征参见表 4-22。有效磷总体样点平均值为 16.7mg/kg。

表 4-22 长江中游区耕地土壤有效磷含量概况 （mg/kg,%）

利用类型	采样点个数	均值	标准差	变异系数
旱地	10 292	16.9	10.80	64.00
水田	31 651	16.7	11.51	69.11
总体	41 943	16.7	11.34	67.87

（二）土壤有效磷含量的区域分布特征

1. 三省之间有效磷含量分布特征　长江中游区三省中（表 4-23），湖北的有效磷平均含量最低，变异幅度最大。江西省有效磷含量最高，达到 19.76mg/kg，但变异幅度处于第二位。湖南省则有效磷平均含量居中，但变异系数相对最小。

表 4-23 长江中游区三省有效磷含量特征 （mg/kg,%）

省份	采样点数	均值	标准差	变异系数
湖北省	11 239	13.3	9.80	73.53
湖南省	14 122	15.8	9.64	60.88
江西省	16 582	19.8	12.79	64.72

2. 三省地级市有效磷分布特征　不同地级市以江西省的南昌市土壤有效磷平均含量最高，为 23.4mg/kg；其次是江西省的景德镇市和抚州市，分别为 23.2mg/kg 和 22.4mg/kg；有效磷均值含量前 8 的地级市都在江西省，也表明江西省的有效磷含量三省中最高。均值含量最低的是湖北省的随州市，为 7.7mg/kg；其余各市介于 10.5～21.6mg/kg 之间。变异系数最大的是湖北省的随州市，达到 116.52%，最小的是湖南省的株洲市，为 45.53%（表 4-24）。

表 4-24 长江中游区地级市耕层土壤有效磷含量 （mg/kg,%）

省份	地级市	采样点个数	均值	标准差	变异系数
湖北省	鄂州市	103	18.2	9.89	54.30
	恩施土家族苗族自治州	964	18.2	13.21	72.43
	黄冈市	1 280	10.9	7.27	66.68
	黄石市	283	10.5	7.11	67.83
	荆门市	880	13.7	8.66	63.17
	荆州市	1 466	12.2	7.70	63.33
	潜江市	237	13.7	10.42	76.36
	神农架林区	20	17.3	12.90	74.51
	十堰市	608	15.4	11.60	75.33
	随州市	456	7.7	8.97	116.52
	天门市	363	11.6	7.38	63.52
	武汉市	608	13.6	10.44	76.79

（续）

省份	地级市	采样点个数	均值	标准差	变异系数
湖北省	仙桃市	316	11.3	7.24	64.27
	咸宁市	511	11.2	7.99	71.35
	襄阳市	1 397	12.9	8.26	64.20
	孝感市	911	14.8	10.30	69.73
	宜昌市	836	16.5	12.07	72.96
湖南省	常德市	1 174	15.7	9.12	57.99
	郴州市	1 401	15.8	9.80	62.08
	衡阳市	1 179	12.3	9.32	75.66
	怀化市	1 576	15.3	10.25	67.00
	娄底市	610	16.5	9.73	59.04
	邵阳市	1 305	16.5	8.90	53.92
	湘潭市	439	12.6	9.07	72.04
	湘西土家族苗族自治州	1 223	15.6	10.24	65.58
	益阳市	732	17.9	9.10	50.82
	永州市	1 492	17.0	10.39	61.23
	岳阳市	1 003	16.8	8.93	53.23
	张家界市	489	14.8	10.39	70.15
	长沙市	632	17.3	8.99	52.10
	株洲市	867	16.9	7.71	45.53
江西省	抚州市	1 728	22.4	14.10	62.99
	赣州市	2 928	21.6	13.46	62.19
	吉安市	2 414	19.1	11.83	61.82
	景德镇市	495	23.2	13.57	58.49
	九江市	1 818	16.3	10.42	64.07
	南昌市	1 283	23.4	14.71	62.88
	萍乡市	508	20.3	14.13	69.59
	上饶市	2 441	16.6	10.90	65.72
	新余市	497	16.6	12.28	73.87
	宜春市	1 947	19.8	11.55	58.31
	鹰潭市	523	20.5	14.57	71.05

二、有效磷含量及其影响因素

（一）不同土壤类型的有效磷含量

长江中游区主要土壤类型有效磷含量水平顺序为：暗棕壤＞棕壤＞红壤＞紫色土＞黄褐土＞黄棕壤＞水稻土＞石灰土＞黄壤＞潮土＞砂姜黑土＞新积土（表 4-25）。其中以暗棕壤土壤有效磷含量最高，为 31.9mg/kg，在 2.3～47.0mg/kg 之间变动；其次是棕壤，为

20.8mg/kg，在 2.2～47.6mg/kg 之间变动。新积土的有效磷含量最低，为 10.6mg/kg，在
5.2～18.9mg/kg 之间变动。其余土类有效磷含量则介于 13.4～18.3mg/kg。水稻土的采样
点个数为31 651个，占总采样点数的 75.46%，这反映了长江中游区的特征，同时水田土壤
有效磷的含量略低于旱地土壤。

在各类土壤中，黄棕壤的有效磷含量变异系数最大，为 71.53%；黄壤次之，为
70.33%；水稻土的变异系数位居第三，为 69.11%；砂浆黑土的变异系数最小，为
14.13%。其余土类变异系数在 41.23%～67.53% 之间。总体看，水田土壤有效磷含量的变
异系数大于旱地土壤，反映了水田土壤有效磷含量变幅大于旱地这一规律。

表 4-25　长江中游区耕地土壤土类与有效磷含量（mg/kg,%）

土类	采样点数	均值	标准差	变异系数
暗棕壤	21	31.9	13.24	41.50
潮土	2 828	15.5	10.09	65.03
红壤	3 145	18.3	10.40	56.92
黄褐土	292	17.0	10.35	61.04
黄壤	1 041	16.0	11.23	70.33
黄棕壤	1 483	16.7	11.92	71.53
砂姜黑土	4	13.4	1.89	14.13
石灰土	673	16.5	11.13	67.53
水稻土	31 651	16.7	11.51	69.11
新积土	7	10.6	4.38	41.23
紫色土	703	17.3	10.63	61.31
棕壤	95	20.8	12.47	59.87

在长江中游区的主要亚类中，以典型暗棕壤的土壤有效磷含量最高，为 31.9mg/kg，
其次是棕壤性土、黄壤性土和暗黄棕壤，分别为 22.9mg/kg、21.6mg/kg 和 20.5mg/kg；
第三个层次是黏盘黄褐土、潮棕壤、典型潮土和典型红壤，分别为 19.5mg/kg、19.5mg/kg、
18.9mg/kg 和 18.9mg/kg；有效磷含量最低的是典型新积土，为 10.6mg/kg，其余的各亚
类则介于 11.9～18.4mg/kg（表 4-26）。

变异系数以棕色石灰土最大，为 77.94%；黄棕壤性土次之，为 73.59%；典型黄棕壤
和典型黄壤变异系数为 73.29% 和 70.64%；典型砂姜黑土变异系数最小，为 14.13%，其
余各亚类变异系数介于 41.23%～68.90%。

表 4-26　长江中游区耕地土壤亚类与有效磷含量（mg/kg,%）

亚类	采样点数	均值	标准差	变异系数
暗黄棕壤	326	20.5	12.59	61.52
典型暗棕壤	21	31.9	13.24	41.50
潮棕壤	58	19.5	11.98	61.40
典型潮土	649	18.9	10.81	57.13

（续）

亚类	采样点数	均值	标准差	变异系数
典型红壤	2 065	18.9	10.21	54.06
典型黄褐土	106	12.4	7.33	58.90
典型黄壤	1 013	15.8	11.17	70.64
典型黄棕壤	731	14.9	10.89	73.29
黑色石灰土	138	17.6	10.61	60.14
红壤性土	158	18.4	9.38	50.92
红色石灰土	230	17.0	10.64	62.64
黄红壤	527	17.2	10.68	62.02
黄壤性土	28	21.6	12.19	56.40
黄色石灰土	54	15.3	8.99	58.73
黄棕壤性土	426	16.9	12.41	73.59
灰潮土	2 163	14.5	9.66	66.52
漂洗水稻土	158	13.6	8.87	65.10
潜育水稻土	2 454	15.7	10.73	68.33
典型砂姜黑土	4	13.4	1.89	14.13
渗育水稻土	945	14.3	8.85	61.80
湿潮土	16	11.9	5.90	49.58
石灰性紫色土	234	16.7	10.96	65.69
酸性紫色土	293	18.1	9.88	54.55
典型新积土	7	10.6	4.38	41.23
淹育水稻土	3 302	13.6	9.01	66.19
黏盘黄褐土	186	19.5	10.94	56.01
中性紫色土	176	16.9	11.34	67.07
潴育水稻土	24 792	17.3	11.90	68.90
棕红壤	395	16.4	11.06	67.52
棕壤性土	37	22.9	13.09	57.24
棕色石灰土	251	15.6	12.19	77.94

（二）地貌类型与土壤有效磷含量

表 4-27 反映，各种地貌类型中，采样点主要集中在第一类中，第二类较少，但是该类型与第一类相似，都是低海拔，只是成土母质不一样，前者是冲击或沉积物，后者以堆积、溶蚀和沉积扇为主，由此导致前者有效磷含量比后者高约 2mg/kg。两者采样点数合计占总采样点数目的 37.17%。其后随着海拔高度上升，采样点数目逐步下降，第 3、第 4 和第 5 类的采样点占总采样点的比例分别为 23.72%、19.92% 和 19.20%，顺序下降，变异系数逐渐上升。这三大地貌类型发育的耕地土壤有效磷含量都在 16mg/kg 以上。有效磷含量最高的在第一类地貌中，为 17.4mg/kg，最低的在第一类地貌中，为 15.6mg/kg。所有地貌类型有效磷含量的变异系数都在 66%~70% 之间，其中以第二类最高，第一类最低，二者相差 3.7%。

表 4-27 地貌特征与有效磷含量的分类比较（mg/kg,%）

类别	地貌特征	采样点数	均值	标准差	变异系数
1	低海拔、冲积或湖积平原或洼地	11 497	17.4	11.51	66.19
2	低海拔、溶蚀平原、堆积或冲积扇	3 979	15.6	10.91	69.90
3	低海拔、低台地或低丘陵	9 875	16.7	11.27	67.62
4	低海拔、高台地或高丘陵	8 292	16.5	11.33	68.44
5	大或小起伏低山或中山	7 993	16.6	11.41	68.89

（三）成土母质与土壤有效磷含量

有效磷含量与成土母质的关系见表 4-28。不同成土母质发育的土壤中有效磷含量变幅较大且相差不多，在 65%到 71%之间，含量最高的是红砂岩类风化物，有效磷含量为 19.8mg/kg，其次为泥质岩类和结晶岩类风化物，有效磷含量分别为 17.1mg/kg 和 16.6mg/kg；河湖冲沉积物和第四纪红色黏土的有效磷含量也分别达到 16.6mg/kg 和 16.3mg/kg；碳酸盐类风化物和紫色岩类风化物的有效磷含量最低，分别只有 15.9mg/kg 或 14.8mg/kg。

表 4-28 不同成土母质发育的耕地土壤有效磷含量统计（mg/kg,%）

母质分类	采样点数	占比	均值	标准差	变异系数
红砂岩类风化物	3 160	7.53	19.8	13.41	67.68
泥质岩类风化物	8 268	19.71	17.1	11.33	66.12
结晶岩类风化物	6 745	16.08	16.6	11.49	69.22
河湖冲沉积物	9 761	23.27	16.6	11.14	67.20
第四纪红色黏土	7 729	18.43	16.3	11.03	67.65
碳酸盐岩类风化物	3 701	8.82	15.9	10.31	65.06
紫色岩类风化物	2 579	6.15	14.8	10.55	71.08
合计（平均）	41 943	100.00	16.7	11.34	67.87

（四）土壤质地与土壤有效磷含量

表 4-29 显示，长江中游区耕地土壤的质地以壤土居多，占采样总数的 55.08%，其次为黏壤土，占 25.58%，黏土和砂土占比较少，前者为 16.32%，后者为 3.02%。有效磷含量最高出现在黏壤土中，达到 82.50mg/kg，最小值相同，都为 1.30mg/kg，平均含量最高值也出现在黏壤土中，稍高于壤土 16.67mg/kg 和黏土 15.65mg/kg，砂土中有效磷含量最低，为 15.27mg/kg。

各类质地土壤有效磷含量变幅都较大，其中砂土最大，黏土最小。

表 4-29 不同质地土壤中有效磷含量统计（mg/kg,%）

质地	采样点数	均值	标准差	变异系数
壤土	23 104	16.7	11.44	68.65
砂土	1 267	15.3	11.00	72.05
黏壤土	10 727	17.7	11.91	67.51
黏土	6 845	15.7	9.93	63.43

三、土壤有效磷含量分级与变化

(一) 分级

根据长江中游区土壤有效磷含量状况，参照第二次土壤普查时土壤有效磷及主要营养元素分级标准，将土壤有效磷含量划分为 6 级。全区耕地有效磷含量分级面积见图 4-3。

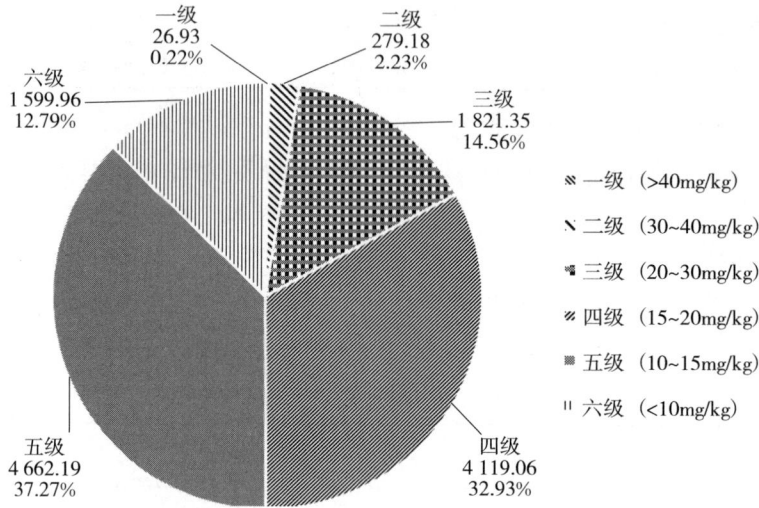

图 4-3　长江中游区耕层土壤有效磷含量分级面积与比例（khm²）

土壤有效磷一级水平全区共计 26.93khm²，占全区耕地面积的 0.22%，主要分布在江西省 26.93khm²（占 0.22%），湖北省和湖南省无此级别的耕地。二级水平全区共计279.18khm²，占全区耕地面积的 2.23%，其中湖北省 20.51khm²（占 0.16%），湖南省5.05khm²（占 0.04%），江西省 253.61khm²（占 2.03%）。三级水平全区共计1 821.35khm²，占全区耕地面积的 14.56%，其中湖北省 336.45khm²（占 2.69%），湖南省454.55khm²（占 3.63%），江西省 1 030.35khm²（占 8.24%）。四级水平全区共计4 119.06khm²，占全区耕地面积的 32.93%，其中湖北省 1 291.52khm²（占 10.32%），湖南省1 874.40khm²（占 14.98%），江西省 953.14khm²（占 7.62%）。五级水平全区共计4 662.19khm²，占全区耕地面积的 37.27%，其中湖北省 2 456.23khm²（占 19.64%），湖南省 1 541.58khm²（占 12.32%），江西省 664.38khm²（占 5.31%）。六级水平全区共计1 599.96khm²，占全区耕地面积的 12.79%，其中湖北省 1 177.11khm²（占 9.41%），湖南省 262.13khm²（占 2.10%），江西省 160.72khm²（占 1.28%）（表 4-30）。

表 4-30　长江中游区耕层土壤有效磷不同等级所占面积分析（khm²，mg/kg）

省名	一级 >40	二级 30~40	三级 20~30	四级 15~20	五级 10~15	六级 <10
湖北	—	20.51	336.45	1 291.52	2 456.23	1 177.11
湖南	—	5.05	454.55	1 874.40	1 541.58	262.13
江西	26.93	253.61	1 030.35	953.14	664.38	160.72
总计	26.93	279.18	1 821.35	4 119.06	4 662.19	1 599.96

（二）土壤有效磷含量变化分析

本次长江中游区的调查结果显示，与20世纪80年代第二次土壤普查时相比，土壤有效磷含量总体呈增加趋势。

第二次土壤普查时，全区土壤有效磷含量以4、5级为主，分别占耕地总面积的34.66％和24.78％；其次是6级，占耕地总面积的18.92％；2、3级分别占耕地总面积的4.47％和16.01％（表4-31）。本次调查土壤有机质3级面积显著增加，占全区耕地总面积的70.51％；2级也略有增加，占耕地总面积的16.79％；4级、5级和6级耕地明显减少，分别占总耕地面积的12.26％、0.88％和0.29％；1级区间土壤有效磷含量略有下降，高等级分布的耕地面积减少了。总体上长江中游区土壤有效磷仍然提升。

从三省之间来看，2级、3级、4级、5级和6级耕地有效磷的面积变化与长江中游区一致，1级区间湖北省和湖南省面积变化与整个长江中游区变化一致，江西省与长江中游区相反，同时湖北省和湖南省处于该级别的耕地全部消失；在2级区间江西省的有效磷含量增长了近10倍，可见三省中江西省的有效磷含量最高。

表4-31　本次评价与第二次土壤普查时土壤有效磷分级面积比较（mg/kg，khm²，％）

等级	轮作区	第二次土壤普查		本次评价		等级	轮作区	第二次土壤普查		本次评价	
		面积	占比	面积	占比			面积	占比	面积	占比
1 （>40）	湖北	27.47	0.74	—	—	4 （6~10）	湖北	1 175.87	31.75	1 095.96	20.75
	湖南	67.80	1.93	—	—		湖南	1 203.72	34.27	272.74	6.59
	江西	27.98	0.80	26.93	0.87		江西	1 334.55	38.14	165.36	5.35
	长江中游区	123.25	1.15	26.93	0.22		长江中游区	3 714.14	34.66	1 534.07	12.26
2 （20~40）	湖北	131.09	3.54	356.96	6.76	5 （4~6）	湖北	1 141.45	30.82	97.53	1.85
	湖南	189.02	5.38	459.60	11.11		湖南	773.11	22.01	5.56	0.13
	江西	159.15	4.55	1 283.96	41.56		江西	740.42	21.16	6.45	0.21
	长江中游区	479.26	4.47	2 100.52	16.79		长江中游区	2 654.98	24.78	109.54	0.88
3 （10~20）	湖北	446.91	12.07	3 755.35	71.10	6 （<4）	湖北	780.90	21.08	36.58	0.69
	湖南	646.40	18.40	3 433.38	82.98		湖南	632.53	18.01	—	—
	江西	622.39	17.79	1 630.98	52.80		江西	614.35	17.56	—	—
	长江中游区	1 715.70	16.01	8 819.72	70.51		长江中游区	2 027.78	18.92	36.58	0.29

四、土壤有效磷调控

提高土壤中磷的有效性，一般要从以下三方面调控：一是采取增施磷肥来增加土壤中有效磷的含量，以保证供给当季作物对磷的吸收利用。二是调节土壤环境条件，如在酸性土壤上施石灰，在碱性土壤上施石膏，尽量减弱土壤中的固磷机制。三是要促使土壤中难溶态磷的溶解，提高磷的活性，使难溶性磷逐渐转化为有效态磷。

根据土壤条件和固磷机制的不同，一般可采取以下农业措施。

（一）调节土壤 pH

在酸性土壤上施用石灰，降低其酸性，以减少土壤中的活性 Al^{3+}、Fe^{3+} 数量，降低固磷作用。由于土壤酸度降低有利于微生物的活动，从而增强了有机磷矿化过程的进行。

（二）磷肥与有机肥混施

磷化肥与有机肥混合堆沤后一起施用，效果较好。因为有机肥在分解过程中所产生的中间产物（有机酸类），对铁、铝、钙能够起一定的络合作用，因而降低了 Al^{3+}、Fe^{3+}、Ca^{2+} 的离子浓度，可减弱磷的表面固定作用。在石灰性土壤上结合施用大量的有机肥也可以降低磷的固定作用，从而提高磷的有效性。

（三）集中施磷肥

采取集中施用磷肥的方法，尽量减少或避免与土壤的接触面，把磷肥施在根系附近效果较好。因为磷的活动性很小，穴施、条施或把磷肥制成颗粒肥、或采取叶面喷肥等，均可提高磷肥的有效性。在酸性土壤上施用酸溶性磷肥，如磷矿粉、钙镁磷肥等，应采用撒施，磷肥剂型以粉状为好，其细度越细，效果越好，尽量多与土壤接触才能提高其有效性。

第四节　土壤速效钾

钾是作物生长发育过程中所必需的营养元素之一，土壤中钾主要呈无机形态存在，根据钾的存在形态和作物吸收能力，可将土壤中钾素分为四部分：土壤含钾矿物，即难溶性钾，占全钾的 90%～98%；非交换态钾，属缓效性钾，占全钾 1%～10%；交换性钾和水溶性钾，同属速效性钾，可直接为作物吸收利用，仅占全钾的 1%～2%，其含量从<100mg/kg 至几百 mg/kg，而水溶性钾只有几个 mg/kg。土壤中速效性钾含量的高低，对判断土壤肥力，指导合理施肥，满足作物丰产的营养要求，都有它重要的意义。

一、耕地土壤速效钾含量空间差异

（一）土壤速效钾含量概况

长江中游区耕地土壤速效钾的含量，采样点分布特征参见表 4-32。速效钾总体样点平均为 97mg/kg，其组成中，旱地土壤平均为 116mg/kg；水田土壤平均含量为 91mg/kg。最大值出现在旱地土壤中，达 599mg/kg，最小值为 13mg/kg，出现在水田土壤中。变异系数总体比水田旱地都高，为 55.25%，水田土壤和旱地土壤大致相等。

表 4-32　长江中游区耕地土壤速效钾含量概况（mg/kg，%）

利用类型	采样点个数	均值	标准差	变异系数
旱地	10 292	116	62.39	53.75
水田	31 651	91	49.12	53.86
总体	41 943	97	53.76	55.25

（二）速效钾含量的区域分布特征

1. 三省之间速效钾含量分布特征　长江中游区三省中（表 4-33），江西省的速效钾平均含量最低，为 87mg/kg，湖北平均含量最高，达 105mg/kg，比江西总体平均高 18mg/kg，比湖南高 2mg/kg。

三省速效钾的最大值和最小值都出现在湖南省，分别为 599mg/kg 和 13mg/kg。变异系数最大同样也在湖南省，为 58.16%，湖北省和江西省的变异系数差距不大，分别为 51.86% 和 52.38%。

表 4-33　长江中游区三省速效钾含量特征（mg/kg，%）

省份	采样点个数	均值	标准差	变异系数
湖北省	11 239	105	54.35	51.86
湖南省	14 122	103	59.83	58.16
江西省	16 582	87	45.82	52.38

2. 三省地级市速效钾分布特征　不同地级市以湖南省的湘潭市土壤速效钾平均含量最高，为 147mg/kg；其次是湖北省的襄阳市、随州市和潜江市，分别为 129mg/kg、126mg/kg 和 125mg/kg；均值含量最低的是湖北省的黄冈市，为 69mg/kg；其余各市介于 75～122mg/kg 之间。变异系数最大的是湖南省的怀化市，为 64.74%，最小的是湖北省的仙桃市，为 31.65%（表 4-34）。

表 4-34　长江中游区地级市耕层土壤速效钾含量（mg/kg，%）

省份	地级市	采样点个数	均值	标准差	变异系数
湖北省	鄂州市	103	105	46.62	44.42
	恩施土家族苗族自治州	964	110	56.22	51.29
	黄冈市	1 280	69	42.23	60.85
	黄石市	283	86	42.21	48.85
	荆门市	880	101	50.24	49.92
	荆州市	1 466	95	46.32	48.52
	潜江市	237	125	73.17	58.66
	神农架林区	20	118	62.64	53.00
	十堰市	608	119	63.83	53.59
	随州市	456	126	54.47	43.11
	天门市	363	105	47.08	44.87
	武汉市	608	104	63.59	61.10
	仙桃市	316	107	33.78	31.65
	咸宁市	511	88	47.32	53.64
	襄阳市	1 397	129	44.76	34.68
	孝感市	911	108	50.87	47.24
	宜昌市	836	118	62.75	53.05
湖南省	常德市	1 174	93	42.47	45.73
	郴州市	1 401	97	56.09	57.98
	衡阳市	1 179	124	60.88	48.95

（续）

省份	地级市	采样点个数	均值	标准差	变异系数
湖南省	怀化市	1 576	87	59.20	67.74
	娄底市	610	97	59.90	61.55
	邵阳市	1 305	96	55.49	57.67
	湘潭市	439	147	62.26	42.45
	湘西土家族苗族自治州	1 223	121	67.18	55.69
	益阳市	732	99	55.70	56.02
	永州市	1 492	89	58.62	66.10
	岳阳市	1 003	113	52.22	46.33
	张家界市	489	122	70.90	57.91
	长沙市	632	101	64.38	63.83
	株洲市	867	98	54.02	54.91
江西省	抚州市	1 728	82	41.85	51.07
	赣州市	2 928	75	42.38	56.85
	吉安市	2 414	94	47.76	50.75
	景德镇市	495	94	36.36	38.70
	九江市	1 818	94	48.22	51.26
	南昌市	1 283	91	50.31	55.15
	萍乡市	508	102	45.92	44.94
	上饶市	2 441	83	46.63	56.01
	新余市	497	107	50.29	46.80
	宜春市	1 947	85	41.25	48.79
	鹰潭市	523	107	34.87	32.73

二、速效钾含量及其影响因素

（一）不同土壤类型的速效钾含量

长江中游区主要土壤类型速效钾含量水平顺序为：砂姜黑土＞石灰土＞棕壤＞黄壤＞暗棕壤＞黄棕壤＞黄褐土＞紫色土＞红壤＞潮土＞水稻土＞新积土（表4-35）。其中以砂姜黑土土壤速效钾含量最高，都为178mg/kg，在129～294mg/kg之间变动；其次是石灰土，为129mg/kg，在30～563mg/kg之间变动。新积土的速效钾含量最低，为83mg/kg，在31～165mg/kg之间变动。其余土类速效钾含量则介于91～126mg/kg。水稻土的采样点个数为31 651个，占总采样点数的75.46%，这反映了长江中游区的特征，同时水稻土的速效钾含量仅为91mg/kg，水田土壤速效钾的含量明显小于旱地土壤。

在各类土壤中，红壤的速效钾含量变异系数最大，为59.86%；暗棕壤次之，为58.06%；黄褐土的变异系数最小，为39.91%。其余土类变异系数在43.94～55.44%之间。总体看，旱地土壤速效钾含量的变异系数与水稻土相当。

表 4-35 长江中游区耕地土壤土类与速效钾含量（mg/kg，%）

土类	采样点数	均值	标准差	变异系数
暗棕壤	21	122	70.92	58.06
潮土	2 828	111	55.53	49.97
红壤	3 145	112	67.15	59.86
黄褐土	292	120	47.82	39.91
黄壤	1 041	126	61.01	48.54
黄棕壤	1 483	121	64.32	53.19
砂姜黑土	4	178	78.10	43.94
石灰土	673	129	63.74	49.54
水稻土	31 651	91	49.12	53.86
新积土	7	83	41.23	49.76
紫色土	703	114	63.03	55.44
棕壤	95	127	68.71	54.20

在长江中游区的主要亚类中，以典型砂姜黑土的土壤速效钾含量最高，为 178mg/kg，其次是黄色石灰土、湿潮土和典型黄褐土，分别为 161mg/kg、150mg/kg 和 139mg/kg；第三个层次是棕色石灰土、暗黄棕壤和黄壤性土，分别为 138mg/kg、132mg/kg 和 130mg/kg；速效钾含量最低的是典型新积土，为 83mg/kg，其余的各亚类则介于 90～127mg/kg（表 4-36）。

变异系数以漂洗水稻土最大，为 72.44%；黄色石灰土次之，为 66.73%；红壤性土和黄红壤变异系数分别为 60.96% 和 60.30%；典型黄褐土变异系数最小，为 35.07%，其余各亚类变异系数介于 35.25%～59.33%。

表 4-36 长江中游区耕地土壤亚类与速效钾含量（mg/kg，%）

亚类	采样点数	均值	标准差	变异系数
暗黄棕壤	326	132	78.07	59.05
典型暗棕壤	21	122	70.92	58.06
潮棕壤	58	126	74.63	59.07
典型潮土	649	107	56.78	53.18
典型红壤	2 065	113	67.00	59.33
典型黄褐土	106	139	48.59	35.07
典型黄壤	1 013	126	61.01	48.59
典型黄棕壤	731	120	55.52	46.23
黑色石灰土	138	120	66.89	55.57
红壤性土	158	117	71.54	60.96
红色石灰土	230	116	49.28	42.36
黄红壤	527	123	74.17	60.30
黄壤性土	28	130	61.90	47.51
黄色石灰土	54	161	107.49	66.73

（续）

亚类	采样点数	均值	标准差	变异系数
黄棕壤性土	426	114	65.74	57.80
灰潮土	2 163	112	55.03	49.07
漂洗水稻土	158	93	67.57	72.44
潜育水稻土	2 454	90	49.50	54.92
典型砂姜黑土	4	178	78.10	43.94
渗育水稻土	945	98	42.84	43.59
湿潮土	16	150	52.90	35.25
石灰性紫色土	234	115	62.86	54.63
酸性紫色土	293	116	66.81	57.36
典型新积土	7	83	41.23	49.76
淹育水稻土	3 302	96	48.72	50.73
黏盘黄褐土	186	109	44.06	40.37
中性紫色土	176	107	56.29	52.51
潴育水稻土	24 792	90	49.16	54.40
棕红壤	395	92	49.91	54.44
棕壤性土	37	127	59.21	46.46
棕色石灰土	251	138	57.53	41.83

（二）地貌类型与土壤速效钾含量

地貌是组成自然环境的基本因素，也是耕地发育的重要条件，研讨地貌类型与土壤速效钾含量的关系，综合分析各种地貌类型的速效钾含量特征是因地制宜进行耕地土壤管理与农业生产规划的基础性工作。

由表 4-37 反映，速效钾的最大值出现在第三类地貌类型中，达到 599mg/kg，第五类地貌次之，为 590mg/kg；最小值除了第三种地貌类型外，都只有 13mg/kg。最大值和最小值的差距很大，超过了 46 倍。速效钾的平均含量第二类最高，达到 107mg/kg，第四类最低，为 91mg/kg，相差 1.18 倍。

变异系数以第五类最高，为 60.50%，最小的为第二类，为 51.49%，总体都超过了 50%。

表 4-37　地貌特征与速效钾含量的分类比较（mg/kg，%）

类别	地貌特征	采样点数	均值	标准差	变异系数
1	低海拔、冲积或湖积平原或洼地	11 497	96	51.64	53.78
2	低海拔、溶蚀平原、堆积或冲积扇	3 979	107	54.89	51.49
3	低海拔、低台地或低丘陵	9 875	96	51.48	53.51
4	低海拔、高台地或高丘陵	8 292	91	49.10	54.02
5	大或小起伏低山或中山	7 993	102	61.65	60.50

（三）成土母质与土壤中速效钾含量

速效钾含量与成土母质的关系见表 4-38。不同成土母质发育的土壤中速效钾含量均值最高的是碳酸盐岩类风化物，为 107mg/kg，其次为第四纪红色黏土和河湖冲沉积物，速效钾含量分别为 101mg/kg 和 99mg/kg；泥质岩类风化物和紫色岩类风化物速效钾含量相同，都是 98mg/kg，红砂岩类风化物和结晶岩类风化物分别为 90mg/kg 和 87mg/kg。

变异系数最高的是结晶岩类风化物，为 60.22%；最低是第四纪红色黏土，为 50.53%。最大值也在结晶岩类风化物上，为 599mg/kg；最小值在河湖冲沉积物、泥质岩类风化物、第四纪红色黏土和紫色岩类风化物，都为 13mg/kg。

表 4-38　不同成土母质发育的耕地土壤速效钾含量统计（mg/kg,%）

母质分类	采样点数	均值	标准差	变异系数
第四纪红色黏土	7 729	101	51.15	50.53
河湖冲沉积物	9 761	99	52.24	52.87
红砂岩类风化物	3 160	90	49.57	55.04
结晶岩类风化物	6 745	87	52.69	60.22
泥质岩类风化物	8 268	98	54.68	55.71
碳酸盐岩类风化物	3 701	107	61.06	57.03
紫色岩类风化物	2 579	98	55.90	57.30

（四）土壤质地与土壤速效钾含量

表 4-39 显示，长江中游区耕地土壤的质地以壤土居多，占采样总数的 55.08%，其次为黏壤土，占 25.58%，黏土和砂土占比较少，前者为 16.32%，后者为 3.02%。速效钾含量最高出现在黏壤土中，为 599mg/kg；速效钾含量除砂土外，最低都为 13mg/kg，平均含量最高值出现在黏土中，为 105mg/kg，壤土的含量最低，为 95mg/kg。变异系数最大的是砂土，达到 55.97%；变异系数最小的是壤土，为 54.75%。

表 4-39　不同质地土壤中速效钾含量统计（mg/kg,%）

质地	采样点数	均值	标准差	变异系数
壤土	23 104	95	51.89	54.75
砂土	1 267	104	58.07	55.97
黏壤土	10 727	97	53.94	55.61
黏土	6 845	105	57.86	55.05

三、土壤速效钾含量分级

根据长江中游区土壤速效钾含量状况，参照第二次土壤普查时土壤速效钾及主要营养元素分级标准，将土壤速效钾含量划分为 6 级。全区耕地速效钾含量分级面积见图 4-4。

土壤速效钾一级水平全区共计 559.62khm² ，占全区耕地面积的 4.47%，主要分布在湖北省 281.70khm²（占 2.25%），湖南省 151.17khm²（占 1.21%），江西省 126.74khm²（占 1.01%）。二级水平全区共计 2 353.19khm²，占全区耕地面积的 18.81%，其中湖北省 1 281.16khm²（占 10.24%），湖南省 729.74khm²（占 5.83%），江西省 342.29khm²（占 2.74%）。三级水平全区共计 3 159.79khm²，占全区耕地面积的 25.26%，其中湖北省 1 425.10khm²（占 11.39%），湖南省 1 203.41khm²（占 9.62%），江西省 531.28khm²（占 4.25%）。四级水平全区共计 3 316.03khm²，占全区耕地面积的 26.51%，其中湖北省 1 285.22khm²（占 10.27%），湖南省 1 202.17khm²（占 9.61%），江西省 828.64khm²（占

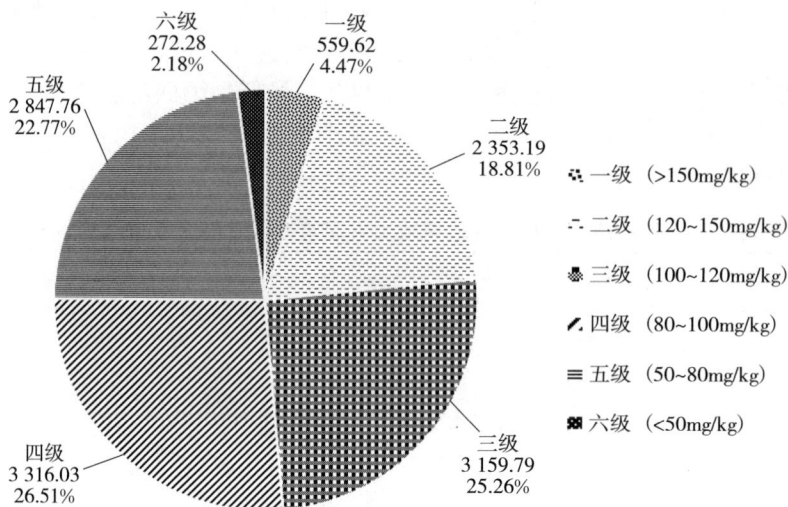

图 4-4 长江中游区耕层土壤速效钾含量分级面积与比例（khm²）

6.62%）。五级水平全区共计 2 847.76khm²，占全区耕地面积的 22.77%，其中湖北省
890.86khm²（占 7.12%），湖南省 832.95khm²（占 6.66%），江西省 1 123.95khm²（占
8.99%）。六级水平全区共计 272.28khm²，占全区耕地面积的 2.18%，其中湖北省
117.78khm²（占 0.94%），湖南省 18.28khm²（占 0.15%），江西省 136.23khm²（占
1.09%）（表 4-40）。

表 4-40 长江中游区耕层土壤速效钾不同等级所占面积分析（khm²，mg/kg）

省名	一级	二级	三级	四级	五级	六级
	>150	120~150	100~120	80~100	50~80	<50
湖北	281.70	1 281.16	1 425.10	1 285.22	890.86	117.78
湖南	151.17	729.74	1 203.41	1 202.17	832.95	18.28
江西	126.74	342.29	531.28	828.64	1 123.95	136.23
总计	559.62	2 353.19	3 159.79	3 316.03	2 847.76	272.28

第五节 土壤缓效钾

　　钾是作物生长发育过程中所必需的营养元素之一，与作物的生理代谢、抗逆品质改善密
切相关，被认为是品质元素。钾还可以提高肥料的利用率，改善环境质量。土壤中的钾素呈
无机态存在，根据钾的存在形态和作物吸收能力，可把土壤中钾素分为 4 个类型：土壤矿物
态钾，此为难溶性钾；非交换态钾，为缓效性钾（缓效钾）；交换性钾；水溶性钾。后两种
合成为速效性钾（速效钾），一般占全钾的 1%～2%，可以被当季作物吸收利用，是反映土
壤肥力高低的标志之一。

　　缓效钾主要指 2：1 型层状硅酸盐矿物层间和颗粒边缘的一部分钾，通常占全钾含量的
1%～10%。缓效钾是速效钾的贮备库，当速效钾因作物吸收和淋失，浓度降低时，部分缓
效钾可以释放出来转化为交换性钾和溶液钾，成为速效钾。因此，判断土壤供钾能力应综合
考虑土壤速效钾和土壤缓效钾两项指标。如果土壤速效钾含量低，而缓效钾含量较高时，土

壤的供钾能力并不一定低,施用钾肥往往效果不明显。只有土壤速效钾和缓效钾含量都低的情况下,施用钾肥的效果才十分显著。

一、耕地土壤缓效钾含量空间差异

(一)土壤缓效钾含量概况

长江中游区耕地土壤缓效钾的含量,按照修改的分级标准,采样点分布特征参见表 4-41。缓效钾总体样点平均值为 301mg/kg,其组成中,旱地土壤采样点占 24.54%,平均为 359mg/kg;水田土壤采样点占 75.46%,平均含量为 283mg/kg。旱地土壤缓效钾含量的变异幅度与水稻土相当。

表 4-41 长江中游区耕地土壤缓效钾含量概况(mg/kg,%)

利用类型	采样点个数	均值	标准差	变异系数
旱地	10 292	359	245.35	68.41
水田	31 651	283	189.40	67.05
总体	41 943	301	207.16	68.78

(二)土壤缓效钾含量的区域分布特征

1. 三省之间缓效钾含量分布特征 长江中游区三省中(表 4-42),湖北省的缓效钾平均含量最高,变异幅度最大。江西省的与湖北省正好相反,不仅有机质含量最低,只有 245mg/kg,而且变异幅度相对最小。湖南省则无论是含量高低还是含量变化均介于其中。

表 4-42 长江中游区三省缓效钾含量特征(mg/kg,%)

省份	采样点数	均值	标准差	变异系数
湖北省	11 239	454	308.32	67.91
湖南省	14 122	246	152.74	62.08
江西省	16 582	245	51.23	20.95

2. 三省地级市缓效钾分布特征 不同地级市以湖北省的仙桃市土壤缓效钾平均含量最高,为 933mg/kg;其次是湖北省的神农架林区和天门市,分别为 788mg/kg 和 708mg/kg;均值含量最低的是湖南省的株洲市,为 200mg/kg;其余各市介于 210~626mg/kg 之间。变异系数最大的是湖北省的咸宁市,为 87.15%,最小的是江西省的新余市,为 13.52%(表 4-43)。

表 4-43 长江中游区地级市耕层土壤缓效钾含量(mg/kg,%)

省份	地级市	采样点个数	均值	标准差	变异系数
湖北省	鄂州市	103	410	96.20	23.49
	恩施土家族苗族自治州	964	295	225.46	76.43
	黄冈市	1 280	626	401.74	64.14
	黄石市	283	616	333.74	54.14
	荆门市	880	335	165.23	49.33
	荆州市	1 466	496	359.60	72.57
	潜江市	237	235	161.24	68.59

（续）

省份	地级市	采样点个数	均值	标准差	变异系数
湖北省	神农架林区	20	788	165.33	20.99
	十堰市	608	395	242.73	61.52
	随州市	456	229	98.33	42.97
	天门市	363	708	264.91	37.41
	武汉市	608	383	189.44	49.42
	仙桃市	316	933	202.55	21.71
	咸宁市	511	392	341.72	87.15
	襄阳市	1 397	427	210.36	49.22
	孝感市	911	455	295.44	64.90
	宜昌市	836	438	200.13	45.72
湖南省	常德市	1 174	278	128.86	46.38
	郴州市	1 401	221	153.98	69.56
	衡阳市	1 179	257	159.62	62.23
	怀化市	1 576	210	160.09	76.11
	娄底市	610	211	138.34	65.46
	邵阳市	1 305	219	155.31	70.76
	湘潭市	439	301	203.85	67.75
	湘西土家族苗族自治州	1 223	262	115.92	44.29
	益阳市	732	260	137.24	52.84
	永州市	1 492	210	130.14	61.87
	岳阳市	1 003	349	167.22	47.86
	张家界市	489	309	115.41	37.31
	长沙市	632	249	170.18	68.39
	株洲市	867	200	121.97	60.85
江西省	抚州市	1 728	240	53.48	22.26
	赣州市	2 928	241	51.69	21.48
	吉安市	2 414	248	44.22	17.85
	景德镇市	495	242	64.02	26.45
	九江市	1 818	242	62.10	25.68
	南昌市	1 283	249	42.51	17.06
	萍乡市	508	248	36.24	14.61
	上饶市	2 441	243	55.87	22.97
	新余市	497	254	34.34	13.52
	宜春市	1 947	245	49.80	20.31
	鹰潭市	523	259	36.33	14.05

二、缓效钾含量及其影响因素

(一) 不同土壤类型的缓效钾含量

长江中游区主要土壤类型缓效钾含量水平顺序为：砂姜黑土＞潮土＞黄棕壤＞棕壤＞黄壤＞石灰土＞黄褐土＞紫色土＞水稻土＞红壤＞新积土＞暗棕壤（表 4-44）。其中以砂姜黑土土壤缓效钾含量最高，为726mg/kg，在527～981mg/kg之间变动；其次是潮土，为459mg/kg，在25～1 487mg/kg之间变动。暗棕壤的缓效钾含量最低，为184mg/kg，在106～346mg/kg之间变动。其余土类缓效钾含量则介于202～409mg/kg。水稻土的采样点个数为31 651个，占总采样点数的75.46%，这反映了长江中游区的特征，同时水田土壤缓效钾的含量明显小于旱地土壤。

在各类土壤中，水稻土的缓效钾含量变异系数最大，为67.05%；黄棕壤次之，为65.87%；新积土的变异系数最小，为19.08%。其余土类变异系数在30.05～65.49%之间。

表4-44　长江中游区耕地土壤土类与缓效钾含量（mg/kg,%）

土类	采样点数	均值	标准差	变异系数
暗棕壤	21	184	63.89	34.64
潮土	2 828	459	298.03	64.88
红壤	3 145	266	170.19	64.09
黄褐土	292	335	184.91	55.16
黄壤	1 041	351	207.04	58.91
黄棕壤	1 483	409	269.50	65.87
砂姜黑土	4	726	218.22	30.05
石灰土	673	344	200.70	58.26
水稻土	31 651	282	189.40	67.05
新积土	7	202	38.54	19.08
紫色土	703	300	161.96	53.99
棕壤	95	372	243.46	65.49

在长江中游区的主要亚类中，以典型砂姜黑土的土壤缓效钾含量最高，为726mg/kg，其次是典型黄褐土、黄棕壤性土和灰潮土，分别为512mg/kg、491mg/kg和489mg/kg；第三个层次是棕色石灰土、潮棕壤和暗黄棕壤，分别为446mg/kg、399mg/kg和382mg/kg；缓效钾含量最低的是典型暗棕壤，为184mg/kg，其余的各亚类则介于202～374mg/kg（表4-45）。

变异系数以淹育水稻土最大，为74.71%；潮棕壤次之，为72.05%；红壤性土和棕红壤变异系数为71.00%和68.49%；典型新积土变异系数最小，为19.08%，其余各亚类变异系数介于27.61%～66.18%。

表4-45　长江中游区耕地土壤亚类与缓效钾含量（mg/kg,%）

亚类	采样点数	均值	标准差	变异系数
暗黄棕壤	326	382	216.97	56.87
典型暗棕壤	21	184	63.89	34.64
潮棕壤	58	399	287.26	72.05
典型潮土	649	364	204.44	56.10
典型红壤	2 065	247	148.79	60.14

（续）

亚类	采样点数	均值	标准差	变异系数
典型黄褐土	106	512	190.88	37.31
典型黄壤	1 013	354	208.06	58.74
典型黄棕壤	731	374	243.72	65.24
黑色石灰土	138	301	171.35	56.98
红壤性土	158	261	185.07	71.00
红色石灰土	230	272	160.59	59.00
黄红壤	527	293	184.33	62.93
黄壤性土	28	251	133.53	53.13
黄色石灰土	54	292	126.35	43.20
黄棕壤性土	426	491	325.13	66.18
灰潮土	2 163	489	315.83	64.57
漂洗水稻土	158	230	140.71	61.09
潜育水稻土	2 454	256	168.66	65.89
典型砂姜黑土	4	726	218.22	30.05
渗育水稻土	945	244	151.21	61.85
湿潮土	16	282	77.95	27.61
石灰性紫色土	234	328	183.53	55.90
酸性紫色土	293	272	138.05	50.69
典型新积土	7	202	38.54	19.08
淹育水稻土	3 302	302	225.61	74.71
黏盘黄褐土	186	235	71.67	30.53
中性紫色土	176	308	161.73	52.45
潴育水稻土	24 792	284	187.12	65.82
棕红壤	395	326	223.12	68.49
棕壤性土	37	329	145.27	44.09
棕色石灰土	251	446	219.96	49.32

（二）地貌类型与土壤缓效钾含量

表 4-46 反映，各种地貌类型中，采样点主要集中在第一类中，第二类较少，但是该类型与第一类相似，都是低海拔，只是成土母质不一样，前者是冲击或沉积物，后者以堆积、溶蚀和沉积扇为主，两者采样点数合计占总采样点数目的 37.17%。其后随着海拔高度上升，采样点数目逐步下降，第 3、第 4 和第 5 类的采样点占总采样点的比例分别为 23.72%、19.92% 和 19.20%，顺序下降。其中第二类地貌类型土壤缓效钾含量最高，第四类地貌类型含量最低，二者相差 117mg/kg。五种地貌特征类型土壤缓效钾含量范围介于 279～396mg/kg 之间。

表4-46　地貌特征与缓效钾含量的分类比较（mg/kg,%）

类别	地貌特征	采样点数	均值	变异系数
1	低海拔、冲积或湖积平原或洼地	11 497	300	67.19
2	低海拔、溶蚀平原、堆积或冲积扇	3 979	396	69.38
3	低海拔、低台地或低丘陵	9 875	284	64.34
4	低海拔、高台地或高丘陵	8 292	279	65.62
5	大或小起伏低山或中山	7 993	301	71.79

所有地貌类型缓效钾含量变幅都较大，基本都大于65%，属于中等强度变异。

（三）成土母质与土壤缓效钾含量

缓效钾含量与成土母质的关系见表4-47。不同成土母质发育的土壤中缓效钾含量变幅较大，在50%~80%之间，含量最高的是河湖冲沉积物，缓效钾含量为362mg/kg，其次为结晶岩类风化物，缓效钾含量为327mg/kg；第四纪红色黏土和碳酸盐类风化物的缓效钾含量也分别达到293mg/kg和275mg/kg；紫色岩类风化物和红砂岩类风化物的缓效钾含量几乎相同，分别为260mg/kg或257mg/kg。

表4-47　不同成土母质发育的耕地土壤缓效钾含量统计（mg/kg,%）

母质分类	采样点数	占比	均值	标准差	变异系数
河湖冲沉积物	9 761	23.27	362	254.84	70.37
结晶岩类风化物	6 745	16.08	327	260.91	79.78
第四纪红色黏土	7 729	18.43	293	180.86	61.81
碳酸盐岩类风化物	3 701	8.82	275	178.97	64.97
泥质岩类风化物	8 268	19.71	260	147.33	56.59
红砂岩类风化物	3 160	7.53	257	119.14	46.40
紫色岩类风化物	2 579	6.15	251	126.11	50.29
合计	41 943	100.00	301	207.16	68.78

（四）土壤质地与土壤缓效钾含量

表4-48显示，长江中游区耕地土壤的质地以壤土居多，占采样总数的55.08%，其次为黏壤土，占25.58%，砂土和黏土占比较少，前者为16.32%，后者为3.02%。缓效钾含量最高的样点出现在黏壤土中，含量最低的样点出现在壤土中，分别达到1 487mg/kg和12mg/kg，平均含量最高值出现在砂土中，高于壤土71.02mg/kg和黏壤土124.59mg/kg，黏土的含量最低。

各类质地土壤缓效钾含量变幅都比较大，其中壤土最大，黏壤土最小，二者相差14.14%。

表4-48　不同质地土壤中缓效钾含量统计（mg/kg,%）

质地	采样点数	最大值	最小值	均值	标准差	变异系数
壤土	23 104	1 487	12	322	228.84	71.11
砂土	1 267	1 458	39	393	274.33	69.84
黏壤土	10 727	1 488	17	268	152.80	56.97
黏土	6 845	1 477	35	266	172.61	64.82

三、土壤缓效钾含量分级

根据长江中游区土壤缓效钾含量状况，参照第二次土壤普查时土壤缓效钾及主要营养元素分级标准，将土壤缓效钾含量划分为6级。全区耕地缓效钾含量分级面积见图4-5。

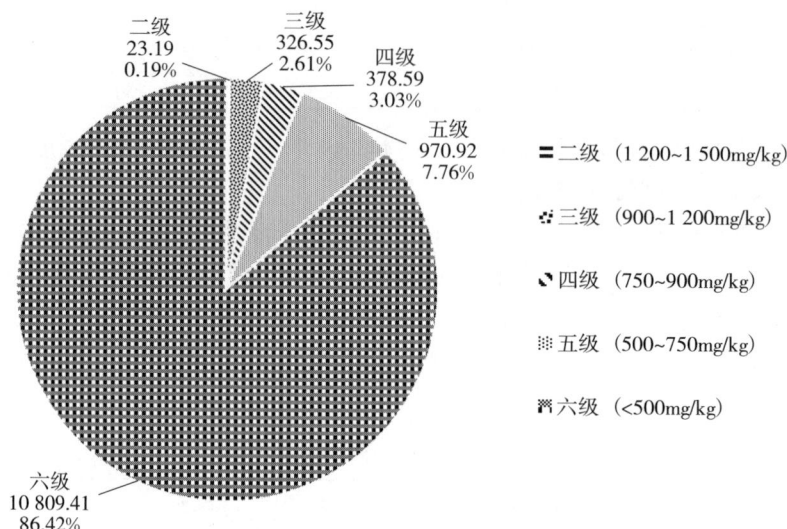

图4-5 长江中游区耕层土壤缓效钾含量分级面积与比例（khm²）

土壤缓效钾二级水平全区共计23.19khm²，占全区耕地面积的0.19%，其中湖北省23.19khm²（占0.19%），湖南省和江西省无。三级水平全区共计326.55khm²，占全区耕地面积的2.61%，其中湖北省326.55khm²（占2.61%），江西省0.10khm²（占0.001%），湖南省无。四级水平全区共计378.59khm²，占全区耕地面积的3.03%，其中湖北省374.17khm²（占2.99%），湖南省4.42khm²（占0.04%），江西省无。五级水平全区共计970.92khm²，占全区耕地面积的7.76%，其中湖北省881.06khm²（占7.04%），湖南省89.36khm²（占0.71%），江西省0.50khm²（占0.004%）。六级水平全区共计10 809.41khm²，占全区耕地面积的86.42%，其中湖北省3 676.93khm²（占29.40%），湖南省4 043.93khm²（占32.33%），江西省3 088.55khm²（占24.69%）（表4-49）。

表4-49 长江中游区耕层土壤缓效钾不同等级所占面积分析（khm²，mg/kg）

省名	一级 >1 500	二级 1 200~1 500	三级 900~1 200	四级 750~900	五级 500~750	六级 <500
湖北	—	23.19	326.46	374.17	881.06	3 676.93
湖南	—	—	—	4.42	89.36	4 043.93
江西	—	—	0.10	—	0.50	3 088.55
总计	—	23.19	326.55	378.59	970.92	10 809.41

四、土壤钾素调控

（一）有效施用钾肥应考虑的因素

1. 土壤的供钾水平 钾肥肥效主要决定于土壤的供钾水平。研究土壤供钾能力的方法，目前主要有生物方法、化学方法、物理化学方法、电化学方法等。土壤中速效钾的含量和非交换性钾释放速率和数量，基本上能反映土壤的供钾水平。

因土壤中速效钾含量受土壤缓效钾贮量的控制。当速效钾消耗后再补充的数量取决于缓效钾的贮量和释放速度。故速效钾与缓效钾相结合可以较全面地评价当季土壤的供钾状况。

2. 作物的需钾特性　不同作物对钾的要求不同，对钾肥反应不一，一般认为生长速度快、光合作用效率高、有机物合成数量大的作物、对钾营养要求高。同一作物不同品种间对钾的要求也有差异。根据一些省实验结果，杂交稻、矮秆高产良种和粳稻对钾肥反应较为敏感，增产幅度比高秆品种、籼稻及常规稻要大。

3. 肥料性质　不同钾肥种类的性质不尽相同，如硫酸钾和氯化钾均为生理酸性肥料，适宜用于石灰性土壤，在酸性土壤上，应配合施用适量石灰或草木灰。窑灰钾肥为碱性肥料，宜用于酸性土壤。

4. 气候条件　降水过多会引起土壤中水溶性钾流失，且造成土壤通气不良，作物根系吸收受抑。然而，在干旱条件下，即使土壤交换性钾水平适宜，但由于钾的迁移与根系吸收受抑，增施钾肥增产效果仍然明显。

(二) 钾肥的合理施用技术

1. 钾肥的分配和适宜用量　钾肥应首先分配在严重缺钾的土壤及对钾要求多且吸收钾能力又弱的作物上，使有限的钾肥发挥其最大增产效益。在轮作中也应合理分配，如在一年稻—稻—麦的三熟制中，每年施用氯化钾总量为 $225kg/hm^2$ 的水平下，一般每茬都宜施用钾肥。若钾肥不足，则用在晚稻上。

2. 施用方法和位置　钾肥一般做基肥，如做追肥也宜适当早施，或基、追肥相结合，具体要考虑作物种类。钾肥宜深施入水分状况较好的湿土层中，既有利于钾的扩散和减少土壤对钾的固定，又有利于作物的吸收。固钾能力和有效钾水平低的土壤上，宜在根系附近条施。砂性土上宜分次施用，以减少钾的流失。

3. 应尽量在氮、磷基础上施用钾肥　因为作物生育过程中需要多种养分，只有平衡施肥方能满足作物的要求。

第六节　土壤有效硫

硫是某些氨基酸的组分，为形成植物蛋白所必需。氨基酸是蛋白质的基本构成单位。硫有助于酶和维生素的形成，促进豆科植物上的根瘤形成，增加固定氮素的能力，有助于籽粒生产。尽管硫不是叶绿素的组分，但也是叶绿素形成所必需的元素。一般说来，硫在所有植物组织中分配相当均匀。与钙和镁以阳离子态被植物吸收不同，硫以 2 价硫酸根阴离子的形态被吸收。它也可能以二氧化硫气体形式通过大气进入植物叶片。

缺硫植株呈淡绿色，一般先显现在较幼嫩的叶片上，但整个植株也可能呈现淡绿色。缺硫植株中通常积累碳水化合物和硝酸盐。随缺硫渐趋严重，叶片渐趋皱缩。虽然作物在幼苗阶段可能因缺硫而死亡，但叶片只在极度缺硫情况下才死亡。作物茎秆表现出纤细且木质化现象。在有机质含量低的砂质土壤上，降雨量中等到高的地区和长期施用不含硫的高浓度肥料，如磷铵，缺硫最常见。在作物生育初期碰到天气寒冷潮湿天气时，许多土壤上种植的作物可表现出淡绿的缺硫特征。

一、耕地土壤有效硫含量空间差异

（一）土壤有效硫含量概况

长江中游区耕地土壤有效硫的含量，按照修改的分级标准，采样点分布特征参见表 4-50。有效硫总体样点平均为 43.34mg/kg，其组成中，旱地土壤采样点占 24.54%，平均为 40.32mg/kg；水田土壤采样点占 75.46%，平均含量为 44.32mg/kg。水田土壤有效硫的含量比旱地土壤高 9.9%。有效硫的最大值和最小值在水田土壤和旱地土壤中相差很小，但是变异系数却相差很大，旱地达到 88.15%，水田 65.61%。

表 4-50　长江中游区耕地土壤有效硫含量概况（mg/kg，%）

利用类型	采样点个数	均值	标准差	变异系数
旱地	10 292	40.32	35.54	88.15
水田	31 651	44.32	29.08	65.61
总体	41 943	43.34	30.84	71.16

（二）土壤有效硫含量的区域分布特征

1. 三省之间有效硫含量分布特征　长江中游区三省中（表 4-51），湖北省有效硫平均含量最高，达到 50.40mg/kg，变异幅度也最大。湖南的有效硫平均含量最低，为 35.62mg/kg，变异幅度居中。江西省有效硫含量居中但变异幅度相对最小。此结果反映，湖北的地貌类型比较复杂，有效硫含量的变幅也大，最大值和最小值相差约 35 倍。

表 4-51　长江中游区三省有效硫含量特征（mg/kg，%）

省份	采样点个数	均值	标准差	变异系数
湖北省	11 239	50.40	44.19	87.68
湖南省	14 122	35.62	23.05	64.72
江西省	16 582	45.13	23.27	51.57

2. 三省地级市有效硫分布特征　不同地级市以湖北省的黄石市土壤有效硫平均含量最高，为 84.80mg/kg；其次是湖北省的武汉市、荆门市和潜江市，分别为 80.72mg/kg、72.58mg/kg 和 65.05mg/kg；均值含量最低的是湖北省的天门市，为 18.78mg/kg；其余各市介于 24.56～61.93mg/kg 之间。变异系数最大的是湖北省的襄阳市，为 115.50%，最小的是湖北省的天门市，为 13.65%（表 4-52）。

表 4-52　长江中游区地级市耕层土壤有效硫含量（mg/kg，%）

省份	地级市	采样点个数	均值	标准差	变异系数
湖北省	鄂州市	103	24.56	9.44	38.42
	恩施土家族苗族自治州	964	58.53	45.36	77.49
	黄冈市	1 280	32.88	20.98	63.79
	黄石市	283	84.80	44.65	52.66
	荆门市	880	72.58	47.55	65.52
	荆州市	1 466	56.44	34.32	60.80
	潜江市	237	65.05	48.61	74.73

（续）

省份	地级市	采样点个数	均值	标准差	变异系数
湖北省	神农架林区	20	40.20	19.90	49.50
	十堰市	608	28.99	27.31	94.18
	随州市	456	37.21	17.65	47.44
	天门市	363	18.78	2.56	13.65
	武汉市	608	80.72	65.14	80.70
	仙桃市	316	47.85	24.88	51.99
	咸宁市	511	42.77	38.74	90.59
	襄阳市	1 397	34.22	39.52	115.50
	孝感市	911	61.36	46.64	76.00
	宜昌市	836	56.67	60.35	106.48
湖南省	常德市	1 174	34.78	22.56	64.86
	郴州市	1 401	35.63	23.50	65.95
	衡阳市	1 179	35.48	23.15	65.24
	怀化市	1 576	35.09	22.75	64.83
	娄底市	610	35.12	22.46	63.96
	邵阳市	1 305	36.50	23.80	65.19
	湘潭市	439	35.56	22.99	64.66
	湘西土家族苗族自治州	1 223	34.70	21.81	62.85
	益阳市	732	35.50	23.34	65.74
	永州市	1 492	35.49	23.14	65.22
	岳阳市	1 003	36.43	22.80	62.57
	张家界市	489	35.41	24.08	68.02
	长沙市	632	36.27	23.27	64.16
	株洲市	867	37.25	23.55	63.22
江西省	抚州市	1 728	61.93	19.41	31.34
	赣州市	2 928	33.08	18.20	55.02
	吉安市	2 414	52.00	24.37	46.86
	景德镇市	495	57.33	24.22	42.24
	九江市	1 818	37.78	18.78	49.71
	南昌市	1 283	26.50	13.46	50.80
	萍乡市	508	61.79	20.15	32.60
	上饶市	2 441	37.50	19.14	51.05
	新余市	497	57.86	22.68	39.20
	宜春市	1 947	60.22	20.00	33.22
	鹰潭市	523	36.17	16.24	44.89

二、有效硫含量及其影响因素

（一）不同土壤类型的有效硫含量

长江中游区主要土壤类型有效硫含量水平顺序为：暗棕壤＞棕壤＞砂姜黑土＞水稻土＞黄棕壤＞潮土＞黄褐土＞红壤＞黄壤＞新积土＞紫色土＞石灰土（表4-53）。其中以暗棕壤的有效硫含量最高，为 92.82mg/kg，在 20.10～155.40mg/kg 之间变动；其次是棕壤，为 66.32mg/kg，在 11.54～240.70mg/kg 之间变动。石灰土的有效硫含量最低，为 34.40mg/kg，在 1.50～353.51mg/kg 之间变动。其余土类有效硫含量则介于 34.71～47.74mg/kg。水稻土的采样点个数为 31 651 个，占总采样点数的 75.46%，这反映了长江中游区的特征，同时水田土壤有效硫的含量大于旱地土壤。

在各类土壤中，紫色土的有效硫含量变异系数最大，为 103.82%；黄壤次之，为 103.37%；新积土的变异系数最小，为 33.83%。其余土类变异系数在 50.10～102.45% 之间。总体看，旱地土壤有效硫含量的变异系数大于水稻土，表明旱地土壤有效硫含量变幅存有大于水田的规律。

表 4-53　长江中游区耕地土壤土类与有效硫含量（mg/kg,%）

土类	采样点数	均值	标准差	变异系数
暗棕壤	21	92.82	46.50	50.10
潮土	2 828	41.93	35.66	85.06
红壤	3 145	39.87	28.11	70.51
黄褐土	292	41.65	36.34	87.27
黄壤	1 041	37.74	39.01	103.37
黄棕壤	1 483	42.68	43.73	102.45
砂姜黑土	4	47.74	28.62	59.95
石灰土	673	34.40	32.53	94.58
水稻土	31 651	44.32	29.08	65.61
新积土	7	36.37	12.30	33.83
紫色土	703	34.71	36.04	103.82
棕壤	95	66.32	52.12	78.59

在长江中游区的主要亚类中，典型暗棕壤的土壤有效硫含量最高，为 92.82mg/kg，其次是棕壤性土、潮棕壤和黄壤性土，分别为 69.45mg/kg、64.32mg/kg 和 49.39mg/kg；第三个层次是暗黄棕壤、典型砂姜黑土和典型黄褐土，分别为 47.75mg/kg、47.74mg/kg 和 47.29mg/kg；有效硫含量最低的是黄色石灰土，为 26.43mg/kg，其余的各亚类则介于 30.30～47.20mg/kg（表 4-54）。

变异系数以酸性紫色土最大，为 124.70%；典型黄褐土次之，为 115.40%；棕色石灰土和典型黄棕壤变异系数为 106.88% 和 105.62%；典型新积土变异系数最小，为 33.83%，其余各亚类变异系数介于 40.98%～104.61%。

表 4-54　长江中游区耕地土壤亚类与有效硫含量（mg/kg,%）

亚类	采样点数	均值	标准差	变异系数
暗黄棕壤	326	47.75	49.44	103.54
典型暗棕壤	21	92.82	46.50	50.10
潮棕壤	58	64.32	49.97	77.69

（续）

亚类	采样点数	均值	标准差	变异系数
典型潮土	649	34.11	28.83	84.54
典型红壤	2 065	38.21	23.88	62.49
典型黄褐土	106	47.29	54.58	115.40
典型黄壤	1 013	37.42	39.14	104.61
典型黄棕壤	731	43.20	45.63	105.62
黑色石灰土	138	31.39	25.82	82.26
红壤性土	158	41.97	33.82	80.58
红色石灰土	230	31.50	23.24	73.78
黄红壤	527	43.77	38.51	87.98
黄壤性土	28	49.39	32.34	65.48
黄色石灰土	54	26.43	16.26	61.52
黄棕壤性土	426	37.92	34.36	90.61
灰潮土	2 163	44.35	37.25	83.98
漂洗水稻土	158	38.17	25.15	65.89
潜育水稻土	2 454	41.91	26.92	64.24
典型砂姜黑土	4	47.74	28.62	59.95
渗育水稻土	945	35.41	22.44	63.36
湿潮土	16	30.93	12.68	40.98
石灰性紫色土	234	30.30	22.73	75.00
酸性紫色土	293	38.59	48.12	124.70
典型新积土	7	36.37	12.30	33.83
淹育水稻土	3 302	47.20	36.10	76.48
黏盘黄褐土	186	38.43	18.93	49.26
中性紫色土	176	34.11	24.63	72.20
潴育水稻土	24 792	44.55	28.39	63.73
棕红壤	395	42.54	29.01	68.19
棕壤性土	37	69.45	55.87	80.45
棕色石灰土	251	40.41	43.19	106.88

（二）地貌类型与土壤有效硫含量

表 4-55 反映，各种地貌类型中，采样点主要集中在第一类中，第二类较少，但是该类型与第一类相似，都是低海拔，只是成土母质不一样，前者是冲积或沉积物，后者以堆积、溶蚀和沉积扇为主，由此导致前者有效硫均值含量比后者高约 2mg/kg。两者采样点数合计占总采样点数量的 37.17%。其后随着海拔高度上升，采样点数量逐步下降，第 3、第 4 和第 5 类的采样点占总采样点的比例分别为 23.72%、19.92% 和 19.20%，顺序下降。有效硫均值最大的和变异系数最小的都在第一大类地貌中，说明含量较为平均，而第二大类与第一大类刚好相反。

表 4-55　地貌特征与有效硫含量的分类比较 （mg/kg，％）

类别	地貌特征	采样点数	均值	标准差	变异系数
1	低海拔、冲积或湖积平原或洼地	11 497	44.64	28.53	63.91
2	低海拔、溶蚀平原、堆积或冲积扇	3 979	43.06	35.02	81.33
3	低海拔、低台地或低丘陵	9 875	43.59	30.28	69.47
4	低海拔、高台地或高丘陵	8 292	43.65	30.12	69.01
5	大或小起伏低山或中山	7 993	41.13	32.97	80.16

（三）成土母质与土壤有效硫含量

有效硫含量与成土母质的关系见表 4-56。不同成土母质发育的土壤中有效硫均值含量最高的是第四纪红色黏土，有效硫含量为 46.15mg/kg，其次为红砂岩类风化物，有效硫含量为 44.59mg/kg；紫色岩类风化物均值最低，为 38.00mg/kg。其余几种母质都在 41.32～43.47mg/k 之间。变异系数最高的是紫色岩类风化物，为 78.13％；最低是红砂岩类风化物，为 59.39％。最大值在泥质岩类风化物上，为 354.46mg/kg。

表 4-56　不同成土母质发育的耕地土壤有效硫含量统计 （mg/kg，％）

母质分类	采样点数	均值	标准差	变异系数
第四纪红色黏土	7 729	46.15	35.09	76.04
河湖冲沉积物	9 761	43.47	31.29	71.99
红砂岩类风化物	3 160	44.59	26.48	59.39
结晶岩类风化物	6 745	42.63	27.43	64.33
泥质岩类风化物	8 268	43.23	30.83	71.31
碳酸盐岩类风化物	3 701	41.32	29.58	71.60
紫色岩类风化物	2 579	38.00	29.69	78.13

（四）土壤质地与土壤有效硫含量

表 4-57 显示，长江中游区耕地土壤的质地以壤土居多，占采样总数的 55.08％，其次为黏壤土，占 25.58％，黏土和砂土占比较少，前者为 16.32％，后者为 3.02％。有效硫含量最高出现在黏壤土中，为 354.46mg/kg；四种质地的最低值相同，都为 1.10mg/kg，平均含量最高值出现在壤土中，稍高于黏壤土 1.21mg/kg，砂土的含量最低，为 37.76mg/kg。变异系数最大的是砂土，达到 85.36％；变异系数最小的是壤土，为 69.43％。

表 4-57　不同质地土壤中有效硫含量统计 （mg/kg，％）

质地	采样点数	均值	标准差	变异系数
壤土	23 104	44.64	31.00	69.43
砂土	1 267	37.76	32.23	85.36
黏壤土	10 727	43.43	30.42	70.04
黏土	6 845	39.83	30.31	76.10

三、土壤有效硫含量分级

根据长江中游区土壤有效硫含量状况，参照第二次土壤普查时土壤有效硫及主要营养元素分级标准，将土壤有效硫含量划分为 6 级。全区耕地有效硫含量分级面积见图 4-6。

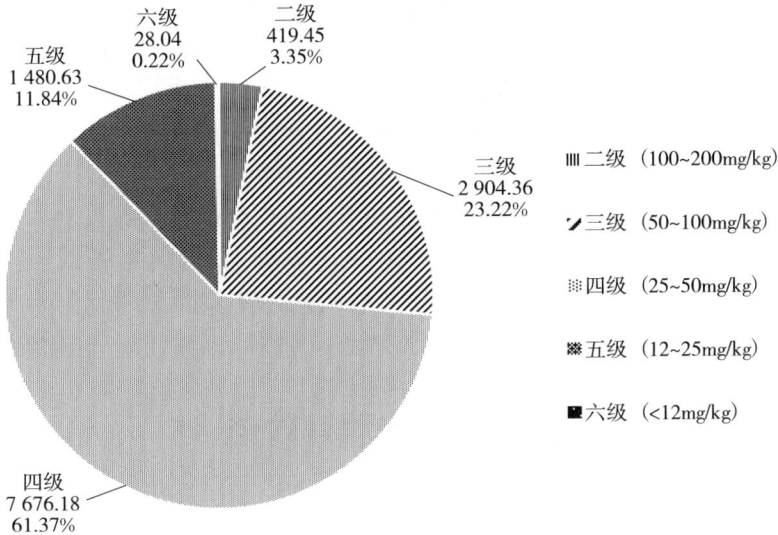

图 4-6　长江中游区耕层土壤有效硫含量分级面积与比例（khm²）

土壤有效硫二级水平全区共计 419.45khm²，占全区耕地面积的 3.35%，其中湖北省 419.45khm²（占 10.24%），湖南省和江西省无分布。三级水平全区共计 2 904.36khm²，占全区耕地面积的 23.22%，其中湖北省 1 702.38khm²（占 13.61%），湖南省 100.76khm²（占 0.81%），江西省 1 101.22km²（占 8.80%）。四级水平全区共计 7 676.18khm²，占全区耕地面积的 61.37%，其中湖北省 2 235.10khm²（占 17.87%），湖南省 3 881.56khm²（占 31.03%），江西省 1 559.52km²（占 12.47%）。五级水平全区共计 1 480.63khm²，占全区耕地面积的 11.84%，其中湖北省 924.81khm²（占 7.39%），湖南省 155.40khm²（占 1.24%），江西省 400.43khm²（占 3.20%）。六级水平全区共计 28.04khm²，占全区耕地面积的 0.22%，其中湖北省 0.07khm²（占 0.001%），湖南省无分布，江西省27.97khm²（占0.22%）（表4-58）。

表 4-58　长江中游区耕层土壤有效硫不同等级所占面积分析（khm²，mg/kg）

省名	一级 ＞200	二级 100～200	三级 50～100	四级 25～50	五级 12～25	六级 ＜12
湖北	—	419.45	1 702.38	2 235.10	924.81	0.07
湖南	—	—	100.76	3 881.56	155.40	—
江西	—	—	1 101.22	1 559.52	400.43	27.97
总计	—	419.45	2 904.36	7 676.18	1 480.63	28.04

四、土壤有效硫调控

硫肥的有效施用条件取决于很多因素，土壤中有效硫的含量是最重要的一个影响因素。其他因素还包括降水和灌溉水中硫的含量，硫肥品种和用量、施用方法和时间、水分管理、作物品种和产量等都影响硫肥的肥效。

（一）土壤条件

作物施硫是否有效取决于土壤中有效硫的数量。通常认为，土壤有效硫含量小于 $10\sim$ $16mg/kg$ 时，作物可能缺硫。土壤 pH 影响土壤中有效硫的含量。酸性土壤中，铁、铝氧化物对 SO_4^{2-} 的吸附能力较强，随 pH 的升高吸附性下降，故在酸性土上施用石灰，有效硫量增加。土壤通气性也影响到土壤硫的有效性。土壤通气良好，硫以 SO_4^{2-} 形式存在，排水不良的渍水田中，SO_4^{2-} 被还原为 H_2S，对作物会产生危害。H_2S 的毒害可由产生 FeS 而消除。

（二）硫肥的品种及施用的时间方法

硫肥施入土壤后，其形态往往会发生各种转化。在淹水稻田中，转化过程主要是硫酸盐的还原作用和硫化氢的挥发，但在水层与土表交界处以及水稻根际圈，主要的转化则是硫化物的氧化作用。此外，施用的无机态硫肥常被微生物同化固定为有机态硫。上述这些形态的转化，不仅关系到硫肥本身的有效性，而且影响其他养分元素的有效性，一般认为，水稻只能吸收氧化态的 SO_4^{2-}。土壤中的有机硫或还原态硫化物需经矿化或氧化为 SO_4^{2-} 才能被水稻吸收利用。如果还原态的 H_2S 在土壤中积累过多，则对水稻根系产生毒害作用。

第七节　土壤有效硅

一、耕地土壤有效硅含量空间差异

（一）土壤有效硅含量概况

长江中游区耕地土壤有效硅总体样点平均为 $139.51mg/kg$，其组成中，旱地土壤采样点占 24.54%，平均为 $156.91mg/kg$；水田土壤采样点占 75.46%，平均含量为 $133.85mg/kg$。有效硅的最大值和最小值在水田土壤和旱地土壤中相差很小，但是变异系数却相差很大，旱地达到 60.21%，水田 49.83%（表 4-59）。

表 4-59　长江中游区耕地土壤有效硅含量概况（mg/kg，%）

利用类型	采样点个数	均值	标准差	变异系数
旱地	10 292	156.91	94.48	60.21
水田	31 651	133.85	66.69	49.83
总体	41 943	139.51	75.13	53.86

（二）土壤有效硅含量的区域分布特征

1. 三省之间有效硅含量分布特征　长江中游区三省中（表 4-60），湖北省有效硅平均含量最高，达到 $201.41mg/kg$，变异幅度也最大，达到 56.23%。湖南省的有效硅平均含量最低，为 $113.77mg/kg$，变异幅度居中。江西省有效硅含量居中但变异幅度相对最小。此结果反映，湖北省的地貌类型比较复杂，有效硅含量的变幅也大，最大值和最小值相差 50 倍。

表 4-60　长江中游区三省有效硅含量特征（mg/kg，%）

省份	采样点个数	均值	标准差	变异系数
湖北省	11 239	201.41	113.25	56.23
湖南省	14 122	113.77	36.13	31.76
江西省	16 582	119.48	30.20	25.28

2. 三省地级市有效硅分布特征　不同地级市以湖北省的天门市土壤有效硅平均含量最高，为 338.81mg/kg；其次是湖北省的潜江市和襄阳市，分别为 280.61mg/kg 和 273.33mg/kg；均值含量最低的是湖南省的怀化市，为 104.20mg/kg；其余各市介于 107.49～248.71mg/kg 之间。变异系数最大的是湖北省的黄冈市，为 81.08%，最小的是江西省的抚州市，为 23.81%（表 4-61）。

表 4-61　长江中游区地级市耕层土壤有效硅含量（mg/kg，%）

省份	地级市	采样点个数	均值	标准差	变异系数
湖北省	鄂州市	103	248.71	119.00	47.85
	恩施土家族苗族自治州	964	166.62	97.56	58.55
	黄冈市	1 280	150.57	122.08	81.08
	黄石市	283	126.95	45.89	36.15
	荆门市	880	156.45	82.57	52.78
	荆州市	1 466	201.79	85.33	42.28
	潜江市	237	280.61	73.47	26.18
	神农架林区	20	152.88	52.70	34.47
	十堰市	608	241.10	113.36	47.02
	随州市	456	214.85	77.67	36.15
	天门市	363	338.81	111.69	32.97
	武汉市	608	186.61	103.21	55.31
	仙桃市	316	184.38	63.11	34.23
	咸宁市	511	134.68	94.70	70.31
	襄阳市	1 397	273.33	116.90	42.77
	孝感市	911	222.86	126.00	56.54
	宜昌市	836	182.69	92.11	50.42
湖南省	常德市	1 174	110.26	34.51	31.30
	郴州市	1 401	118.89	37.75	31.75
	衡阳市	1 179	119.92	35.51	29.61
	怀化市	1 576	104.20	38.63	37.07
	娄底市	610	113.99	36.71	32.21
	邵阳市	1 305	111.78	34.75	31.09
	湘潭市	439	108.18	32.57	30.11
	湘西土家族苗族自治州	1 223	118.71	37.04	31.21
	益阳市	732	113.72	35.43	31.16
	永州市	1 492	118.07	36.48	30.89
	岳阳市	1 003	109.37	31.28	28.60
	张家界市	489	125.42	34.20	27.27
	长沙市	632	107.49	29.81	27.74
	株洲市	867	113.68	37.61	33.08

（续）

省份	地级市	采样点个数	均值	标准差	变异系数
江西省	抚州市	1 728	113.54	27.04	23.81
	赣州市	2 928	118.61	29.54	24.90
	吉安市	2 414	116.89	29.37	25.13
	景德镇市	495	123.15	31.53	25.60
	九江市	1 818	125.87	32.69	25.97
	南昌市	1 283	116.80	28.46	24.37
	萍乡市	508	135.62	34.85	25.70
	上饶市	2 441	118.63	29.14	24.56
	新余市	497	123.66	31.96	25.84
	宜春市	1 947	119.22	30.21	25.34
	鹰潭市	523	122.15	30.05	24.60

二、有效硅含量及其影响因素

（一）不同土壤类型的有效硅含量

长江中游区主要土壤类型有效硅含量水平顺序为：砂姜黑土＞黄棕壤＞潮土＞石灰土＞黄壤＞黄褐土＞棕壤＞紫色土＞水稻土＞暗棕壤＞新积土＞红壤（表 4-62）。其中以砂姜黑土土壤有效硅含量最高，为 227.88mg/kg，在 56.28～389.20mg/kg 之间变动；其次是黄棕壤，为 200.96mg/kg，在 10.40～500.02mg/kg 之间变动。红壤的有效硅含量最低，为 101.16mg/kg，在 12.46～422.80mg/kg 之间变动。其余土类有效硅含量则介于 111.16～190.09mg/kg。水稻土的采样点个数为 31 651 个，占总采样点数的 75.46%，这反映了长江中游区的特征，同时水田土壤有效硅的含量小于旱地土壤。

在各类土壤中，砂姜黑土的有效硅含量变异系数最大，为 78.83%；黄壤次之，为 60.82%；暗棕壤的变异系数最小，为 21.27%。其余土类变异系数在 32.70～58.85% 之间。总体看，旱地土壤有效硅含量的变异系数大于水稻土，表明旱地土壤有效硅含量变幅大于水田。

表 4-62 长江中游区耕地土壤土类与有效硅含量（mg/kg,%）

土类	采样点数	均值	标准差	变异系数
暗棕壤	21	125.84	26.77	21.27
潮土	2 828	190.09	103.28	54.33
红壤	3 145	101.16	35.75	35.35
黄褐土	292	166.78	98.15	58.85
黄壤	1 041	167.93	102.13	60.82
黄棕壤	1 483	200.96	114.60	57.03
砂姜黑土	4	227.88	179.64	78.83
石灰土	673	171.57	78.16	45.56
水稻土	31 651	133.85	66.69	49.83

（续）

亚类	采样点数	均值	标准差	变异系数
新积土	7	111.16	36.35	32.70
紫色土	703	146.48	72.51	49.50
棕壤	95	156.30	69.86	44.69

在长江中游区的主要亚类中，以典型黄褐土的土壤有效硅含量最高，为 238.80mg/kg，其次是典型砂姜黑土、棕色石灰土和灰潮土，分别为 227.88mg/kg、224.08mg/kg 和 204.82mg/kg；第三个层次是灰潮土、暗黄棕壤和典型黄棕壤，分别为 198.43mg/kg、194.95mg/kg 和 190.16mg/kg；有效硅含量最低的是典型红壤，为 98.30mg/kg，其余的各亚类则介于 100.15~185.06mg/kg（表 4-63）。

变异系数以典型砂姜黑土最大，为 78.83%；典型黄壤次之，为 60.67%；淹育水稻土和典型黄棕壤变异系数为 59.20% 和 57.96%；黄色石灰土变异系数最小，为 12.87%，其余各亚类变异系数介于 18.12%~55.38%。

表 4-63 长江中游区耕地土壤亚类与有效硅含量（mg/kg，%）

亚类	采样点数	均值	标准差	变异系数
暗黄棕壤	326	194.95	107.71	55.25
典型暗棕壤	21	125.84	26.77	21.27
潮棕壤	58	153.62	76.76	49.97
典型潮土	649	162.44	85.35	52.54
典型红壤	2 065	98.30	31.34	31.88
典型黄褐土	106	238.80	129.28	54.14
典型黄壤	1 013	169.63	102.92	60.67
典型黄棕壤	731	190.16	110.22	57.96
黑色石灰土	138	160.63	42.32	26.35
红壤性土	158	101.09	36.48	36.09
红色石灰土	230	148.53	26.92	18.12
黄红壤	527	100.15	38.46	38.40
黄壤性土	28	106.47	26.34	24.73
黄色石灰土	54	143.14	18.42	12.87
黄棕壤性土	426	224.08	123.67	55.19
灰潮土	2 163	198.43	106.79	53.82
漂洗水稻土	158	130.94	29.69	22.68
潜育水稻土	2 454	120.11	52.09	43.37
典型砂姜黑土	4	227.88	179.64	78.83
渗育水稻土	945	112.34	34.64	30.84
湿潮土	16	185.06	93.49	50.52
石灰性紫色土	234	180.32	71.30	39.54
酸性紫色土	293	104.77	46.92	44.79
典型新积土	7	111.16	36.35	32.70
淹育水稻土	3 302	153.05	90.62	59.20

（续）

亚类	采样点数	均值	标准差	变异系数
黏盘黄褐土	186	125.74	31.66	25.18
中性紫色土	176	170.91	74.85	43.79
潴育水稻土	24 792	133.49	64.65	48.43
棕红壤	395	117.43	47.34	40.31
棕壤性土	37	160.50	58.17	36.24
棕色石灰土	251	204.82	113.43	55.38

（二）地貌类型与土壤有效硅含量

表 4-64 反映，各种地貌类型中，采样点主要集中在第一类中，第二类较少，但是该类型与第一类相似，都是低海拔，只是成土母质不一样，前者是冲积或沉积物，后者以堆积、溶蚀和沉积扇为主，由此导致前者有效硅均值含量比后者低约 40mg/kg。两者采样点数合计占总采样点数目的 37.17%。其后随着海拔高度上升，采样点数目逐步下降，第 3、第 4 和第 5 类的采样点占总采样点的比例分别为 23.72%、19.92% 和 19.20%，顺序下降。有效硅均值最大的和变异系数最大的都在第二大类地貌中，均值最小在第五大类地貌中，为 131.42mg/kg，变异系数最小的在第一类地貌中，说明该类地貌中的有效硅含量较为平均。

表 4-64　地貌特征与有效硅含量的分类比较（mg/kg,%）

类别	地貌特征	采样点数	均值	变异系数
1	低海拔、冲积或湖积平原或洼地	11 497	137.53	49.88
2	低海拔、溶蚀平原、堆积或冲积扇	3 979	176.38	60.18
3	低海拔、低台地或低丘陵	9 875	138.30	52.12
4	低海拔、高台地或高丘陵	8 292	133.55	51.04
5	大或小起伏低山或中山	7 993	131.42	53.92

（三）成土母质与土壤有效硅含量

有效硅含量与成土母质的关系见表 4-65。不同成土母质发育的土壤中有效硅均值含量最高的是河湖冲沉积物，有效硅含量为 155.00mg/kg，其次为第四纪红色黏土，有效硅含量为 151.34mg/kg；红砂岩类风化物均值最低，为 121.46mg/kg。其余几种母质都在 121.56~141.84mg/k 之间。变异系数最高的是第四纪红色黏土，为 59.51%；最低是紫色岩类风化物，为 37.59%。最大值在碳酸岩类风化物上，为 500.02mg/kg。

表 4-65　不同成土母质发育的耕地土壤有效硅含量统计（mg/kg,%）

母质分类	采样点数	最大值	最小值	均值	标准差	变异系数
第四纪红色黏土	7 729	499.43	10.38	151.34	90.06	59.51
河湖冲沉积物	9 761	499.43	10.25	155.00	88.53	57.12
红砂岩类风化物	3 160	495.20	18.98	121.46	53.28	43.87
结晶岩类风化物	6 745	494.61	11.09	121.56	61.17	50.32
泥质岩类风化物	8 268	489.98	10.01	131.84	65.38	49.59
碳酸盐岩类风化物	3 701	500.02	11.91	141.84	61.87	43.62
紫色岩类风化物	2 579	490.12	20.97	135.74	51.03	37.59

（四）土壤质地与土壤有效硅含量

表 4-66 显示，长江中游区耕地土壤的质地以壤土居多，占采样总数的 55.08%，其次为黏壤土，占 25.58%，黏土和砂土占比较少，前者为 16.32%，后者为 3.02%。有效硅含量最大值出现在壤土中，为 500.02mg/kg；最小值出现在黏壤土中，为 10.01mg/kg，平均含量最高值出现在砂土中，为 189.02mg/kg，黏土的含量最低，为 134.47mg/kg。变异系数最大的是砂土，达到 61.01%；变异系数最小的是黏土，为 44.88%。

表 4-66　不同质地土壤中有效硅含量统计（mg/kg,%）

质地	采样点数	均值	标准差	变异系数
壤土	23 104	140.48	77.12	54.90
砂土	1 267	189.02	115.32	61.01
黏壤土	10 727	134.79	71.00	52.67
黏土	6 845	134.47	60.35	44.88

三、土壤有效硅含量分级

根据长江中游区土壤有效硅含量状况，参照第二次土壤普查时土壤有效硅及主要营养元素分级标准，将土壤有效硅含量划分为 6 级。全区耕地有效硅含量分级面积见图 4-7。

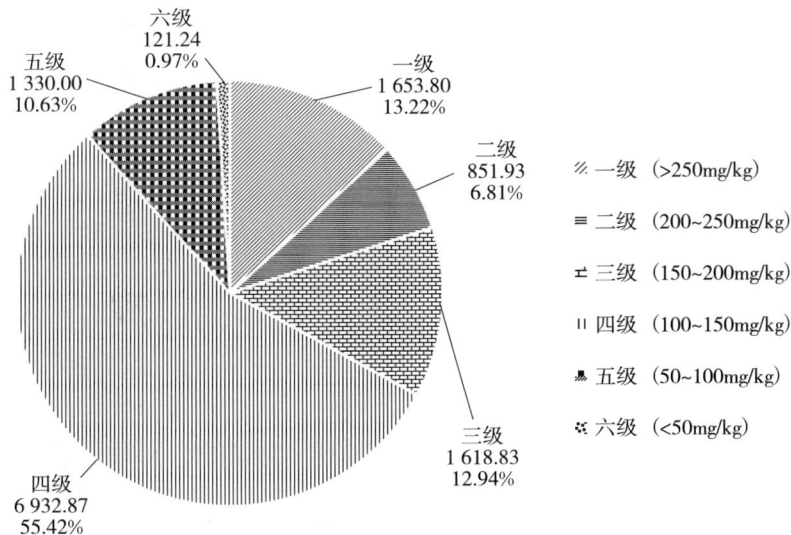

图 4-7　长江中游区耕层土壤有效硅含量分级面积与比例（khm²）

土壤有效硅一级水平全区共计 1 653.80khm²，占全区耕地面积的 13.22%，全部分布在湖北省内。二级水平全区共计 851.93khm²，占全区耕地面积的 6.81%，其中湖北省 850.60khm²（占 6.8%），湖南省无分布，江西省 1.32khm²（占 0.01%）。三级水平全区共计 1 618.83khm²，占全区耕地面积的 12.94%，其中湖北省 1 458.60khm²（占 11.66%），湖南省 105.56khm²（占 0.84%），江西省 54.68khm²（占 0.44%）。四级水平全区共计 6 932.87khm²，占全区耕地面积的 55.42%，其中湖北省 7.51khm²（占 10.27%），湖南省 3 000.79khm²（占 23.99%），江西省 2 992.38khm²（占 23.92%）。五级水平全区共计

1 330.00khm²，占全区耕地面积的 10.63%，其中湖北省 257.87khm²（占 2.06%），湖南省 1 031.37khm²（占 8.25%），江西省 40.76khm²（占 0.33%）。六级水平全区共计 121.24khm²，占全区耕地面积的 0.97%，也全部分布在湖北省内（表 4-67）。

表 4-67　长江中游区耕层土壤有效硅不同等级所占面积分析（khm²，mg/kg）

省名	一级 >250	二级 200～250	三级 150～200	四级 100～150	五级 50～100	六级 <50
湖北	1 653.80	850.60	1 458.60	939.70	257.87	121.24
湖南	—	—	105.56	3 000.79	1 031.37	—
江西	—	1.32	54.68	2 992.38	40.76	—
总计	1 653.80	851.93	1 618.83	6 932.87	1 330.00	121.24

四、土壤有效硅调控

（一）土壤条件

土壤有效硅含量决定着土壤的供硅能力。土壤溶液中的硅主要以单硅酸的形式存在，有效硅的平均浓度在 70～80mg/kg 之间。第一类地貌类型下的土壤施硅有明显效果；第二类的土壤分布在红壤丘陵固定下缘，新开垦的黄泥土，长江以南黄土母质发育的丘陵白土等。氮肥用量高时，硅肥有效；第三类土壤，施用硅肥一般无效。

在缺硅的土壤上施用硅肥，对水稻有良好的效应，其增产效果随土壤有效硅含量的提高而降低。

（二）作物种类

不同作物对硅的反应不同，水稻等对硅肥反应良好；玉米、小麦等有一定的效果。种植上述作物时，宜根据土壤中有效硅水平，酌情施用硅肥。

第八节　土壤有效铜

一、耕地土壤有效铜含量空间差异

（一）土壤有效铜含量概况

长江中游区耕地土壤有效铜的含量，按照修改的分级标准，采样点分布特征参见表 4-68。有效铜总体样点平均为 3.05mg/kg，其组成中，旱地土壤采样点占 24.54%，平均为 2.71mg/kg；水田土壤采样点占 75.46%，平均含量为 3.16mg/kg。水田土壤有效铜的含量比旱地土壤高 16.61%，旱地土壤有效铜含量的变异幅度大于水田土壤 42.17%，完全符合有效铜在旱地土壤和水田土壤中的分布规律。

表 4-68　长江中游区耕地土壤有效铜含量概况（mg/kg，%）

利用类型	采样点个数	均值	标准差	变异系数
旱地	10 292	2.71	2.21	81.48
水田	31 651	3.16	1.81	57.31
总体	41 943	3.05	1.93	63.15

（二）有效铜含量的区域分布特征

1. 三省之间有效铜含量分布特征 长江中游区三省中（表 4-69），耕地土壤的有效铜平均含量差距较小。湖南省的有效铜平均含量最低，为 2.93mg/kg，变异幅度最大。江西省有效铜平均含量最高，达到 3.12mg/kg，变异幅度最低。湖北省有效铜平均含量和变异幅度均居中。有效铜的最大和最小值都出现在湖南省，差距达 525 倍。

表 4-69 长江中游区三省有效铜含量特征（mg/kg，%）

省份	采样点个数	均值	标准差	变异系数
湖北省	11 239	3.09	2.01	64.98
湖南省	14 122	2.93	2.15	73.60
江西省	16 582	3.12	1.63	52.31

2. 三省地级市有效铜分布特征 不同地级市以湖北省的黄石市土壤有效铜平均含量最高，为 7.16mg/kg；其次是湖北省的武汉市和江西省的景德镇市，分别为 4.00mg/kg 和 3.99mg/kg；均值含量最低的是湖北省的十堰市，为 1.87mg/kg；其余各市介于 2.00～3.87mg/kg 之间。变异系数最大的是湖北省的十堰市，为 89.27%，最小的是湖北省的潜江市，为 28.12%（表 4-70）。

表 4-70 长江中游区地级市耕层土壤有效铜含量（mg/kg，%）

省份	地级市	采样点个数	均值	标准差	变异系数
湖北省	鄂州市	103	2.07	0.98	47.48
	恩施土家族苗族自治州	964	2.49	1.95	78.17
	黄冈市	1 280	3.71	2.27	61.21
	黄石市	283	7.16	2.61	36.52
	荆门市	880	2.97	1.21	40.83
	荆州市	1 466	3.71	1.82	49.07
	潜江市	237	2.75	0.77	28.12
	神农架林区	20	2.61	1.02	38.98
	十堰市	608	1.87	1.67	89.27
	随州市	456	3.80	1.34	35.20
	天门市	363	2.37	1.00	42.42
	武汉市	608	4.00	2.23	55.62
	仙桃市	316	3.29	1.41	42.96
	咸宁市	511	2.26	1.58	69.84
	襄阳市	1 397	2.57	1.60	62.25
	孝感市	911	3.25	1.97	60.69
	宜昌市	836	2.00	1.56	77.75
湖南省	常德市	1 174	2.95	2.15	72.79
	郴州市	1 401	2.73	2.26	82.65
	衡阳市	1 179	2.93	2.00	68.12

（续）

省份	地级市	采样点个数	均值	标准差	变异系数
湖南省	怀化市	1 576	3.03	2.02	66.72
	娄底市	610	3.02	1.99	65.88
	邵阳市	1 305	2.92	2.19	74.91
	湘潭市	439	3.01	1.84	61.13
	湘西土家族苗族自治州	1 223	3.06	2.14	70.12
	益阳市	732	2.92	2.57	88.14
	永州市	1 492	2.57	2.14	83.27
	岳阳市	1 003	3.02	1.98	65.67
	张家界市	489	2.56	2.01	78.63
	长沙市	632	3.14	2.01	64.12
	株洲市	867	3.30	2.51	75.96
江西省	抚州市	1 728	2.38	1.21	50.79
	赣州市	2 928	2.99	1.66	55.61
	吉安市	2 414	3.22	1.48	45.99
	景德镇市	495	3.99	1.39	34.84
	九江市	1 818	3.87	1.91	49.24
	南昌市	1 283	3.35	1.56	46.59
	萍乡市	508	2.34	1.38	58.74
	上饶市	2 441	2.91	1.56	53.57
	新余市	497	3.37	1.97	58.41
	宜春市	1 947	3.31	1.63	49.43
	鹰潭市	523	2.74	1.05	38.53

二、有效铜含量及其影响因素

（一）不同土壤类型的有效铜含量

长江中游区主要土壤类型有效铜含量水平顺序为：水稻土＞新积土＞黄褐土＞红壤＞潮土＞砂姜黑土＞棕壤＞紫色土＞黄壤＞石灰土＞黄棕壤＞暗棕壤（表4-71）。其中以水稻土土壤有效铜含量最高，为3.16mg/kg，在0.10～36.80mg/kg之间变动；其次是新积土，为3.10mg/kg，在1.64～4.49mg/kg之间变动。暗棕壤的有效铜含量最低，为2.17mg/kg，在0.70～4.40mg/kg之间变动。其余土类有效铜含量则介于2.23～3.07mg/kg。水稻土的采样点个数为31 651个，占总采样点数的75.46%，这反映了长江中游区的特征，同时水田土壤有效铜的含量明显大于旱地土壤。

在各类土壤中，石灰土的有效铜含量变异系数最大，为111.98%；黄壤次之，为92.38%；砂姜黑土的变异系数最小，为13.69%。其余土类变异系数在37.45%～92.01%之间。总体看，旱地土壤有效铜含量的变异系数大于水稻土，反映了旱地土壤有效铜含量变幅大于水田这一规律。

表 4-71　长江中游区耕地土壤土类与有效铜含量（mg/kg,％）

土类	采样点数	均值	标准差	变异系数
暗棕壤	21	2.17	1.10	50.84
潮土	2 828	2.88	1.61	55.73
红壤	3 145	3.00	2.76	92.01
黄褐土	292	3.07	1.57	51.18
黄壤	1 041	2.37	2.19	92.38
黄棕壤	1 483	2.23	1.87	83.62
砂姜黑土	4	2.60	0.36	13.69
石灰土	673	2.36	2.64	111.98
水稻土	31 651	3.16	1.81	57.31
新积土	7	3.10	1.16	37.45
紫色土	703	2.41	1.59	66.08
棕壤	95	2.52	2.11	83.96

在长江中游区的主要亚类中，以棕红壤的土壤有效铜含量最高，为 3.74mg/kg，其次是黏盘黄褐土、漂洗水稻土和湿潮土，分别为 3.58mg/kg、3.41mg/kg 和 3.37mg/kg；第三个层次是潜育水稻土、潴育水稻土和红壤性土，分别为 3.36mg/kg、3.16mg/kg 和 3.14mg/kg；有效铜含量最低的是黄壤性土，为 1.85mg/kg，其余的各亚类则介于 2.01～3.10mg/kg（表 4-72）。

变异系数以典型红色石灰土最大，为 134.94％；漂洗水稻土次之，为 110.33％；黄红壤和典型红壤变异系数为 99.56％和 96.49％；典型砂姜黑土变异系数最小，为 13.69％，其余各亚类变异系数介于 36.64％～95.42％。

表 4-72　长江中游区耕地土壤亚类与有效铜含量（mg/kg,％）

亚类	采样点数	均值	标准差	变异系数
暗黄棕壤	326	2.06	1.61	78.00
典型暗棕壤	21	2.17	1.10	50.84
潮棕壤	58	2.60	2.48	95.42
典型潮土	649	2.91	1.76	60.54
典型红壤	2 065	2.87	2.76	96.49
典型黄褐土	106	2.19	1.26	57.45
典型黄壤	1 013	2.38	2.21	92.64
典型黄棕壤	731	2.33	1.92	82.34
黑色石灰土	138	2.01	1.51	75.16
红壤性土	158	3.14	2.63	83.67
红色石灰土	230	2.82	3.80	134.94
黄红壤	527	2.95	2.94	99.56
黄壤性土	28	1.85	1.21	65.48
黄色石灰土	54	2.29	1.40	61.25

（续）

亚类	采样点数	均值	标准差	变异系数
黄棕壤性土	426	2.19	1.95	88.94
灰潮土	2 163	2.87	1.56	54.32
漂洗水稻土	158	3.41	3.77	110.33
潜育水稻土	2 454	3.36	1.82	54.12
典型砂姜黑土	4	2.60	0.36	13.69
渗育水稻土	945	2.95	1.72	58.40
湿潮土	16	3.37	1.23	36.64
石灰性紫色土	234	2.04	1.53	74.97
酸性紫色土	293	2.75	1.63	59.40
典型新积土	7	3.10	1.16	37.45
淹育水稻土	3 302	3.04	2.09	68.76
黏盘黄褐土	186	3.58	1.51	42.31
中性紫色土	176	2.34	1.49	63.87
潴育水稻土	24 792	3.16	1.75	55.38
棕红壤	395	3.74	2.44	65.32
棕壤性土	37	2.39	1.38	57.68
棕色石灰土	251	2.13	1.86	87.19

（二）地貌类型与土壤有效铜含量

表 4-73 反映，各种地貌类型中，采样点主要集中在第一类中，第二类较少，但是该类型与第一类相似，都是低海拔，只是成土母质不一样，前者是冲积或沉积物，后者以堆积、溶蚀和沉积扇为主，由此导致前者有效铜含量比后者高约 0.04mg/kg。两者采样点数合计占总采样点数的 37.17％。其后随着海拔高度上升，采样点数目逐步下降，第 3、第 4 和第 5 类的采样点占总采样点的比例分别为 23.72％、19.92％和 19.20％，顺序下降。与此相同的是，这三大类地貌类型发育的耕地土壤有效铜的含量随着海拔高度上升也随之下降。第一类地貌的有效铜平均含量最高，为 3.12mg/kg；第五类地貌的有效铜平均含量最低，为 2.83mg/kg。所有地貌类型有效铜含量的变幅以第 5 类最高，高出其他 4 种类型约 15％以上，而其他 4 种类型之间相差不大，变异系数都在 60％左右。

表 4-73　地貌特征与有效铜含量的分类比较（mg/kg,％）

类别	地貌特征	采样点数	均值	标准差	变异系数
1	低海拔、冲积或湖积平原或洼地	11 497	3.12	1.87	59.99
2	低海拔、溶蚀平原、堆积或冲积扇	3 979	3.08	1.82	59.14
3	低海拔、低台地或低丘陵	9 875	3.10	1.88	60.72
4	低海拔、高台地或高丘陵	8 292	3.08	1.87	60.82
5	大或小起伏低山或中山	7 993	2.83	2.14	75.52

（三）成土母质与土壤有效铜含量

有效铜含量与成土母质的关系见表 4-74。不同成土母质发育的土壤中有效铜含量变幅较大，在 59％到 74％之间。平均含量最高的是第四纪红色黏土和河湖冲沉积物，有效铜含量均为 3.11mg/kg，其次为结晶岩类风化物和泥质岩类风化物，有效铜含量分别为 3.09mg/kg 和 3.03mg/kg；红砂岩类风化物和紫色岩类风化物和的有效铜含量也分别达到 3.00mg/kg 和 2.93mg/kg；碳酸盐岩类风化物最低，为 2.85mg/kg。变异系数最高的是碳酸盐岩类风化物，为 74.04％；最低是河湖冲沉积物，为 56.68％。最大值在结晶岩类风化物上，为 52.50mg/kg；最小值在结晶岩类风化物和泥质岩类风化物上，均为 0.10mg/kg。

表 4-74　不同成土母质发育的耕地土壤有效铜含量统计（mg/kg,％）

母质分类	采样点数	均值	标准差	变异系数
第四纪红色黏土	7 729	3.11	1.85	59.49
河湖冲沉积物	9 761	3.11	1.76	56.68
红砂岩类风化物	3 160	3.00	1.90	63.39
结晶岩类风化物	6 745	3.09	2.02	65.47
泥质岩类风化物	8 268	3.03	2.05	67.49
碳酸盐岩类风化物	3 701	2.85	2.11	74.04
紫色岩类风化物	2 579	2.93	1.79	61.33

（四）土壤质地与土壤有效铜含量

表 4-75 显示，长江中游区耕地土壤的质地以壤土居多，占采样总数的 55.08％，其次为黏壤土，占 25.58％，黏土和砂土占比较少，前者为 16.32％，后者为 3.02％。有效铜含量最高出现在壤土中，为 52.50mg/kg；有效铜含量最低出现在壤土和黏壤土中，均为 0.10mg/kg，平均含量最高值也出现在壤土和黏壤土中，为 3.09mg/kg，砂土的含量最低，为 2.52mg/kg。变异系数最大的是砂土，达到 71.09％；变异系数最小的是黏壤土，为 60.61％。

表 4-75　不同质地土壤中有效铜含量统计（mg/kg,％）

质地	采样点数	均值	标准差	变异系数
壤土	23 104	3.09	1.89	61.33
砂土	1 267	2.52	1.79	71.09
黏壤土	10 727	3.09	1.87	60.61
黏土	6 845	2.96	2.12	71.46

三、土壤有效铜含量分级

根据长江中游区土壤有效铜含量状况，参照第二次土壤普查时土壤有效铜及主要营养元素分级标准，将土壤有效铜含量划分为 6 级。全区耕地有效铜含量分级面积见图 4-8。

土壤有效铜一级水平全区共计 11 459.07khm²，占全区耕地面积的 91.61％，其中湖北省 4 632.66khm²（占 37.04％），湖南省 4 066.38khm²（占 32.51％），江西省 2 760.03khm²（占 22.06％）。二级水平全区共计 472.60khm²，占全区耕地面积的 3.78％，其中湖北省 303.01khm²（占 2.42％），湖南省 58.46khm²（占 0.47％），江西省 111.13khm²（占

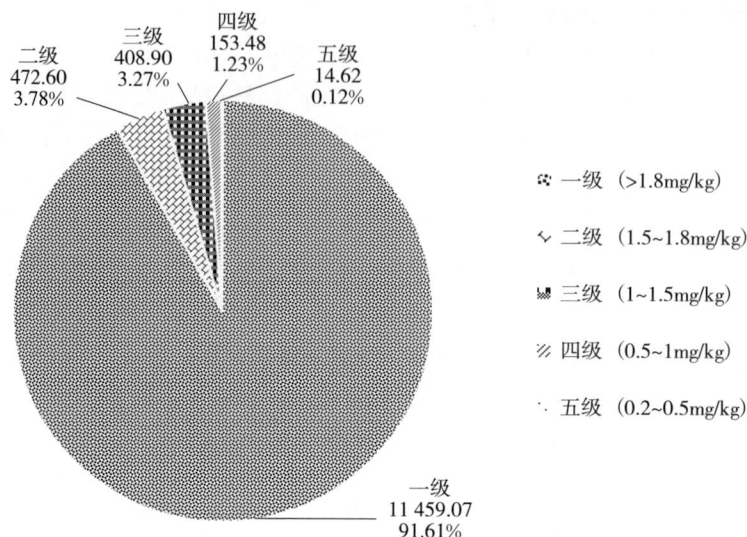

图 4-8 长江中游区耕层土壤有效铜含量分级面积与比例（khm²）

0.89%）。三级水平全区共计 408.90khm²，占全区耕地面积的 3.27%，其中湖北省 221.57khm²（占 1.77%），湖南省 11.93khm²（占 0.10%），江西省 175.41khm²（占 1.40%）。四级水平全区共计 153.48khm²，占全区耕地面积的 1.23%，其中湖北省 109.96khm²（占 0.88%），湖南省 0.94khm²（占 0.01%），江西省 42.58khm²（占 0.34%）。五级水平全区共计 14.62khm²，占全区耕地面积的 0.12%，全部分布在湖北省内。全区无六级水平分布（表 4-76）。

表 4-76　长江中游区耕层土壤有效铜不同等级所占面积分析（khm²，mg/kg）

省名	一级 >1.8	二级 1.5~1.8	三级 1~1.5	四级 0.5~1	五级 0.2~0.5	六级 <0.2
湖北	4 632.66	303.01	221.57	109.96	14.62	—
湖南	4 066.38	58.46	11.93	0.94	—	—
江西	2 760.03	111.13	175.41	42.58	—	—
总计	11 459.07	472.60	408.90	153.48	14.62	—

四、土壤有效铜调控

目前常用的铜肥为硫酸铜，水溶性好，价格便宜，但它含有吸湿水，不宜与大量营养元素肥料混配。

由于铜在土壤中移动性小，撒施时必须耕翻混入土中才有良好效果，在较干旱条件下尤应注意。推荐施铜量为 3.3~14.5kg/hm²，具体依土壤性质，土壤有效铜含量及作物需求而定。砂性土壤用量少些，防止铜过量中毒，含有效铜量低的土壤中，对缺铜反应敏感的植物用量大些。考虑到降低生产成本，若施用氧化铜时，应研磨至 0.2~3.0mm 之间的粉末，以利用提高肥料的可溶性与当季作物早期的效果。

土壤施铜有明显的长期后效，其后效可维持 6~8 年甚至 12 年，依施用量与土壤性质而定，一般为每 4~5 年施用 1 次。

第九节 土壤有效锌

锌（Zn）是一种浅灰色的过渡金属，是第四"常见"的金属，仅次于铁、铝及铜。我国土壤中锌含量范围为 3～790mg/kg，评价含量为 100mg/kg。土壤锌含量因土壤类型的不同而异，并受成土母质的影响。锌是一些酶的重要组成成分，这些酶在缺锌的情况下活性大大降低。绿色植物的光合作用，必须要有含锌的碳酸酐酶参与，它主要存在于叶绿体中，缺锌使植株体内的氮素代谢发生紊乱，造成氨的大量累积，抑制了蛋白质合成。植株的失绿现象，在很大程度上与蛋白质合成受阻有关。施锌促进植株生长发育效应显著，并能增强抗病，抗寒能力。

锌作为植物生长必需的微量元素，其在土壤中的含量及变化状况直接影响作物产量和产品品质，影响农业高产高效生产，因此进行微量元素锌的调查分析具有重要意义。

一、耕地土壤有效锌含量空间差异

（一）土壤有效锌含量概况

长江中游区耕地土壤有效锌的含量，按照修改的分级标准，采样点分布特征参见表 4-77。有效锌总体样点平均为 1.71mg/kg，其组成中，旱地土壤采样点占 24.54%，平均为 1.40mg/kg；水田土壤采样点占 75.46%，平均含量为 1.81mg/kg。旱地与水田中有效锌的变异都很大，为 120.27% 和 83.01%。

表 4-77 长江中游区耕地土壤有效锌含量概况（mg/kg,%）

利用类型	采样点个数	均值	标准差	变异系数
旱地	10 292	1.40	1.69	120.27
水田	31 651	1.81	1.50	83.01
总体	41 943	1.71	1.56	91.20

（二）有效锌含量的区域分布特征

1. 三省之间有效锌含量分布特征 长江中游区三省中（表 4-78），湖南的有效锌平均含量最低，变异幅度最大。江西省的与湖南省正好相反，不仅有效锌含量最高，达到 2.21mg/kg，而且变异幅度相对最小。湖北省则无论是含量高低还是含量变化均介于其中。

表 4-78 长江中游区三省有效锌含量特征（mg/kg,%）

省份	采样点数	均值	标准差	变异系数
湖北省	11 239	1.69	1.08	63.44
湖南省	14 122	1.13	1.92	169.82
江西省	16 582	2.21	1.30	58.77

2. 三省地级市有效锌分布特征 不同地级市以湖北省的潜江市土壤有效锌平均含量最高，为 3.31mg/kg；其次是江西省的景德镇鹰潭市，分别为 2.88mg/kg 和 2.81mg/kg；均值含量最低的是湖南省的衡阳市，为 0.58mg/kg；其余各市介于 0.59～2.68mg/kg 之间。变异系数最大的是湖南省的长沙市，为 190.61%，最小的是湖北省的潜江市，为 24.50%（表 4-79）。

表 4-79　长江中游区地级市耕层土壤有效锌含量（mg/kg，%）

省份	地级市	采样点个数	均值	标准差	变异系数
湖北省	鄂州市	103	1.28	0.46	35.83
	恩施土家族苗族自治州	964	1.89	1.11	59.03
	黄冈市	1 280	2.14	1.10	51.36
	黄石市	283	2.54	1.16	45.52
	荆门市	880	1.40	0.82	58.62
	荆州市	1 466	1.09	0.69	63.49
	潜江市	237	3.31	0.81	24.50
	神农架林区	20	2.07	0.74	35.89
	十堰市	608	1.44	1.10	76.31
	随州市	456	1.79	0.74	41.09
	天门市	363	0.79	0.39	49.62
	武汉市	608	2.44	1.42	58.14
	仙桃市	316	1.01	0.90	89.46
	咸宁市	511	1.85	0.80	43.27
	襄阳市	1 397	1.52	0.77	50.77
	孝感市	911	1.82	1.03	56.52
	宜昌市	836	1.77	1.16	65.31
湖南省	常德市	1 174	1.08	1.07	98.90
	郴州市	1 401	2.09	3.17	151.59
	衡阳市	1 179	0.58	0.41	69.76
	怀化市	1 576	0.70	0.86	122.73
	娄底市	610	0.60	0.54	89.54
	邵阳市	1 305	0.63	0.70	112.06
	湘潭市	439	0.59	0.62	105.92
	湘西土家族苗族自治州	1 223	0.59	0.80	134.38
	益阳市	732	1.72	1.59	92.29
	永州市	1 492	1.05	0.97	91.76
	岳阳市	1 003	2.46	3.62	147.08
	张家界市	489	0.75	1.41	188.18
	长沙市	632	0.89	1.69	190.61
	株洲市	867	1.81	3.20	176.70
江西省	抚州市	1 728	2.33	1.23	52.76
	赣州市	2 928	2.34	1.05	44.84
	吉安市	2 414	2.39	1.53	63.96
	景德镇市	495	2.88	1.55	53.88
	九江市	1 818	2.05	1.26	61.40

（续）

省份	地级市	采样点个数	均值	标准差	变异系数
江西省	南昌市	1 283	2.55	1.28	50.19
	萍乡市	508	2.68	1.04	38.82
	上饶市	2 441	2.50	0.95	38.13
	新余市	497	2.47	1.71	69.30
	宜春市	1 947	0.78	0.53	68.26
	鹰潭市	523	2.81	1.09	38.82

二、有效锌含量及其影响因素

（一）不同土壤类型的有效锌含量

长江中游区主要土壤类型有效锌含量水平顺序为：暗棕壤＞棕壤＞新积土＞黄褐土＞水稻土＞黄棕壤＞潮土＞黄壤＞红壤＞砂姜黑土＞石灰土＞紫色土（表 4-80）。其中以暗棕壤土壤有效锌含量最高，为 2.85mg/kg，分别在 1.03～4.80mg/kg 之间变动；其次是棕壤，为 2.20mg/kg，在 0.10～4.94mg/kg 之间变动。紫色土的有效锌含量最低，为 0.92mg/kg，在 0.10～27.35mg/kg 之间变动。其余土类有效锌含量则介于 1.14～2.16mg/kg。水稻土的采样点个数为 31 651 个，占总采样点数的 75.46%，这反映了长江中游区的特征，同时水田土壤有效锌的含量明显大于旱地土壤。

在各类土壤中，红壤的有效锌含量变异系数最大，为 160.94%；紫色土次之，为 148.30%；新积土的变异系数最小，为 38.75%。其余土类变异系数在 42.89%～119.87% 之间。总体看，旱地土壤有效锌含量的变异系数大于水稻土，反映了旱地土壤有效锌含量变幅大于水田这一规律。

表 4-80　长江中游区耕地土壤土类与有效锌含量（mg/kg，%）

土类	采样点数	均值	标准差	变异系数
暗棕壤	21	2.85	1.23	43.04
潮土	2 828	1.52	1.82	119.87
红壤	3 145	1.25	2.02	160.94
黄褐土	292	1.87	1.17	62.56
黄壤	1 041	1.35	1.28	94.52
黄棕壤	1 483	1.72	1.15	66.70
砂姜黑土	4	1.15	0.49	42.89
石灰土	673	1.14	1.23	108.10
水稻土	31 651	1.81	1.50	83.01
新积土	7	2.16	0.84	38.75
紫色土	703	0.92	1.36	148.30
棕壤	95	2.20	1.13	51.27

在长江中游区的主要亚类中，以典型暗棕壤的土壤有效锌含量最高，为2.85mg/kg，其次是潮棕壤、典型新积土和棕壤性土，分别为2.26mg/kg、2.16mg/kg和2.10mg/kg；第三个层次是黏盘黄褐土、棕红壤和潜育水稻土，分别为2.08mg/kg、1.96mg/kg和1.92mg/kg；有效锌含量最低的是黄色石灰土，为0.59mg/kg，其余的各亚类则介于0.63~1.84mg/kg（表4-81）。

变异系数以酸性紫色土最大，为193.94%；典型红壤次之，为192.07%；典型潮土和红色石灰土变异系数为182.70%和168.79%；土壤有效锌的变异系数超过100%的有12个亚类；典型新积土变异系数最小，为38.75%，其余各亚类变异系数介于42.89%~156.62%。

表4-81　长江中游区耕地土壤亚类与有效锌含量（mg/kg,%）

亚类	采样点数	均值	标准差	变异系数
暗黄棕壤	326	1.79	1.21	67.87
典型暗棕壤	21	2.85	1.23	43.04
潮棕壤	58	2.26	1.15	50.91
典型潮土	649	1.62	2.96	182.70
典型红壤	2 065	1.18	2.26	192.07
典型黄褐土	106	1.48	0.97	65.17
典型黄壤	1 013	1.36	1.28	93.95
典型黄棕壤	731	1.63	1.17	71.51
黑色石灰土	138	1.07	1.37	127.79
红壤性土	158	1.37	1.56	113.86
红色石灰土	230	0.63	1.07	168.79
黄红壤	527	0.98	1.40	143.34
黄壤性土	28	0.95	1.12	118.26
黄色石灰土	54	0.59	0.59	100.11
黄棕壤性土	426	1.84	1.06	57.64
灰潮土	2 163	1.49	1.30	87.65
漂洗水稻土	158	1.31	1.57	119.78
潜育水稻土	2 454	1.61	1.48	92.19
典型砂姜黑土	4	1.15	0.49	42.89
渗育水稻土	945	1.19	1.87	156.62
湿潮土	16	1.59	0.79	49.33
石灰性紫色土	234	0.91	0.98	108.28
酸性紫色土	293	0.92	1.78	193.94
典型新积土	7	2.16	0.84	38.75
淹育水稻土	3 302	1.30	1.28	98.86
黏盘黄褐土	186	2.08	1.22	58.37

（续）

亚类	采样点数	均值	标准差	变异系数
中性紫色土	176	0.94	0.94	99.59
潴育水稻土	24 792	1.92	1.49	77.55
棕红壤	395	1.96	1.16	59.00
棕壤性土	37	2.10	1.10	52.22
棕色石灰土	251	1.76	1.12	63.30

（二）地貌类型与土壤中有效锌含量

表 4-82 反映，各种地貌类型中，采样点主要集中在第一类中，第二类较少，但是该类型与第一类相似，都是低海拔，只是成土母质不一样，前者是冲击或沉积物，后者以堆积、溶蚀和沉积扇为主。

长江中游区以低海拔、高台地或高丘陵有效锌平均值含量最高，为 1.82mg/kg；以大或小起伏低山或中山地貌有效锌平均值含量最低，为 1.47mg/kg，其余地貌类型有效锌均值含量范围在 1.65mg/kg 到 1.79mg/kg 之间。土壤有效锌变异系数以大或小起伏低山或中山的 97.75％ 为最大，其次是低海拔、低台地、低丘陵和低海拔、溶蚀平原、堆积平原，分别为 90.15％，89.99％，其余地貌类型有效锌变异系数也都大于 87％，整体处于中等到强变异程度。

表 4-82　地貌特征与有效锌含量的分类比较（mg/kg，％）

类别	地貌特征	采样点数	均值	变异系数
1	低海拔、冲积或湖积平原或洼地	11 497	1.79	88.73
2	低海拔、溶蚀平原、堆积或冲积扇	3 979	1.65	89.99
3	低海拔、低台地或低丘陵	9 875	1.76	90.15
4	低海拔、高台地或高丘陵	8 292	1.82	87.27
5	大或小起伏低山或中山	7 993	1.47	97.75

（三）成土母质与土壤有效锌含量

有效锌含量与成土母质的关系见表 4-83。不同成土母质发育的土壤中有效锌含量变幅较大，范围为 69％～122％，属中等到强变异程度。其中土壤有效锌平均值最高的是红砂岩类风化物，为 2.07mg/kg，其次是泥质岩类风化物和结晶岩类风化物，有效锌平均值分别为 1.86mg/kg 和 1.77mg/kg；河湖冲沉积物以及第四纪红色黏土有效锌含量也分别达到 1.75mg/kg 以及 1.70mg/kg；其余两种成土母质紫色岩类风化物以及碳酸盐类风化物有效锌含量较低，分别只有 1.27mg/kg 和 1.19mg/kg。

表 4-83　不同成土母质发育的耕地土壤有效锌含量统计（mg/kg，％）

母质分类	采样点数	占比	均值	标准差	变异系数
红砂岩类风化物	3 160	7.53	2.07	1.44	69.62
泥质岩类风化物	8 268	19.71	1.86	1.71	92.13
结晶岩类风化物	6 745	16.08	1.77	1.45	82.12
河湖冲沉击物和河湖冲沉积物	9 761	23.27	1.75	1.69	96.54

（续）

母质分类	采样点数	占比	均值	标准差	变异系数
第四纪红色黏土	7 729	18.43	1.70	1.33	78.32
紫色岩类风化物	2 579	6.15	1.27	1.44	113.73
碳酸盐岩类风化物	3 701	8.82	1.19	1.46	122.86
合计（平均）	41 943	100	1.71	1.56	91.20

（四）土壤质地与有效锌含量

表 4-84 显示，长江中游区耕地土壤的质地以壤土居多，占采样总数的 55.08%，其次为黏壤土，占 25.58%，黏土和砂土占比较少，前者为 16.32%，后者为 3.02%。有效锌含量最高和最低的样点都出现在黏壤土中，分别达到 33.62mg/kg 和 0.00mg/kg，平均含量最高值出现在壤土中，稍高于黏壤土 1.78mg/kg 和砂土 1.47mg/kg，黏土的土壤有效锌含量平均值最低。

各类质地土壤有效锌含量变幅都比较大，其中砂土最大，壤土最小。但不同质地变异系数都超过了 80%，属中等到强变异程度，说明在不同区域质地类型虽相同，但由于颗粒组成及母质来源差异，导致土壤有效锌含量不一，数据离散度高。

表 4-84　不同质地土壤中有效锌含量统计（mg/kg,%）

质地	采样点数	均值	标准差	变异系数
壤土	23 104	1.83	1.48	80.57
砂土	1 267	1.47	1.78	121.23
黏壤土	10 727	1.78	1.70	95.34
黏土	6 845	1.22	1.46	119.04

三、土壤有效锌含量分级

根据长江中游区土壤有效锌含量状况，参照第二次土壤普查时土壤有效锌及主要营养元素分级标准，将土壤有效锌含量划分为 6 级。全区耕地有效锌含量分级面积见图 4-9。

土壤有效锌一级水平全区共计 790.19khm²，占全区耕地面积的 6.32%，主要分布在湖北省 248.96khm²（占 1.99%），湖南省 145.31khm²（占 1.16%），江西省 359.93khm²（占 3.17%）。二级水平全区共计 5 315.18khm²，占全区耕地面积的 42.49%，其中湖北省 2 618.70khm²（占 20.94%），湖南省 625.34khm²（占 5.00%），江西省 2 071.13khm²（占 16.56%）。三级水平全区共计 2 571.77khm²，占全区耕地面积的 20.56%，其中湖北省 1 717.62khm²（占 5.44%），湖南省 633.73khm²（占 17.54%），江西省 220.43khm²（占 3.06%）。四级水平全区共计 3 257.87khm²，占全区耕地面积的 26.04%，其中湖北省 681.10khm²（占 5.44%），湖南省 2 193.58khm²（占 17.54%），江西省 383.19khm²（占 3.06%）。五级水平全区共计 570.69khm²，占全区耕地面积的 4.56%，其中湖北省 15.44khm²（占 0.12%），湖南省 536.79khm²（占 4.29%），江西省 18.46khm²（占 0.15%）。六级水平全区共计 2.97khm²，占全区耕地面积的 0.02%，全部分布在湖南省内（表 4-85）。

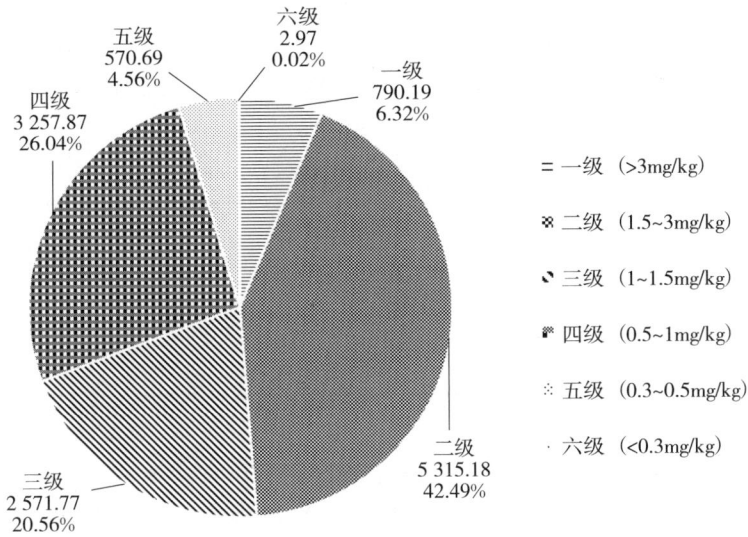

图 4-9　长江中游区耕层土壤有效锌含量分级面积与比例（khm²）

表 4-85　长江中游区耕层土壤有效锌不同等级所占面积分析（khm²，mg/kg）

省名	一级	二级	三级	四级	五级	六级
	>3	1.5~3	1~1.5	0.5~1	0.3~0.5	<0.3
湖北	248.96	2 618.70	1 717.62	681.10	15.44	
湖南	145.31	625.34	633.73	2 193.58	536.79	2.97
江西	395.93	2 071.13	220.43	383.19	18.46	
总计	790.19	5 315.18	2 571.77	3 257.87	570.69	2.97

四、土壤有效锌调控

目前最常用的锌肥为硫酸锌与氯化锌，也有用氧化锌以及有机配合锌。前两者为水溶性肥料，氧化锌则溶解度低，磨成细粒，粒径越细，肥料越好。有机配合锌建议用在固锌强的土壤上。

（一）用法与用量

锌肥可以土壤施用或叶面喷施，也有采取种子处理方法。

土壤施用，可在播前撒施，或对条播作物播种前条施。由于锌移动性差，施后翻入耕层的效果比表施好。叶面喷用，常用于蔬菜、果树作物。锌肥也可以拌种、包衣、浸种及蘸根，然而浓度要慎重，以免伤苗，一般采用 0.1% 硫酸锌溶液。

（二）锌肥的后效与中毒的可能

基施锌肥，一般后效可持续 3~5 年；施用量越大，后效越明显。用锌量超过 45kg/hm² 时，当季作物会出现过剩中毒现象。

第十节　土壤有效铁

一、耕地土壤有效铁含量空间差异

（一）土壤有效铁含量概况

长江中游区耕地土壤有效铁的含量，采样点分布特征参见表 4-86。有效铁总体样点平均为 87.97mg/kg，其组成中，旱地土壤采样点占 24.54%，平均为 47.13mg/kg；水田土壤采样点占 75.46%，平均含量为 101.25mg/kg。水田土壤有效铁的含量是旱地土壤的 2.15 倍，旱地土壤有效铁含量的变异幅度是水田土壤的 1.56 倍，完全符合有效铁在旱地土壤和水田土壤中的分布规律（表 4-86）。

表 4-86　长江中游区耕地土壤有效铁含量概况（mg/kg，%）

利用类型	采样点个数	均值	标准差	变异系数
旱地	10 292	47.13	48.49	102.88
水田	31 651	101.25	66.79	65.96
总体	41 943	87.97	66.97	76.13

（二）有效铁含量的区域分布特征

1. 三省之间有效铁含量分布特征　长江中游区三省中（表 4-87），湖北的有效铁平均含量最低，变异幅度最大，达到 97.64%。江西省有效铁均值含量最高，达到 114.29mg/kg，变异幅度最小。湖南省有效铁含量和变异幅度均居中。此结果反映，湖北的地貌类型比较复杂，有效铁含量的变幅也大，结合总体含量较低的现象看，湖北省的中低等级的耕地面积较大，这与有效铁统计的结果相一致。

表 4-87　长江中游区三省有效铁含量特征（mg/kg，%）

省份	采样点个数	均值	标准差	变异系数
湖北省	11 239	66.08	64.53	97.64
湖南省	14 122	74.50	62.31	83.64
江西省	16 582	114.29	63.60	55.65

2. 三省地级市有效铁分布特征　不同地级市以江西省的景德镇市土壤有效铁平均含量最高，为 164.48mg/kg；其次是江西省的鹰潭市和新余市，分别为 157.70mg/kg 和 156.36mg/kg；均值含量最低的是湖北省的鄂州市，为 22.32mg/kg；其余各市介于 23.07～155.90mg/kg 之间。变异系数最大的是湖北省的天门市，为 180.22%，最小的是湖北省的潜江市，为 19.13%（表 4-88）。

表 4-88　长江中游区地级市耕层土壤有效铁含量（mg/kg，%）

省份	地级市	采样点个数	均值	标准差	变异系数
湖北省	鄂州市	103	22.32	12.45	55.79
	恩施土家族苗族自治州	964	61.69	51.94	84.20
	黄冈市	1 280	92.78	59.72	64.37
	黄石市	283	129.65	117.04	90.28
	荆门市	880	73.55	71.18	96.78
	荆州市	1 466	57.18	68.38	119.60
	潜江市	237	45.49	8.70	19.13
	神农架林区	20	44.11	10.27	23.28
	十堰市	608	31.09	31.97	102.80

（续）

省份	地级市	采样点个数	均值	标准差	变异系数
湖北省	随州市	456	60.21	22.07	36.65
	天门市	363	29.18	52.60	180.22
	武汉市	608	85.52	73.48	85.93
	仙桃市	316	23.07	8.61	37.30
	咸宁市	511	95.17	75.31	79.14
	襄阳市	1 397	64.98	46.67	71.83
	孝感市	911	71.83	67.77	94.36
	宜昌市	836	52.89	68.75	129.98
湖南省	常德市	1 174	94.51	83.13	87.96
	郴州市	1 401	89.51	72.02	80.46
	衡阳市	1 179	64.83	40.36	62.26
	怀化市	1 576	68.63	52.99	77.21
	娄底市	610	57.04	39.72	69.63
	邵阳市	1 305	62.11	47.43	76.37
	湘潭市	439	67.71	39.05	57.67
	湘西土家族苗族自治州	1 223	61.63	45.50	73.82
	益阳市	732	62.60	37.85	60.46
	永州市	1 492	54.16	36.28	66.99
	岳阳市	1 003	118.73	89.54	75.42
	张家界市	489	61.77	62.94	101.88
	长沙市	632	74.50	47.99	64.42
	株洲市	867	100.50	87.89	87.45
江西省	抚州市	1 728	151.63	36.02	23.75
	赣州市	2 928	129.46	61.16	47.24
	吉安市	2 414	115.39	66.68	57.78
	景德镇市	495	164.48	39.46	23.99
	九江市	1 818	52.29	19.23	36.77
	南昌市	1 283	35.88	16.11	44.89
	萍乡市	508	132.02	53.53	40.55
	上饶市	2 441	91.00	46.60	51.21
	新余市	497	156.36	35.76	22.87
	宜春市	1 947	155.90	40.61	26.05
	鹰潭市	523	157.70	96.53	61.21

二、有效铁含量及其影响因素

（一）不同土壤类型的有效铁含量

长江中游区主要土壤类型有效铁含量水平顺序为：水稻土＞新积土＞砂姜黑土＞黄棕壤＞黄褐土＞黄壤＞红壤＞暗棕壤＞潮土＞棕壤＞紫色土＞石灰土（表4-89）。其中以水稻土土壤有效铁含量最高，都为101.25mg/kg，在0.50～537.90mg/kg之间变动；其次是新积土，为 87.07mg/kg，在 36.80～227.40mg/kg 之间变动。石灰土的有效铁含量最低，为 33.38mg/kg，在 1.40～424.70mg/kg 之间变动。其余土类有效铁含量则介于 35.05～ 79.55mg/kg。水稻土的采样点个数为 31 651 个，占总采样点数的 75.46%，这反映了长江中游区的特征，同时水田土壤有效铁的含量明显大于旱地土壤。

在各类土壤中，石灰土的有效铁含量变异系数最大，为 145.07%；紫色土次之，为 125.23%；暗棕壤的变异系数最小，为 46.60%。其余土类变异系数在 55.35～105.37% 之间。总体看，旱地土壤有效铁含量的变异系数大于水稻土，反映了旱地土壤有效铁含量变幅大于水田这一规律。

表 4-89   长江中游区耕地土壤土类与有效铁含量 （mg/kg，%）

土类	采样点数	均值	标准差	变异系数
暗棕壤	21	48.83	22.75	46.60
潮土	2 828	44.12	44.13	100.02
红壤	3 145	48.87	49.14	100.55
黄褐土	292	53.61	29.67	55.35
黄壤	1 041	51.23	43.63	85.16
黄棕壤	1 483	56.94	60.00	105.37
砂姜黑土	4	79.55	51.44	64.66
石灰土	673	33.38	48.43	145.07
水稻土	31 651	101.25	66.79	65.96
新积土	7	87.07	63.33	72.73
紫色土	703	35.05	43.90	125.23
棕壤	95	43.06	32.69	75.90

在长江中游区的主要亚类中，以漂洗水稻土的土壤有效铁含量最高，为 109.07mg/kg，其次是潴育水稻土、潜育水稻土和渗育水稻土，分别为 104.13mg/kg、102.51mg/kg 和 94.30mg/kg；第三个层次是典型新积土、淹育水稻土和典型砂姜黑土，分别为 87.07mg/kg、80.32mg/kg 和 79.55mg/kg；有效铁含量最低的是黄色石灰土，为 21.64mg/kg，其余的各亚类则介于 24.58～65.00mg/kg（表 4-90）。

变异系数以黑色石灰土最大，为 171.79%；红色石灰土次之，为 140.85%；酸性紫色土和棕色石灰土变异系数为 129.70% 和 126.60%；黏盘黄褐土变异系数最小，为 29.64%，其余各亚类变异系数介于 46.60%～126.12%。

表 4-90   长江中游区耕地土壤亚类与有效铁含量 （mg/kg，%）

亚类	采样点数	均值	标准差	变异系数
暗黄棕壤	326	60.63	62.89	103.72
典型暗棕壤	21	48.83	22.75	46.60
潮棕壤	58	42.55	37.80	88.84
典型潮土	649	58.48	49.81	85.16

（续）

亚类	采样点数	均值	标准差	变异系数
典型红壤	2 065	47.45	49.14	103.56
典型黄褐土	106	60.64	44.50	73.38
典型黄壤	1 013	51.93	43.79	84.32
典型黄棕壤	731	55.24	58.75	106.36
黑色石灰土	138	27.30	46.91	171.79
红壤性土	158	49.88	50.28	100.80
红色石灰土	230	24.58	34.62	140.85
黄红壤	527	42.07	41.35	98.28
黄壤性土	28	25.78	27.15	105.34
黄色石灰土	54	21.64	21.33	98.55
黄棕壤性土	426	57.02	59.85	104.96
灰潮土	2 163	39.80	41.47	104.18
漂洗水稻土	158	109.07	76.61	70.23
潜育水稻土	2 454	102.51	68.23	66.56
典型砂姜黑土	4	79.55	51.44	64.66
渗育水稻土	945	94.30	66.78	70.81
湿潮土	16	96.70	21.64	47.11
石灰性紫色土	234	33.88	42.73	126.12
酸性紫色土	293	37.50	48.64	129.70
典型新积土	7	87.07	63.33	72.73
淹育水稻土	3 302	80.32	63.79	79.42
黏盘黄褐土	186	49.60	14.70	29.64
中性紫色土	176	32.54	36.52	112.23
潴育水稻土	24 792	104.13	66.46	63.82
棕红壤	395	65.00	54.78	84.27
棕壤性土	37	43.86	22.93	52.27
棕色石灰土	251	47.31	59.89	126.60

（二）地貌类型与土壤有效铁含量

表 4-91 反映，各种地貌类型中，采样点主要集中在第一类中，第二类较少，但是该类型与第一类相似，都是低海拔，只是成土母质不一样，前者是冲积或沉积物，后者以堆积、溶蚀和沉积扇为主，由此导致前者有效铁含量比后者高约 25mg/kg。两者采样点数合计占总采样点数的 37.17%。其后随着海拔高度上升，采样点数逐步下降，第3、第4 和第 5 类的采样点占总采样点的比例分别为 23.72%、19.92% 和 19.20%，顺序下降。与此相反的是，这三大类地貌类型发育的耕地土壤有效铁的含量随着海拔高度上升有升有降。

表 4-91　地貌特征与有效铁含量的分类比较（mg/kg,%）

类别	地貌特征	采样点数	均值	标准差	变异系数
1	低海拔、冲积或湖积平原或洼地	11 497	91.46	67.29	73.58
2	低海拔、溶蚀平原、堆积或冲积扇	3 979	65.64	59.45	90.58
3	低海拔、低台地或低丘陵	9 875	95.82	66.89	69.80
4	低海拔、高台地或高丘陵	8 292	96.50	69.20	71.71
5	大或小起伏低山或中山	7 993	76.37	63.93	83.71

所有地貌类型有效铁平均含量最大值出现在第四大类上，变幅以第二类较高，达到90.58%，而其他4种类型之间相差不大，变异系数都在75%左右。

（三）成土母质与土壤有效铁含量

有效铁含量与成土母质的关系见表4-92。不同成土母质发育的土壤中有效铁含量变幅较大且相差不多，在33%到38%之间，含量最高的是碳酸盐岩类风化物，有效铁含量为1.71mg/kg，其次为泥质岩类风化物和结晶岩类风化物，有效铁含量分别为1.64mg/kg和1.62mg/kg；紫色岩类风化物和第四纪红色黏土的有效铁含量也分别达到1.55mg/kg和1.51mg/kg；河湖冲沉积物和红砂岩类风化物的有效铁含量相同，都是1.48mg/kg。变异系数最高的是紫色岩类风化物，为38.19%；最低是红砂岩类风化物，为33.34%。最大值在泥质岩类风化物上，为3.82mg/kg；最小值在红砂岩类风化物上，为3.42mg/kg。

表 4-92　不同成土母质发育的耕地土壤有效铁含量统计（mg/kg,%）

母质分类	采样点数	均值	标准差	变异系数
第四纪红色黏土	7 729	87.29	64.92	74.37
河湖冲沉积物	9 761	74.66	62.80	84.12
红砂岩类风化物	3 160	113.04	68.46	60.56
结晶岩类风化物	6 745	106.03	70.23	66.23
泥质岩类风化物	8 268	92.10	67.81	73.62
碳酸盐岩类风化物	3 701	66.13	58.27	88.12
紫色岩类风化物	2 579	80.56	63.69	79.05

（四）土壤质地与有效铁含量

表4-93显示，长江中游区耕地土壤的质地以壤土居多，占采样总数的55.08%，其次为黏壤土，占25.58%，黏土和砂土占比较少，前者为16.32%，后者为3.02%。有效铁含量最大值和最小值都出现在黏土中，分别为557.80mg/kg和0.50mg/kg；有效铁平均含量最高值出现在黏壤土中，高于壤土8.51mg/kg和黏土24.66mg/kg，砂土的含量最低，为57.62mg/kg。变异系数最大的是砂土，达到104.60%；变异系数最小的是黏壤土，为71.25%。

表 4-93　不同质地土壤中有效铁含量统计（mg/kg,%）

质地	采样点数	均值	标准差	变异系数
壤土	23 104	89.39	66.37	74.24
砂土	1 267	57.62	60.27	104.60
黏壤土	10 727	97.90	69.75	71.25
黏土	6 845	73.24	61.44	83.88

三、土壤有效铁含量分级

根据长江中游区土壤有效铁含量状况，参照第二次土壤普查时土壤有效铁及主要营养元素分级标准，将土壤有效铁含量划分为 6 级。全区耕地有效铁含量分级面积见图 4-10。

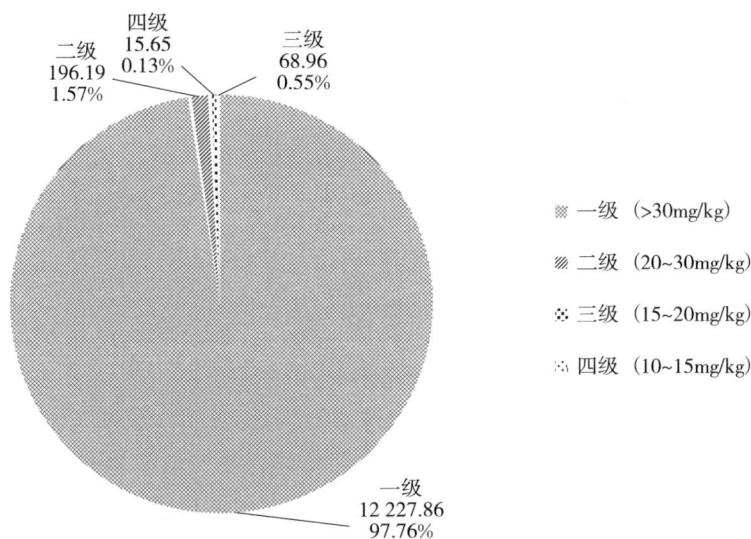

图 4-10　长江中游区耕层土壤有效铁含量分级面积与比例（khm²）

土壤有效铁一级水平全区共计 12 227.86khm²，占全区耕地面积的 97.76%，其中湖北省 5 004.60khm²（占 40.01%），湖南省 4 136.76khm²（占 33.07%），江西省 3 086.50khm²（占 24.67%）。二级水平全区共计 196.19khm²，占全区耕地面积的 1.57%，其中湖北省 192.60khm²（占 1.54%），湖南省 0.95khm²（占 0.01%），江西省 2.64khm²（占 0.02%）。三级水平全区共计 68.96khm²，占全区耕地面积的 0.55%，全部分布在湖北省内。四级水平全区共计 15.65khm²，占全区耕地面积的 0.13%，全部分布在湖北省内。全区无五、六级水平耕地（表 4-94）。

表 4-94　长江中游区耕层土壤有效铁不同等级所占面积分析（khm²，mg/kg）

省名	一级 >20	二级 15~20	三级 10~15	四级 4.5~10	五级 2.5~4.5	六级 <2.5
湖北	5 004.60	192.60	68.96	15.65	—	—
湖南	4 136.76	0.95	—	—	—	—
江西	3 086.50	2.64	—	—	—	—
总计	12 227.86	196.19	68.96	15.65	—	—

四、土壤有效铁调控

常用的铁肥中无机铁肥主要是硫酸亚铁，由于无机铁肥施入土中有效性降低，故多建议叶面喷施，此外还有局部富铁法、输液法、植干埋铁法、强力注射法、浸根法等。

第十一节　土壤有效锰

一、耕地土壤有效锰含量空间差异

（一）土壤有效锰含量概况

长江中游区耕地土壤有效锰总体样点平均为 27.17mg/kg，其组成中，旱地土壤采样点占 24.54%，平均为 26.09mg/kg；水田土壤采样点占 75.46%，平均含量为 27.53mg/kg。水田土壤有效锰的含量比旱地土壤稍高。变异系数相差较小，旱地为 73.32%，水田为 70.31%（表 4-95）。

表 4-95　长江中游区耕地土壤有效锰含量概况 （mg/kg，%）

利用类型	采样点个数	均值	标准差	变异系数
旱地	10 292	26.09	19.13	73.32
水田	31 651	27.53	19.35	70.31
总体	41 943	27.17	19.31	71.06

（二）土壤有效锰含量的区域分布特征

1. 三省之间有效锰含量分布特征　长江中游区三省中（表 4-96），湖北省有效锰平均含量最高，达到 28.32mg/kg，变异幅度居中。湖南的有效锰平均含量最低，为 26.42mg/kg，变异幅度最大，最大值和最小值之前相差约400倍。江西省有效锰含量居中但变异幅度相对最小。

表 4-96　长江中游区三省有效锰含量特征 （mg/kg，%）

省份	采样点个数	均值	标准差	变异系数
湖北省	11 239	28.32	19.94	70.41
湖南省	14 122	26.42	19.79	74.91
江西省	16 582	27.04	18.40	68.06

2. 三省地级市有效锰分布特征　不同地级市以湖北省的黄石市土壤有效锰平均含量最高，为 48.76mg/kg；其次是湖南省的鹰潭市和岳阳市，分别为 40.81mg/kg 和 39.70mg/kg；均值含量最低的是湖北省的仙桃市，为 14.01mg/kg；其余各市介于 17.64～37.94mg/kg 之间。变异系数最大的是湖北省的十堰市，为 110.27%，最小的是湖北省的潜江市，为 25.12%（表 4-97）。

表 4-97　长江中游区地级市耕层土壤有效锰含量 （mg/kg，%）

省份	地级市	采样点个数	均值	标准差	变异系数
湖北省	鄂州市	103	21.87	10.27	46.96
	恩施土家族苗族自治州	964	28.02	19.43	69.36

（续）

省份	地级市	采样点个数	均值	标准差	变异系数
湖北省	黄冈市	1 280	29.69	19.66	66.21
	黄石市	283	48.76	30.77	63.11
	荆门市	880	24.39	14.61	59.90
	荆州市	1 466	18.89	16.86	89.29
	潜江市	237	20.71	5.20	25.12
	神农架林区	20	26.11	8.41	32.21
	十堰市	608	19.76	21.79	110.27
	随州市	456	32.70	10.83	33.12
	天门市	363	17.64	15.80	89.58
	武汉市	608	37.94	20.10	52.97
	仙桃市	316	14.01	5.70	40.64
	咸宁市	511	32.40	25.57	78.91
	襄阳市	1397	37.92	18.17	47.91
	孝感市	911	35.38	18.37	51.91
	宜昌市	836	23.93	16.70	69.79
湖南省	常德市	1 174	28.59	20.87	73.02
	郴州市	1 401	28.68	29.05	101.28
	衡阳市	1 179	23.58	10.21	43.30
	怀化市	1 576	24.25	12.52	51.64
	娄底市	610	24.10	11.31	46.92
	邵阳市	1 305	24.87	17.04	68.50
	湘潭市	439	24.93	17.93	71.90
	湘西土家族苗族自治州	1 223	24.86	12.43	50.01
	益阳市	732	30.36	18.19	59.91
	永州市	1 492	22.65	13.38	59.08
	岳阳市	1 003	39.70	36.50	91.92
	张家界市	489	24.90	15.20	61.04
	长沙市	632	25.23	14.57	57.74
	株洲市	867	24.07	19.72	81.90
江西省	抚州市	1 728	28.79	13.83	48.03
	赣州市	2 928	32.16	27.94	86.88
	吉安市	2 414	25.26	12.92	51.14
	景德镇市	495	29.25	17.47	59.73
	九江市	1 818	26.44	10.94	41.38
	南昌市	1 283	24.38	15.17	62.23
	萍乡市	508	20.92	7.61	36.39
	上饶市	2 441	22.85	10.78	47.16
	新余市	497	22.33	9.59	42.94
	宜春市	1 947	26.11	16.03	61.40
	鹰潭市	523	40.81	39.19	96.04

二、有效锰含量及其影响因素

（一）不同土壤类型的有效锰含量

长江中游区主要土壤类型有效锰含量水平顺序为：砂姜黑土＞黄壤＞黄褐土＞棕壤＞新积土＞水稻土＞红壤＞暗棕壤＞黄棕壤＞石灰土＞潮土＞紫色土（表 4-98）。其中以砂姜黑土土壤有效锰含量最高，为 48.38mg/kg，在 43.60～55.30mg/kg 之间变动；其次是黄壤，为 31.23mg/kg，在 0.80～200.40mg/kg 之间变动。紫色土的有效锰含量最低，为 22.75mg/kg，在 1.00～215.90mg/kg 之间变动。其余土类有效锰含量则介于 23.19～30.35mg/kg。水稻土的采样点个数为31 651个，占总采样点数的 75.46%，这反映了长江中游区的特征。

在各类土壤中，石灰土的有效锰含量变异系数最大，为 84.78%；红壤次之，为 76.61%；砂姜黑土的变异系数最小，为 10.40%。其余土类变异系数在 38.02～75.49% 之间。总体看，旱地土壤有效锰含量的变异系数大于水稻土，反映了旱地土壤有效锰含量变幅大于水田这一规律。

表 4-98　长江中游区耕地土壤土类与有效锰含量（mg/kg，%）

土类	采样点数	均值	标准差	变异系数
暗棕壤	21	26.99	12.95	48.00
潮土	2 828	23.19	17.51	75.49
红壤	3 145	27.28	20.90	76.61
黄褐土	292	30.35	15.70	51.71
黄壤	1 041	31.23	16.49	52.80
黄棕壤	1 483	26.76	20.02	74.82
砂姜黑土	4	48.38	5.03	10.40
石灰土	673	24.11	20.44	84.78
水稻土	31 651	27.53	19.35	70.31
新积土	7	28.20	10.72	38.02
紫色土	703	22.75	16.53	72.65
棕壤	95	30.27	16.16	53.39

在长江中游区的主要亚类中，以典型砂姜黑土的土壤有效锰含量最高，为 48.38mg/kg，其次是典型黄褐土、棕壤性土和典型黄壤，分别为 35.64mg/kg、31.63mg/kg 和 31.58mg/kg；第三个层次是红壤性土、漂洗水稻土和潮棕壤，分别为 30.82mg/kg、29.91mg/kg 和 29.41mg/kg；有效锰含量最低的是黄壤性土，为 18.56mg/kg，其余的各亚类则介于 21.25～28.36mg/kg（表 4-99）。

变异系数以红色石灰土最大，为 98.89%；中性紫色土次之，为 87.22%；典型红壤和黄色石灰土变异系数为 82.15% 和 80.12%；典型砂姜黑土变异系数最小，为 10.40%，其余各亚类变异系数介于 27.33%～79.51%。

表 4-99　长江中游区耕地土壤亚类与有效锰含量（mg/kg，%）

亚类	采样点数	均值	标准差	变异系数
暗黄棕壤	326	24.31	19.24	79.15
典型暗棕壤	21	26.99	12.95	48.00
潮棕壤	58	29.41	17.78	60.47
典型潮土	649	28.19	20.16	71.51
典型红壤	2 065	26.75	21.98	82.15
典型黄褐土	106	35.64	21.18	59.43
典型黄壤	1 013	31.58	16.53	52.33
典型黄棕壤	731	28.05	19.92	71.03
黑色石灰土	138	22.41	16.84	75.16
红壤性土	158	30.82	23.02	74.71
红色石灰土	230	25.95	25.67	98.89
黄红壤	527	28.36	19.22	67.76
黄壤性土	28	18.56	7.96	42.91
黄色石灰土	54	26.55	21.27	80.12
黄棕壤性土	426	26.41	20.62	78.05
灰潮土	2 163	21.67	16.39	75.64
漂洗水稻土	158	29.91	23.78	79.51
潜育水稻土	2 454	28.34	19.10	67.40
典型砂姜黑土	4	48.38	5.03	10.40
渗育水稻土	945	27.46	19.29	70.24
湿潮土	16	26.01	7.11	27.33
石灰性紫色土	234	21.25	12.71	59.78
酸性紫色土	293	23.59	16.63	70.51
典型新积土	7	28.20	10.72	38.02
淹育水稻土	3 302	27.20	18.91	69.54
黏盘黄褐土	186	27.34	10.38	37.95
中性紫色土	176	23.37	20.38	87.22
潴育水稻土	24 792	27.48	19.41	70.63
棕红壤	395	27.19	15.58	57.33
棕壤性土	37	31.63	13.35	42.21
棕色石灰土	251	22.84	16.15	70.72

（二）地貌类型与土壤有效锰含量

表 4-100 表明，各种地貌类型中，采样点主要集中在第一类中，第二类较少，但是该类型与第一类相似，都是低海拔，只是成土母质不一样，前者是冲积或沉积物，后者以堆积、溶蚀和沉积扇为主，两者有效锰平均含量几乎相同。两者采样点数合计占总采样点数目的37.17%。其后随着海拔高度上升，采样点数目逐步下降，第 3、第 4 和第 5 类的采样点占

总采样点的比例分别为 23.72％、19.92％和 19.20％，顺序下降。有效锰均值最大在第三类地貌中，为 29.12mg/kg；第一类地貌的变异系数最大，为 72.42％；最低值和变异系数最小都在第五类地貌中。

表 4-100　地貌特征与有效锰含量的分类比较（mg/kg,％）

类别	地貌特征	采样点数	均值	标准差	变异系数
1	低海拔、冲积或湖积平原或洼地	11 497	26.17	18.95	72.42
2	低海拔、溶蚀平原、堆积或冲积扇	3 979	26.04	18.21	69.92
3	低海拔、低台地或低丘陵	9 875	29.12	20.58	70.69
4	低海拔、高台地或高丘陵	8 292	28.74	20.07	69.83
5	大或小起伏低山或中山	7 993	25.14	17.35	69.02

（三）成土母质与土壤有效锰含量

有效锰含量与成土母质的关系见表 4-101。不同成土母质发育的土壤中有效锰均值含量最高的是第四纪红色黏土，有效锰含量为 29.13mg/kg，其次为红砂岩类风化物，有效锰含量为 28.97mg/kg；紫色岩类风化物均值最低，为 24.78mg/kg。其余几种母质都在 25.47～27.58mg/kg 之间。变异系数最高的是紫色岩类风化物，为 79.04％；最低是第四纪红色黏土，为 62.31％。

表 4-101　不同成土母质发育的耕地土壤有效锰含量统计（mg/kg,％）

母质分类	采样点数	均值	标准差	变异系数
第四纪红色黏土	7 729	29.13	18.15	62.31
河湖冲沉积物	9 761	25.90	19.68	75.97
红砂岩类风化物	3 160	28.97	22.90	79.04
结晶岩类风化物	6 745	27.28	19.44	71.25
泥质岩类风化物	8 268	27.58	19.42	70.41
碳酸盐岩类风化物	3 701	25.47	18.36	72.06
紫色岩类风化物	2 579	24.78	16.02	64.66

（四）土壤质地与有效锰含量

表 4-102 显示，长江中游区耕地土壤的质地以壤土居多，占采样总数的 55.08％，其次为黏壤土，占 25.58％，黏土和砂土占比较少，前者为 16.32％，后者为 3.02％。有效锰含量最大值出现在壤土中，为 279.80mg/kg；四种质地的最小值相同，都为 0.70mg/kg；平均含量最高值出现在黏土中，为 28.00mg/kg，砂土的平均含量最低，为 22.27mg/kg。变异系数最大的是砂土，达到 87.07％；变异系数最小的是黏壤土，为 69.24％。

表 4-102　不同质地土壤中有效锰含量统计（mg/kg,％）

质地	采样点数	均值	标准差	变异系数
壤土	23 104	26.87	19.09	71.07
砂土	1 267	22.27	19.39	87.07
黏壤土	10 727	27.88	19.31	69.24
黏土	6 845	28.00	19.85	70.91

三、土壤有效锰含量分级

根据长江中游区土壤有效锰含量状况，参照第二次土壤普查时土壤有效锰及主要营养元素分级标准，将土壤有效锰含量划分为 6 级。全区耕地有效锰含量分级面积见图 4-11。

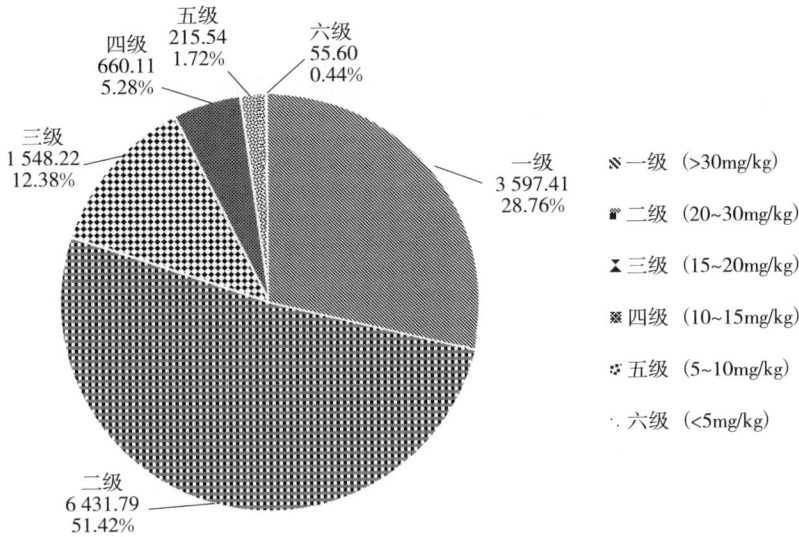

图 4-11 长江中游区耕层土壤有效锰含量分级面积与比例（khm²）

土壤有效锰一级水平全区共计 3 597.41khm²，占全区耕地面积的 28.76%，主要分布在湖北省 2 178.04khm²（占 17.41%），湖南省 735.30khm²（占 5.88%），江西省 684.07khm²（占 5.47%）。二级水平全区共计 6 431.79khm²，占全区耕地面积的 51.42%，其中湖北省 1 724.19khm²（占 13.78%），湖南省 2 915.25khm²（占 23.31%），江西省 1 792.35khm²（占 14.33%）。三级水平全区共计 1 548.22khm²，占全区耕地面积的 12.38%，其中湖北省 595.39khm²（占 4.76%），湖南省 400.49khm²（占 3.20%），江西省 552.34khm²（占 4.42%）。四级水平全区共计 660.11khm²，占全区耕地面积的 5.28%，其中湖北省 535.29khm²（占 4.28%），湖南省 65.47khm²（占 0.52%），江西省 59.35khm²（占 0.47%）。五级水平全区共计 215.54khm²，占全区耕地面积的 1.72%，其中湖北省 199.43khm²（占 1.59%），湖南省 15.08khm²（占 0.12%），江西省 1.03khm²（占 0.01%）。六级水平全区共计 55.60khm²，占全区耕地面积的 0.44%，其中湖北省 49.47khm²（占 0.40%），湖南省 6.12khm²（占 0.04%），江西省内无分布（表 4-103）。

表 4-103 长江中游区耕层土壤有效锰不同等级所占面积分析（khm²，mg/kg）

省名	一级 >30	二级 20~30	三级 15~20	四级 10~15	五级 5~10	六级 <5
湖北	2 178.04	1 724.19	595.39	535.29	199.43	49.47
湖南	735.30	2 915.25	400.49	65.47	15.08	6.12
江西	684.07	1 792.35	552.34	59.35	1.03	—
总计	3 597.41	6 431.79	1 548.22	660.11	215.54	55.60

四、土壤有效锰调控

目前最常用的锰肥为硫酸锰,易溶于水,基肥入土与追肥、拌种均可;氧化锰与含锰废渣多半微溶于水。土壤施用锰肥往往效果较差,因此喷施是最好的施锰方法。若要施于土壤,建议以条施取代撒施,与生理酸性肥料混合施用。

第十二节 土壤有效硼

一、耕地土壤有效硼含量空间差异

(一)土壤有效硼含量概况

长江中游区耕地土壤有效硼的含量,按照修改的分级标准,采样点分布特征参见表 4-104。有效硼总体样点平均为 0.41mg/kg,其组成中,旱地土壤采样点占 24.54%,水田土壤采样点占 75.46%,平均含量均为 0.41mg/kg。土壤有效硼的变异系数都很大,全部超过100%,水田土壤有效硼的变异系数大于旱地土壤。

表 4-104 长江中游区耕地土壤有效硼含量概况(mg/kg,%)

利用类型	采样点个数	均值	标准差	变异系数
旱地	10 292	0.41	0.44	108.59
水田	31 651	0.41	0.47	113.28
总体	41 943	0.41	0.46	112.19

(二)有效硼含量的区域分布特征

1. 三省之间有效硼含量分布特征 长江中游区三省中(表 4-105),湖北的有效硼平均含量最高,达到 0.47mg/kg,变异幅度居中。湖南省有效硼含量最低,但变异幅度最小。江西省有效硼含量居中但变异幅度最大,达到了 129.97%。

表 4-105 长江中游区三省有效硼含量特征(mg/kg,%)

省份	采样点个数	均值	标准差	变异系数
湖北省	11 239	0.47	0.43	92.07
湖南省	14 122	0.30	0.20	65.65
江西省	16 582	0.46	0.60	129.97

2. 三省地级市有效硼分布特征 不同地级市以江西省的上饶市土壤有效硼平均含量最高,为 0.87mg/kg;其次是湖北省的恩施土家族苗族自治州和鄂州市,分别为 0.70mg/kg和 0.68mg/kg;均值含量最低的是湖南省的鹰潭市和江西省的赣州市,均为 0.13mg/kg;其余各市介于 0.16~0.67mg/kg 之间。变异系数最大的是江西省的赣州市,为 200.72%,最小的是湖北省的鄂州市,为 24.22%(表 4-106)。

表 4-106 长江中游区地级市耕层土壤有效硼含量(mg/kg,%)

省份	地级市	采样点个数	均值	标准差	变异系数
湖北省	鄂州市	103	0.68	0.16	24.22
	恩施土家族苗族自治州	964	0.70	0.96	136.81

（续）

省份	地级市	采样点个数	均值	标准差	变异系数
湖北省	黄冈市	1 280	0.37	0.25	66.47
	黄石市	283	0.33	0.13	38.47
	荆门市	880	0.55	0.43	78.68
	荆州市	1 466	0.41	0.25	59.97
	潜江市	237	0.43	0.22	51.45
	神农架林区	20	0.16	0.06	39.89
	十堰市	608	0.43	0.33	76.36
	随州市	456	0.67	0.26	38.56
	天门市	363	0.40	0.17	40.99
	武汉市	608	0.46	0.28	60.12
	仙桃市	316	0.17	0.08	46.46
	咸宁市	511	0.38	0.37	97.41
	襄阳市	1 397	0.44	0.25	56.32
	孝感市	911	0.45	0.30	65.58
	宜昌市	836	0.63	0.63	99.59
湖南省	常德市	1 174	0.46	0.56	120.31
	郴州市	1 401	0.28	0.11	37.61
	衡阳市	1 179	0.27	0.08	28.06
	怀化市	1 576	0.28	0.08	30.49
	娄底市	610	0.28	0.08	30.24
	邵阳市	1 305	0.27	0.09	32.21
	湘潭市	439	0.28	0.09	31.05
	湘西土家族苗族自治州	1 223	0.28	0.10	34.23
	益阳市	732	0.35	0.17	48.33
	永州市	1 492	0.30	0.14	45.05
	岳阳市	1 003	0.31	0.14	44.41
	张家界市	489	0.31	0.13	42.24
	长沙市	632	0.29	0.12	40.15
	株洲市	867	0.29	0.11	37.60
江西省	抚州市	1 728	0.59	0.40	67.99
	赣州市	2 928	0.13	0.25	200.72
	吉安市	2 414	0.61	0.48	79.36
	景德镇市	495	0.67	0.45	67.75
	九江市	1 818	0.17	0.10	56.35
	南昌市	1 283	0.26	0.31	117.27
	萍乡市	508	0.57	0.32	55.36
	上饶市	2 441	0.87	1.14	130.18
	新余市	497	0.50	0.39	77.44
	宜春市	1 947	0.58	0.42	71.88
	鹰潭市	523	0.13	0.21	164.47

二、有效硼含量及其影响因素

(一) 不同土壤类型的有效硼含量

长江中游区主要土壤类型有效硼含量水平顺序为：暗棕壤＞棕壤＞新积土＞砂姜黑土＞黄棕壤＞潮土＞黄壤＞水稻土＞石灰土＞紫色土＞红壤＞黄褐土（表4-107）。其中以暗棕壤土壤有效硼含量最高，为1.48mg/kg，分别在0.09～4.15mg/kg之间变动；其次是棕壤，为0.69mg/kg，在0.02～4.40mg/kg之间变动。黄褐土的有效硼含量最低，为0.32mg/kg，在0.07～3.35mg/kg之间变动。其余土类有效硼含量则介于0.34～0.61mg/kg。水稻土的采样点个数为31 651个，占总采样点数的75.46%，这反映了长江中游区的特征。

在各类土壤中，新积土的有效硼含量变异系数最大，为216.36%；棕壤次之，为148.70%；砂姜黑土的变异系数最小，为31.78%。其余土类变异系数在81.27～126.86%之间。总体看，土壤有效硼变异系数都很高，达到强变异水平。

表4-107　长江中游区耕地土壤土类与有效硼含量（mg/kg，%）

土类	采样点数	均值	标准差	变异系数
暗棕壤	21	1.48	1.38	93.49
潮土	2 828	0.44	0.40	89.45
红壤	3 145	0.34	0.35	103.58
黄褐土	292	0.32	0.26	81.27
黄壤	1 041	0.43	0.55	126.86
黄棕壤	1 483	0.50	0.58	117.32
砂姜黑土	4	0.56	0.18	31.78
石灰土	673	0.35	0.29	82.23
水稻土	31 651	0.41	0.47	113.28
新积土	7	0.61	1.31	216.36
紫色土	703	0.34	0.30	86.26
棕壤	95	0.69	1.02	148.70

在长江中游区的主要亚类中，以典型暗棕壤的土壤有效硼含量最高，为1.48mg/kg，其次是潮棕壤、典型新积土、典型砂浆黑土和典型黄棕壤，分别为0.80mg/kg、0.61mg/kg、0.56mg/kg和0.56mg/kg；第三个层次是棕壤性土和典型黄褐土，均为0.51mg/kg；有效硼含量最低的是黏盘黄褐土，为0.21mg/kg，其余的各亚类则介于0.25～0.48mg/kg（表4-108）。

变异系数以典型新积土最大，为216.36%；棕壤性土次之，为159.01%；黄壤性土和潮棕壤变异系数为157.61%和141.09%；典型砂姜黑土变异系数最小，为31.78%，其余各亚类变异系数介于45.11%～137.28%。

表 4-108 长江中游区耕地土壤亚类与有效硼含量（mg/kg，%）

亚类	采样点数	均值	标准差	变异系数
暗黄棕壤	326	0.48	0.62	129.46
典型暗棕壤	21	1.48	1.38	93.49
潮棕壤	58	0.80	1.12	141.09
典型潮土	649	0.36	0.31	86.12
典型红壤	2 065	0.36	0.40	112.53
典型黄褐土	106	0.51	0.33	65.59
典型黄壤	1 013	0.44	0.55	126.17
典型黄棕壤	731	0.56	0.64	114.90
黑色石灰土	138	0.30	0.33	111.93
红壤性土	158	0.35	0.28	79.48
红色石灰土	230	0.28	0.15	54.87
黄红壤	527	0.33	0.22	65.12
黄壤性土	28	0.37	0.59	157.61
黄色石灰土	54	0.31	0.22	70.24
黄棕壤性土	426	0.40	0.41	101.67
灰潮土	2 163	0.47	0.41	88.48
漂洗水稻土	158	0.30	0.14	45.11
潜育水稻土	2 454	0.34	0.33	96.47
典型砂姜黑土	4	0.56	0.18	31.78
渗育水稻土	945	0.29	0.15	51.65
湿潮土	16	0.43	0.59	137.28
石灰性紫色土	234	0.33	0.19	58.91
酸性紫色土	293	0.34	0.35	103.67
典型新积土	7	0.61	1.31	216.36
淹育水稻土	3 302	0.37	0.29	79.21
黏盘黄褐土	186	0.21	0.10	46.75
中性紫色土	176	0.37	0.31	83.46
潴育水稻土	24 792	0.43	0.51	116.83
棕红壤	395	0.25	0.17	69.45
棕壤性土	37	0.51	0.81	159.01
棕色石灰土	251	0.45	0.34	74.24

（二）地貌类型与土壤有效硼含量

表 4-109 列出了五大类地貌。该表表明，各种地貌类型中，采样点主要集中在第一类中，第二类较少，两者采样点数合计占总采样点数目的 37.17%。其后随着海拔高度上升，采样点数目逐步下降，第 3、第 4 和第 5 类的采样点占总采样点的比例分别为 23.72%、

19.92%和19.20%，顺序下降，同时，这三大类地貌类型发育的耕地土壤有效硼的含量随着海拔高度上升也逐渐减少。

表 4-109　地貌特征与有效硼含量的分类比较（mg/kg,%）

类别	地貌特征	采样点数	均值	标准差	变异系数
1	低海拔、冲积或湖积平原或洼地	11 497	0.41	0.43	105.83
2	低海拔、溶蚀平原、堆积或冲积扇	3 979	0.45	0.47	104.28
3	低海拔、低台地或低丘陵	9 875	0.43	0.48	112.13
4	低海拔、高台地或高丘陵	8 292	0.41	0.47	114.69
5	大或小起伏低山或中山	7 993	0.39	0.48	123.47

所有地貌类型有效硼含量的变幅都超过100%，其中以第5类最高，达到123.47mg/kg。

（三）成土母质与土壤有效硼含量

有效硼含量与成土母质的关系见表4-110。长江中游区三省的成土母质合计7类，其中采样点占比最高的是河湖冲沉积物，高达23.27%，占比在13%到20%间的有：泥质岩类风化物，19.71%；第四纪红色黏土，18.43%；结晶岩类风化物，16.08%；其他如碳酸盐岩类风化物、红砂岩类风化物和紫色岩类风化物等3类都不到10%，顺序为8.82%、7.53%和6.15%。

不同成土母质发育的土壤中有效硼平均含量最高的是红砂岩类风化物，有效硼含量为0.46mg/kg，其次为泥质岩类风化物、第四纪红色黏土和河湖冲沉积物，有效硼含量分别为0.45mg/kg、0.44mg/kg和0.42mg/kg；碳酸盐岩类风化物和结晶岩类风化物有效硼含量相同，都是0.36mg/kg，紫色岩类风化物含量最低，为0.34mg/kg。

变异系数最高的是红砂岩类风化物，为133.45%；最低是碳酸盐岩类风化物，为81.09%。

表 4-110　不同成土母质发育的耕地土壤有效硼含量统计（mg/kg,%）

母质分类	采样点数	均值	标准差	变异系数
第四纪红色黏土	7 729	0.44	0.44	98.16
河湖冲沉积物	9 761	0.42	0.46	109.30
红砂岩类风化物	3 160	0.46	0.61	133.45
结晶岩类风化物	6 745	0.36	0.40	112.79
泥质岩类风化物	8 268	0.45	0.55	122.90
碳酸盐岩类风化物	3 701	0.36	0.29	81.09
紫色岩类风化物	2 579	0.34	0.33	96.22

（四）土壤质地与有效硼含量

在有效硼含量较高的情况下，土壤质地越黏，保水保肥能力越好，质地越砂，漏水漏肥严重，有效硼难以积累，肥力越差。但是质地黏到一定程度，加上有效硼含量缺乏则会严重影响土壤的生产能力。

表4-111显示，长江中游区耕地土壤的质地以壤土居多，占采样总数的55.08%，其次

为黏壤土，占 25.58%，黏土和砂土占比较少，前者为 16.32%，后者为 3.02%。有效硼平均含量在不同质地上的差距较小，最高值出现在黏壤土中，稍高于壤土和砂土 0.01mg/kg，黏土的含量最低，为 0.34mg/kg。含量最大值出现在黏壤土中，为 4.60mg/kg；最小值出现在壤土和黏壤土中。有效硼变异系数总体较大，最大的是黏壤土，达到 116.13%；变异系数最小的是黏土，为 88.36%。

表 4-111　不同质地土壤中有效硼含量统计（mg/kg，%）

质地	采样点数	均值	标准差	变异系数
壤土	23 104	0.42	0.49	114.59
砂土	1 267	0.42	0.38	90.12
黏壤土	10 727	0.43	0.50	116.13
黏土	6 845	0.34	0.30	88.36

三、土壤有效硼含量分级

根据长江中游区土壤有效硼含量状况，参照第二次土壤普查时土壤有效硼及主要营养元素分级标准，将土壤有效硼含量划分为 6 级。全区耕地有效硼含量分级面积见图 4-12。

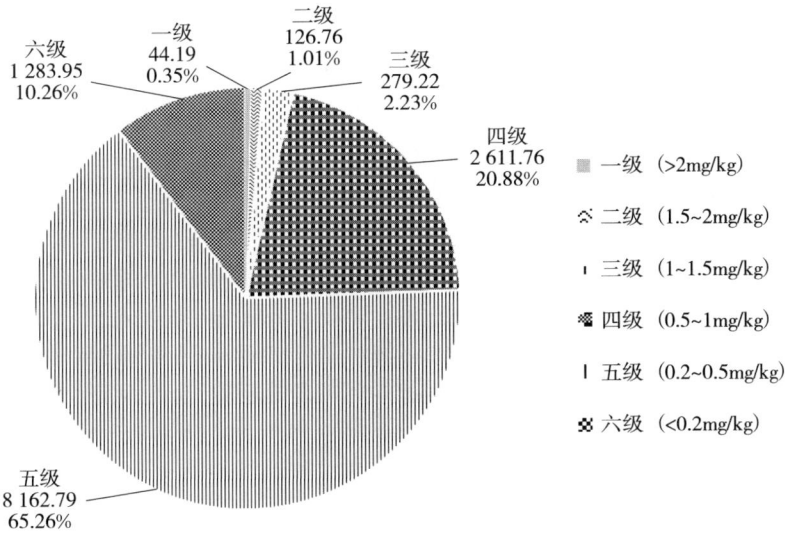

图 4-12　长江中游区耕层土壤有效硼含量分级面积与比例（khm²）

土壤有效硼一级水平全区共计 44.19khm²，占全区耕地面积的 0.35%，主要分布在湖北省 5.98khm²（占 0.05%），湖南省无分布，江西省 38.21khm²（占 0.31%）。二级水平全区共计 126.76khm²，占全区耕地面积的 1.01%，其中湖北省 21.74khm²（占 0.17%），湖南省 17.90khm²（占 0.14%），江西省 87.13khm²（占 0.70%）。三级水平全区共计 279.22khm²，占全区耕地面积的 2.23%，其中湖北省 56.49khm²（占 0.45%），湖南省 37.36khm²（占 0.30%），江西省 185.37khm²（占 1.48%）。四级水平全区共计 2 611.76 khm²，占全区耕地面积的 20.88%，其中湖北省 1 650.29khm²（占 13.19%），湖南省 84.22khm²（占 0.67%），江西省 877.25khm²（占 7.01%）。五级水平全区共计

8 162.79khm²，占全区耕地面积的 65.26%，其中湖北省 3 234.87khm²（占 25.86%），湖南省 3 989.05khm²（占 31.89%），江西省 938.87khm²（占 7.51%）。六级水平全区共计 1 283.95khm²，占全区耕地面积的 10.26%，其中湖北省 312.45khm²（占 2.50%），湖南省 9.19khm²（占 0.07%），江西省 962.31khm²（占 7.69%）（表 4-112）。

表 4-112　长江中游区耕层土壤有效硼不同等级所占面积分析（khm²，mg/kg）

省名	一级	二级	三级	四级	五级	六级
	>2	1.5~2	1~1.5	0.5~1	0.2~0.5	<0.2
湖北	5.98	21.74	56.49	1 650.29	3 234.87	312.45
湖南	—	17.90	37.36	84.22	3 989.05	9.19
江西	38.21	87.13	185.37	877.25	938.87	962.31
总计	44.19	126.76	279.22	2611.76	8 162.79	1 283.95

四、土壤有效硼调控

我国应用最广的是硼砂，主要用于土壤施肥。硼酸也有施用，由于硼酸能在冷水中充分溶解，土壤施用与叶面喷用均适宜。

（一）用法与用量

对需硼较多的作物，建议用硼 2~4kg/hm²，对其他作物，砂性土壤应酌情减少用量。土壤施用以种前均匀撒施，耕翻入土为宜。叶面喷施用于一年生作物生育期间或多年生作物与果树。

（二）注意事项

注意利用其后效。土壤施用，用量偏大时，往往后效能维持 3~5 年，故轮作中，硼肥尽量用于需硼多的作物，而需硼少的作物可利用后效；另外，防治高硼毒害。土壤施用 >3kg/hm² 时，尤其在酸性土壤上可能发生毒害。条施或撒施不均，喷施浓度过大都有可能产生毒害，应慎重对待。

第五章　耕地其他指标

第一节　土壤 pH

土壤中存在着各种化学和生物化学反应，表现出不同的酸性或碱性。土壤酸碱性的强弱，常以酸碱度来衡量。土壤之所以有酸碱性，是因为在土壤中存在少量的氢离子和氢氧离子。当氢离子的浓度大于氢氧离子的浓度时，土壤呈酸性；反之呈碱性；两者相等时则为中性。

一、土壤 pH 分布情况

（一）三省之间土壤 pH

三省之中，湖北省土壤 pH 的均值最大，为 6.2；其次是湖南省，均值为 6.1；江西省的均值最小为 5.2。三省的土壤 pH 分级频率分布情况见图 5-1、表 5-1。

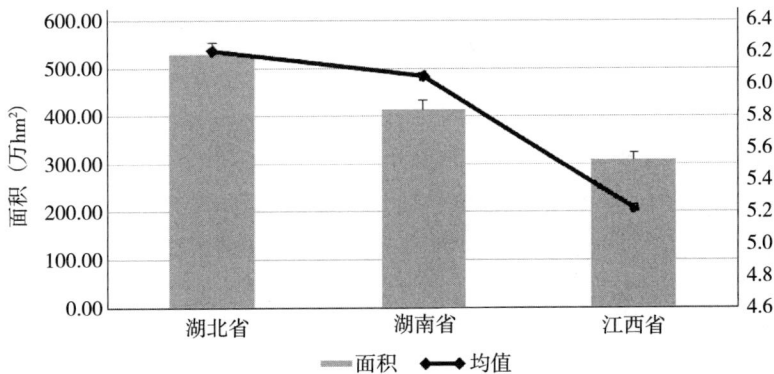

图 5-1　长江中游区土壤 pH 分布直方图

表 5-1　长江中游区不同 pH 级别下的耕地面积

省名	pH 范围	pH 均值	面积（万 hm²）	比例（%）
湖北省	<4.5	4.4	0.11	0.02
	4.5～5.5	5.1	46.88	8.88
	5.5～6.5	6.0	230.64	43.67
	6.5～7.5	6.8	179.40	33.96
	7.5～8.5	7.7	71.16	13.47
汇总		6.2	528.18	100.00
湖南省	<4.5	—	—	—
	4.5～5.5	5.3	70.05	16.93

（续）

省名	pH 范围	pH 均值	面积（万 hm²）	比例（%）
湖南省	5.5～6.5	5.9	236.58	57.18
	6.5～7.5	6.8	82.90	20.04
	7.5～8.5	7.7	24.24	5.86
汇总		6.1	413.77	100.00
江西省	<4.5	4.4	0.12	0.04
	4.5～5.5	5.1	246.80	79.90
	5.5～6.5	5.7	58.13	18.82
	6.5～7.5	6.8	3.83	1.24
	7.5～8.5	7.5	0.03	0.01
汇总		5.2	308.91	100.00

（二）不同市区土壤 pH

湖北省土壤 pH 均值最高的市区是仙桃市，pH 为 7.7；仙桃市 pH 在 7.5～8.5 等级上的耕地面积最大，为 9.10 万 hm²；排在第二位的是 6.5～7.5 等级，耕地面积为 4.37 万 hm²。潜江市和天门市的土壤 pH 均值为 7.4；潜江市 pH 在 7.5～8.5 等级上的耕地面积最大，为 5.68 万 hm²；其次是 6.5～7.5 等级，耕地面积为 5.44 万 hm²；总体上潜江市的 pH 都在 6.5 以上；天门市 pH 在 6.5～7.5 等级上的耕地面积最大，为 4.28 万 hm²，排在第二位的是 7.5～8.5 等级，耕地面积为 3.25 万 hm²。荆州市土壤 pH 均值为 7.2，从全省看来，pH 在 7.5～8.5 等级和 6.5～7.5 等级上面积均为全省最大，分别为 26.76 万 hm² 和 45.27 万 hm²。结果表明，在湖北省江汉平原的土壤 pH 接近中性，与水稻主产区的特征相符。湖北省土壤 pH 均值最低的市区是黄冈市和恩施土家族苗族自治州，其均值均为 5.6（表 5-2）。

湖南省土壤 pH 均值最高的市区是张家界市，pH 为 6.4；张家界市 pH 在 5.5～6.5 等级上的耕地面积最大，为 17.88 万 hm²；排在第二位的是 6.5～7.5 等级，耕地面积为 13.15 万 hm²。益阳市和衡阳市的土壤 pH 均值均为 6.3；益阳市 pH 在 7.5～8.5 等级上的耕地面积为全省最大，为 13.06 万 hm²；其次是 5.5～6.5 等级，耕地面积为 9.22 万 hm²；衡阳市 pH 在 5.5～6.5 等级上的耕地面积最大，为 23.06 万 hm²，排在第二位的是 6.5～7.5 等级，耕地面积为 13.39 万 hm²。湖南省土壤 pH 均值最低的市区是怀化市，其均值为 5.7（表 5-2）。

江西省整体是酸性土壤。土壤 pH 均值最高的市区是萍乡市，pH 为 5.9；萍乡市 pH 在 5.5～6.5 等级上的耕地面积最大，为 4.23 万 hm²；排在第二位的是 4.5～5.5 等级，耕地面积为 0.58 万 hm²。九江市土壤 pH 均值为 5.5；九江市 pH 在 4.5～5.5 等级上的耕地面积最大，为 19.55 万 hm²；其次是 5.5～6.5 等级，耕地面积为 19.01 万 hm²；从全省来看，九江市 pH 在 5.5～6.5 等级和 6.5～7.5 等级上面积均为全省最大，分别为 19.01 万 hm² 和 2.69 万 hm²。江西省土壤 pH 均值最低的市区是抚州市，其均值为 5.0（表 5-2）。

表5-2　长江中游区地级市土壤 pH 分布（万 hm²，%）

省名	地级市	pH均值	<4.5	比例	4.5~5.5	比例	5.5~6.5	比例	6.5~7.5	比例	7.5~8.5	比例
湖北省	鄂州市	6.2	—	—	0.10	0.21	3.73	1.62	2.21	1.23	—	—
	恩施土家族苗族自治州	5.6	0.11	100.00	14.20	30.29	10.18	4.41	2.07	1.15	0.02	0.03
	黄冈市	5.6	—	—	18.61	39.70	35.63	15.45	4.72	2.63	0.79	1.11
	黄石市	6.0	—	—	0.87	1.85	11.96	5.18	1.36	0.76	—	—
	荆门市	6.7	—	—	0.01	0.03	6.42	2.78	20.67	11.52	12.99	18.26
	荆州市	7.2	—	—	—	—	18.74	8.12	45.27	25.23	26.76	37.60
	潜江市	7.4	—	—	—	—	—	—	5.44	3.03	5.68	7.99
	神农架林区	6.8	—	—	—	—	0.02	0.01	0.77	0.43	—	—
	十堰市	6.7	—	—	0.04	0.10	12.35	5.35	12.07	6.73	4.55	6.40
	随州市	6.6	—	—	0.09	0.19	11.02	4.78	15.53	8.66	—	—
	天门市	7.4	—	—	0.01	0.02	0.37	0.16	4.28	2.39	3.25	4.57
	武汉市	5.8	—	—	5.46	11.65	21.37	9.27	1.82	1.02	0.01	0.01
	仙桃市	7.7	—	—	—	—	0.02	0.01	4.37	2.44	9.10	12.79
	咸宁市	5.8	—	—	2.92	6.22	16.12	6.99	3.08	1.72	—	—
	襄阳市	6.7	—	—	0.11	0.24	34.95	15.15	35.83	19.98	0.05	0.07
	孝感市	6.3	—	—	2.85	6.09	31.90	13.83	10.70	5.96	6.75	9.49
	宜昌市	6.2	—	—	1.60	3.41	15.86	6.88	9.20	5.13	1.19	1.68
汇总		6.2	0.11	100.00	46.88	100.00	230.64	100.00	179.40	100.00	71.16	100.00
湖南省	常德市	6.1	—	—	5.38	7.68	16.11	6.81	9.01	10.87	5.33	22.00
	郴州市	6.2	—	—	3.28	4.69	14.68	6.20	11.05	13.33	0.19	0.78
	衡阳市	6.3	—	—	1.13	1.62	23.06	9.75	13.39	16.15	0.14	0.57
	怀化市	5.7	—	—	16.67	23.79	18.00	7.61	2.02	2.43	—	—

（续）

省名	地级市	pH 均值	<4.5	比例	4.5~5.5	比例	5.5~6.5	比例	6.5~7.5	比例	7.5~8.5	比例
	娄底市	6.0	—	—	2.24	3.20	12.71	5.37	1.67	2.01	—	—
	邵阳市	5.9	—	—	11.89	16.98	26.07	11.02	4.68	5.64	—	—
	湘潭市	5.8	—	—	1.34	1.92	6.71	2.83	0.47	0.57	—	—
	湘西土家族苗族自治州	6.1	—	—	5.09	7.27	26.87	11.36	9.40	11.34	0.05	0.21
湖南省	益阳市	6.3	—	—	4.35	6.21	9.22	3.90	2.51	3.03	13.06	53.88
	永州市	6.2	—	—	5.77	8.24	24.99	10.56	11.08	13.36	0.21	0.87
	岳阳市	6.1	—	—	5.06	7.22	15.28	6.46	2.13	2.57	5.01	20.67
	张家界市	6.4	—	—	0.31	0.45	17.88	7.56	13.15	15.87	0.24	1.01
	长沙市	5.8	—	—	4.54	6.49	14.52	6.14	0.54	0.65	—	—
	株洲市	5.8	—	—	2.98	4.25	10.49	4.43	1.81	2.19	—	—
汇总		6.1	—	—	70.05	100.00	236.58	100.00	82.90	100.00	24.24	100.00
	抚州市	5.0	0.04	32.54	27.94	11.32	0.20	0.35	—	—	—	—
	赣州市	5.2	—	—	33.53	13.59	5.81	9.99	—	—	—	—
	吉安市	5.1	—	—	36.19	14.66	3.86	6.65	—	—	—	—
	景德镇市	5.3	—	—	4.20	1.70	3.42	5.88	0.03	0.76	—	—
	九江市	5.5	0.08	67.46	19.55	7.92	19.01	32.71	2.69	70.26	0.03	100.00
江西省	南昌市	5.1	—	—	28.54	11.56	1.63	2.80	—	—	—	—
	萍乡市	5.9	—	—	0.58	0.23	4.23	7.28	0.47	12.29	—	—
	上饶市	5.2	—	—	43.39	17.58	7.85	13.51	0.02	0.40	—	—
	新余市	5.4	—	—	5.84	2.37	1.98	3.40	0.35	9.11	—	—
	宜春市	5.2	—	—	41.55	16.84	7.62	13.12	0.28	7.19	—	—
	鹰潭市	5.4	—	—	5.48	2.22	2.50	4.31	—	—	—	—
汇总		5.2	0.12	100.00	246.80	100.00	58.13	100.00	3.83	100.00	0.03	100.00

（三）不同土壤类型土壤 pH

长江中游区共涉及 18 个土类、42 个亚类。

1. 不同土类土壤 pH　长江中游区主要土壤类型为潮土、红壤、黄褐土、黄壤、黄棕壤、石灰土、水稻土和紫色土。

从整个长江中游区来看，潮土的 pH 均值为 7.0，其中 pH 在 7.5～8.5 等级面积最大，其面积为 47.57 万 hm^2，pH 均值为 7.7；其次是 pH 在 6.5～7.5 等级，其面积为 40.11 万 hm^2，均值为 7.0；第三是 pH 5.5～6.5 等级，其面积为 18.26 万 hm^2，均值为 6.0；第四是 pH 4.5～5.5 等级，其面积为 5.91 万 hm^2，均值为 5.1；面积最小的是＜4.5 等级，其面积为 0.02 万 hm^2，均值为 4.4。

红壤的 pH 均值为 5.5，其中 pH 在 4.5～5.5 等级面积最大，其面积为 152.87 万 hm^2，pH 均值 5.1；其次是 pH 在 5.5～6.5 等级，其面积为 132.02 万 hm^2，均值为 5.9；第三是 pH 在 6.5～7.5 等级，其面积为 32.40 万 hm^2，均值为 6.7；第四是 pH 在 7.5～8.5 等级，其面积为 0.48 万 hm^2，均值为 7.6；面积最小的是＜4.5 等级，其面积为 0.05 万 hm^2，均值为 4.4。

黄褐土的 pH 均值为 6.5，其中 pH 在 5.5～6.5 等级面积最大，其面积为 22.47 万 hm^2，pH 均值为 6.1；其次是 pH 在 6.5～7.5 等级，其面积为 8.44 万 hm^2，均值为 6.8；第三是 pH 在 4.5～5.5 等级，其面积为 1.66 万 hm^2，均值为 5.1；第四是 pH 在 7.5～8.5 等级，其面积为 0.21 万 hm^2，均值为 7.8；面积最小的是＜4.5 等级，其面积为 0.01 万 hm^2，均值为 4.4。

黄壤的 pH 均值为 5.7，其中 pH 在 5.5～6.5 等级面积最大，其面积为 17.24 万 hm^2，pH 均值为 5.9；其次是 pH 在 4.5～5.5 等级，其面积为 15.38 万 hm^2，均值为 5.1；第三是 pH 在 6.5～7.5 等级，其面积为 2.93 万 hm^2，均值为 6.8；第四是 pH 在＜4.5 等级，其面积为 0.02 万 hm^2，均值为 4.4；面积最小的是 7.5～8.5 等级，其面积为 0.01 万 hm^2，均值为 7.5。

黄棕壤的 pH 均值为 6.1，其中 pH 在 5.5～6.5 等级面积最大，其面积为 74.33 万 hm^2，pH 均值为 6.0；其次是 pH 在 6.5～7.5 等级，其面积为 33.43 万 hm^2，均值为 6.8；第三是 pH 在 4.5～5.5 等级，其面积为 25.64 万 hm^2，均值为 5.1；第四是 pH 在 7.5～8.5 等级，其面积为 2.14 万 hm^2，均值为 7.7；面积最小的是＜4.5 等级，其面积为 0.01 万 hm^2，均值为 4.4。

石灰土的 pH 均值为 6.6，其中 pH 在 5.5～6.5 等级面积最大，其面积为 28.87 万 hm^2，pH 均值为 6.1；其次是 pH 在 6.5～7.5 等级，其面积为 20.07 万 hm^2，均值为 6.9；第三是 pH 在 4.5～5.5 等级，其面积为 3.24 万 hm^2，均值为 5.1；第四是 pH 在 7.5～8.5 等级，其面积为 1.60 万 hm^2，均值为 7.7；面积最小的是＜4.5 等级，其面积为 0.01 万 hm^2，均值为 4.4。

水稻土的 pH 均值为 6.0，其中 pH 在 5.5～6.5 等级面积最大，其面积为 212.10 万 hm^2，pH 均值为 5.9；其次是 pH 在 4.5～5.5 等级，其面积为 149.97 万 hm^2，均值为 5.1；第三是 pH 在 6.5～7.5 等级，其面积为 111.77 万 hm^2，均值为 6.9；第四是 pH 在 7.5～8.5 等级，其面积为 41.65 万 hm^2，均值为 7.7；面积最小的是＜4.5 等级，其面积为 0.11 万 hm^2，均值为 4.4。

紫色土的 pH 均值为 6.2，其中 pH 在 5.5～6.5 等级面积最大，其面积为 15.82 万 hm²，pH 均值为 5.9；其次是 pH 在 6.5～7.5 等级，其面积为 15.60 万 hm²，均值为 6.8；第三是 pH 在 4.5～5.5 等级，其面积为 6.77 万 hm²，均值为 5.1；第四是 pH 在 7.5～8.5 等级，其面积为 1.58 万 hm²，均值为 7.7；面积最小的是＜4.5 等级，其面积为 0.01 万 hm²，均值为 4.4（表 5-3）。

表 5-3　长江中游区不同土壤类型各 pH 等级所占面积

土壤类型	pH 范围	pH 均值	面积（万 hm²）	比例（%）
潮土	＜4.5	4.4	0.02	0.01
	4.5～5.5	5.1	5.91	5.28
	5.5～6.5	6.0	18.26	16.32
	6.5～7.5	7.7	40.11	35.86
	7.5～8.5	7.0	47.57	42.53
汇总		7.0	111.86	100.00
红壤	＜4.5	4.4	0.05	0.02
	4.5～5.5	5.1	152.87	48.10
	5.5～6.5	5.9	132.02	41.54
	6.5～7.5	6.7	32.40	10.19
	7.5～8.5	7.6	0.48	0.15
汇总		5.5	317.82	100.00
黄褐土	＜4.5	4.4	0.01	0.01
	4.5～5.5	5.1	1.66	5.06
	5.5～6.5	6.1	22.47	68.56
	6.5～7.5	6.8	8.44	25.75
	7.5～8.5	7.8	0.21	0.63
汇总		6.5	32.77	100.00
黄壤	＜4.5	4.4	0.02	0.05
	4.5～5.5	5.1	15.38	43.23
	5.5～6.5	5.9	17.24	48.46
	6.5～7.5	6.8	2.93	8.23
	7.5～8.5	7.5	0.01	0.03
汇总		5.7	35.58	100.00
黄棕壤	＜4.5	4.4	0.01	0.01
	4.5～5.5	5.1	25.64	18.92
	5.5～6.5	6.0	74.33	54.83
	6.5～7.5	6.8	33.43	24.66
	7.5～8.5	7.7	2.14	1.58
汇总		6.1	135.56	100.00

（续）

土壤类型	pH 范围	pH 均值	面积（万 hm²）	比例（%）
石灰土	<4.5	4.4	0.01	0.01
	4.5~5.5	5.1	3.24	6.03
	5.5~6.5	6.1	28.87	53.68
	6.5~7.5	6.9	20.07	37.31
	7.5~8.5	7.7	1.60	2.97
汇总		6.6	53.78	100.00
水稻土	<4.5	4.4	0.11	0.02
	4.5~5.5	5.1	149.97	29.09
	5.5~6.5	5.9	212.10	41.14
	6.5~7.5	6.9	111.77	21.68
	7.5~8.5	7.7	41.65	8.08
汇总		6.0	515.60	100.00
紫色土	<4.5	4.4	0.01	0.03
	4.5~5.5	5.1	6.77	17.02
	5.5~6.5	5.9	15.82	39.78
	6.5~7.5	6.8	15.60	39.21
	7.5~8.5	7.7	1.58	3.96
汇总		6.2	39.78	100.00

从三省来看（表 5-4），湖北省面积最大的土类是水稻土，其面积为 239.05 万 hm²，pH 均值为 6.3；其次是黄棕壤，其面积 129.64 万 hm²，pH 均值为 6.1；第三是潮土，其面积为 91.47 万 hm²，pH 均值为 7.1；第四是黄褐土，其面积为 26.20 万 hm²，pH 均值为 6.6；第五是石灰土，其面积为 15.24 万 hm²，pH 均值为 6.6；面积最小的是石质土，其面积为 0.04 万 hm²，pH 均值为 5.3。

湖南省面积最大的土类是红壤，其面积为 176.55 万 hm²，pH 均值为 5.9；其次是水稻土，其面积为 135.15 万 hm²，pH 均值为 6.1；第三是石灰土，其面积为 32.58 万 hm²，pH 均值为 6.3；第四是黄壤，其面积为 26.25 万 hm²，pH 均值为 5.7；第五是紫色土，其面积为 22.76 万 hm²，pH 均值为 6.2；面积最小的是山地草甸土，其面积为 0.07 万 hm²，pH 均值为 5.5。

江西省面积最大的土类是水稻土，其面积为 141.40 万 hm²，pH 均值为 5.2；其次是红壤，其面积 139.99 万 hm²，pH 均值为 5.2；第三是潮土，其面积为 7.24 万 hm²，pH 均值为 5.6；第四是黄褐土，其面积为 6.57 万 hm²，pH 均值为 5.7；第五是紫色土，其面积为 6.27 万 hm²，pH 均值为 5.3；面积最小的是山地草甸土，其面积为 0.01 万 hm²，pH 均值为 5.2。

表 5-4　三省不同土壤类型的 pH 均值及其面积

省名	土类	pH 均值	面积（万 hm²）	比例（%）
湖北省	暗棕壤	6.8	0.20	0.04
	潮土	7.1	91.47	17.32
	红壤	5.7	1.28	0.24
	黄褐土	6.6	26.20	4.96
	黄壤	5.7	8.80	1.67
	黄棕壤	6.1	129.64	24.54
	砂姜黑土	6.5	0.23	0.04
	山地草甸土	5.9	0.21	0.04
	石灰土	6.6	15.24	2.89
	石质土	5.3	0.04	0.01
	水稻土	6.3	239.05	45.26
	沼泽土	5.8	2.01	0.38
	紫色土	6.3	10.75	2.04
	棕壤	5.8	3.05	0.58
汇总		6.2	528.18	100.00
湖南省	潮土	7.0	13.15	3.18
	粗骨土	6.3	0.71	0.17
	红壤	5.9	176.55	42.69
	红黏土	5.9	0.09	0.02
	黄壤	5.7	26.25	6.35
	黄棕壤	5.6	5.89	1.42
	山地草甸土	5.5	0.07	0.02
	石灰土	6.3	32.58	7.88
	石质土	6.1	0.41	0.10
	水稻土	6.1	135.15	32.68
	紫色土	6.2	22.76	5.50
汇总		6.1	413.61	100.00
江西省	潮土	5.6	7.24	2.34
	粗骨土	5.3	0.44	0.14
	红壤	5.2	139.99	45.30
	黄褐土	5.7	6.57	2.13
	黄壤	5.2	0.53	0.17
	黄棕壤	5.2	0.03	0.01
	火山灰土	5.2	0.28	0.09
	山地草甸土	5.2	0.01	0.00
	石灰土	5.7	5.96	1.93
	石质土	5.4	0.16	0.05
	水稻土	5.2	141.40	45.76
	新积土	4.9	0.14	0.05
	紫色土	5.3	6.27	2.03
汇总		5.2	309.01	100.00

2. 不同亚类土壤 pH　长江中游区土壤亚类主要为潴育水稻土、典型红壤、灰潮土、典型黄棕壤、黄红壤、黄棕壤性土、典型黄壤、棕红壤（表 5-5）。其中面积最大的亚类是潴育水稻土，其面积为 464.58 万 hm^2，pH 均值为 5.9；其次是典型红壤，其面积为 225.29 万 hm^2，pH 均值为 5.5；第三是灰潮土，其面积为 87.16 万 hm^2，pH 均值为 7.1；第四是典型黄棕壤，其面积为 57.69 万 hm^2，pH 均值为 6.2；第五是黄红壤，其面积为 56.14 万 hm^2，pH 均值为 5.7；第六是黄棕壤性土，其面积为 54.02 万 hm^2，pH 均值为 6.4；第七是典型黄壤，其面积为 34.35 万 hm^2，pH 均值为 5.7；第八是棕红壤，其面积为 30.48 万 hm^2，pH 均值为 5.4。

表 5-5　长江中游区不同土壤亚类的 pH 均值及其面积

国标亚类	pH 均值	面积（万 hm^2）	比例（%）
暗黄棕壤	5.9	23.85	1.91
草甸暗棕壤	6.8	0.20	0.02
潮棕壤	5.8	2.90	0.23
典型暗棕壤	6.9	0.01	0.01
典型潮土	6.6	23.38	1.87
典型红壤	5.5	225.29	18.01
典型黄褐土	6.6	26.20	2.09
典型黄壤	5.7	34.35	2.75
典型黄棕壤	6.2	57.69	4.61
典型砂姜黑土	6.5	0.23	0.02
典型山地草甸土	5.8	0.29	0.02
典型新积土	4.9	0.14	0.01
典型沼泽土	5.8	2.01	0.16
钙质粗骨土	6.3	0.63	0.05
钙质石质土	5.9	0.28	0.02
黑色石灰土	6.1	5.82	0.47
红壤性土	5.5	5.93	0.47
红色石灰土	6.2	17.92	1.43
黄红壤	5.7	56.14	4.49
黄壤性土	5.9	1.24	0.10
黄色石灰土	6.1	9.16	0.73
黄棕壤性土	6.4	54.02	4.32
灰潮土	7.1	87.16	6.97
基岩性火山灰土	5.2	0.28	0.02
漂洗水稻土	6.0	0.58	0.05

（续）

国标亚类	pH 均值	面积（万 hm²）	比例（%）
潜育水稻土	6.3	26.24	2.10
湿潮土	5.7	1.32	0.11
石灰性紫色土	6.7	13.18	1.05
酸性粗骨土	5.3	0.34	0.03
酸性红黏土	5.9	0.09	0.01
酸性石质土	5.4	0.16	0.01
酸性紫色土	5.9	18.44	1.47
铁铝质粗骨土	6.3	0.07	0.01
铁铝质石质土	5.5	0.17	0.01
淹育水稻土	6.7	24.21	1.94
黏盘黄褐土	5.7	6.57	0.53
中性粗骨土	5.5	0.09	0.01
中性紫色土	6.1	8.17	0.65
潴育水稻土	5.9	464.58	37.14
棕红壤	5.4	30.48	2.44
棕壤性土	6.2	0.15	0.01
棕色石灰土	6.7	20.88	1.67
汇总	6.1	1 250.87	100.00

从三省来看（表 5-6），湖北省面积最大的亚类是潴育水稻土，其面积为 203.43 万 hm²，pH 均值为 6.2；其次是灰潮土，其面积为 81.09 万 hm²，pH 均值为 7.2；第三是典型黄棕壤，其面积为 57.69 万 hm²，pH 均值为 6.2；第四是黄棕壤性土，其面积为 53.97 万 hm²，pH 均值为 6.4；第五是典型黄褐土，其面积为 26.20 万 hm²，pH 均值为 6.6；第六是淹育水稻土，其面积为 22.85 万 hm²，pH 均值为 6.8；第七是暗黄棕壤，其面积为 17.98 万 hm²，pH 均值为 5.9；第八是棕色石灰土，其面积为 13.23 万 hm²，pH 均值为 6.7。

湖南省面积最大的亚类是潴育水稻土，其面积为 126.35 万 hm²，pH 均值为 6.1；其次是典型红壤，其面积为 114.43 万 hm²，pH 均值为 6.0；第三是黄红壤，其面积为 51.63 万 hm²，pH 均值为 5.9；第四是典型黄壤，其面积为 25.72 万 hm²，pH 均值为 5.7；第五是红色石灰土，其面积为 17.07 万 hm²，pH 均值为 6.3；第六是酸性紫色土，其面积为 14.25 万 hm²，pH 均值为 6.1；第七是典型潮土，其面积为 13.13 万 hm²，pH 均值为 7.0；第八是黄色石灰土，其面积为 8.96 万 hm²，pH 均值为 6.2。

江西省面积最大的亚类是潴育水稻土，其面积为 134.80 万 hm²，pH 均值为 5.2；其次是典型红壤，其面积为 110.83 万 hm²，pH 均值为 5.2；第三是棕红壤，其面积为 23.72 万 hm²，pH 均值为 5.3；第四是黏盘黄褐土，其面积为 6.57 万 hm²，pH 均值为 5.7；第五是灰潮土，其面积为 6.05 万 hm²，pH 均值为 5.6；第六是棕色石灰土，其面积为 5.96 万

hm², pH 均值为 5.7；第七是潜育水稻土，其面积为 5.86 万 hm²，pH 均值为 5.2；第八是黄红壤，其面积为 3.34 万 hm²，pH 均值为 5.2。

表 5-6 三省不同 pH 均值在不同土壤亚类下的面积

省名	国际亚类	pH 均值	面积（万 hm²）	比例（%）
湖北省	暗黄棕壤	5.9	17.98	3.40
	草甸暗棕壤	6.8	0.20	0.04
	潮棕壤	5.8	2.90	0.55
	典型暗棕壤	6.9	0.01	0.01
	典型潮土	6.1	10.25	1.94
	典型红壤	5.6	0.03	0.01
	典型黄褐土	6.6	26.20	4.96
	典型黄壤	5.7	8.09	1.53
	典型黄棕壤	6.2	57.69	10.92
	典型砂姜黑土	6.5	0.23	0.04
	典型山地草甸土	5.9	0.21	0.04
	典型沼泽土	5.8	2.01	0.38
	钙质石质土	5.3	0.04	0.01
	黑色石灰土	6.1	0.95	0.18
	红色石灰土	6.0	0.86	0.16
	黄红壤	5.7	1.17	0.22
	黄壤性土	5.9	0.71	0.13
	黄色石灰土	5.9	0.21	0.04
	黄棕壤性土	6.4	53.97	10.22
	灰潮土	7.2	81.09	15.35
	漂洗水稻土	6.1	0.32	0.06
	潜育水稻土	6.9	12.46	2.36
	湿潮土	7.3	0.13	0.03
	石灰性紫色土	6.9	5.20	0.98
	酸性紫色土	5.8	2.85	0.54
	淹育水稻土	6.8	22.85	4.33
	中性紫色土	6.2	2.71	0.51
	潴育水稻土	6.2	203.43	38.51
	棕红壤	6.1	0.08	0.01
	棕壤性土	6.2	0.15	0.03
	棕色石灰土	6.7	13.23	2.50
汇总		6.2	528.18	100.00
湖南省	暗黄棕壤	5.6	5.84	1.41

（续）

省名	国际亚类	pH 均值	面积（万 hm²）	比例（%）
	典型潮土	7.0	13.13	3.17
	典型红壤	6.0	114.43	27.66
	典型黄壤	5.7	25.72	6.22
	典型山地草甸土	5.5	0.07	0.02
	钙质粗骨土	6.3	0.63	0.15
	钙质石质土	6.5	0.24	0.06
	黑色石灰土	6.3	4.87	1.18
	红壤性土	5.8	3.88	0.94
	红色石灰土	6.3	17.07	4.13
	黄红壤	5.9	51.63	12.48
	黄壤性土	5.9	0.53	0.13
	黄色石灰土	6.2	8.96	2.16
	黄棕壤性土	5.5	0.05	0.01
湖南省	灰潮土	7.7	0.03	0.01
	漂洗水稻土	5.8	0.26	0.06
	潜育水稻土	6.4	7.92	1.91
	石灰性紫色土	6.5	5.09	1.23
	酸性红黏土	5.9	0.09	0.02
	酸性紫色土	6.1	14.25	3.44
	铁铝质粗骨土	6.3	0.07	0.02
	铁铝质石质土	5.5	0.17	0.04
	淹育水稻土	6.1	0.67	0.16
	中性紫色土	6.3	3.44	0.83
	潴育水稻土	6.1	126.35	30.54
	棕红壤	5.8	6.68	1.62
	棕色石灰土	6.5	1.69	0.41
汇总		6.1	413.77	100.00
	暗黄棕壤	5.2	0.03	0.01
	典型红壤	5.2	110.83	35.88
	典型黄壤	5.2	0.53	0.17
	典型山地草甸土	5.2	0.01	0.01
江西省	典型新积土	4.9	0.14	0.05
	红壤性土	5.0	2.05	0.67
	黄红壤	5.2	3.34	1.08
	灰潮土	5.6	6.05	1.96
	基岩性火山灰土	5.2	0.28	0.09

（续）

省名	国际亚类	pH 均值	面积（万 hm²）	比例（%）
	潜育水稻土	5.2	5.86	1.90
	湿潮土	5.4	1.19	0.38
	石灰性紫色土	5.4	2.90	0.94
	酸性粗骨土	5.3	0.34	0.11
	酸性石质土	5.4	0.16	0.05
	酸性紫色土	5.3	1.34	0.43
江西省	淹育水稻土	5.2	0.69	0.22
	黏盘黄褐土	5.7	6.57	2.13
	中性粗骨土	5.5	0.09	0.03
	中性紫色土	5.3	2.03	0.66
	潴育水稻土	5.2	134.80	43.64
	棕红壤	5.3	23.72	7.68
	棕色石灰土	5.7	5.96	1.93
汇总		5.2	308.91	100.00

二、土壤 pH 分级与变化

（一）分级情况

参照第二次土壤普查 pH 的分级标准，结合长江中游区的现状，将 pH 划分为 6 级（图 5-2）。

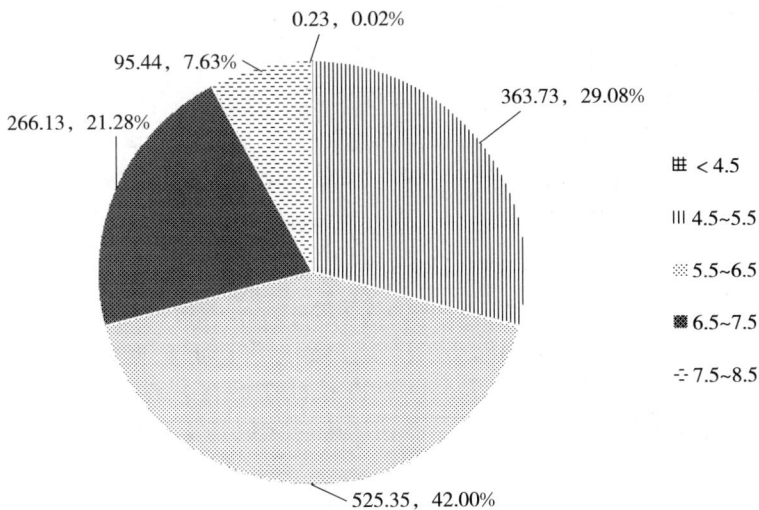

图 5-2　长江中游区不同 pH 级别下的面积分布分析（万 hm²）

pH 小于 4.5 的面积全区共 0.23 万 hm²，占长江中游区耕地面积的 0.02%（表 5-7）。

其中，湖北省0.11万hm²，占该省耕地面积的0.02%，占长江中游区耕地面积的46.62%；湖南省无此等级的耕地；江西省0.12万hm²，占该省耕地面积的0.04%，占长江中游区耕地面积的53.38%。

表5-7　长江中游区不同pH级别下的面积（万hm²，%）

	pH	<4.5	4.5~5.5	5.5~6.5	6.5~7.5	7.5~8.5	>8.5
湖北省	耕地面积	0.11	46.88	230.64	179.40	71.16	—
	占该省耕地	0.02	8.88	43.67	33.96	13.47	—
	占全区该级耕地	46.62	12.89	43.91	67.42	74.57	—
湖南省	耕地面积	—	70.05	236.58	82.90	24.24	—
	占该省耕地	—	16.93	57.18	20.04	5.86	—
	占全区该级耕地	—	19.25	45.02	31.14	25.40	—
江西省	耕地面积	0.12	246.80	58.13	3.83	0.03	—
	占该省耕地	0.04	79.90	18.82	1.24	0.01	—
	占全区该级耕地	53.38	67.87	11.07	1.44	0.03	—
长江中游区	耕地面积	0.23	363.73	525.35	266.13	95.44	—
	占全区该耕地	0.02	29.08	42.00	21.28	7.63	—

pH4.5~5.5的面积全区共363.73万hm²，占长江中游区耕地面积的29.08%。其中，湖北省46.88万hm²，占该省耕地面积的8.88%，占长江中游区耕地面积的12.89%；湖南省70.05万hm²，占该省耕地面积的16.93%，占长江中游区耕地面积的19.25%；江西省246.80万hm²，占该省耕地面积的79.90%，占长江中游区耕地面积的67.87%。

pH5.5~6.5的面积全区共525.35万hm²，占长江中游区耕地面积的42.00%。其中，湖北省230.64万hm²，占该省耕地面积的43.67%，占长江中游区耕地面积的43.91%；湖南省236.58万hm²，占该省耕地面积的57.18%，占长江中游区耕地面积的45.02%；江西省58.13万hm²，占该省耕地面积的18.82%，占长江中游区耕地面积的11.07%。

pH6.5~7.5的面积全区共266.13万hm²，占长江中游区耕地面积的21.28%。其中，湖北省179.40万hm²，占该省耕地面积的33.96%，占长江中游区耕地面积的67.42%；湖南省82.90万hm²，占该省耕地面积的20.04%，占长江中游区耕地面积的31.14%；江西省3.83万hm²，占该省耕地面积的1.24%，占长江中游区耕地面积的1.44%。

pH7.5~8.5的面积全区共95.44万hm²，占长江中游区耕地面积的7.63%。其中，湖北省71.16万hm²，占该省耕地面积的13.47%，占长江中游区耕地面积的74.57%；湖南省24.24万hm²，占该省耕地面积的5.86%，占长江中游区耕地面积的25.40%；江西省0.03万hm²，占该省耕地面积的0.01%，占长江中游区耕地面积的0.03%。

（二）变化情况

土壤pH大于8.5等级，其第二次土壤普查调查的面积为6.46万hm²，占第二次土壤普查长江中游区的面积比例为0.60%，而本次评价无此等级的耕地，强碱性耕地已经消失（表5-8）；土壤pH在7.5到8.5等级，其第二次土壤普查调查的面积为375.64万hm²，占第二次土壤普查长江中游区的面积比例为 35.06%，而本次评价面积为 95.44 万 hm²，占本次长江中游区的面积比例为 7.63%，相对于第二次土壤普查调查减少了 78.24%；土壤 pH 在 7.5 到 8.5 等级，其第二次土壤普查调查的面积为 375.64 万 hm²，占第二次土壤普查长江中游区的面积比例为 35.06%，而本次评价面积为 95.44 万 hm²，占本次长江中游区的面积比例为 7.63%，相对于第二次土壤普查调查减少了 78.24%。

表 5-8　本次评价与第二次土壤普查土壤 pH 分级频率变化（万 hm²,%）

pH	本次评价		第二次土壤普查	
	面积	比例	面积	比例
>8.5	—	—	6.46	0.60
7.5~8.5	95.44	7.63	375.64	35.06
6.5~7.5	266.13	21.28	297.92	27.80
5.5~6.5	525.35	42.00	285.96	26.69
4.5~5.5	363.73	29.08	95.71	8.93
<4.5	0.23	0.02	9.82	0.92

土壤 pH 在 7.5~8.5 等级，其第二次土壤普查调查的面积为 375.64 万 hm²，占第二次土壤普查长江中游区的面积比例为 35.06%，而本次评价面积为 95.44 万 hm²，占本次长江中游区的面积比例为 7.63%，相对于第二次土壤普查调查减少了 78.24%。

三、土壤 pH 与土壤有机质及耕地质量等级

（一）土壤 pH 与土壤有机质

土壤有机质与土壤 pH 密切相关。长江中游区 pH 除了在 4.5~5.5 等级上外，其余等级有机质在三级区间面积都是最大的；pH<4.5 等级的耕地有机质含量仅在二级和三级区间零星分布；pH 在 4.5~5.5 等级，有机质在二级区间面积分布最大，为 185.01 万 hm²，其次是三级区间，其面积为 155.88 万 hm²；pH 在 5.5~6.5 等级，有机质在三级区间面积分布最大，为 333.08 万 hm²，其次是二级区间，其面积为 125.26 万 hm²；pH 在 6.5~7.5 等级，有机质在三级区间面积分布最大，为 182.01 万 hm²，其次是四级区间，其面积为 37.56 万 hm²；pH 在 7.5~8.5 等级，有机质在三级区间面积分布最大，为 64.72 万 hm²，其次是四级区间，其面积为 16.96 万 hm²（表 5-9）。

表 5-9　长江中游区不同 pH 及不同有机质下的耕地面积（万 hm²）

pH	有机质					
	一级 >40g/kg	二级 30~40g/kg	三级 20~30g/kg	四级 15~20g/kg	五级 10~15g/kg	六级 <10g/kg
<4.5	—	0.07	0.15	—	—	—
4.5~5.5	8.52	185.01	155.88	14.08	0.28	—
5.5~6.5	3.11	125.26	333.08	58.80	5.07	—

（续）

pH	有机质					
	一级 >40g/kg	二级 30~40g/kg	三级 20~30g/kg	四级 15~20g/kg	五级 10~15g/kg	六级 <10g/kg
6.5~7.5	0.06	35.50	182.01	37.56	10.99	—
7.5~8.5	—	4.50	64.72	16.96	9.26	—
>8.5	—	—	—	—	—	—
总计	11.69	350.34	735.84	127.40	25.59	—

（二）土壤 pH 与耕地质量等级

长江中游区耕地质量共分为十个等级，其中 pH 在 5.5~6.5 区间，各地力等级面积除了二等地外均最高，分别为 38.39 万 hm²、64.66 万 hm²、79.93 万 hm²、94.88 万 hm²、81.38 万 hm²、56.33 万 hm²、40.60 万 hm²、21.84 万 hm²、12.34 万 hm²（表 5-10）。

表 5-10   长江中游区不同 pH 及不同地力等级下的耕地面积（万 hm²）

pH	地力等级									
	1	2	3	4	5	6	7	8	9	10
<4.5	—	—	0.01	0.03	0.01	0.10	0.01	0.01	0.03	0.04
4.5~5.5	31.46	26.26	37.22	51.10	61.98	52.98	44.01	32.44	15.63	10.68
5.5~6.5	38.39	34.92	64.66	79.93	94.88	81.38	56.33	40.60	21.84	12.34
6.5~7.5	30.57	35.24	36.86	33.79	33.51	32.51	26.44	18.62	10.58	7.94
7.5~8.5	14.99	11.47	24.13	16.36	10.76	7.10	5.17	1.88	1.26	2.32
>8.5	—	—	—	—	—	—	—	—	—	—

四、酸性土壤改良

（一）实施测土配方施肥，防止土壤酸化

不科学的施肥，特别是没有按照土壤酸碱性情况施用过酸或过碱肥料，容易造成土壤酸化或碱化。正确的方法是测土配方施肥，根据测定的土壤酸碱性数值，科学配方施肥。酸性土壤施用偏碱性肥，碱性土壤施用偏酸性肥，中性土壤施用中性肥。

（二）实施畜禽粪便无害化处理，减少土壤酸化来源

畜禽粪便没有进行无害化处理，容易造成土壤酸化。大力推进畜禽粪便无害化处理，将其通过工厂化发酵、杀菌、腐熟、干燥、加工成有机肥料，科学施入农田。

（三）大力推广有机肥料，控制土壤酸化

有机肥料如秸秆、绿肥、饼肥、无害化粪便、商品有机肥等都具有控制土壤酸化，中和土壤酸碱性的作用。大力提倡、推广秸秆还田、种植绿肥、无害化有机肥等措施，可以有效控制土壤酸化。

第二节　灌溉能力

(一) 三省灌溉能力分布情况

从全区来看，灌溉能力充分满足的耕地面积有 370.25 万 hm²，基本满足的耕地面积有 670.45 万 hm²，不满足的耕地面积有 210.17 万 hm²。湖南省充分满足的耕地面积三省最大，占 55.51%，面积达到 205.52 万 hm²，同时湖南省不满足的耕地面积也是三省最大，占 46.81%，面积为 98.38 万 hm²（图 5-3、表 5-11）。

从各省来看，湖北省灌溉能力充分满足的面积为 102.00 万 hm²，占全区该等级的 27.55%；灌溉能力基本满足的面积为 349.17 万 hm²，占全区该等级的 52.08%；灌溉能力不满足的面积为 77.01 万 hm²，占全区该等级的 36.64%。

湖南省灌溉能力充分满足的面积为 205.52 万 hm²，占全区该等级的 55.51%；灌溉能力基本满足的面积为 109.86 万 hm²，占全区该等级的 16.39%；灌溉能力不满足的面积为 98.38 万 hm²，占全区该等级的 46.81%。

江西省灌溉能力充分满足的面积为 62.73 万 hm²，占全区该等级的 16.94%；灌溉能力基本满足的面积为 211.42 万 hm²，占全区该等级的 31.53%；灌溉能力不满足的面积为 34.77 万 hm²，占全区该等级的 16.55%。

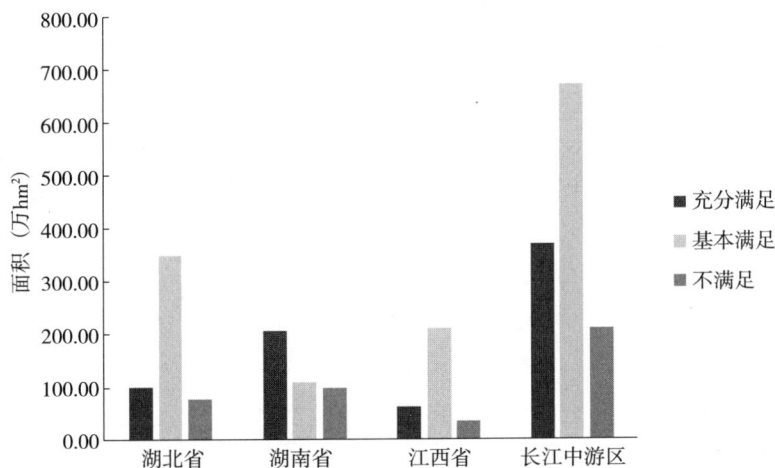

图 5-3　长江中游区灌溉能力分布直方图

表 5-11　长江中游区灌溉能力统计（万 hm²，%）

省名	灌溉能力及所占比例					
	充分满足	比例	基本满足	比例	不满足	比例
湖北省	102.00	27.55	349.17	52.08	77.01	36.64
湖南省	205.52	55.51	109.86	16.39	98.38	46.81
江西省	62.73	16.94	211.42	31.53	34.77	16.55
长江中游区	370.25	100.00	670.45	100.00	210.17	100.00

(二) 不同地级市区灌溉能力分布情况

湖北省灌溉能力充分满足面积最大的是黄冈市，达到 16.46 万 hm²，其次是襄阳市，面积为 14.86 万 hm²，面积大于 10 万 hm² 以上的地级市有孝感市、仙桃市和荆州市；基本满足面积最大的是荆州市，达到 77.03 万 hm²，其次是襄阳市，面积为 45.27 万 hm²，面积大于 10 万 hm² 以上的地级市依次有孝感市、黄冈市、荆门市、武汉市、咸宁市、随州市和宜昌市；不满足面积最大的是十堰市，达到 17.24 万 hm²，其次是恩施土家族苗族自治州，面积为 16.28 万 hm²，面积大于 10 万 hm² 以上的地级市有宜昌市和襄阳市。

湖南省灌溉能力充分满足面积最大的是衡阳市，达到 25.04 万 hm²，其次是永州市和邵阳市，面积分别为 24.21 万 hm² 和 23.47 万 hm²，湖南省 14 个地级市中，面积大于 10 万 hm² 以上的地级市有 10 个，灌溉能力在三省中最高；基本满足面积最大的是常德市，达到 20.82 万 hm²，其次是益阳市，面积为 18.75 万 hm²，面积大于 10 万 hm² 以上的地级市还有岳阳市；不满足面积最大的是张家界市，达到 18.90 万 hm²，其次是邵阳市，面积为 14.76 万 hm²，面积大于 10 万 hm² 以上的地级市还有湘西土家苗族自治州。

江西省灌溉能力充分满足面积最大的是上饶市，达到 11.25 万 hm²，江西省 11 个地级市中，面积大于 10 万 hm² 以上的地级市有 1 个，灌溉能力在三省中最低；基本满足面积最大的是宜春市，达到 39.58 万 hm²，其次是上饶市，面积为 33.65 万 hm²，面积大于 10 万 hm² 以上的地级市依次有赣州市、吉安市、抚州市、九江市和南昌市；不满足面积最大的是九江市，达到 15.69 万 hm²，其余地级市不满足的面积均小于 10 万 hm²（表 5-12）。

表 5-12　长江中游区地级市灌溉能力分布情况（万 hm², %）

| 省名 | 地级市 | 灌溉能力及所占比例 | | | | | |
		充分满足	比例	基本满足	比例	不满足	比例
	鄂州市	1.80	1.76	3.84	1.10	0.40	0.52
	恩施土家族苗族自治州	2.65	2.60	7.65	2.19	16.28	21.14
	黄冈市	16.46	16.14	38.78	11.11	4.51	5.85
	黄石市	6.63	6.50	5.58	1.60	1.96	2.55
	荆门市	2.38	2.34	36.83	10.55	0.88	1.15
	荆州市	11.43	11.20	77.03	22.06	2.30	2.99
	潜江市	4.49	4.40	6.64	1.90	—	—
	神农架林区	0.03	0.03	—	—	0.76	0.99
湖北省	十堰市	2.59	2.54	9.18	2.63	17.24	22.39
	随州市	3.08	3.02	17.54	5.02	6.01	7.81
	天门市	0.39	0.38	7.52	2.15		
	武汉市	5.96	5.84	21.53	6.17	1.17	1.52
	仙桃市	11.62	11.39	1.88	0.54	—	—
	咸宁市	1.90	1.86	18.05	5.17	2.18	2.83
	襄阳市	14.86	14.57	45.27	12.96	10.81	14.04
	孝感市	11.72	11.49	39.23	11.24	1.25	1.62
	宜昌市	4.00	3.92	12.61	3.61	11.24	14.60
汇总		102.00	100.00	349.17	100.00	77.01	100.00

（续）

省名	地级市	灌溉能力及所占比例					
		充分满足	比例	基本满足	比例	不满足	比例
湖南省	常德市	11.89	5.78	20.82	18.95	3.13	3.18
	郴州市	16.67	8.11	5.18	4.71	7.36	7.48
	衡阳市	25.04	12.18	6.65	6.05	6.03	6.12
	怀化市	18.83	9.16	7.99	7.27	9.87	10.03
	娄底市	10.54	5.13	1.01	0.92	5.06	5.15
	邵阳市	23.47	11.42	4.40	4.01	14.76	15.00
	湘潭市	6.18	3.01	1.93	1.75	0.42	0.42
	湘西土家族苗族自治州	19.72	9.60	9.24	8.41	12.46	12.66
	益阳市	8.77	4.27	18.75	17.07	1.61	1.64
	永州市	24.21	11.78	8.17	7.43	9.67	9.83
	岳阳市	10.62	5.17	12.50	11.38	4.35	4.42
	张家界市	9.02	4.39	3.67	3.34	18.90	19.21
	长沙市	13.34	6.49	3.56	3.24	2.69	2.73
	株洲市	7.22	3.51	5.99	5.45	2.07	2.11
汇总		205.52	100.00	109.86	100.00	98.38	100.00
江西省	抚州市	5.29	8.43	22.33	10.56	0.57	1.64
	赣州市	7.74	12.34	29.69	14.04	1.91	5.50
	吉安市	9.47	15.09	28.90	13.67	1.69	4.87
	景德镇市	1.30	2.06	4.77	2.26	1.58	4.54
	九江市	3.43	5.47	22.25	10.52	15.69	45.11
	南昌市	9.62	15.34	18.29	8.65	2.26	6.49
	萍乡市	1.25	1.99	3.53	1.67	0.51	1.46
	上饶市	11.25	17.93	33.65	15.91	6.37	18.32
	新余市	2.48	3.95	4.25	2.01	1.44	4.15
	宜春市	7.20	11.47	39.58	18.72	2.68	7.70
	鹰潭市	3.71	5.92	4.20	1.99	0.08	0.23
汇总		62.73	100.00	211.42	100.00	34.77	100.00

（三）不同地貌类型灌溉能力分布情况

1. 长江中游区不同地貌类型灌溉能力分布情况　在第一章中,利用立地环境的特征对三省耕地进行耕作区的地貌归类,共分为五大类,第一大类是为冲积平原、河口三角洲、湖积平原和沼泽地等临近大面积水系发育为特征的耕作区,称之为河湖平原耕作区;第二大类为阶地、河谷、河漫滩以及堆积平原,以狭窄平坦为特征,称之为丘岗平原耕作区;第三大类为低台地、低丘陵,称之为低海拔丘陵台地耕作区;第四大类为高台地、高丘陵,称之为高海拔丘陵台地耕作区;第五大类为中山、低山,称之为山区耕作区。以下就以这五大类地貌类型进行分析和比较。

在不同的地貌类型中,基本满足的是面积最大的,达到 670.45 万 hm²;第五大类充分满足的面积最大，达到 89.87 万 hm^2，其次是第三大类，其面积为 85.14 万 hm^2；第二大类的灌溉保证率最高，充分满足和基本满足的比例达到 93.24%，第五大类灌溉保证率最低，仅为 69.20%（表 5-13）。

表 5-13　长江中游区不同地貌类型灌溉能力统计（万 hm^2）

地貌类型	灌溉能力		
	充分满足	基本满足	不满足
第一大类	76.04	132.16	35.53
第二大类	46.52	130.00	12.81
第三大类	85.14	168.12	42.96
第四大类	72.69	147.80	37.78
第五大类	89.87	92.37	81.09
总计	370.25	670.45	210.17

2. 三省地貌类型灌溉能力分布情况　从各省看来，湖北省第一大类灌溉能力最高，其灌溉能力充分满足的面积为 30.82 万 hm^2；其次是第二大类，其灌溉能力充分满足的面积为 26.83 万 hm^2；第三是第三大类，其灌溉能力充分满足的面积为 18.90 万 hm^2。湖北省灌溉能力基本满足的面积在三个级别中最大，其面积为 349.17 万 hm^2。湖北省灌溉能力不满足的级别在五大类中均有分布，其中在第五大类中面积最大，达到 40.28 万 hm^2。

湖南省第五大类灌溉能力最高，其灌溉能力充分满足的面积为 70.68 万 hm^2；其次是第三大类，其灌溉能力充分满足的面积为 48.69 万 hm^2；第三是第四大类，其灌溉能力充分满足的面积为 44.74 万 hm^2。湖南省灌溉能力充分满足的面积在三个级别中最大，其面积为 205.52 万 hm^2。湖南省灌溉能力不满足的级别在五大类中均有分布，其中在第五大类中面积最大，达到 34.01 万 hm^2。

江西省第三大类灌溉能力最高，其灌溉能力充分满足的面积为 17.55 万 hm^2；其次是第四大类，其灌溉能力充分满足的面积为 14.34 万 hm^2；第三是第一大类，其灌溉能力充分满足的面积为 14.28 万 hm^2。江西省灌溉能力基本满足的面积在三个级别中最大，其面积为 211.42 万 hm^2。江西省灌溉能力不满足的级别在五大类中均有分布，其中在第三大类中面积最大，达到 12.49 万 hm^2（表 5-14）。

表 5-14　三省不同地貌类型灌溉能力统计（万 hm^2）

省名	地貌类型	灌溉能力		
		充分满足	基本满足	不满足
湖北省	第一大类	30.82	67.29	5.98
	第二大类	26.83	95.72	6.34
	第三大类	18.90	78.89	11.40
	第四大类	13.61	69.76	13.01
	第五大类	11.83	37.50	40.28
汇总		102.00	349.17	77.01
湖南省	第一大类	30.94	25.61	22.71
	第二大类	10.47	20.92	5.40
	第三大类	48.69	14.99	19.07

（续）

省名	地貌类型	灌溉能力		
		充分满足	基本满足	不满足
湖南省	第四大类	44.74	21.11	17.19
	第五大类	70.68	27.23	34.01
汇总		205.52	109.86	98.38
江西省	第一大类	14.28	39.26	6.84
	第二大类	9.21	13.36	1.07
	第三大类	17.55	74.24	12.49
	第四大类	14.34	56.93	7.58
	第五大类	7.35	27.63	6.80
汇总		62.73	211.42	34.78
总计		370.25	670.45	210.17

（四）不同降雨量区间灌溉能力分布情况

长江中游区降雨量从 700～2 100mm 不等。其中，降雨量在 700～900mm 等级，其灌溉能力充分满足的面积为 14.70 万 hm²，占该降雨量等级的 17.28%；灌溉能力基本满足的面积为 46.13 万 hm²，占该降雨量等级的 54.23%；灌溉能力不满足的面积为 24.24 万 hm²，占该降雨量等级的 28.49%。

降雨量在 900～1 100mm 等级，其灌溉能力充分满足的面积为 12.21 万 hm²，占该降雨量等级的 9.74%；灌溉能力基本满足的面积为 94.43 万 hm²，占该降雨量等级的 75.36%；灌溉能力不满足的面积为 18.66 万 hm²，占该降雨量等级的 14.89%。

降雨量在 1 100～1 300mm 等级，其灌溉能力充分满足的面积为 63.71 万 hm²，占该降雨量等级的 28.35%；灌溉能力基本满足的面积为 140.70 万 hm²，占该降雨量等级的 62.62%；灌溉能力不满足的面积为 20.29 万 hm²，占该降雨量等级的 9.03%。

降雨量在 1 300～1 500mm 等级，其灌溉能力充分满足的面积为 195.27 万 hm²，占该降雨量等级的 41.40%；灌溉能力基本满足的面积为 171.18 万 hm²，占该降雨量等级的 36.29%；灌溉能力不满足的面积为 105.23 万 hm²，占该降雨量等级的 22.31%。

降雨量在 1 500～1 700mm 等级，其灌溉能力充分满足的面积为 54.69 万 hm²，占该降雨量等级的 24.40%；灌溉能力基本满足的面积为 138.43 万 hm²，占该降雨量等级的 61.78%；灌溉能力不满足的面积为 30.97 万 hm²，占该降雨量等级的 13.82%。

降雨量在 1 700～1 900mm 等级，其灌溉能力充分满足的面积为 26.58 万 hm²，占该降雨量等级的 26.09%；灌溉能力基本满足的面积为 67.73 万 hm²，占该降雨量等级的 66.51%；灌溉能力不满足的面积为 7.53 万 hm²，占该降雨量等级的 7.39%。

降雨量在 1 900～2 100mm 等级，其灌溉能力充分满足的面积为 3.04 万 hm²，占该降雨量等级的 16.74%；灌溉能力基本满足的面积为 11.84 万 hm²，占该降雨量等级的 65.29%；灌溉能力不满足的面积为 3.26 万 hm²，占该降雨量等级的 17.96%（图 5-4、表 5-15）。

从三省来看，湖北省在降雨量为 700～900mm 等级，灌溉能力基本满足的面积最大，其面积为 46.13 万 hm²，占该降雨量等级的 54.23%，灌溉能力充分满足的面积最小，其面积为 14.70 万 hm²，占该降雨量等级的 17.28%；在降雨量为 900～1 100mm 等级，灌溉能力基本满足的面积最大，其面积为 94.43 万 hm²，占该降雨量等级的 75.36%，灌溉能力充

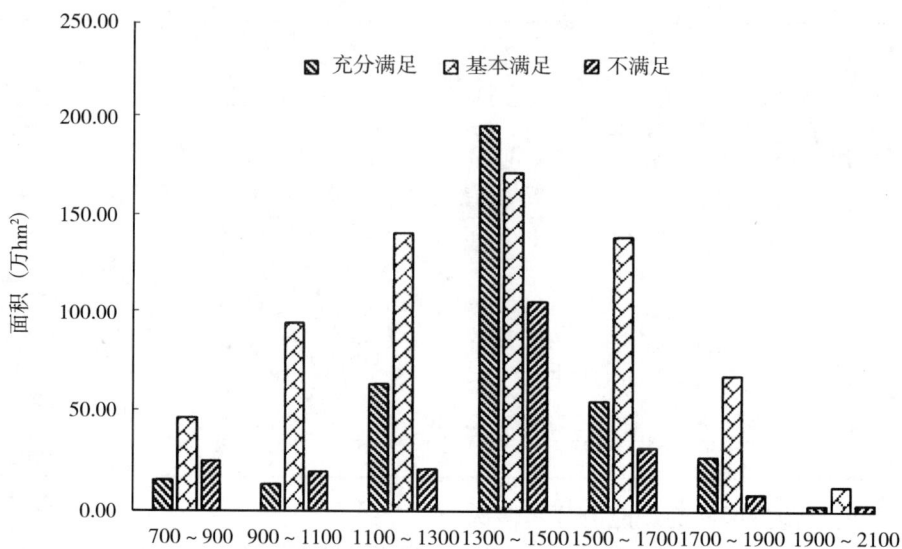

图 5-4　长江中游区不同灌溉能力下的降雨量分布（mm）

分满足的面积最小，其面积为 12.21 万 hm²，占该降雨量等级的 9.74%；在降雨量为 1 100～1 300mm 等级，灌溉能力基本满足的面积最大，其面积为 116.37 万 hm²，占该降雨量等级的 67.89%，灌溉能力不满足的面积最小，其面积为 11.68 万 hm²，占该降雨量等级的 6.81%；在降雨量为 1 300～1 500mm 等级，灌溉能力基本满足的面积最大，其面积为 75.51 万 hm²，占该降雨量等级的 61.33%，灌溉能力不满足的面积最小，其面积为 18.03 万 hm²，占该降雨量等级的 14.64%；在降雨量为 1 500～1 700mm 等级，灌溉能力基本满足的面积最大，其面积为 16.73 万 hm²，占该降雨量等级的 71.81%，灌溉能力充分满足的面积最小，其面积为 2.15 万 hm²，占该降雨量等级的 9.23%。综上分析，湖北省灌溉能力基本满足在各个降雨量等级上面积均最大（表 5-16）。

湖南省在降雨量为 1 100～1 300mm 等级，灌溉能力基本满足的面积最大，其面积为 24.33 万 hm²，占该降雨量等级的 45.66%，灌溉能力不满足的面积最小，其面积为 8.61 万 hm²，占该降雨量等级的 16.16%；在降雨量为 1 300～1 500mm 等级，灌溉能力充分满足的面积最大，其面积为 160.57 万 hm²，占该降雨量等级的 50.36%，灌溉能力基本满足的面积最小，其面积为 76.43 万 hm²，占该降雨量等级的 23.97%；在降雨量为 1 500～1 700mm 等级，灌溉能力充分满足的面积最大，其面积为 23.76 万 hm²，占该降雨量等级的 60.48%，灌溉能力充分满足的面积最小，其面积为 8.58 万 hm²，占该降雨量等级的 21.48%；在降雨量为 1 700～1 900mm 等级，灌溉能力不满足的面积最大，其面积为 0.96 万 hm²，占该降雨量等级的 42.03%，灌溉能力基本满足的面积最小，其面积为 0.52 万 hm²，占该降雨量等级的 22.97%；在降雨量为 1 900～2 100mm 等级，灌溉能力充分满足的面积最大，其面积为 0.05 万 hm²，占该降雨量等级的 100.00%。

江西省在降雨量为 1 300～1 500mm 等级，灌溉能力基本满足的面积最大，其面积为 19.25 万 hm²，占该降雨量等级的 64.66%，灌溉能力充分满足的面积最小，其面积为 5.19 万 hm²，占该降雨量等级的 17.44%；在降雨量为 1 500～1 700mm 等级，灌溉能力基本满足的面积最大，其面积为 113.13 万 hm²，占该降雨量等级的 70.04%，灌溉能力不满足的

表5-15　长江中游区不同降雨量区间灌溉能力分布情况 （万 hm²，%）

灌溉能力	降雨量及所占比例													
	700~900 mm	比例	900~1100 mm	比例	1100~1300 mm	比例	1300~1500 mm	比例	1500~1700 mm	比例	1700~1900 mm	比例	1900~2100 mm	比例
充分满足	14.70	17.28	12.21	9.74	63.71	28.35	195.27	41.40	54.69	24.40	26.58	26.09	3.04	16.74
基本满足	46.13	54.23	94.43	75.36	140.70	62.62	171.18	36.29	138.43	61.78	67.73	66.51	11.84	65.29
不满足	24.24	28.49	18.66	14.89	20.29	9.03	105.23	22.31	30.97	13.82	7.53	7.39	3.26	17.96
总计	85.07	100.00	125.30	100.00	224.70	100.00	471.75	100.00	224.09	100.00	101.83	100.00	18.14	100.00

表5-16　长江中游区不同降雨量区间灌溉能力分布比例 （万 hm²，%）

省名	灌溉能力	降雨量及所占比例													
		700~900 mm	比例	900~1100 mm	比例	1100~1300 mm	比例	1300~1500 mm	比例	1500~1700 mm	比例	1700~1900 mm	比例	1900~2100 mm	比例
湖北省	充分满足	14.70	17.28	12.21	9.74	43.36	25.30	29.58	24.02	2.15	9.23	—	—	—	—
	基本满足	46.13	54.23	94.43	75.36	116.37	67.89	75.51	61.33	16.73	71.81	—	—	—	—
	不满足	24.24	28.49	18.66	14.89	11.68	6.81	18.03	14.64	4.42	18.96	—	—	—	—
汇总		85.07	100.00	125.30	100.00	171.41	100.00	123.11	100.00	23.29	100.00	—	—	—	—
湖南省	充分满足	—	—	—	—	20.35	38.18	160.57	50.36	23.76	60.48	0.80	35.00	0.05	100.00
	基本满足	—	—	—	—	24.33	45.66	76.43	23.97	8.58	21.84	0.52	22.97	—	—
	不满足	—	—	—	—	8.61	16.16	81.87	25.68	6.95	17.68	0.96	42.03	—	—
汇总		—	—	—	—	53.29	100.00	318.87	100.00	39.28	100.00	2.28	100.00	0.05	100.00
江西省	充分满足	—	—	—	—	—	—	5.19	17.44	28.78	17.82	25.77	25.89	2.99	16.51
	基本满足	—	—	—	—	—	—	19.25	64.66	113.13	70.04	67.20	67.51	11.84	65.47
	不满足	—	—	—	—	—	—	5.33	17.91	19.61	12.14	6.57	6.60	3.26	18.01
汇总		—	—	—	—	—	—	29.77	100.00	161.51	100.00	99.55	100.00	18.09	100.00

面积最小，其面积为 19.61 万 hm²，占该降雨量等级的 12.14%；在降雨量为 1 700～1 900 mm 等级，灌溉能力充分满足的面积最大，其面积为 67.20 万 hm²，占该降雨量等级的 67.51%，灌溉能力不满足的面积最小，其面积为 6.57 万 hm²，占该降雨量等级的 6.60%；在降雨量为 1 900～2 100 mm 等级，灌溉能力基本满足的面积最大，其面积为 11.84 万 hm²，占该降雨量等级的 65.47%，灌溉能力充分满足的面积最小，其面积为 2.99 万 hm²，占该降雨量等级的 16.51%。

第三节　不同土壤类型属性分析

一、不同地貌类型下的土壤类型

长江中游区的地貌类型分为五大类，其中第一大类的耕地面积为 243.73 万 hm²，占长江中游区耕地面积的 19.48%；第二大类的耕地面积为 189.32 万 hm²，占长江中游区耕地面积的 15.14%；第三大类的耕地面积为 296.22 万 hm²，占长江中游区耕地面积的 23.68%；第四大类的耕地面积为 258.27 万 hm²，占长江中游区耕地面积的 20.65%；第五大类的耕地面积为 263.33 万 hm²，占长江中游区耕地面积的 21.05%。

第一大类的土壤类型主要有水稻土（118.03 万 hm²）、红壤（58.18 万 hm²）、潮土（36.33 万 hm²）、黄棕壤（14.65 万 hm²）；第二大类的土壤类型主要有水稻土（88.52 万 hm²）、潮土（63.42 万 hm²）、红壤（13.10 万 hm²）、黄褐土（12.38 万 hm²）；第三大类的土壤类型主要有水稻土（140.56 万 hm²）、红壤（86.88 万 hm²）、黄棕壤（31.29 万 hm²）、紫色土（14.39 万 hm²）；第四大类的土壤类型主要有水稻土（119.82 万 hm²）、红壤（74.31 万 hm²）、黄棕壤（32.45 万 hm²）、紫色土（13.05 万 hm²）；第五大类的土壤类型主要有红壤（85.37 万 hm²）、黄棕壤（51.88 万 hm²）、水稻土（48.68 万 hm²）、石灰土（33.30 万 hm²）、黄壤（30.16 万 hm²）（表 5-17）。

表 5-17　长江中游区不同地貌类型土壤类型分布（万 hm²）

土壤类型	地貌类型				
	第一大类	第二大类	第三大类	第四大类	第五大类
暗棕壤	—	—	—	0.19	0.01
潮土	36.33	63.42	7.18	4.37	0.56
粗骨土	0.02	0.01	0.11	0.46	0.55
红壤	58.18	13.10	86.88	74.31	85.37
红黏土	—	—	—	0.09	—
黄褐土	6.57	12.38	9.01	3.64	1.17
黄壤	3.14	0.85	0.41	1.02	30.16
黄棕壤	14.65	5.28	31.29	32.45	51.88
火山灰土	0.09	—	0.02	0.11	0.07
砂姜黑土	—	0.10	0.14	—	—
山地草甸土	0.04	0.05	0.06	—	0.14

（续）

土壤类型	地貌类型				
	第一大类	第二大类	第三大类	第四大类	第五大类
石灰土	3.33	3.36	5.69	8.12	33.30
石质土	—	0.07	0.09	0.07	0.38
水稻土	118.03	88.52	140.56	119.82	48.68
新积土	0.02	0.01	0.04	0.07	—
沼泽土	0.51	—	0.35	0.51	0.65
紫色土	2.80	2.16	14.39	13.05	7.38
棕壤	—	0.02	—	—	3.03
总计	243.73	189.32	296.22	258.27	263.33

二、三省不同地貌类型下的土壤类型

湖北省的地貌类型中，第一大类的土壤类型主要有水稻土（55.12 万 hm^2）、潮土（26.40 万 hm^2）、黄棕壤（14.53 万 hm^2）、黄褐土（5.34 万 hm^2）；第二大类的土壤类型主要有潮土（55.70 万 hm^2）、水稻土（54.45 万 hm^2）、黄褐土（11.88 万 hm^2）、黄棕壤（5.05 万 hm^2）；第三大类的土壤类型主要有水稻土（61.79 万 hm^2）、黄棕壤（31.28 万 hm^2）、黄褐土（5.90 万 hm^2）、潮土（5.61 万 hm^2）；第四大类的土壤类型主要有水稻土（51.48 万 hm^2）、黄棕壤（32.30 万 hm^2）、紫色土（4.33 万 hm^2）、潮土（3.28 万 hm^2）；第五大类的土壤类型主要有黄棕壤（46.48 万 hm^2）、水稻土（16.22 万 hm^2）、石灰土（10.37 万 hm^2）、黄壤（7.78 万 hm^2）（表 5-18）。

湖南省的地貌类型中，第一大类的土壤类型主要有红壤（33.61 万 hm^2）、水稻土（32.17 万 hm^2）、潮土（7.63 万 hm^2）、黄壤（2.67 万 hm^2）；第二大类的土壤类型主要有水稻土（19.67 万 hm^2）、红壤（7.84 万 hm^2）、潮土（4.50 万 hm^2）、石灰土（2.23 万 hm^2）；第三大类的土壤类型主要有红壤（37.52 万 hm^2）、水稻土（32.83 万 hm^2）、紫色土（9.08 万 hm^2）、石灰土（2.51 万 hm^2）；第四大类的土壤类型主要有红壤（37.35 万 hm^2）、水稻土（32.57 万 hm^2）、紫色土（6.63 万 hm^2）、石灰土（4.86 万 hm^2）；第五大类的土壤类型主要有红壤（60.30 万 hm^2）、黄壤（21.93 万 hm^2）、石灰土（21.21 万 hm^2）、水稻土（17.97 万 hm^2）。

江西省的地貌类型中，第一大类的土壤类型主要有水稻土（30.75 万 hm^2）、红壤（24.31 万 hm^2）、潮土（2.29 万 hm^2）、黄褐土（1.23 万 hm^2）；第二大类的土壤类型主要有水稻土（14.40 万 hm^2）、红壤（5.21 万 hm^2）、潮土（3.22 万 hm^2）、黄褐土（0.50 万 hm^2）；第三大类的土壤类型主要有红壤（49.32 万 hm^2）、水稻土（45.94 万 hm^2）、黄褐土（3.11 万 hm^2）、紫色土（3.01 万 hm^2）；第四大类的土壤类型主要有红壤（36.87 万 hm^2）、水稻土（35.77 万 hm^2）、紫色土（2.09 万 hm^2）、石灰土（1.68 万 hm^2）；第五大类的土壤类型主要有红壤（24.23 万 hm^2）、水稻土（14.49 万 hm^2）、石灰土（1.71 万 hm^2）、黄壤（0.46 万 hm^2）。

表 5-18　三省不同地貌类型土壤类型分布（万 hm²）

省名	土壤类型	地貌类型					
		第一大类	第二大类	第三大类	第四大类	第五大类	汇总
湖北省	暗棕壤	—	—	—	0.19	0.01	0.20
	潮土	26.40	55.70	5.61	3.28	0.48	91.47
	红壤	0.27	0.04	0.04	0.09	0.83	1.28
	黄褐土	5.34	11.88	5.90	2.26	0.82	26.20
	黄壤	0.42	0.15	0.13	0.33	7.78	8.80
	黄棕壤	14.53	5.05	31.28	32.30	46.48	129.64
	砂姜黑土	—	0.10	0.14	—	—	0.23
	山地草甸土	0.04	0.05	0.06	—	0.05	0.21
	石灰土	0.69	0.99	1.61	1.58	10.37	15.24
	石质土	—	—	—	0.02	0.01	0.04
	水稻土	55.12	54.45	61.79	51.48	16.22	239.05
	沼泽土	0.51	—	0.35	0.51	0.65	2.01
	紫色土	0.78	0.47	2.30	4.33	2.87	10.75
	棕壤	—	0.02	—	—	3.03	3.05
总计		104.09	128.90	109.20	96.38	89.61	528.18
湖南省	潮土	7.63	4.50	0.52	0.45	0.05	13.16
	粗骨土	—	0.01	—	0.22	0.48	0.71
	红壤	33.61	7.84	37.52	37.35	60.30	176.62
	红黏土	—	—	—	0.09	—	0.09
	黄壤	2.67	0.70	0.28	0.68	21.93	26.26
	黄棕壤	0.13	0.23	0.01	0.15	5.37	5.89
	山地草甸土	—	—	—	—	0.07	0.07
	石灰土	1.78	2.23	2.51	4.86	21.21	32.59
	石质土	—	—	—	0.05	0.36	0.41
	水稻土	32.17	19.67	32.83	32.57	17.97	135.20
	紫色土	1.28	1.59	9.08	6.63	4.19	22.77
总计		79.26	36.79	82.75	83.04	131.93	413.77
江西省	潮土	2.29	3.22	1.05	0.63	0.03	7.24
	粗骨土	0.02	—	0.11	0.24	0.07	0.44
	红壤	24.31	5.21	49.32	36.87	24.23	139.94
	黄褐土	1.23	0.50	3.11	1.38	0.36	6.57
	黄壤	0.05	—	0.01	0.01	0.46	0.53
	黄棕壤	—	—	—	—	0.03	0.03
	火山灰土	0.09	—	0.02	0.11	0.07	0.28
	山地草甸土	—	—	—	—	0.01	0.01
	石灰土	0.86	0.14	1.57	1.68	1.71	5.96
	石质土	—	0.07	0.09	—	—	0.16
	水稻土	30.75	14.40	45.95	35.77	14.49	141.35
	新积土	0.02	0.01	0.04	0.07	—	0.14
	紫色土	0.75	0.10	3.01	2.09	0.32	6.27
总计		60.37	23.64	104.27	78.85	41.78	308.91

三、不同地貌类型下的土壤亚类

(一) 长江中游区不同地貌类型下的土壤亚类

长江中游区的地貌类型中，第一大类的土壤亚类主要有潴育水稻土 (96.66 万 hm²)、典型红壤 (32.82 万 hm²)、灰潮土 (25.68 万 hm²)、黄红壤 (18.77 万 hm²)、潜育水稻土 (11.82 万 hm²)；第二大类的土壤亚类主要有潴育水稻土 (75.94 万 hm²)、灰潮土 (53.06 万 hm²)、典型黄褐土 (11.88 万 hm²)、典型红壤 (10.19 万 hm²)、典型潮土 (9.88 万 hm²)；第三大类的土壤亚类主要有潴育水稻土 (113.72 万 hm²)、典型红壤 (71.51 万 hm²)、典型黄棕壤 (16.18 万 hm²)、黄棕壤性土 (14.55 万 hm²)、棕红壤 (11.90 万 hm²)；第四大类的土壤亚类主要有潴育水稻土 (113.39 万 hm²)、典型红壤 (61.31 万 hm²)、典型黄棕壤 (17.77 万 hm²)、黄棕壤性土 (14.29 万 hm²)、棕红壤 (7.99 万 hm²)；第五大类的土壤亚类主要有典型红壤 (49.46 万 hm²)、潴育水稻土 (44.86 万 hm²)、黄红壤 (30.01 万 hm²)、典型黄壤 (29.10 万 hm²)、暗黄棕壤 (21.98 万 hm²) (表 5-19)。

表 5-19　长江中游区不同地貌类型的土壤亚类分布 (万 hm²)

土壤亚类	地貌类型				
	第一大类	第二大类	第三大类	第四大类	第五大类
暗黄棕壤	0.41	0.52	0.56	0.39	21.98
草甸暗棕壤	—	—	—	0.19	0.01
潮棕壤	—	0.01	—		2.89
典型暗棕壤	—	—	—		0.01
典型潮土	9.99	9.88	2.09	1.30	0.12
典型红壤	32.82	10.19	71.51	61.31	49.46
典型黄褐土	5.34	11.88	5.90	2.26	0.82
典型黄壤	3.04	0.80	0.41	0.99	29.10
典型黄棕壤	6.21	3.00	16.18	17.77	14.53
典型砂姜黑土	—	0.10	0.14		—
典型山地草甸土	0.04	0.05	0.06	—	0.14
典型新积土	0.02	0.01	0.04	0.07	—
典型沼泽土	0.51	—	0.35	0.51	0.65
钙质粗骨土	—	0.01	—	0.22	0.40
钙质石质土	—	—	—	0.02	0.26
黑色石灰土	0.45	0.17	1.22	1.13	2.86
红壤性土	0.93	0.14	1.31	1.51	2.05
红色石灰土	1.08	1.35	1.09	3.25	11.14
黄红壤	18.77	1.69	2.16	3.50	30.01
黄壤性土	0.11	0.04	0.01	0.03	1.06
黄色石灰土	0.39	0.76	0.55	0.66	6.80

（续）

土壤亚类	地貌类型				
	第一大类	第二大类	第三大类	第四大类	第五大类
黄棕壤性土	8.03	1.76	14.55	14.29	15.37
灰潮土	25.68	53.06	5.03	2.95	0.44
基岩性火山灰土	0.09	—	0.02	0.11	0.07
漂洗水稻土	0.28	0.06	0.17	0.06	—
潜育水稻土	11.82	4.77	3.27	3.39	2.98
湿潮土	0.65	0.48	0.07	0.13	
石灰性紫色土	0.73	0.87	5.65	4.28	1.65
酸性粗骨土	—	—	0.04	0.23	0.07
酸性红黏土	—	—	—	0.09	—
酸性石质土	—	0.07	0.09	—	—
酸性紫色土	1.05	0.91	6.53	5.56	4.38
铁铝质粗骨土	—	—	—	—	0.07
铁铝质石质土	—		—	0.05	0.12
淹育水稻土	9.27	7.76	3.40	2.97	0.83
黏盘黄褐土	1.23	0.50	3.11	1.38	0.36
中性粗骨土	0.02	—	0.07	0.01	—
中性紫色土	1.02	0.38	2.21	3.21	1.35
潴育水稻土	96.66	75.94	133.72	113.39	44.86
棕红壤	5.67	1.08	11.90	7.99	3.85
棕壤性土	—	0.01	—	—	0.14
棕色石灰土	1.41	1.08	2.83	3.07	12.50
总计	243.73	189.31	296.22	258.27	263.33

（二）三省不同地貌类型下的土壤亚类

湖北省的地貌类型中，第一大类的土壤亚类主要有潴育水稻土（38.21 万 hm²）、灰潮土（24.04 万 hm²）、淹育水稻土（8.86 万 hm²）、潜育水稻土（8.04 万 hm²）；第二大类的土壤亚类主要有灰潮土（50.16 万 hm²）、潴育水稻土（44.18 万 hm²）、典型黄褐土（11.88 万 hm²）、淹育水稻土（7.69 万 hm²）；第三大类的土壤亚类主要有潴育水稻土（57.82 万 hm²）、典型黄棕壤（16.18 万 hm²）、黄棕壤性土（14.55 万 hm²）、典型黄褐土（5.90 万 hm²）；第四大类的土壤亚类主要有潴育水稻土（48.28 万 hm²）、典型黄棕壤（17.77 万 hm²）、黄棕壤性土（14.29 万 hm²）、淹育水稻土（2.66 万 hm²）；第五大类的土壤亚类主要有暗黄棕壤（16.60 万 hm²）、黄棕壤性土（15.35 万 hm²）、潴育水稻土（14.95 万 hm²）、典型黄棕壤（14.53 万 hm²）（表 5-20）。

湖南省的地貌类型中，第一大类的土壤亚类主要有潴育水稻土（29.44 万 hm²）、黄红壤（18.23 万 hm²）、典型红壤（13.47 万 hm²）、典型潮土（7.63 万 hm²）；第二大类的土壤亚类主要有潴育水稻土（17.87 万 hm²）、典型红壤（5.91 万 hm²）、典型潮土（4.48 万

hm²）、潜育水稻土（1.77 万 hm²）；第三大类的土壤亚类主要有典型红壤（32.06 万 hm²）、潴育水稻土（31.77 万 hm²）、酸性紫色土（5.24 万 hm²）、棕红壤（2.64 万 hm²）；第四大类的土壤亚类主要有典型红壤（31.11 万 hm²）、潴育水稻土（30.87 万 hm²）、酸性紫色土（4.23 万 hm²）黄红壤（3.24 万 hm²）；第五大类的土壤亚类主要有典型红壤（31.89 万 hm²）、黄红壤（26.39 万 hm²）、典型黄壤（21.45 万 hm²）、潴育水稻土（16.40 万 hm²）。

江西省的地貌类型中，第一大类的土壤亚类主要有潴育水稻土（29.02 万 hm²）、典型红壤（19.34 万 hm²）、棕红壤（4.30 万 hm²）、灰潮土（1.65 万 hm²）；第二大类的土壤亚类主要有潴育水稻土（13.88 万 hm²）、典型红壤（4.28 万 hm²）、灰潮土（2.88 万 hm²）、棕红壤（0.90 万 hm²）；第三大类的土壤亚类主要有潴育水稻土（44.13 万 hm²）、典型红壤（39.46 万 hm²）、棕红壤（9.26 万 hm²）、黏盘黄褐土（3.11 万 hm²）；第四大类的土壤亚类主要有潴育水稻土（34.25 万 hm²）、典型红壤（30.19 万 hm²）、棕红壤（5.78 万 hm²）、棕色石灰土（1.68 万 hm²）；第五大类的土壤亚类主要有典型红壤（17.55 万 hm²）、潴育水稻土（13.52 万 hm²）、棕红壤（3.48 万 hm²）、黄红壤（2.83 万 hm²）。

表 5-20　三省不同地貌类型的土壤亚类分布（万 hm²）

省名	土壤亚类	地貌类型				
		第一大类	第二大类	第三大类	第四大类	第五大类
湖北省	暗黄棕壤	0.31	0.29	0.54	0.24	16.60
	草甸暗棕壤	—	—	—	0.19	0.01
	潮棕壤	—	0.01	—	—	2.89
	典型暗棕壤	—	—	—	—	0.00
	典型潮土	2.36	5.41	1.57	0.84	0.08
	典型红壤	—	—	—	0.01	0.02
	典型黄褐土	5.34	11.88	5.90	2.26	0.82
	典型黄壤	0.34	0.13	0.12	0.30	7.19
	典型黄棕壤	6.21	3.00	16.18	17.77	14.53
	典型砂姜黑土	—	0.10	0.14	—	—
	典型山地草甸土	0.04	0.05	0.06	—	0.05
	典型沼泽土	0.51	—	0.35	0.51	0.65
	钙质石质土	—	—	—	0.02	0.01
	黑色石灰土	0.06	0.05	0.29	0.07	0.47
	红色石灰土	0.08	0.00	0.06	0.12	0.59
	黄红壤	0.26	0.01	0.04	0.07	0.79
	黄壤性土	0.08	0.01	0.00	0.03	0.59
	黄色石灰土	0.00	—	0.03	0.00	0.18
	黄棕壤性土	8.01	1.76	14.55	14.29	15.35
	灰潮土	24.04	50.16	4.05	2.44	0.41
	漂洗水稻土	0.02	0.06	0.17	0.06	—
	潜育水稻土	8.04	2.52	0.67	0.48	0.76

（续）

省名	土壤亚类	地貌类型				
		第一大类	第二大类	第三大类	第四大类	第五大类
湖北省	湿潮土	—	0.13			
	石灰性紫色土	0.29	0.41	1.40	2.05	1.04
	酸性紫色土	0.17	0.02	0.44	1.13	1.08
	淹育水稻土	8.86	7.69	3.13	2.66	0.51
	中性紫色土	0.31	0.04	0.46	1.15	0.75
	潴育水稻土	38.21	44.18	57.82	48.28	14.95
	棕红壤	0.01	0.04	—	0.01	0.02
	棕壤性土	—	0.01	—	—	0.14
	棕色石灰土	0.55	0.94	1.23	1.39	9.12
汇总		104.09	128.90	109.20	96.38	89.61
湖南省	暗黄棕壤	0.10	0.23	0.01	0.15	5.35
	典型潮土	7.63	4.48	0.52	0.45	0.05
	典型红壤	13.47	5.91	32.06	31.11	31.89
	典型黄壤	2.65	0.67	0.28	0.68	21.45
	典型山地草甸土	—	—	—	—	0.07
	钙质粗骨土	—	0.01	—	0.22	0.40
	钙质石质土	—	—	—	—	0.24
	黑色石灰土	0.39	0.12	0.92	1.06	2.38
	红壤性土	0.54	0.11	0.74	0.80	1.67
	红色石灰土	1.00	1.35	1.03	3.14	10.55
	黄红壤	18.23	1.68	2.08	3.24	26.39
	黄壤性土	0.03	0.03	—	—	0.48
	黄色石灰土	0.39	0.76	0.52	0.66	6.62
	黄棕壤性土	0.03	—	—	—	0.02
	灰潮土	—	0.03	—	—	—
	漂洗水稻土	0.26	—	—	—	—
	潜育水稻土	2.25	1.77	0.99	1.61	1.29
	石灰性紫色土	0.16	0.46	2.55	1.32	0.59
	酸性红黏土	—	—	—	0.09	—
	酸性紫色土	0.77	0.87	5.24	4.23	3.14
	铁铝质粗骨土	—	—	—	—	0.07
	铁铝质石质土	—	—	—	0.05	0.12
	淹育水稻土	0.21	0.02	0.07	0.09	0.28
	中性紫色土	0.35	0.26	1.29	1.08	0.46
	潴育水稻土	29.44	17.87	31.77	30.87	16.40

（续）

省名	土壤亚类	地貌类型				
		第一大类	第二大类	第三大类	第四大类	第五大类
湖南省	棕红壤	1.36	0.14	2.64	2.19	0.35
	棕色石灰土	—	—	0.03	—	1.66
汇总		79.26	36.79	82.75	83.04	131.93
江西省	暗黄棕壤	—	—	—	—	0.03
	典型红壤	19.34	4.28	39.46	30.19	17.55
	典型黄壤	0.05	—	0.01	0.01	0.46
	典型山地草甸土	—	—	—	—	0.01
	典型新积土	0.02	0.01	0.04	0.07	—
	红壤性土	0.38	0.02	0.56	0.71	0.38
	黄红壤	0.28	—	0.04	0.19	2.83
	灰潮土	1.65	2.88	0.98	0.50	0.03
	基岩性火山灰土	0.09	—	0.02	0.11	0.07
	潜育水稻土	1.54	0.48	1.61	1.31	0.93
	湿潮土	0.65	0.34	0.07	0.13	—
	石灰性紫色土	0.27	—	1.70	0.91	0.02
	酸性粗骨土	—	—	0.04	0.23	0.07
	酸性石质土	—	0.07	0.09	—	—
	酸性紫色土	0.11	0.01	0.86	0.20	0.15
	淹育水稻土	0.20	0.04	0.20	0.21	0.04
	黏盘黄褐土	1.23	0.50	3.11	1.38	0.36
	中性粗骨土	0.02	—	0.07	0.01	—
	中性紫色土	0.36	0.08	0.45	0.98	0.15
	潴育水稻土	29.02	13.89	44.13	34.25	13.52
	棕红壤	4.30	0.90	9.26	5.78	3.48
	棕色石灰土	0.86	0.14	1.57	1.68	1.71
汇总		60.37	23.64	104.27	78.85	41.78

第四节　耕层厚度

一、耕层厚度分布情况

长江中游区平均耕层厚度为 20.0cm，耕层最厚达到 35cm，最薄 10cm。

三省之间，湖北省的平均耕层厚度最厚，为 21.4cm，变动范围 13～35cm；湖南省的平均耕层厚度居中，为 16.9cm，变动范围 10～35cm；江西省的平均耕层厚度最薄，为 14.6cm，变动范围 10～25cm（图 5-5、表 5-21）。

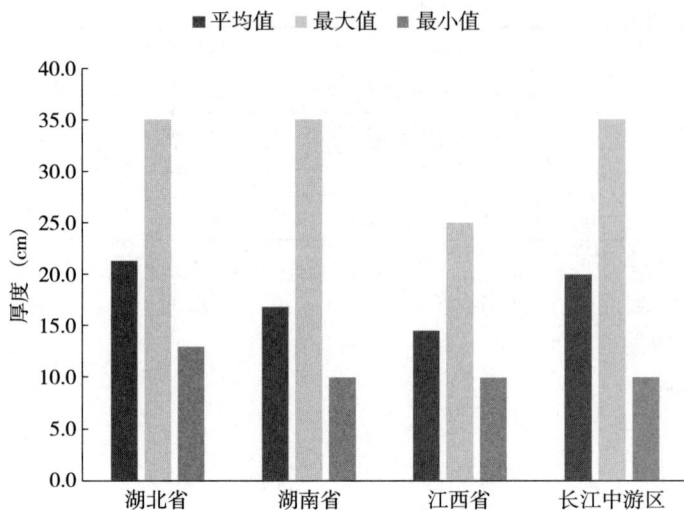

图 5-5　长江中游区各区域土壤耕层厚度

表 5-21　三省土壤耕层厚度

省名	耕层厚度分级	平均值（cm）	最大值（cm）	最小值（cm）	面积（万 hm²）	比例（%）
	10~15cm	13.7	14	13	0.59	0.11
	15~20cm	16.3	19	15	146.39	27.72
湖北省	20~25cm	20.1	24	20	273.83	51.84
	25~30cm	25.3	28	25	53.82	10.19
	30~35cm	31.1	35	30	53.55	10.14
汇总		21.4	35	13	528.18	100.00
	10~15cm	13.5	14	10	53.24	12.87
	15~20cm	16.2	19	15	284.11	68.66
湖南省	20~25cm	20.7	24	20	69.07	16.69
	25~30cm	25.5	29	25	4.86	1.17
	30~35cm	30.7	35	30	2.49	0.60
汇总		16.9	35	10	413.77	100.00
	10~15cm	13.7	14	10	178.36	57.74
	15~20cm	15.5	19	15	124.46	40.29
江西省	20~25cm	20.2	24	20	5.96	1.93
	25~30cm	25.0	25	25	0.13	0.04
	30~35cm	—	—	—	—	—
汇总		14.6	25	10	308.91	100.00
总计		20.0	35	10	1 250.87	—

二、耕层厚度分级

根据长江中游区耕层厚度状况，将耕层厚度分为 5 级。全区耕地耕层厚度分级面积见表

5-22。

　　耕层厚度为 10～15cm 的面积全区共 232.20 万 hm²，湖北省占 0.25%、湖南省占 22.92%、江西省占 76.83%。湖北省耕层厚度为 10～15cm 的面积为 0.59 万 hm²，占该省耕地的 0.11%；湖南省耕层厚度为 10～15cm 的面积为 53.24 万 hm²，占该省耕地的 12.87%；江西省耕层厚度为 10～15cm 的面积为 178.36 万 hm²，占该省耕地的 57.74%。

　　耕层厚度为 15～20cm 的面积全区共 554.97 万 hm²，湖北省占 26.38%、湖南省占 51.18%、江西省占 22.44%。湖北省耕层厚度为 15～20cm 的面积为 146.39 万 hm²，占该省耕地的 27.72%；湖南省耕层厚度为 15～20cm 的面积为 284.11 万 hm²，占该省耕地的 68.66%；江西省耕层厚度为 15～20cm 的面积为 124.46 万 hm²，占该省耕地的 40.29%。

　　耕层厚度为 20～25cm 的面积全区共 348.86 万 hm²，湖北省占 78.50%、湖南省占 19.79%、江西省占 1.71%。湖北省耕层厚度为 20～25cm 的面积为 273.83 万 hm²，占该省耕地的 51.84%；湖南省耕层厚度为 20～25cm 的面积为 69.07 万 hm²，占该省耕地的 16.69%；江西省耕层厚度为 20～25cm 的面积为 5.96 万 hm²，占该省耕地的 1.93%。

　　耕层厚度为 25～30cm 的面积全区共 58.81 万 hm²，湖北省占 91.52%、湖南省占 8.26%、江西省占 0.22%。湖北省耕层厚度为 25～30cm 的面积为 53.82 万 hm²，占该省耕地的 10.19%；湖南省耕层厚度为 25～30cm 的面积为 4.86 万 hm²，占该省耕地的 1.17%；江西省耕层厚度为 25～30cm 的面积为 0.13 万 hm²，占该省耕地的 0.04%。

　　耕层厚度为 30～35cm 的面积全区共 56.04 万 hm²，湖北省占 95.55%、湖南省占 4.45%。湖北省耕层厚度为 30～35cm 的面积为 53.55 万 hm²，占该省耕地的 10.14%；湖南省耕层厚度为 30～35cm 的面积为 2.49 万 hm²，占该省耕地的 0.60%；江西省无分布。

表 5-22　长江中游区土壤耕层厚度分级与面积（万 hm²,%）

省名	比例	耕层厚度分级				
		10～15cm	15～20cm	20～25cm	25～30cm	30～35cm
湖北省	耕地面积	0.59	146.39	273.83	53.82	53.55
	占该省耕地	0.11	27.72	51.84	10.19	10.14
	占全区该级耕地	0.25	26.38	78.50	91.52	95.55
湖南省	耕地面积	53.24	284.11	69.07	4.86	2.49
	占该省耕地	12.87	68.66	16.69	1.17	0.60
	占全区该级耕地	22.92	51.18	19.79	8.26	4.45
江西省	耕地面积	178.36	124.46	5.96	0.13	—
	占该省耕地	57.74	40.29	1.93	0.04	—
	占全区该级耕地	76.83	22.44	1.71	0.2	—
长江中游区		232.20	554.97	348.86	58.81	56.04

三、不同土壤类型耕层厚度

（一）不同土类土壤耕层厚度

1. 长江中游区不同土类土壤耕层厚度

从表 5-23 可以看出，不同土类中黄棕壤土壤耕层厚度最厚，耕层厚度均值为 21.5cm；

其次是黄壤，其耕层厚度均值为 21.2cm；第三是黄褐土，其耕层厚度均值为 21.1cm；红壤的耕层厚度最低，为 15.8cm。

表 5-23　长江中游区不同土类耕层厚度

土壤类型	耕层厚度分级	平均值（cm）	面积（万 hm²）	比例（%）
潮土	10～15cm	13.5	7.05	6.30
	15～20cm	16.1	31.24	27.93
	20～25cm	20.1	51.37	45.92
	25～30cm	25.2	15.29	13.67
	30～35cm	30.6	6.92	6.19
汇总		20.0	111.86	100.00
红壤	10～15cm	13.8	98.69	31.06
	15～20cm	15.9	181.04	56.95
	20～25cm	20.4	34.58	10.88
	25～30cm	25.5	2.21	0.70
	30～35cm	30.8	1.33	0.42
汇总		15.8	317.85	100.00
黄褐土	10～15cm	11.0	5.37	16.39
	15～20cm	16.8	3.49	10.65
	20～25cm	20.0	12.31	37.58
	25～30cm	25.0	3.86	11.78
	30～35cm	30.3	7.73	23.60
汇总		21.1	32.77	100.00
黄壤	10～15cm	13.5	2.77	7.80
	15～20cm	16.1	20.32	57.11
	20～25cm	20.1	9.93	27.90
	25～30cm	26.0	1.41	3.97
	30～35cm	33.6	1.15	3.22
汇总		21.2	35.59	100.00
黄棕壤	10～15cm	13.3	0.79	0.58
	15～20cm	16.4	42.32	31.22
	20～25cm	20.1	63.04	46.50
	25～30cm	25.3	12.04	8.88
	30～35cm	30.7	17.37	12.81
汇总		21.5	135.56	100.00
石灰土	10～15cm	13.6	6.17	11.48
	15～20cm	16.3	24.87	46.23
	20～25cm	20.1	18.62	34.61
	25～30cm	25.2	2.08	3.86
	30～35cm	31.7	2.05	3.82
汇总		20.8	53.79	100.00

（续）

土壤类型	耕层厚度分级	平均值（cm）	面积（万 hm²）	比例（%）
水稻土	10～15cm	13.7	103.49	20.08
	15～20cm	15.8	229.36	44.48
	20～25cm	20.2	146.09	28.33
	25～30cm	25.3	20.36	3.95
	30～35cm	31.6	16.31	3.16
汇总		18.2	515.61	100.00
紫色土	10～15cm	13.6	7.63	19.17
	15～20cm	16.2	19.60	49.27
	20～25cm	20.0	9.02	22.68
	25～30cm	25.0	1.29	3.24
	30～35cm	32.5	2.24	5.64
汇总		20.9	39.79	100.00

2. 三省不同土类土壤耕层厚度 在湖北省内，耕层厚度最厚的土壤类型是暗棕壤，其耕层厚度为 26.0cm；其次是紫色土（22.7cm）、黄褐土（22.3cm）。在湖南省内，耕层厚度最大的土壤类型是石质土，其耕层厚度为 21.2cm；其次是红黏土（20.0cm）、山地草甸土（18.6cm）。在江西省内，耕层厚度最大的土壤类型是火山灰土，其耕层厚度为 18.7cm；其次是新积土（16.8cm）、山地草甸土（16.5cm）（表 5-24）。

表 5-24 三省不同土类土壤耕层厚度（cm）

土壤类型	长江中游区		
	湖北省	湖南省	江西省
暗棕壤	26.0	—	—
潮土	21.2	15.5	14.4
粗骨土	—	16.6	15.1
红壤	19.4	17.0	14.6
红黏土	—	20.0	—
黄褐土	22.3	—	12.3
黄壤	21.8	17.5	15.1
黄棕壤	21.5	17.2	14.7
火山灰土	—	—	18.7
砂姜黑土	18.0	—	—
山地草甸土	21.6	18.6	16.5
石灰土	21.2	17.8	14.7
石质土	19.8	21.2	14.7
水稻土	20.4	16.7	14.6
新积土	—	—	16.8

（续）

土壤类型	长江中游区		
	湖北省	湖南省	江西省
沼泽土	21.2	—	—
紫色土	22.7	16.7	14.9
棕壤	21.9	—	—
总计	21.4	16.9	14.6

（二）不同亚类土壤耕层厚度

1. 长江中游区不同亚类土壤耕层厚度   在全区 42 个亚类中，耕层厚度均值超过 20.0cm 的亚类有 22 个。不同土壤亚类以典型暗棕壤耕层厚度最高，耕层厚度均值为 30.0cm；其次是棕壤性土和草甸暗棕壤，耕层厚度均值均为 25.0cm；石灰性紫色土、典型黄褐土、漂洗水稻土耕层厚度均值分别为 22.8cm、22.3cm、22.3cm（表 5-25）。

表 5-25   长江中游区不同亚类土壤耕层厚度

土壤亚类	平均值（cm）	面积（万 hm²）	比例（%）
暗黄棕壤	21.6	23.85	1.91
草甸暗棕壤	25.0	0.20	0.02
潮棕壤	21.7	2.90	0.23
典型暗棕壤	30.0	0.00	0.01
典型潮土	18.6	23.38	1.87
典型红壤	15.6	225.29	18.01
典型黄褐土	22.3	26.20	2.09
典型黄壤	21.3	34.35	2.75
典型黄棕壤	20.9	57.69	4.61
典型砂姜黑土	18.0	0.23	0.02
典型山地草甸土	21.0	0.29	0.02
典型新积土	16.8	0.14	0.01
典型沼泽土	21.2	2.01	0.16
钙质粗骨土	16.7	0.63	0.05
钙质石质土	20.7	0.28	0.02
黑色石灰土	20.1	5.82	0.47
红壤性土	16.0	5.93	0.47
红色石灰土	19.5	17.93	1.43
黄红壤	17.6	56.14	4.49
黄壤性土	20.5	1.24	0.10
黄色石灰土	18.4	9.16	0.73
黄棕壤性土	21.9	54.02	4.32
灰潮土	20.5	87.16	6.97
基岩性火山灰土	18.7	0.28	0.02

（续）

土壤亚类	平均值（cm）	面积（万 hm²）	比例（%）
漂洗水稻土	22.3	0.58	0.05
潜育水稻土	18.4	26.24	2.10
湿潮土	15.3	1.32	0.11
石灰性紫色土	22.8	13.18	1.05
酸性粗骨土	15.3	0.34	0.03
酸性红黏土	20.0	0.09	0.01
酸性石质土	14.7	0.16	0.01
酸性紫色土	18.9	18.44	1.47
铁铝质粗骨土	16.3	0.07	0.01
铁铝质石质土	20.0	0.17	0.01
淹育水稻土	21.2	24.21	1.94
黏盘黄褐土	12.3	6.57	0.53
中性粗骨土	14.4	0.09	0.01
中性紫色土	21.8	8.17	0.65
潴育水稻土	18.0	464.58	37.14
棕红壤	14.6	30.48	2.44
棕壤性土	25.0	0.15	0.01
棕色石灰土	21.0	20.88	1.67
总计	20.0	1 250.87	100.00

2. 三省不同亚类土壤耕层厚度　在湖北省内，耕层厚度最大土壤亚类是典型暗棕壤，其耕层厚度均值为 30.0cm；在湖南省内，耕层厚度最大土壤亚类是钙质石质土，其耕层厚度均值为 21.8cm；在江西省内，耕层厚度最大土壤亚类是基岩性火山灰土，其耕层厚度均值为 18.7cm（表 5-26）。

表 5-26　三省不同亚类土壤耕层厚度

省名	土壤亚类	平均值（cm）	面积（万 hm²）	比例（%）
湖北省	暗黄棕壤	21.6	17.98	3.40
	草甸暗棕壤	25.0	0.20	0.04
	潮棕壤	21.7	2.90	0.55
	典型暗棕壤	30.0	0.01	0.01
	典型潮土	22.1	10.25	1.94
	典型红壤	14.3	0.03	0.01
	典型黄褐土	22.3	26.20	4.96
	典型黄壤	21.9	8.09	1.53
	典型黄棕壤	20.9	57.69	10.92
	典型砂姜黑土	18.0	0.23	0.04

（续）

省名	土壤亚类	平均值（cm）	面积（万 hm²）	比例（%）
	典型山地草甸土	21.6	0.21	0.04
	典型沼泽土	21.2	2.01	0.38
	钙质石质土	19.8	0.04	0.01
	黑色石灰土	21.0	0.95	0.18
	红色石灰土	21.6	0.86	0.16
	黄红壤	19.4	1.17	0.22
	黄壤性土	20.7	0.71	0.13
	黄色石灰土	20.1	0.21	0.04
	黄棕壤性土	21.9	53.97	10.22
	灰潮土	21.1	81.09	15.35
湖北省	漂洗水稻土	25.3	0.32	0.06
	潜育水稻土	21.6	12.46	2.36
	湿潮土	19.2	0.13	0.03
	石灰性紫色土	24.6	5.20	0.98
	酸性紫色土	20.3	2.85	0.54
	淹育水稻土	21.7	22.85	4.33
	中性紫色土	23.5	2.71	0.51
	潴育水稻土	20.2	203.43	38.51
	棕红壤	18.1	0.08	0.01
	棕壤性土	25.0	0.15	0.03
	棕色石灰土	21.2	13.23	2.50
汇总		21.4	528.18	100.00
	暗黄棕壤	17.3	5.84	1.41
	典型潮土	15.5	13.13	3.17
	典型红壤	17.0	114.43	27.66
	典型黄壤	17.5	25.72	6.22
	典型山地草甸土	18.6	0.07	0.02
	钙质粗骨土	16.7	0.63	0.15
	钙质石质土	21.8	0.24	0.06
湖南省	黑色石灰土	17.5	4.87	1.18
	红壤性土	16.7	3.88	0.94
	红色石灰土	18.0	17.07	4.13
	黄红壤	17.1	51.63	12.48
	黄壤性土	17.3	0.53	0.13
	黄色石灰土	17.7	8.96	2.16
	黄棕壤性土	16.3	0.05	0.01

（续）

省名	土壤亚类	平均值（cm）	面积（万 hm²）	比例（%）
	灰潮土	16.0	0.03	0.01
	漂洗水稻土	15.2	0.26	0.06
	潜育水稻土	16.4	7.92	1.91
	石灰性紫色土	17.0	5.09	1.23
	酸性红黏土	20.0	0.09	0.02
	酸性紫色土	16.5	14.25	3.44
湖南省	铁铝质粗骨土	16.3	0.07	0.02
	铁铝质石质土	20.0	0.17	0.04
	淹育水稻土	16.2	0.67	0.16
	中性紫色土	16.9	3.44	0.83
	潴育水稻土	16.7	126.35	30.54
	棕红壤	15.5	6.68	1.62
	棕色石灰土	17.0	1.69	0.41
汇总		16.9	413.77	100.00
	暗黄棕壤	14.7	0.03	0.01
	典型红壤	14.6	110.83	35.88
	典型黄壤	15.1	0.53	0.17
	典型山地草甸土	16.5	0.01	0.01
	典型新积土	16.8	0.14	0.05
	红壤性土	15.0	2.05	0.67
	黄红壤	15.1	3.34	1.08
	灰潮土	14.4	6.05	1.96
	基岩性火山灰土	18.7	0.28	0.09
	潜育水稻土	15.0	5.86	1.90
江西省	湿潮土	14.5	1.19	0.38
	石灰性紫色土	14.5	2.90	0.94
	酸性粗骨土	15.3	0.34	0.11
	酸性石质土	14.7	0.16	0.05
	酸性紫色土	14.9	1.34	0.43
	淹育水稻土	13.4	0.69	0.22
	黏盘黄褐土	12.3	6.57	2.13
	中性粗骨土	14.4	0.09	0.03
	中性紫色土	15.4	2.03	0.66
	潴育水稻土	14.6	134.80	43.64
	棕红壤	14.4	23.72	7.68
	棕色石灰土	14.6	5.96	1.93
汇总		14.6	308.91	100.00

四、地貌类型与耕层厚度

（一）长江中游区不同地貌类型与耕层厚度

长江中游区地貌类型面积最大的是第三大类（296.22 万 hm²），其耕层厚度均值为 18.2cm；其次是第五大类（263.33 万 hm²），其耕层厚度均值为 21.0cm；第三是第四大类（258.27 万 hm²），其耕层厚度均值为 18.5cm；第四是第一大类（243.73 万 hm²），其耕层厚度均值为 18.6cm；第五是第二大类（189.32 万 hm²），其耕层厚度均值为 19.7cm（表 5-27）。

表 5-27　长江中游区不同地貌类型与土壤耕层厚度

地貌类型	平均值（cm）	面积（万 hm²）	比例（%）
第一大类	18.6	243.73	19.48
第二大类	19.7	189.32	15.14
第三大类	18.2	296.22	23.68
第四大类	18.5	258.27	20.65
第五大类	21.0	263.33	21.05
总计	20.0	1250.87	100.00

（二）三省不同地貌类型与耕层厚度

湖北省耕层厚度均值为 21.4cm，其中以第五大类土壤耕层厚度最高，为 21.5cm；其次为第二大类，为 21.4cm；第四大类的耕层厚度均值最低，为 20.7cm（表 5-28）。

湖南省耕层厚度均值为 16.9cm，其中以第四大类和第五大类土壤耕层厚度均值最高，为 17.1cm；其次为第三大类，为 16.8cm；第一大类的耕层厚度均值最低，为 16.5cm。

江西省耕层厚度均值为 14.6cm，其中以第五大类土壤耕层厚度均值最高，为 14.7cm；其次为第一大类和第三大类，为 14.6cm；第二大类和第四大类的耕层厚度均值最低，为 14.5cm。

表 5-28　三省不同地貌类型与土壤耕层厚度

省名	地貌类型	平均值（cm）	面积（万 hm²）	比例（%）
湖北省	第一大类	21.3	104.09	19.71
	第二大类	21.4	128.90	24.40
	第三大类	21.2	109.20	20.67
	第四大类	20.7	96.38	18.25
	第五大类	21.5	89.61	16.97
汇总		21.4	528.18	100.00
湖南省	第一大类	16.5	79.26	19.16
	第二大类	16.7	36.79	8.89
	第三大类	16.8	82.75	20.00
	第四大类	17.1	83.04	20.07
	第五大类	17.1	131.93	31.89
汇总		16.9	413.77	100.00

（续）

省名	地貌类型	平均值（cm）	面积（万 hm²）	比例（%）
江西省	第一大类	14.6	60.37	19.54
	第二大类	14.5	23.64	7.65
	第三大类	14.6	104.27	33.75
	第四大类	14.5	78.85	25.53
	第五大类	14.7	41.78	13.53
汇总		14.6	308.91	100.00

第五节 耕层质地

土壤的耕层质地是土壤最基本物理性质之一，对土壤的通透性、保蓄性、耕性以及养分含量等都有很大的影响，它概括反映土壤内在的肥力特征，是评价土壤肥力和作物适宜性的重要依据。不同土壤的耕层质地就有明显不同的农业生产状况，了解土壤的耕层质地类型，对农业生产具有重要的指导价值。

一、耕层质地的分布情况

（一）长江中游区耕层质地分布情况

长江中游区耕层质地主要有壤土、砂土、黏壤土和黏土 4 种。其中壤土的面积最大，为 670.59 万 hm²；其次是黏壤土，其面积为 292.31 万 hm²；第三是黏土，其面积为 242.29 万 hm²；最后是砂土，其面积为 45.68 万 hm²（图 5-6、表 5-29）。

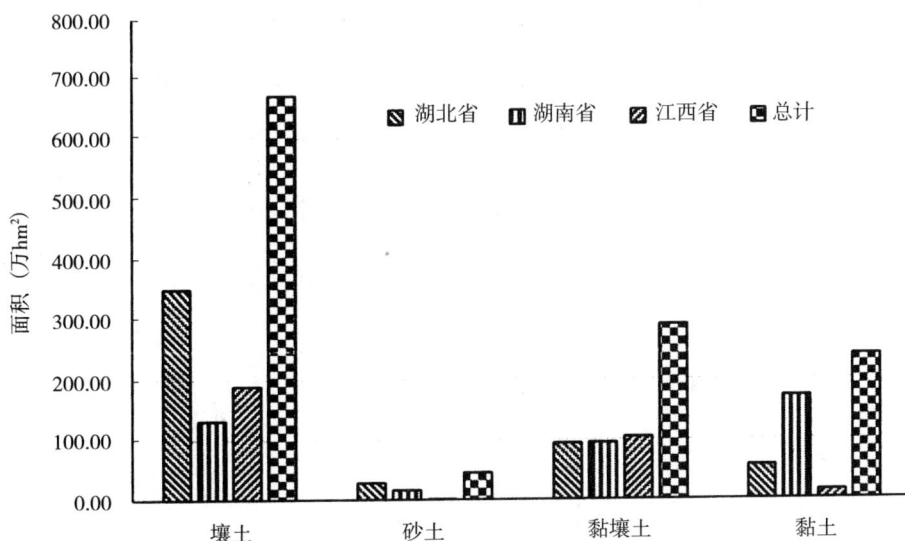

图 5-6 长江中游区耕层质地分布直方图

表 5-29　长江中游区耕层质地面积统计（万 hm²，%）

省名	耕层质地							
	壤土	比例	砂土	比例	黏壤土	比例	黏土	比例
湖北省	349.59	52.13	28.59	62.59	93.61	32.02	56.40	32.02
湖南省	131.11	19.54	16.13	35.31	95.02	32.50	171.50	32.50
江西省	189.88	28.33	0.96	2.10	103.68	35.48	14.39	35.48
总计	670.59	100.00	45.68	100.00	292.31	100.00	242.29	100.00

（二）不同市区耕层质地分布情况

在湖北省内，壤土面积最大是荆州市，其面积为 73.08 万 hm²；其次是黄冈市，其面积为 46.87 万 hm²；第三是孝感市，其面积为 41.95 万 hm²；面积最小的是神农架林区，仅为 0.72 万 hm²。砂土面积最大是荆州市，其面积为 73.08 万 hm²；其次是十堰市，其面积为 4.14 万 hm²；第三是恩施土家族苗族自治州，其面积为 3.49 万 hm²；面积最小的是仙桃市，仅为 0.01 万 hm²。黏壤土面积最大是襄阳市，其面积为 27.90 万 hm²；其次是黄冈市，其面积为 9.53 万 hm²；第三是荆门市，其面积为 9.29 万 hm²；面积最小的是神农架林区，仅为 0.04 万 hm²。黏土面积最大是襄阳市，其面积为 15.75 万 hm²；其次是荆门市，其面积为 7.78 万 hm²；第三是宜昌市，其面积为 6.65 万 hm²；仙桃市、天门市和神农架林区无黏土分布（表 5-30）。

在湖南省内，壤土面积最大是邵阳市，其面积为 16.57 万 hm²；其次是张家界市，其面积为 15.44 万 hm²；第三是湘西土家族苗族自治州，其面积为 13.06 万 hm²；面积最小的是湘潭市，仅为 3.29 万 hm²。砂土面积最大是永州市，其面积为 4.87 万 hm²；其次是岳阳市，其面积为 1.89 万 hm²；第三是张家界市，其面积为 1.54 万 hm²；面积最小的是长沙市，仅为 0.12 万 hm²。黏壤土面积最大是怀化市，其面积为 11.51 万 hm²；其次是衡阳市，其面积为 11.09 万 hm²；第三是常德市，其面积为 10.62 万 hm²；面积最小的是张家界市，仅为 2.35 万 hm²。黏土面积最大是湘西土家族苗族自治州，其面积为 19.41 万 hm²；其次是常德市，其面积为 19.19 万 hm²；第三是益阳市，其面积为 18.57 万 hm²；面积最小的是湘潭市，仅为 2.66 万 hm²。

在江西省内，壤土面积最大是上饶市，其面积为 34.33 万 hm²；其次是赣州市，其面积为 27.28 万 hm²；第三是九江市，其面积为 25.58 万 hm²；面积最小的是新余市，仅为 2.67 万 hm²。砂土面积最大是九江市，其面积为 0.40 万 hm²；其次是宜春市，其面积为 0.31 万 hm²；第三是赣州市，其面积为 0.12 万 hm²；抚州市、南昌市、景德镇市、萍乡市、鹰潭市和新余市无砂土分布。黏壤土面积最大是宜春市，其面积为 20.62 万 hm²；其次是上饶市，其面积为 15.97 万 hm²；第三是吉安市，其面积为 14.90 万 hm²；面积最小的是景德镇市，仅为 0.07 万 hm²。黏土面积最大是九江市，其面积为 6.77 万 hm²；其次是宜春市，其面积为 3.29 万 hm²；第三是新余市，其面积为 1.56 万 hm²；鹰潭市无黏土分布。

表 5-30　长江中游区地级市耕层质地分布（万 hm²，%）

省名	地级市	耕层质地								总计
		壤土	比例	砂土	比例	黏壤土	比例	黏土	比例	
湖北省	鄂州市	5.21	1.49	0.07	0.24	0.75	0.80	0.01	0.02	6.05
	恩施土家族苗族自治州	17.49	5.00	3.49	12.22	4.79	5.12	0.80	1.42	26.57
	黄冈市	46.87	13.41	2.77	9.70	9.53	10.18	0.58	1.03	59.75

（续）

省名	地级市	耕层质地								总计
		壤土	比例	砂土	比例	黏壤土	比例	黏土	比例	
湖北省	黄石市	8.44	2.41	0.58	2.04	1.82	1.94	3.34	5.92	14.18
	荆门市	21.38	6.11	1.65	5.79	9.29	9.92	7.78	13.79	40.10
	荆州市	73.08	20.90	5.73	20.06	6.28	6.71	5.66	10.04	90.76
	潜江市	8.11	2.32	1.22	4.26	1.04	1.11	0.76	1.35	11.13
	神农架林区	0.72	0.21	0.04	0.13	0.04	0.04	—	—	0.79
	十堰市	16.81	4.81	4.14	14.49	5.66	6.05	2.40	4.25	29.01
	随州市	19.47	5.57	0.79	2.78	1.89	2.02	4.48	7.95	26.64
	天门市	5.93	1.70	1.43	5.01	0.55	0.59	—	—	7.91
	武汉市	15.29	4.37	0.95	3.31	8.79	9.39	3.64	6.45	28.67
	仙桃市	11.78	3.37	0.01	0.02	1.71	1.83	—	—	13.50
	咸宁市	17.17	4.91	0.32	1.12	1.69	1.81	2.95	5.23	22.13
	襄阳市	25.06	7.17	2.23	7.81	27.90	29.81	15.75	27.92	70.94
	孝感市	41.95	12.00	0.90	3.15	7.75	8.28	1.60	2.84	52.20
	宜昌市	14.83	4.24	2.25	7.87	4.12	4.40	6.65	11.80	27.85
汇总		349.59	100.00	28.59	100.00	93.61	100.00	56.40	100.00	528.18
湖南省	常德市	4.82	3.67	1.20	7.47	10.62	11.18	19.19	11.19	35.84
	郴州市	11.23	8.56	1.22	7.55	6.13	6.45	10.63	6.20	29.20
	衡阳市	8.65	6.60	1.10	6.82	11.09	11.67	16.88	9.84	37.72
	怀化市	12.56	9.58	1.04	6.44	11.51	12.11	11.57	6.75	36.68
	娄底市	6.12	4.67	0.51	3.18	6.12	6.45	3.86	2.25	16.62
	邵阳市	16.57	12.63	1.09	6.78	7.47	7.86	17.51	10.21	42.64
	湘潭市	3.29	2.51	0.21	1.30	2.37	2.49	2.66	1.55	8.52
	湘西土家族苗族自治州	13.06	9.96	0.51	3.14	8.45	8.90	19.41	11.32	41.42
	益阳市	4.19	3.20	0.35	2.14	6.03	6.35	18.57	10.82	29.14
	永州市	10.68	8.14	4.87	30.21	8.89	9.35	17.61	10.27	42.05
	岳阳市	11.10	8.47	1.89	11.75	7.03	7.40	7.45	4.34	27.48
	张家界市	15.44	11.78	1.54	9.54	2.35	2.48	12.26	7.15	31.59
	长沙市	7.96	6.07	0.12	0.72	3.04	3.20	8.48	4.94	19.60
	株洲市	5.45	4.16	0.48	2.96	3.92	4.12	5.44	3.17	15.29
汇总		131.11	100.00	16.13	100.00	95.02	100.00	171.50	100.00	413.77
江西省	抚州市	18.66	9.83	—	—	9.52	9.18	0.01	0.09	28.18
	赣州市	27.30	14.37	0.12	12.01	11.71	11.29	0.23	1.62	39.34
	吉安市	24.53	12.92	0.04	3.96	14.91	14.38	0.59	4.08	40.05
	景德镇市	7.13	3.76	—	—	0.07	0.06	0.45	3.10	7.64
	九江市	25.59	13.47	0.40	41.34	8.62	8.32	6.77	47.03	41.37

（续）

省名	地级市	耕层质地								总计
		壤土	比例	砂土	比例	黏壤土	比例	黏土	比例	
江西省	南昌市	17.68	9.31	—	—	12.42	11.98	0.08	0.55	30.17
	萍乡市	3.58	1.89	—	—	1.14	1.10	0.56	3.88	5.28
	上饶市	34.35	18.08	0.10	10.87	15.97	15.40	0.85	5.94	51.26
	新余市	2.67	1.40	—	—	3.95	3.80	1.56	10.84	8.17
	宜春市	25.25	13.29	0.31	31.82	20.62	19.89	3.29	22.86	49.45
	鹰潭市	3.21	1.69	—	—	4.78	4.61	—	—	7.99
汇总		189.95	100.00	0.96	100.00	103.71	100.00	14.39	100.00	308.91
总计		670.59		45.68		292.31		242.29		1 250.87

（三）不同土壤类型耕层质地的分布情况

1. 不同土类耕层质地分布情况

（1）长江中游区不同土类的耕层质地分布情况　从表 5-31 来看，长江中游区主要土壤类型的面积顺序为：水稻土＞红壤＞黄棕壤＞潮土＞石灰土＞紫色土＞黄壤＞黄褐土。

从耕层质地来看，壤土主要分布在水稻土和红壤中，面积分别为 287.93 万 hm^2 和 143.30 万 hm^2；砂土主要分布在水稻土和黄棕壤中，面积分别为 15.15 万 hm^2 和 9.08 万 hm^2；黏壤土主要分布在水稻土和红壤中，面积分别为 123.10 万 hm^2 和 89.55 万 hm^2；黏土主要分布在水稻土和红壤中，面积分别为 89.42 万 hm^2 和 78.27 万 hm^2。

表 5-31　长江中游区不同土类的耕层质地面积统计（万 hm^2）

土类	耕层质地				总计
	壤土	砂土	黏壤土	黏土	
暗棕壤	0.20	0.01	—	—	0.20
潮土	78.20	5.99	13.63	14.04	111.87
粗骨土	0.85	0.11	0.10	0.08	1.15
红壤	143.30	6.72	89.55	78.27	317.85
红黏土	—	—	0.04	0.05	0.09
黄褐土	9.57	0.25	14.59	8.36	32.77
黄壤	18.25	3.23	6.19	7.91	35.59
黄棕壤	88.10	9.08	24.05	14.33	135.56
火山灰土	0.25	—	0.03	—	0.28
砂姜黑土	—	—	0.14	0.10	0.23
山地草甸土	0.10	—	0.18	0.02	0.29
石灰土	19.64	2.58	11.46	20.11	53.79
石质土	0.26	—	0.16	0.18	0.60
水稻土	287.93	15.15	123.10	89.42	515.61
新积土	0.03	0.11	—	—	0.14
沼泽土	1.57	0.00	0.16	0.28	2.01
紫色土	19.90	2.13	8.67	9.09	39.79
棕壤	2.43	0.31	0.26	0.04	3.05
总计	670.59	45.68	292.31	242.29	1 250.87

（2）三省不同土类的耕层质地分布情况　各省耕层质地和土壤类型的分布情况不同，由表 5-32 可以看出，耕层质地为壤土的以湖北省的水稻土最多，面积为 164.85 万 hm²；耕层质地 为砂土的以湖北省的水稻土最多，面积为 9.93 万 hm²；耕层质地为黏壤土的以江西省的红壤 最多，面积为 50.71 万 hm²；耕层质地为黏土的以湖南省的红壤最多，面积为 72.55 万 hm²。

表 5-32　三省不同土类的耕层质地面积统计（万 hm²）

省名	土类	耕层质地				总计
		壤土	砂土	黏壤土	黏土	
湖北省	暗棕壤	0.20	0.01	—	—	0.20
	潮土	67.34	5.76	10.06	8.31	91.47
	红壤	0.76	0.02	0.30	0.21	1.28
	黄褐土	5.05	0.25	13.91	6.99	26.20
	黄壤	4.94	1.54	1.95	0.37	8.80
	黄棕壤	84.92	8.36	23.44	12.92	129.64
	砂姜黑土	—	—	0.14	0.10	0.23
	山地草甸土	0.07	—	0.14	—	0.21
	石灰土	9.69	1.54	2.59	1.43	15.24
	石质土	0.04	—	0.01	—	0.04
	水稻土	164.85	9.93	39.60	24.67	239.05
	沼泽土	1.57	0.01	0.16	0.28	2.01
	紫色土	7.74	0.88	1.05	1.08	10.75
	棕壤	2.43	0.31	0.26	0.04	3.05
湖南省	潮土	4.49	0.23	2.99	5.45	13.16
	粗骨土	0.46	0.11	0.06	0.08	0.71
	红壤	59.38	6.15	38.53	72.55	176.62
	红黏土		—	0.04	0.05	0.09
	黄壤	12.84	1.69	4.18	7.54	26.26
	黄棕壤	3.17	0.72	0.59	1.41	5.89
	山地草甸土	0.01	—	0.04	0.02	0.07
	石灰土	7.76	1.04	7.68	16.12	32.59
	石质土	0.20	—	0.03	0.18	0.41
	水稻土	35.55	4.94	34.57	60.14	135.20
	紫色土	7.26	1.25	6.30	7.97	22.77
江西省	潮土	6.37	0.01	0.58	0.28	7.24
	粗骨土	0.40	—	0.04	—	0.44
	红壤	83.16	0.55	50.71	5.51	139.94
	黄褐土	4.52	—	0.68	1.38	6.57

（续）

省名	土类	耕层质地				总计
		壤土	砂土	黏壤土	黏土	
江西省	黄壤	0.47	—	0.06	—	0.53
	黄棕壤	0.01	—	0.01	—	0.03
	火山灰土	0.25	—	0.03	—	0.28
	山地草甸土	0.01	—	—	—	0.01
	石灰土	2.20	—	1.20	2.56	5.96
	石质土	0.03	—	0.13	—	0.16
	水稻土	87.53	0.29	48.92	4.61	141.35
	新积土	0.03	0.11	—	—	0.14
	紫色土	4.91	—	1.31	0.05	6.27
总计		670.59	45.68	292.31	242.29	1 250.87

2. 不同亚类耕层质地分布情况

（1）长江中游区不同亚类的耕层质地分布情况 长江中游区面积最大的前六种亚类的顺序是潴育水稻土＞典型红壤＞灰潮土＞典型黄棕壤＞黄红壤＞黄棕壤性土，面积分别为 464.58 万 hm^2、225.29 万 hm^2、87.16 万 hm^2、57.69 万 hm^2、56.14 万 hm^2 和 54.02 万 hm^2。

四种耕层质地中，均是潴育水稻土面积最大，壤土中有 258.08 万 hm^2，砂土中有 12.83 万 hm^2，黏壤土中有 114.38 万 hm^2，黏土中有 79.29 万 hm^2（图 5-7、表 5-33）。

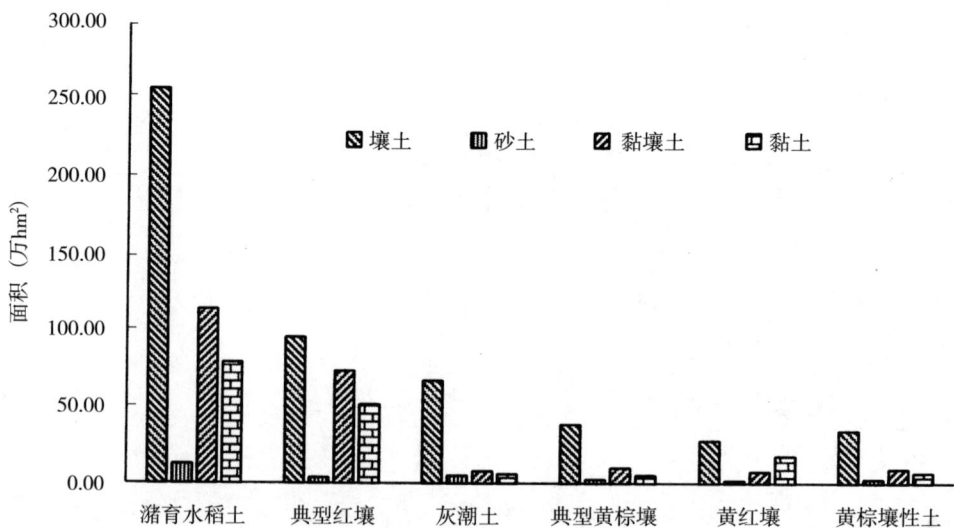

图 5-7　长江中游区部分亚类耕层质地分布直方图

表 5-33　长江中游区不同亚类耕层质地面积统计（万 hm²）

亚类	耕层质地			
	壤土	砂土	黏壤土	黏土
暗黄棕壤	14.48	3.39	4.23	1.76
草甸暗棕壤	0.19	0.01	—	—
潮棕壤	2.31	0.30	0.25	0.04
典型暗棕壤	0.01	—	—	—
典型潮土	9.90	0.63	5.15	7.71
典型红壤	95.95	3.88	73.52	51.95
典型黄褐土	5.05	0.25	13.91	6.99
典型黄壤	17.61	3.09	5.84	7.81
典型黄棕壤	38.97	2.84	10.27	5.61
典型砂姜黑土	—	—	0.14	0.10
典型山地草甸土	0.10	—	0.18	0.02
典型新积土	0.03	0.11	—	—
典型沼泽土	1.57	0.01	0.16	0.28
钙质粗骨土	0.38	0.11	0.06	0.08
钙质石质土	0.16	—	0.01	0.12
黑色石灰土	2.17	0.19	1.38	2.08
红壤性土	2.55	0.54	1.43	1.41
红色石灰土	4.37	0.62	3.23	9.70
黄红壤	28.20	2.01	7.88	18.05
黄壤性土	0.64	0.14	0.36	0.10
黄色石灰土	2.60	0.27	1.76	4.53
黄棕壤性土	34.66	2.85	9.55	6.96
灰潮土	67.27	5.37	8.25	6.27
基岩性火山灰土	0.25	—	0.03	—
漂洗水稻土	0.44	0.09	0.02	0.03
潜育水稻土	15.76	1.33	5.04	4.11
湿潮土	1.03	—	0.24	0.06
石灰性紫色土	6.42	0.81	2.75	3.19
酸性粗骨土	0.34	—	—	—
酸性红黏土	—	—	0.04	0.05
酸性石质土	0.03	—	0.13	—
酸性紫色土	8.61	0.95	4.14	4.73
铁铝质粗骨土	0.07	—	—	—
铁铝质石质土	0.08	—	0.03	0.06
淹育水稻土	13.64	0.90	3.66	6.00

（续）

亚类	耕层质地			
	壤土	砂土	黏壤土	黏土
黏盘黄褐土	4.52	—	0.68	1.38
中性粗骨土	0.05	—	0.04	—
中性紫色土	4.86	0.36	1.77	1.17
潴育水稻土	258.08	12.83	114.38	79.29
棕红壤	16.60	0.29	6.72	6.86
棕壤性土	0.11	0.02	0.01	—
棕色石灰土	10.49	1.49	5.09	3.80
总计	670.59	45.68	292.31	242.29

（2）三省不同亚类的耕层质地分布情况　三省土壤亚类的耕层质地也有很大的差异，如表 5-34 所示，潴育水稻土是占全区耕地面积最多的亚类，其中湖北省面积最大，为 203.43 万 hm^2；其次是江西省，面积为 134.80 万 hm^2，湖南省的面积最小，为 126.35 万 hm^2。湖北省壤土主要分布在潴育水稻土和灰潮土亚类上，其面积分别为 141.52 万 hm^2 和 61.79 万 hm^2；砂土主要分布在潴育水稻土和灰潮土亚类上，其面积分别为 8.07 万 hm^2 和 5.36 万 hm^2；黏壤土主要分布在潴育水稻土和典型黄褐土亚类上，其面积分别为 35.41 万 hm^2 和 13.91 万 hm^2；黏土主要分布在潴育水稻土和典型黄褐土亚类上，其面积分别为 18.43 万 hm^2 和 6.99 万 hm^2。

湖南省四种耕层质地的土壤，均主要分布在潴育水稻土和典型红壤亚类上，其在壤土上的面积分别为 32.72 万 hm^2 和 32.39 万 hm^2；在砂土上的面积分别为 4.52 万 hm^2 和 3.66 万 hm^2；在黏壤土上的面积分别为 32.41 万 hm^2 和 28.70 万 hm^2；在黏土上的面积分别为 56.70 万 hm^2 和 49.69 万 hm^2。

江西省壤土主要分布在潴育水稻土和典型红壤亚类上，其面积分别为 83.84 万 hm^2 和 63.54 万 hm^2；砂土主要分布在潴育水稻土和典型红壤亚类上，其面积分别为 0.24 万 hm^2 和 0.22 万 hm^2；黏壤土主要分布在潴育水稻土和典型红壤亚类上，其面积分别为 46.56 万 hm^2 和 44.82 万 hm^2；黏土主要分布在潴育水稻土和棕红壤亚类上，其面积分别为 4.16 万 hm^2 和 3.10 万 hm^2。

表 5-34　三省不同亚类的耕层质地面积统计（万 hm^2）

省名	亚类	耕层质地			
		壤土	砂土	黏壤土	黏土
	暗黄棕壤	11.31	2.67	3.62	0.38
	草甸暗棕壤	0.19	0.01	—	—
	潮棕壤	2.31	0.30	0.25	0.04
湖北省	典型暗棕壤	0.01	—	—	—
	典型潮土	5.41	0.39	2.18	2.27
	典型红壤	0.02	—	—	0.01
	典型黄褐土	5.05	0.25	13.91	6.99

（续）

省名	亚类	耕层质地			
		壤土	砂土	黏壤土	黏土
湖北省	典型黄壤	4.60	1.44	1.72	0.33
	典型黄棕壤	38.97	2.84	10.27	5.61
	典型砂姜黑土	—	—	0.14	0.10
	典型山地草甸土	0.07	—	0.14	—
	典型沼泽土	1.57	0.01	0.16	0.28
	钙质石质土	0.04	—	0.01	—
	黑色石灰土	0.68	0.03	0.14	0.09
	红色石灰土	0.65	0.01	0.07	0.14
	黄红壤	0.70	0.02	0.26	0.20
	黄壤性土	0.34	0.10	0.23	0.04
	黄色石灰土	0.10	0.01	0.08	0.02
	黄棕壤性土	34.64	2.85	9.55	6.94
	灰潮土	61.79	5.36	7.88	6.05
	漂洗水稻土	0.24	0.08	0.01	0.01
	潜育水稻土	9.86	0.92	1.09	0.58
	湿潮土	0.13	—	—	—
	石灰性紫色土	3.39	0.44	0.48	0.89
	酸性紫色土	2.27	0.12	0.26	0.19
	淹育水稻土	13.23	0.86	3.10	5.66
	中性紫色土	2.08	0.32	0.31	—
	潴育水稻土	141.52	8.07	35.41	18.43
	棕红壤	0.04	—	0.04	—
	棕壤性土	0.11	0.02	0.01	—
	棕色石灰土	8.26	1.49	2.30	1.18
湖南省	暗黄棕壤	3.15	0.72	0.59	1.38
	典型潮土	4.49	0.23	2.97	5.45
	典型红壤	32.39	3.66	28.70	49.69
	典型黄壤	12.54	1.65	4.05	7.48
	典型山地草甸土	0.01	—	0.04	0.02
	钙质粗骨土	0.38	0.11	0.06	0.08
	钙质石质土	0.12	—	—	0.12
	黑色石灰土	1.49	0.16	1.24	1.99
	红壤性土	1.22	0.46	0.89	1.31
	红色石灰土	3.73	0.62	3.16	9.56
	黄红壤	24.55	1.95	7.34	17.79

（续）

省名	亚类	耕层质地			
		壤土	砂土	黏壤土	黏土
湖南省	黄壤性土	0.30	0.04	0.13	0.07
	黄色石灰土	2.50	0.26	1.68	4.51
	黄棕壤性土	0.02	—	—	0.03
	灰潮土	—	—	0.03	—
	漂洗水稻土	0.21	0.01	0.02	0.02
	潜育水稻土	2.43	0.40	1.98	3.10
	石灰性紫色土	1.05	0.38	1.35	2.30
	酸性红黏土	—	—	0.04	0.05
	酸性紫色土	5.07	0.83	3.82	4.52
	铁铝质粗骨土	0.07	—	—	—
	铁铝质石质土	0.08	—	0.03	0.06
	淹育水稻土	0.19	—	0.17	0.31
	中性紫色土	1.13	0.04	1.12	1.15
	潴育水稻土	32.72	4.52	32.41	56.70
	棕红壤	1.22	0.09	1.61	3.76
	棕色石灰土	0.04	—	1.59	0.06
江西省	暗黄棕壤	0.01	—	0.01	—
	典型红壤	63.54	0.22	44.82	2.25
	典型黄壤	0.47		0.06	
	典型山地草甸土	0.01	—	—	
	典型新积土	0.03	0.11	—	—
	红壤性土	1.34	0.08	0.54	0.09
	黄红壤	2.95	0.05	0.28	0.07
	灰潮土	5.48	0.01	0.34	0.22
	基岩性火山灰土	0.25	—	0.03	
	潜育水稻土	3.47	—	1.97	0.43
	湿潮土	0.89	—	0.24	0.06
	石灰性紫色土	1.98	—	0.92	
	酸性粗骨土	0.34	—	—	
	酸性石质土	0.03	—	0.13	
	酸性紫色土	1.27	—	0.05	0.02
	淹育水稻土	0.22	0.04	0.40	0.03
	黏盘黄褐土	4.52	—	0.68	1.38
	中性粗骨土	0.05	—	0.04	—
	中性紫色土	1.65	—	0.35	0.03
	潴育水稻土	83.84	0.24	46.56	4.16
	棕红壤	15.34	0.20	5.08	3.10
	棕色石灰土	2.20	—	1.20	2.57
总计		670.59	45.68	292.31	242.29

（四）不同地貌类型耕层质地分布情况

1. 长江中游区不同地貌类型的耕层质地　长江中游区五大地貌类型在壤土上的分布面积都是最大的，依次为 134.99 万 hm²、110.28 万 hm²、149.40 万 hm²、136.02 万 hm² 和 139.89 万 hm²。五大类地貌类型的面积分别为 243.73 万 hm²、189.32 万 hm²、296.22 万 hm²、258.27 万 hm² 和 263.33 万 hm²。第三大类地貌类型在砂土上的面积最小，仅为 4.24 万 hm²（图 5-8、表 5-35）。

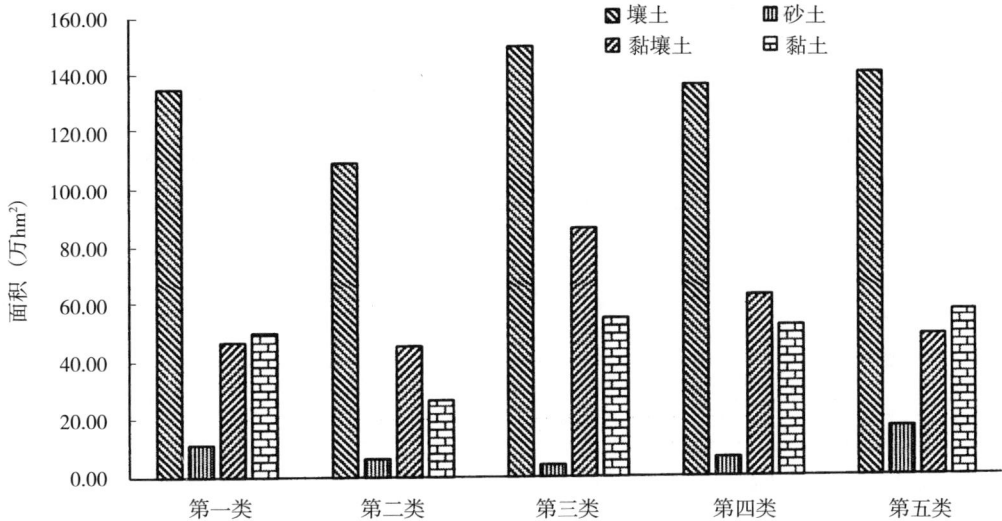

图 5-8　长江中游区不同地貌类型耕层质地分布直方图

表 5-35　长江中游区不同地貌类型耕层质地面积统计（万 hm²）

地貌类型	耕层质地			
	壤土	砂土	黏壤土	黏土
第一大类	134.99	11.38	47.05	50.31
第二大类	110.28	6.46	45.66	26.92
第三大类	149.40	4.24	87.34	55.24
第四大类	136.02	6.58	63.23	52.44
第五大类	139.89	17.02	49.03	57.39
总计	670.59	45.68	292.31	242.29

2. 三省不同地貌类型的耕层质地　由表 5-36 得出结论，湖北省地貌类型第二大类和第三大类最多，面积分别为 128.90 万 hm² 和 109.20 万 hm²，第二大类中，壤土的面积最大，为 85.45 万 hm²；第三大类中，也是壤土的面积最大，为 69.09 万 hm²。湖南省地貌类型第五大类和第四大类最多，面积分别为 131.93 万 hm² 和 83.04 万 hm²，其中第五大类中，壤土的面积最大，为 50.07 万 hm²，第四大类中，黏土的面积最大，为 39.32 万 hm²。江西省地貌类型第三大类和第四大类最多，面积分别为 104.27 万 hm² 和 78.85 万 hm²，其中第三大类中，壤土的面积最大，为 58.19 万 hm²，第四大类中，也是壤土的面积最大，为 49.05 万 hm²。

表 5-36 三省不同地貌类型耕层质地面积统计（万 hm²）

省名	地貌类型	耕层质地			
		壤土	砂土	黏壤土	黏土
湖北省	第一大类	70.10	7.39	12.00	14.59
	第二大类	85.45	5.47	26.68	11.29
	第三大类	69.09	2.46	22.77	14.88
	第四大类	66.07	3.72	16.43	10.16
	第五大类	58.88	9.54	15.72	5.48
湖南省	第一大类	29.21	3.98	12.93	33.15
	第二大类	8.81	0.91	12.24	14.83
	第三大类	22.12	1.45	23.52	35.66
	第四大类	20.90	2.54	20.28	39.32
	第五大类	50.07	7.25	26.06	48.55
江西省	第一大类	35.68	0.01	22.12	2.57
	第二大类	16.02	0.07	6.74	0.80
	第三大类	58.19	0.33	41.05	4.70
	第四大类	49.05	0.32	26.51	2.97
	第五大类	30.94	0.23	7.26	3.36
总计		670.59	45.68	292.31	242.29

二、耕层质地分级

根据长江中游区耕层质地分类标准，将耕层质地等级划分为四类。全区耕层质地分类面积见图 5-9。

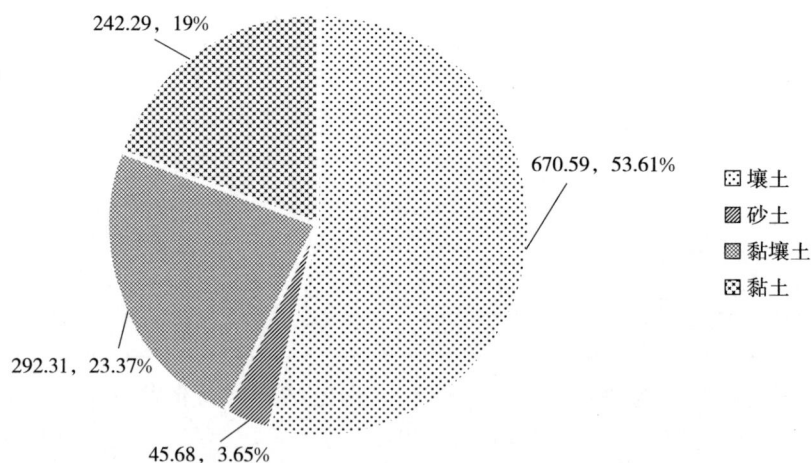

图 5-9 长江中游区土壤耕层质地分类面积统计分析（万 hm²）

耕层质地为壤土的面积全区共 670.59 万 hm²，占长江中游区面积的 53.61%。其中湖北省 349.59 万 hm²，占本省耕地面积的 66.19%，占全区壤土面积 52.13%；湖南省 131.11 万 hm²，占本省耕地面积的 31.69%，占全区壤土面积 19.54%；江西省 189.88 万 hm²，占本省耕地面积的 61.47%，占全区壤土面积 28.33%（表 5-37）。

表 5-37 长江中游区土壤耕层质地分级面积统计（万 hm²，%）

区域	比例	壤土	砂土	黏壤土	黏土
湖北省	耕地面积	349.59	28.59	93.61	56.40
	占该省耕地	66.19	5.41	17.72	10.68
	占全区该质地类型耕地	52.13	62.59	32.02	23.28
湖南省	耕地面积	131.11	16.13	95.02	171.50
	占该省耕地	31.69	3.90	22.97	41.45
	占全区该质地类型耕地	19.54	35.31	32.50	70.78
江西省	耕地面积	189.88	0.96	103.68	14.39
	占该省耕地	61.47	0.31	33.56	4.66
	占全区该质地类型耕地	28.33	2.10	35.48	5.94
长江中游区	耕地面积	670.59	45.68	292.31	242.29
	占全区该质地类型耕地	53.61	3.65	23.37	19.37

耕层质地为砂土的面积全区共 45.68 万 hm²，占长江中游区面积的 3.65%。其中湖北省 28.59 万 hm²，占本省耕地面积的 5.41%，占全区壤土面积 62.59%；湖南省 16.13 万 hm²，占本省耕地面积的 3.90%，占全区壤土面积 35.31%；江西省 0.96 万 hm²，占本省耕地面积的 0.31%，占全区壤土面积 2.10%。

耕层质地为黏壤土的面积全区共 292.31 万 hm²，占长江中游区面积的 23.37%。其中湖北省 93.61 万 hm²，占本省耕地面积的 17.72%，占全区壤土面积 32.02%；湖南省 95.02 万 hm²，占本省耕地面积的 22.97%，占全区壤土面积 32.50%；江西省 103.68 万 hm²，占本省耕地面积的 33.56%，占全区壤土面积 35.48%。

耕层质地为黏土的面积全区共 241.29 万 hm²，占长江中游区面积的 19.37%。其中湖北省 56.40 万 hm²，占本省耕地面积的 10.68%，占全区壤土面积 23.28%；湖南省 171.50 万 hm²，占本省耕地面积的 41.45%，占全区壤土面积 70.78%；江西省 14.39 万 hm²，占本省耕地面积的 4.66%，占全区壤土面积 5.94%。

三、耕层质地与土壤主要养分

不同耕层质地土壤有机质的范围是 24.0~25.9g/kg，土壤全氮的范围是 1.39~1.52g/kg，土壤有效磷的范围是 15.0~16.4mg/kg，土壤缓效钾的范围是 325~418mg/kg，土壤速效钾的范围是 104~117mg/kg（表 5-38）。

表 5-38 长江中游区影响土壤耕层质地的因素

耕层质地	影响耕层质地的因素				
	有机质（g/kg）	全氮（g/kg）	有效磷（mg/kg）	缓效钾（mg/kg）	速效钾（mg/kg）
壤土	25.8	1.46	15.9	393	107
砂土	24.0	1.39	15.7	418	117
黏壤土	25.9	1.47	16.4	325	104
黏土	26.0	1.52	15.0	342	106

（一）耕层质地与土壤有机质

根据长江中游区有机质的现状，将土壤有机质含量分为六个等级。土壤有机质含量＞40g/kg 的面积为 11.68 万 hm²，其中壤土面积最大，为 6.62 万 hm²，砂土面积最小，为0.10 万 hm²；含量在 30～40g/kg 的面积为 350.35 万 hm²，其中壤土面积最大，为 175.64万 hm²，砂土面积最小，为 8.69 万 hm²；含量在 20～30g/kg 的面积为 735.84 万 hm²，其中壤土面积最大，为 400.13 万 hm²，砂土面积最小，为 27.89 万 hm²；含量在15～20g/kg的面积为 127.40 万 hm²，其中壤土面积最大，为 72.47 万 hm²，砂土面积最小，为 6.60 万hm²；含量在 10～15g/kg 的面积为 25.59 万 hm²，其中壤土面积最大，为 15.74 万 hm²，砂土面积最小，为 2.40 万 hm²（图 5-10、表 5-39）。

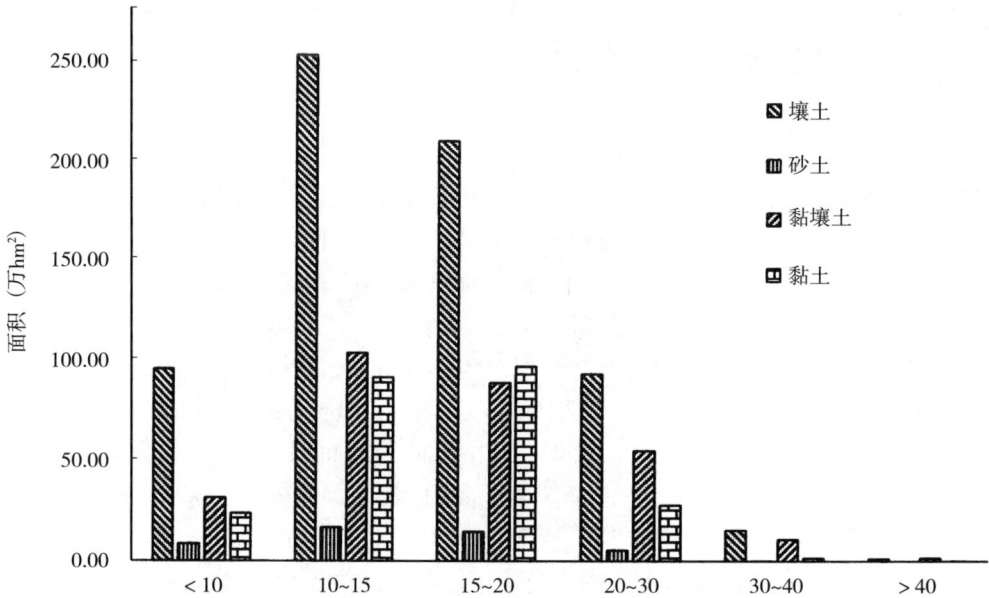

图 5-10　长江中游区不同土壤有机质等级下各耕层质地分布直方图

表 5-39　长江中游区不同土壤有机质等级下各耕层质地的面积统计（万 hm²，g/kg）

耕层质地	有机质分级					
	一级 ＞40	二级 30～40	三级 20～30	四级 15～20	五级 10～15	六级 ＜10
壤土	6.62	175.64	400.13	72.47	15.74	—
砂土	0.10	8.69	27.89	6.60	2.40	—
黏壤土	4.17	92.35	166.85	26.07	2.88	—
黏土	0.81	73.67	140.97	22.26	4.57	—
总计	11.68	350.35	735.84	127.40	25.59	—

（二）耕层质地与土壤缓效钾

根据长江中游区缓效钾的现状，将土壤缓效钾含量分为六个等级。土壤缓效钾含量＞1 500mg/kg 的无分布；含量在 1 200～1 500mg/kg 的面积为 2.32 万 hm²，其中壤土面积最大，为 2.11 万 hm²，黏土面积最小，为 0.05 万 hm²；含量在 900～1 200mg/kg 的面积为

32.66 万 hm^2，其中壤土面积最大，为 25.97 万 hm^2，砂土面积最小，为 0.89 万 hm^2；含量在 750～900mg/kg 的面积为 37.86 万 hm^2，其中壤土面积最大，为 29.52 万 hm^2，黏土面积最小，为 1.82 万 hm^2；含量在 500～750g/kg 的面积为 97.09 万 hm^2，其中壤土面积最大，为 58.56 万 hm^2，砂土面积最小，为 6.49 万 hm^2；含量＜500mg/kg 的面积为 1 080.94 万 hm^2，其中壤土面积最大，为 554.43 万 hm^2，砂土面积最小，为 36.11 万 hm^2（表 5-40）。

表 5-40　长江中游区不同土壤缓效钾等级下各耕层质地的面积统计（万 hm^2，mg/kg）

耕层质地	缓效钾分级					
	一级 ＞1 500	二级 1 200～1 500	三级 900～1 200	四级 750～900	五级 500～750	六级 ＜500
壤土	—	2.11	25.97	29.52	58.56	554.43
砂土	—	0.09	0.89	2.10	6.49	36.11
黏壤土	—	0.08	3.07	4.42	19.81	264.93
黏土	—	0.05	2.72	1.82	12.23	225.47
总计	—	2.32	32.66	37.86	97.09	1 080.94

（三）耕层质地与土壤速效钾

根据长江中游区速效钾的现状，将土壤速效钾含量分为六个等级。土壤速效钾含量＞150mg/kg 的面积为 55.96 万 hm^2，其中壤土面积最大，为 28.03 万 hm^2，砂土面积最小，为 2.68 万 hm^2；含量在 120～150mg/kg 的面积为 235.32 万 hm^2，其中壤土面积最大，为 112.14 万 hm^2，砂土面积最小，为 7.99 万 hm^2；含量在 100～120mg/kg 的面积为 315.98 万 hm^2，其中壤土面积最大，为 171.27 万 hm^2，砂土面积最小，为 11.31 万 hm^2；含量在 80～100mg/kg 的面积为 331.60 万 hm^2，其中壤土面积最大，为 176.15 万 hm^2，砂土面积最小，为 11.23 万 hm^2；含量在 50～80g/kg 的面积为 284.78 万 hm^2，其中壤土面积最大，为 163.30 万 hm^2，砂土面积最小，为 12.07 万 hm^2；含量＜50mg/kg 的面积为 27.23 万 hm^2，其中壤土面积最大，为 19.70 万 hm^2，砂土面积最小，为 0.39 万 hm^2（图 5-11、表 5-41）。

表 5-41　长江中游区不同土壤速效钾等级下各耕层质地的面积统计（万 hm^2，mg/kg）

耕层质地	速效钾分级					
	一级 ＞150	二级 120～150	三级 100～120	四级 80～100	五级 50～80	六级 ＜50
壤土	28.03	112.14	171.27	176.15	163.30	19.70
砂土	2.68	7.99	11.31	11.23	12.07	0.39
黏壤土	15.00	58.27	62.05	81.19	70.51	5.30
黏土	10.25	56.92	71.35	63.03	38.89	1.84
总计	55.96	235.32	315.98	331.60	284.78	27.23

（四）耕层质地与土壤有效磷

根据长江中游区有效磷的现状，将土壤有效磷含量分为六个等级。土壤有效磷含量

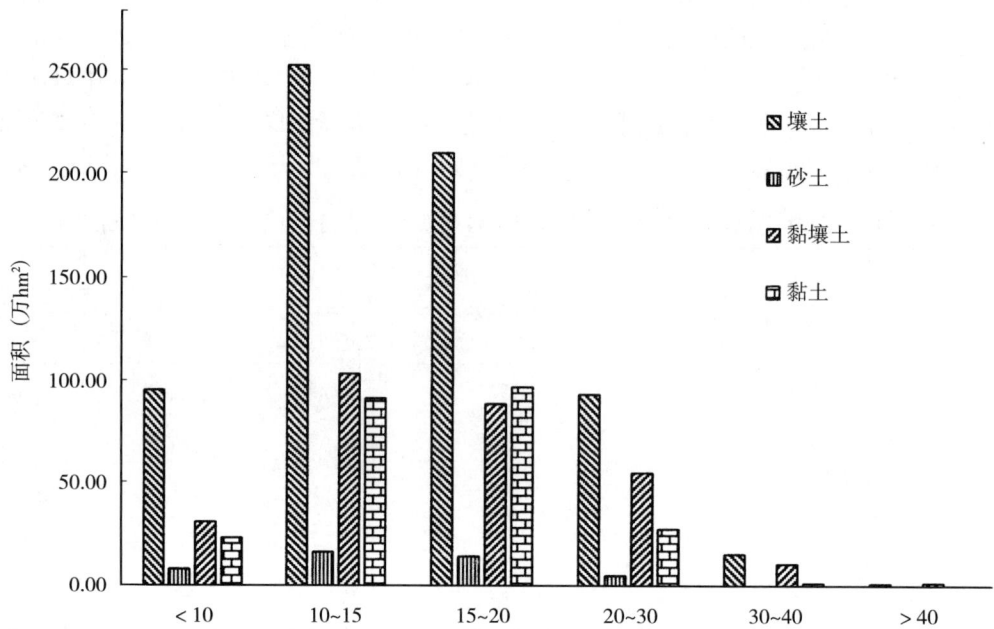

图 5-11 长江中游区不同土壤速效钾等级下各耕层质地分布直方图

>40mg/kg的面积为 2.69 万 hm²，其中壤土面积最大，为 1.16 万 hm²，无砂土；含量在 30～40mg/kg 的面积为 27.92 万 hm²，其中壤土面积最大，为 15.46 万 hm²，砂土面积最小，为 0.15 万 hm²；含量在 20～30mg/kg 的面积为 182.13 万 hm²，其中壤土面积最大，为 93.49 万 hm²，砂土面积最小，为 5.41 万 hm²；含量在 15～20mg/kg 的面积为 411.91 万 hm²，其中壤土面积最大，为 210.80 万 hm²，砂土面积最小，为 14.70 万 hm²；含量在 10～15g/kg 的面积为 466.22 万 hm²，其中壤土面积最大，为 253.63 万 hm²，砂土面积最小，为 16.86 万 hm²；含量<10mg/kg 的面积为 160.00 万 hm²，其中壤土面积最大，为 96.05 万 hm²，砂土面积最小，为 8.57 万 hm²（图 5-12、表 5-42）。

表 5-42 长江中游区不同土壤有效磷等级下各耕层质地的面积统计（万 hm²，mg/kg）

耕层质地	有效磷分级					
	一级 ＞40	二级 30～40	三级 20～30	四级 15～20	五级 10～15	六级 <10
壤土	1.16	15.46	93.49	210.80	253.63	96.05
砂土	—	0.15	5.41	14.70	16.86	8.57
黏壤土	1.51	10.76	55.39	89.24	103.86	31.56
黏土	0.03	1.55	27.84	97.17	91.87	23.82
总计	2.69	27.92	182.13	411.91	466.22	160.00

四、耕层质地调控

砂土的养分少，又因缺乏黏粒和有机质而保肥性弱，人畜粪尿和硫酸铵等速效肥料易随雨水和灌溉水流失。砂质土上施用速效肥料往往肥效猛而不长，前劲大而后劲不足，农民称为"少施肥、一把草、多施肥、立即倒"。所以，砂土上要强调增施有机肥，适时施追肥，

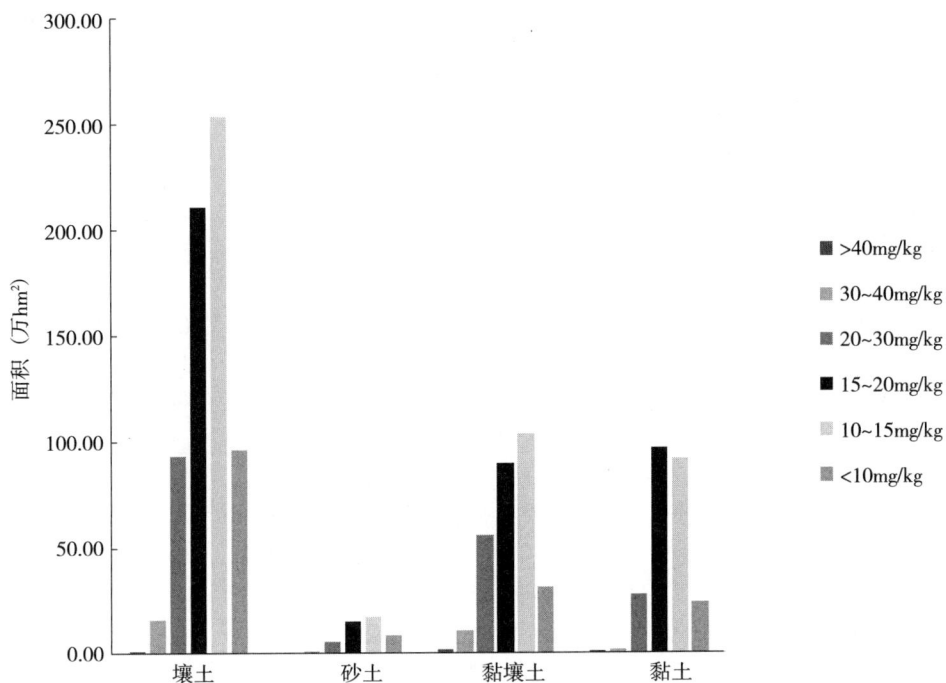

图 5-12　长江中游区不同土壤有效磷等级下各耕层质地分布直方图

并掌握勤浇薄施的原则。黏土的保肥能力强，氮素等养分含量比砂土中要多得多，但"死水"容积和无效养分也多。对于这类土壤，要增施有机肥，注意排水，选择在适宜含水量条件下精耕细作，以改善结构性和耕性。壤土兼有砂土和黏土的有点，是较为理想的土壤，其耕性优良，适种的作物种类多。

主 要 参 考 文 献

程式华，胡培松．2008.中国水稻科技发展战略 [J]．中国水稻科学，22（3）：223-226.

方福平，程式华．2009.论中国水稻生产能力 [J]．中国水稻科学，23（6）：559-566.

郭熙．2010.基于 GIS 的水稻施肥决策研究与应用 [D]．南昌：江西农业大学．

贺帆，黄见良，崔克辉，等．2007.实时实地氮肥管理对水稻产量和稻米品质的影响 [J]．中国农业科学，40（1）：123-132.

黄见良，邹应斌，彭少兵，等．2004.水稻对氮素的吸收、分配及其在组织中的挥发损失 [J]．植物营养与肥料学报，10（6）：579-583.

刘立军．2005.水稻氮肥利用效率及其调控途径 [D]．扬州：扬州大学．

鲁明星，贺立源，吴礼树，等．2006.基于 GIS 的华中丘陵区耕地地力评价研究 [J]．农业工程学报，22（8）：96-101.

鲁明星，贺立源，吴礼树．2006.我国耕地地力评价研究进展 [J]．生态环境，15（4）：866-871.

鲁明星．2007.湖北省区域耕地地力评价及其应用研究 [D]．武汉：华中农业大学．

罗锡文，谢方平，区颖刚，等．2004.水稻生产不同栽植方式的比较试验 [J]．农业工程学报，20（1）：136-139.

牛彦斌，许皞，秦双月，等．2004.GIS 支持下的耕地地力评价方法研究 [J]．河北农业大学学报，27（3）：84-88.

青先国，杨光立，肖小平，等．2006.论我国中部崛起中的水稻产业发展战略 [J]．农业现代化研究，27（2）：81-86.

邱炳文，池天河，王钦敏，等．2004.GIS 在土地适宜性评价中的应用与展望 [J]．地理与地理信息科学，20（5）：20-23.

史同广，郑国强，王智勇，等．2007.中国土地适宜性评价研究进展 [J]．地理科学进展，26（2）：106-115.

宋建农，庄乃生，王立臣，等．2000.21 世纪我国水稻种植机械化发展方向 [J]．中国农业大学学报，5（2）：30-33.

孙治贵，黎贞发，李杰，等．2004.基于组件式 GIS 技术的水稻生产管理信息系统开发研究 [J]．农业工程学报，20（3）：137-140.

唐秀美，赵庚星，路庆斌．2008.基于 GIS 的县域耕地测土配方施肥技术研究 [J]．农业工程学报，24（7）：34-38.

田有国．2004.基于 GIS 的全国耕地质量评价方法及应用 [D]．武汉：华中农业大学．

王良杰，赵玉国，郭敏，等．2010.基于 GIS 与模糊数学的县级耕地地力质量评价研究 [J]．土壤，42（1）：131-135.

王绍强，朱松丽，周成虎．2001.中国土壤土层厚度的空间变异性特征 [J]．地理研究，20（2）：161-169.

王伟妮．2014.基于区域尺度的水稻氮磷钾肥料效应及推荐施肥量研究 [D]．武汉：华中农业大学．

吴孔明，陆宴辉，王振营．2009.我国农业害虫综合防治研究现状与展望 [J]．应用昆虫学报，46（6）：831-836.

闫一凡，刘建立，张佳宝．2014.耕地地力评价方法及模型分析 [J]．农业工程学报，30（5）：204-210.

袁秀杰，赵庚星，朱雪欣．2008.平原和丘陵区耕地地力评价及其指标体系衔接研究 [J]．农业工程学报，

24（7）：65-71.

曾建敏，崔克辉，黄见良，等.2007.水稻生理生化特性对氮肥的反应及与氮利用效率的关系［J］.作物学报，33（7）：1168-1176.

曾祥明，韩宝吉，徐芳森，等.2012.不同基础地力土壤优化施肥对水稻产量和氮肥利用率的影响［J］.中国农业科学，45（14）：2886-2894.

张海涛，周勇，汪善勤，等.2003.利用 GIS 和 RS 资料及层次分析法综合评价江汉平原后湖地区耕地自然地力［J］.农业工程学报，19（2）：219-223.

郑立臣，宇万太，马强，等.2004.农田土壤肥力综合评价研究进展［J］.生态学杂志，23（5）：156-161.

周锡跃，徐春春，李凤博，等.2010.世界水稻产业发展现状、趋势及对我国的启示［J］.农业现代化研究，31（5）：525-528.

朱德峰，程式华，张玉屏，等.2010.全球水稻生产现状与制约因素分析［J］.中国农业科学，43（3）：474-479.

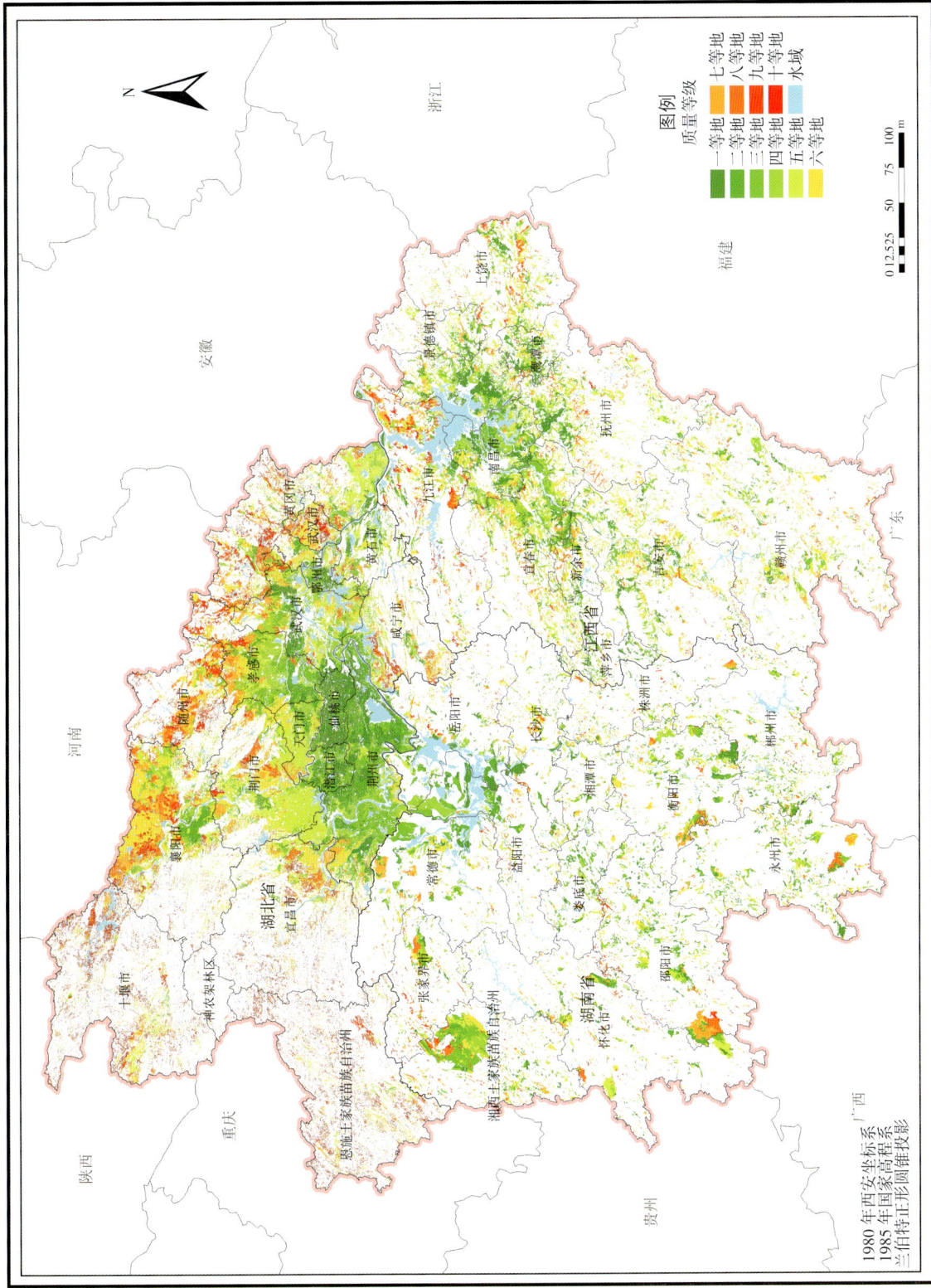

长江中游区耕地质量等级图

图例

质量等级

一等地
二等地
三等地
四等地
五等地
六等地
七等地
八等地
九等地
十等地
水域

0 12.5 25   50   75   100
m

浙江
安徽
河南
陕西
重庆
福建
广东
贵州

湖北省
湖南省
江西省

神农架林区
恩施土家族苗族自治州
湘西土家族苗族自治州

上饶市
景德镇市
鹰潭市
抚州市
南昌市
宜春市
新余市
吉安市
赣州市
萍乡市
株洲市
郴州市
永州市
衡阳市
邵阳市
娄底市
怀化市
张家界市
常德市
益阳市
湘潭市
长沙市
岳阳市
咸宁市
黄石市
鄂州市
武汉市
黄冈市
孝感市
随州市
襄阳市
十堰市
宜昌市
荆门市
荆州市
天门市
仙桃市
潜江市

1980年西安坐标系
1985年国家高程系
兰伯特正形圆锥投影

长江中游区土壤pH分布图

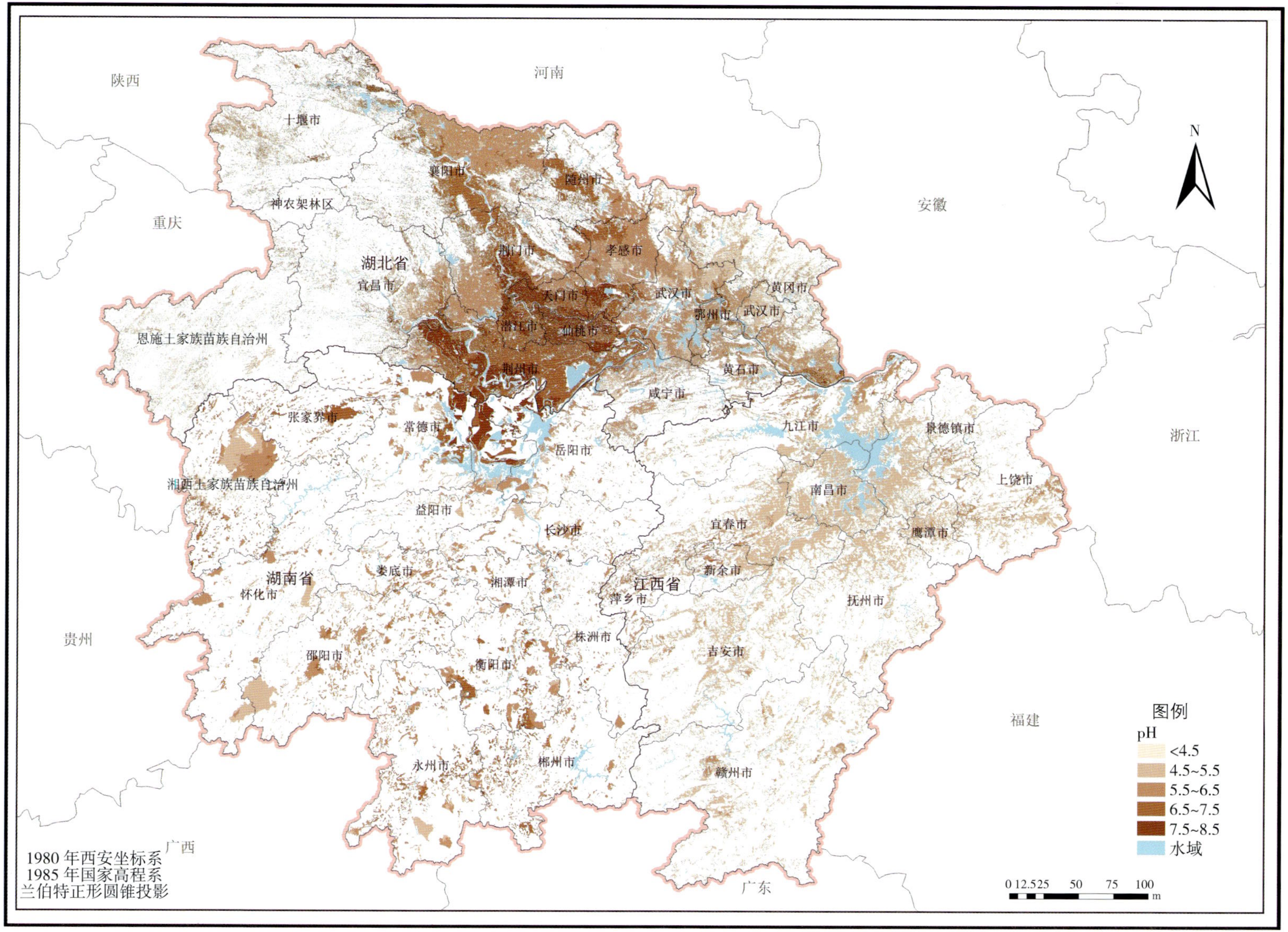

陕西

重庆

贵州

河南

安徽

浙江

福建

广东

广西

恩施土家族苗族自治州
十堰市
神农架林区
湖北省
襄阳市
张家界市
常德市
荆门市
荆州市
随州市
孝感市
黄冈市
武汉市
鄂州市
黄石市
咸宁市
湘西土家族苗族自治州
怀化市
湖南省
益阳市
岳阳市
长沙市
娄底市
邵阳市
永州市
湘潭市
株洲市
衡阳市
郴州市
萍乡市
宜春市
新余市
九江市
南昌市
江西省
吉安市
抚州市
鹰潭市
景德镇市
上饶市

N

1980年西安坐标系
1985年国家高程
兰伯特正形圆锥投影

0 12.5 25   50   75   100
m

图例

pH
<4.5
4.5~5.5
5.5~6.5
6.5~7.5
7.5~8.5
水域

长江中游区土壤有机质含量分布图

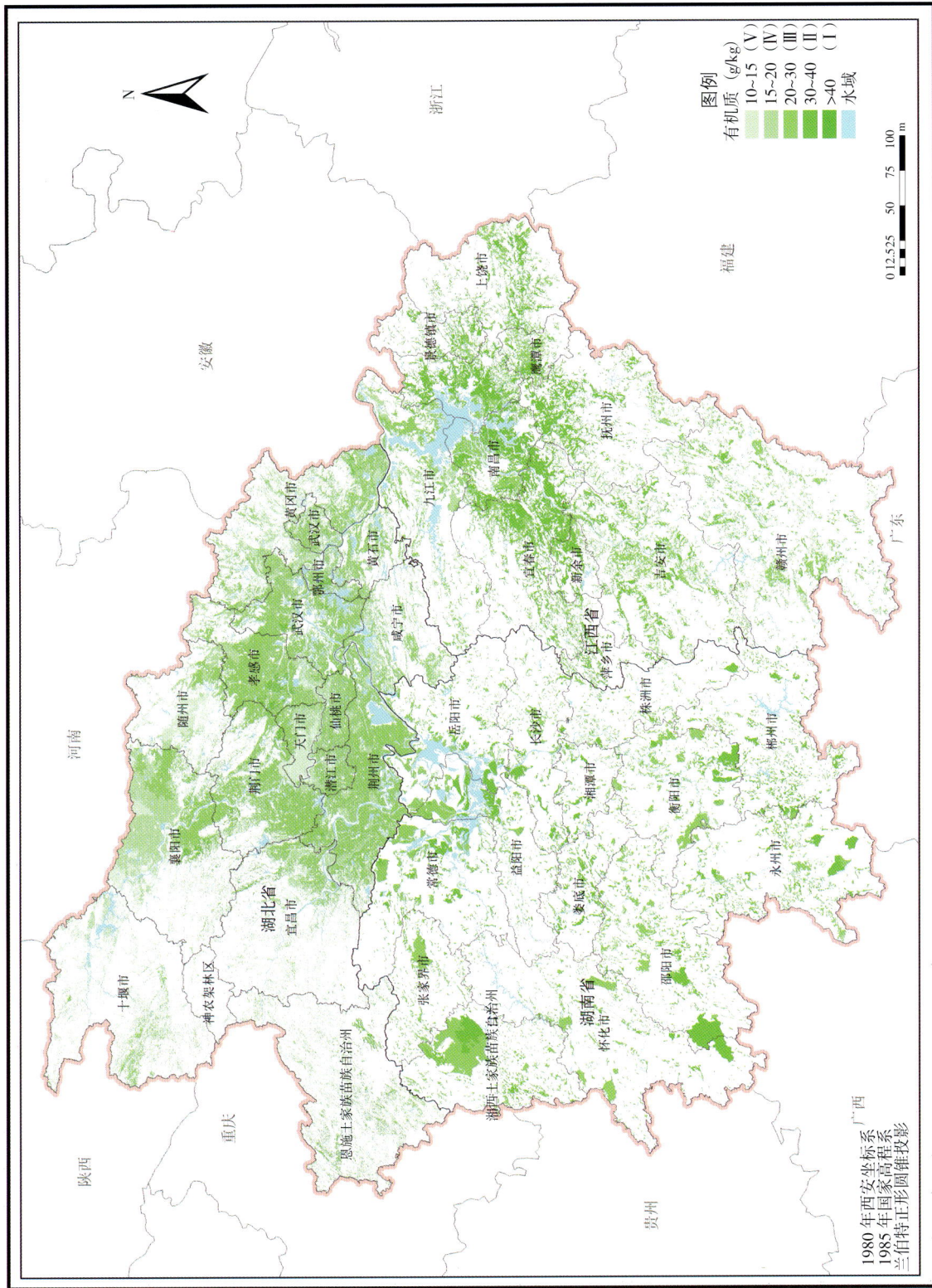

1980 年西安坐标系
1985 年国家高程系
兰伯特正形圆锥投影

图例

有机质（g/kg）

10~15 （V）
15~20 （IV）
20~30 （III）
30~40 （II）
>40 （I）
水域

浙江

福建

广东

安徽

河南

陕西

重庆

贵州

广西

上饶市
景德镇市
鹰潭市
抚州市
南昌市
九江市
宜春市
新余市
赣州市
吉安市
萍乡市
株洲市
郴州市
衡阳市
永州市
邵阳市
怀化市

江西省

湖南省

岳阳市
长沙市
湘潭市
益阳市
娄底市
常德市
张家界市

湖北省

武汉市
黄冈市
鄂州市
黄石市
咸宁市
孝感市
随州市
天门市
潜江市
仙桃市
荆州市
荆门市
襄阳市
宜昌市
十堰市
神农架林区
恩施土家族苗族自治州
湘西土家族苗族自治州

長江中游区土壤全氮含量分布图

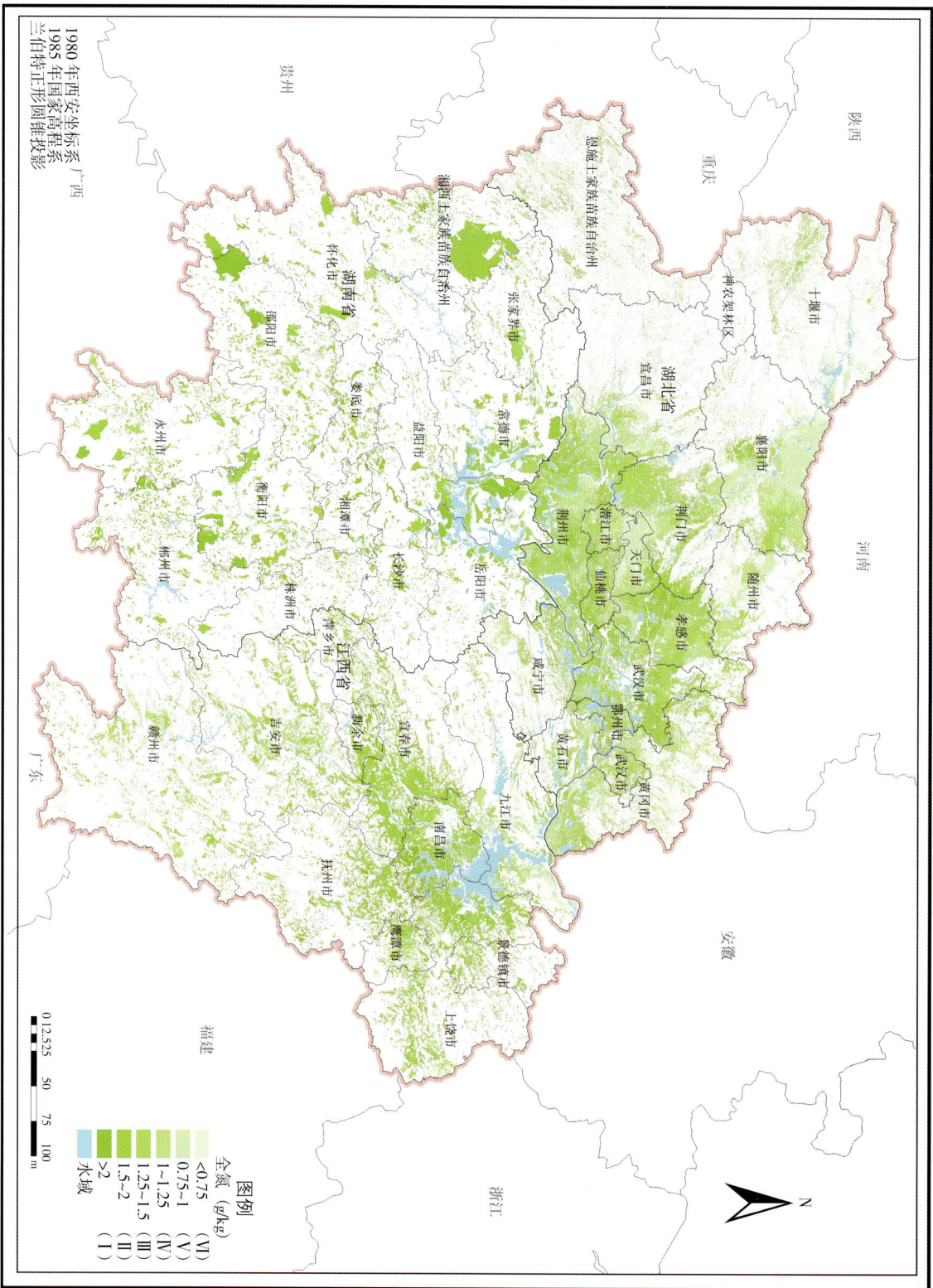

图例
全氮 (g/kg)
<0.75 (Ⅵ)
0.75~1 (Ⅴ)
1~1.25 (Ⅳ)
1.25~1.5 (Ⅲ)
1.5~2 (Ⅱ)
>2 (Ⅰ)
水域

1980年西安坐标系广西
1985年国家高程系
兰伯特正形圆锥投影

0 12.5 25   50   75   100
m

陕西
重庆
贵州
河南
安徽
浙江
福建
广东

湖北省
湖南省
江西省

恩施土家族苗族自治州
神农架林区
十堰市
襄阳市
宜昌市
荆门市
随州市
孝感市
荆州市
潜江市
仙桃市
天门市
武汉市
鄂州市
黄石市
黄冈市
咸宁市
张家界市
常德市
益阳市
岳阳市
九江市
湘西土家族苗族自治州
怀化市
邵阳市
娄底市
湘潭市
长沙市
永州市
衡阳市
郴州市
株洲市
萍乡市
宜春市
新余市
南昌市
吉安市
赣州市
抚州市
鹰潭市
上饶市

N

长江中游区土壤有效磷含量分布图

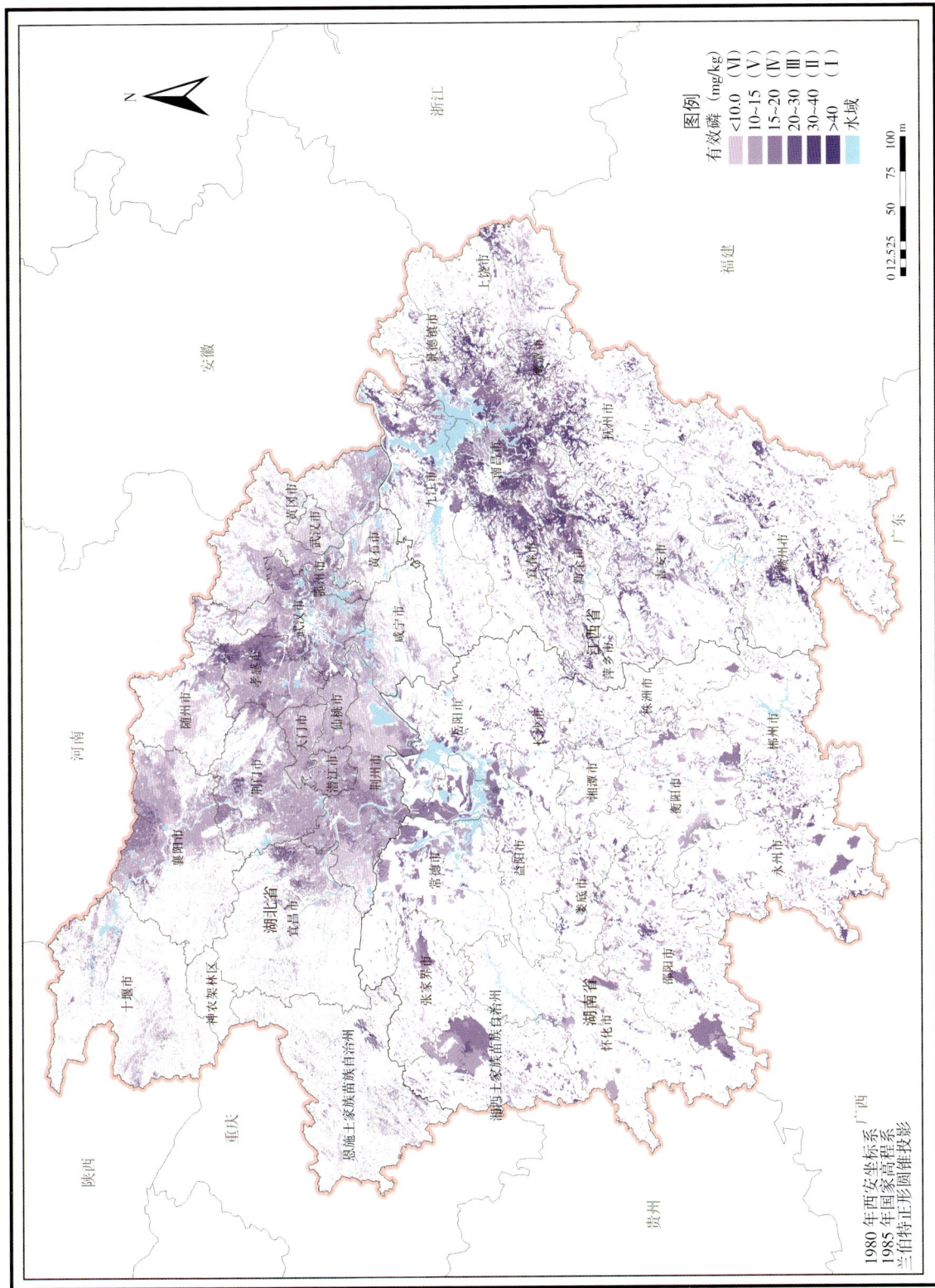

图例

有效磷 （mg/kg）

<10.0 （VI）
10~15 （V）
15~20 （IV）
20~30 （III）
30~40 （II）
>40 （I）
水域

0 12.5 25　50　75　100 m

1980年西安坐标系
1985年国家高程系
兰伯特正形圆锥投影

N

陕西　重庆　贵州

河南

湖北省
神农架林区
十堰市
襄阳市
宜昌市
恩施土家族苗族自治州

黄冈市
武汉市
鄂州市
黄石市
孝感市
随州市
荆门市
天门市
潜江市
仙桃市
荆州市
咸宁市
常德市
张家界市
湖南省
湖南土家族苗族自治州
怀化市
邵阳市
益阳市
岳阳市
娄底市
湘潭市
株洲市
衡阳市
永州市
郴州市

安徽　浙江　福建　广东　广西

江西省
上饶市
景德镇市
鹰潭市
抚州市
南昌市
九江市
宜春市
新余市
萍乡市
吉安市
赣州市

长江中游区土壤速效钾含量分布图

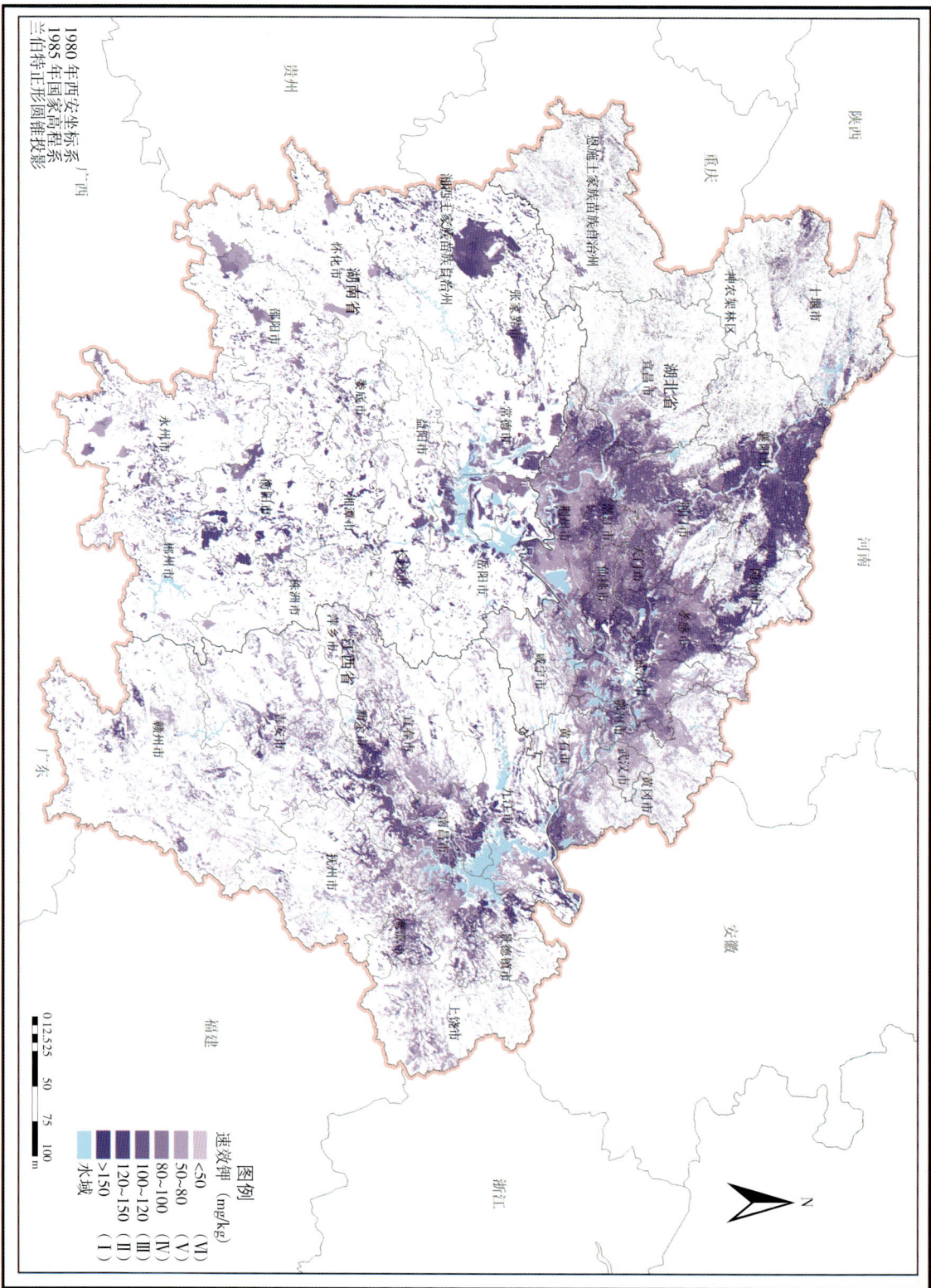

1980年西安坐标系
1985年国家高程基准
兰伯特正形圆锥投影

图例

速效钾 (mg/kg)

<50	(Ⅵ)
50~80	(Ⅴ)
80~100	(Ⅳ)
100~120	(Ⅲ)
120~150	(Ⅱ)
>150	(Ⅰ)
水域	

0 12.5 25　　50　　75　　100 m

N

长江中游区土壤缓效钾含量分布图

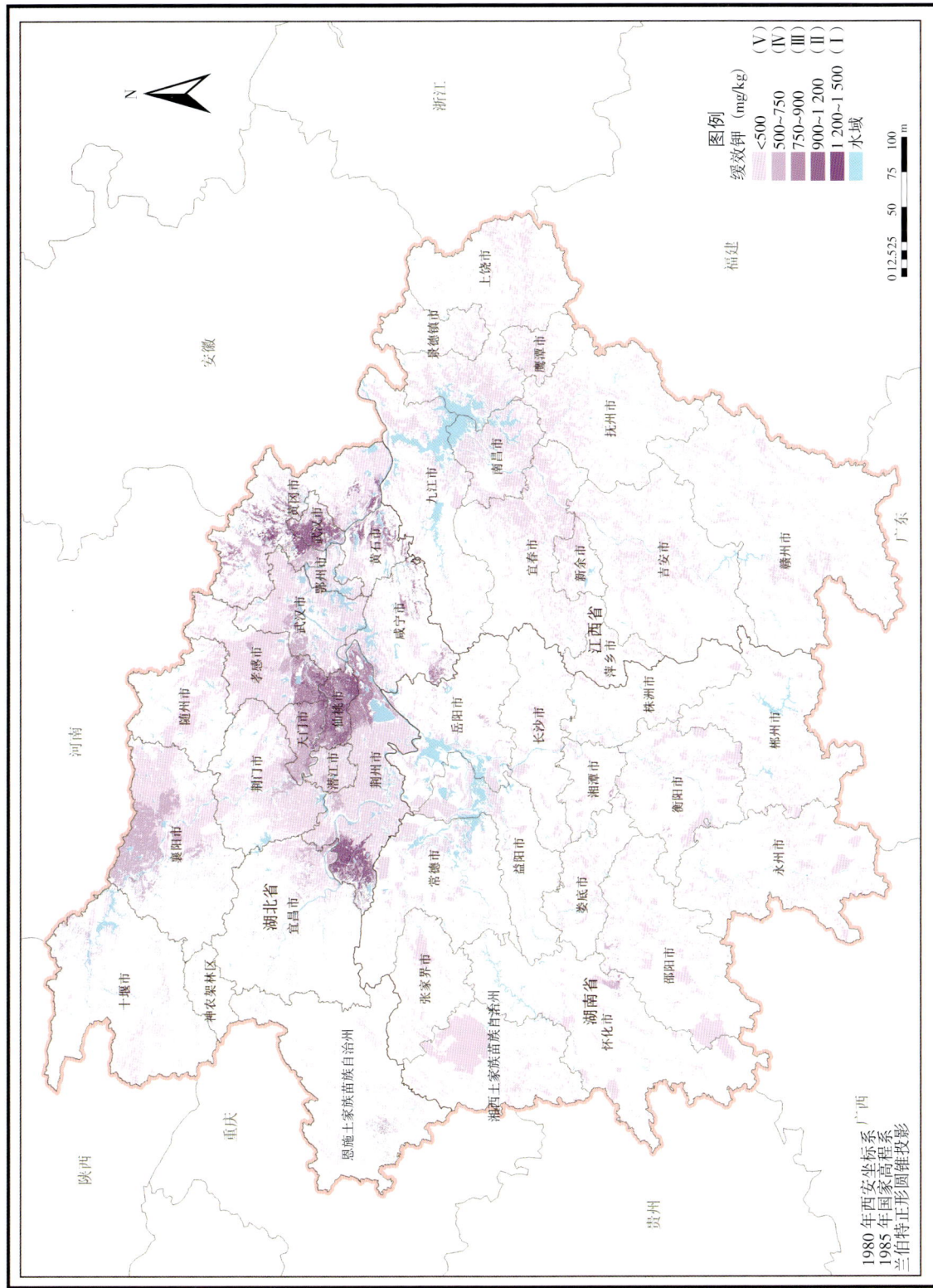

图例

缓效钾 (mg/kg)
<500 (V)
500~750 (IV)
750~900 (III)
900~1 200 (II)
1 200~1 500 (I)
水域

0 12.5 25   50   75   100 m

浙江

安徽

河南

陕西

重庆

贵州

湖北省

湖南省

江西省

广东

福建

广西

十堰市
神农架林区
襄阳市
随州市
荆门市
宜昌市
恩施土家族苗族自治州
张家界市
湘西土家族苗族自治州
怀化市
邵阳市
常德市
益阳市
娄底市
永州市
衡阳市
湘潭市
长沙市
岳阳市
荆州市
潜江市
天门市
仙桃市
孝感市
武汉市
鄂州市
黄冈市
黄石市
咸宁市
九江市
南昌市
新余市
宜春市
吉安市
抚州市
赣州市
株洲市
郴州市
萍乡市
鹰潭市
景德镇市
上饶市

1980 年西安坐标系
1985 年国家高程系
兰伯特正形圆锥投影

长江中游区土壤有效锰含量分布图

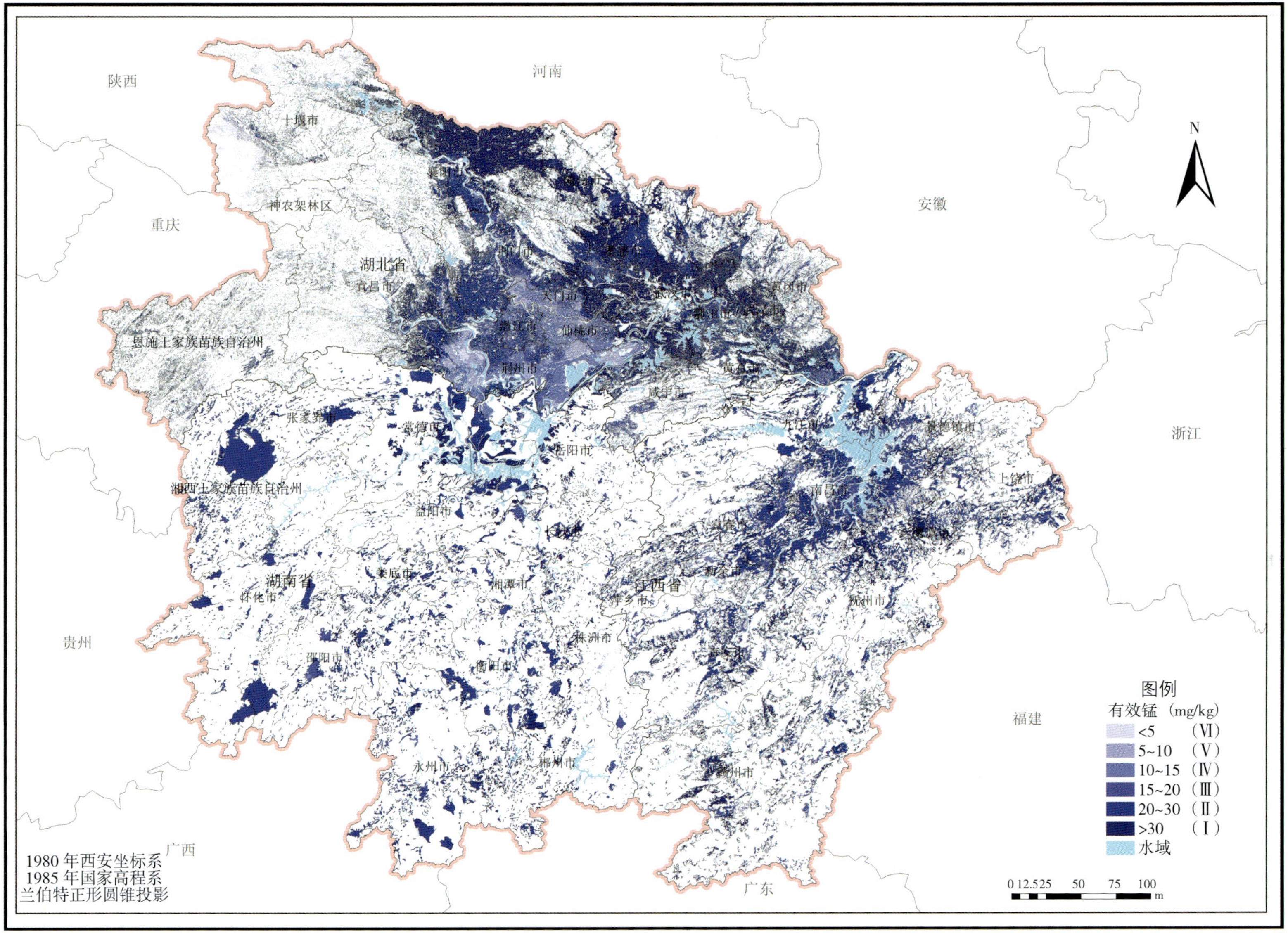

陕西

重庆

贵州

湖南

湖北省

河南

安徽

浙江

福建

广东

广西

1980 年西安坐标系
1985 年国家高程系
兰伯特正形圆锥投影

N

图例

有效锰 (mg/kg)
<5 (VI)
5~10 (V)
10~15 (IV)
15~20 (III)
20~30 (II)
>30 (I)
水域

0 12.5 25   50   75   100
m

长江中游区土壤有效硼含量分布图

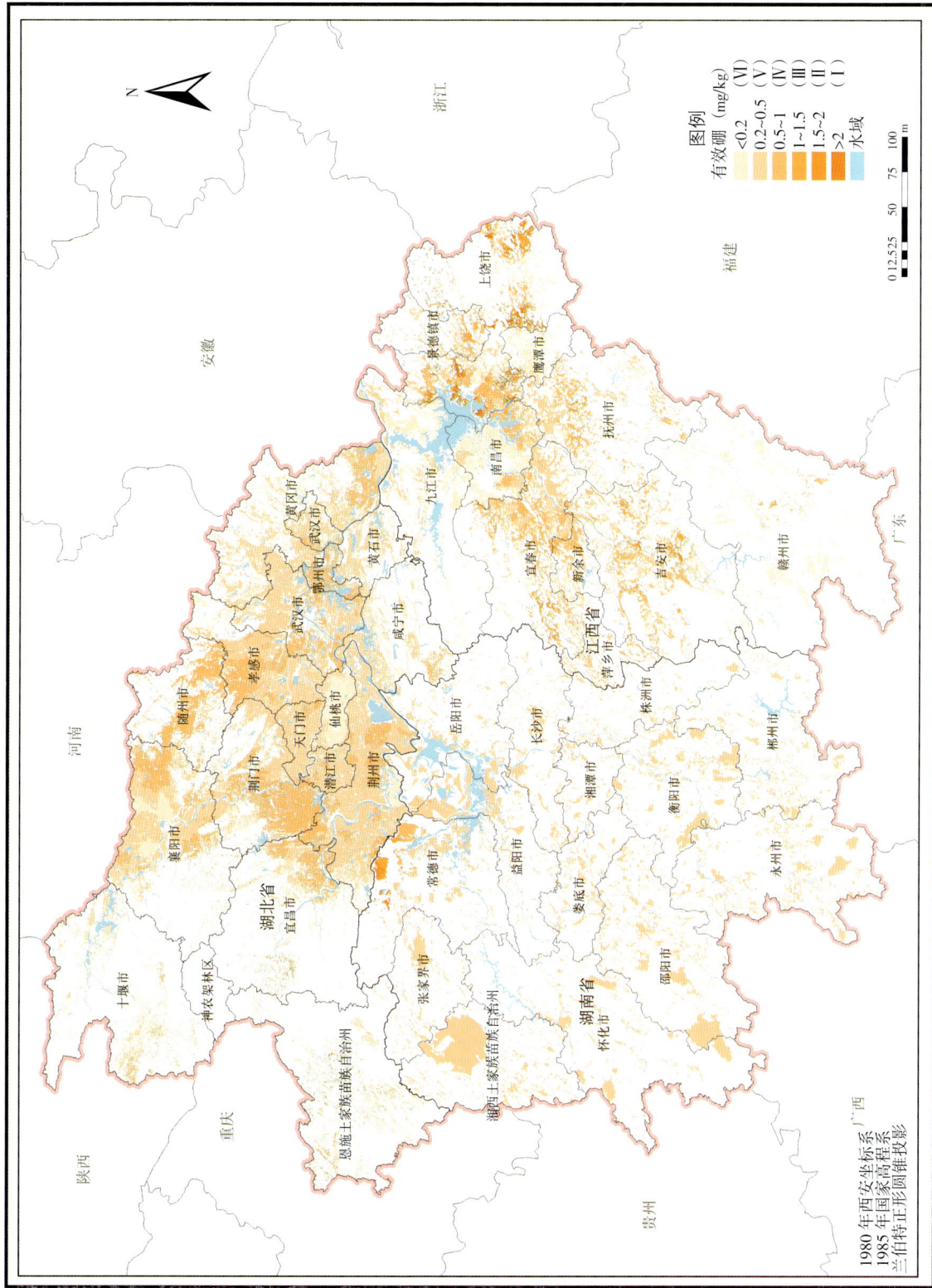

N

图例
有效硼 (mg/kg)
<0.2 （Ⅵ）
0.2～0.5 （Ⅴ）
0.5～1 （Ⅳ）
1～1.5 （Ⅲ）
1.5～2 （Ⅱ）
>2 （Ⅰ）
水域

0 12.5 25   50   75   100
m

浙江

安徽

河南

陕西

重庆

贵州

广西

广东

福建

湖北省
江西省
湖南省

上饶市
景德镇市
鹰潭市
抚州市
南昌市
九江市
宜春市
新余市
吉安市
赣州市
株洲市
郴州市
永州市
邵阳市
怀化市
娄底市
衡阳市
湘潭市
长沙市
益阳市
常德市
岳阳市
张家界市
恩施土家族苗族自治州
宜昌市
荆州市
潜江市
仙桃市
天门市
荆门市
孝感市
随州市
襄阳市
十堰市
神农架林区
武汉市
黄冈市
鄂州市
黄石市
咸宁市

1980年西安坐标系
1985年国家高程系
兰伯特正形圆锥投影

长江中游区土壤有效铁含量分布图

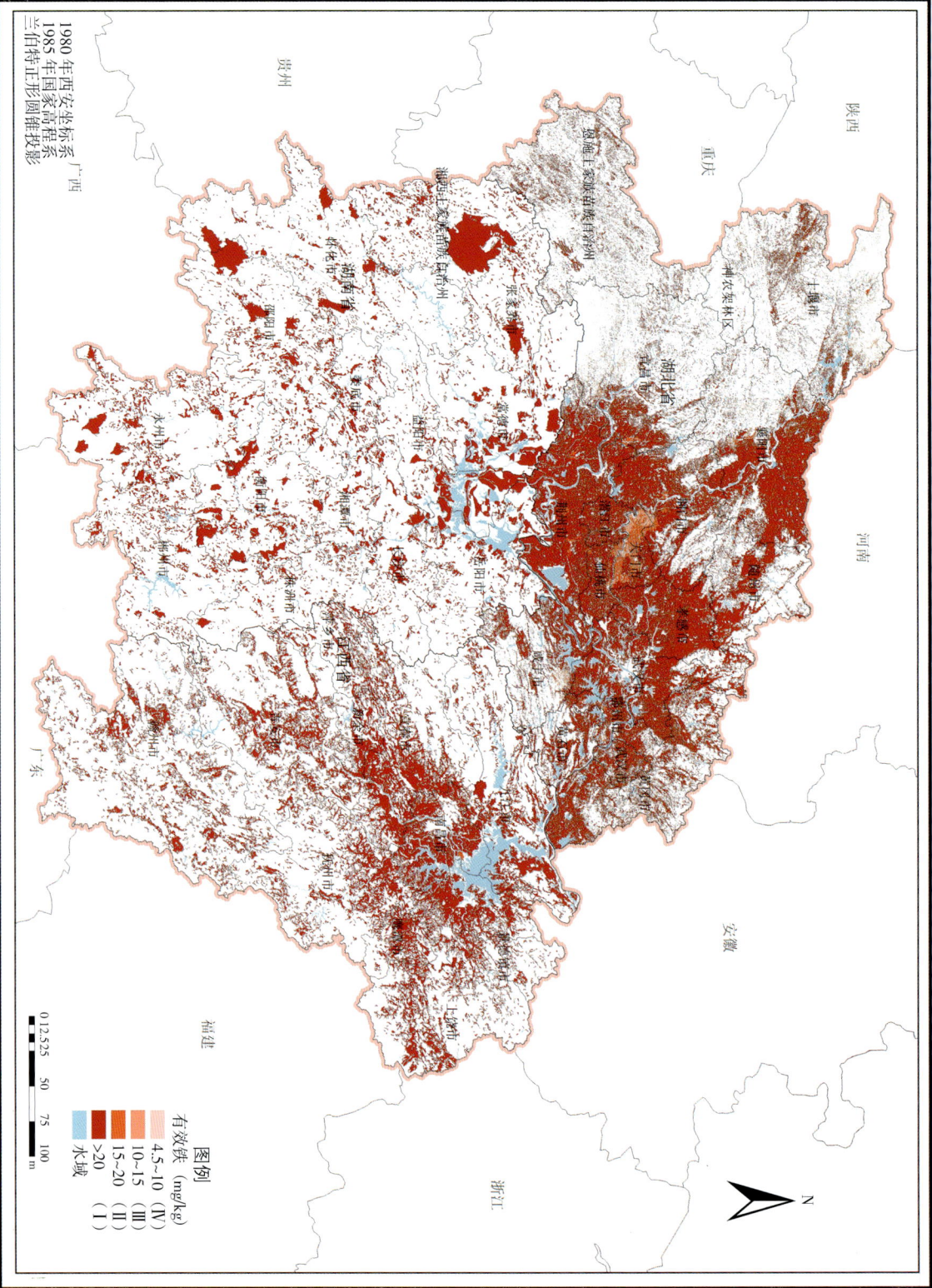

N

陕西

重庆

贵州

广西

广东

河南

安徽

浙江

福建

湖北省

湖南省

江西省

恩施土家族苗族自治州

十堰市

神农架林区

襄阳市

宜昌市

荆州市

荆门市

孝感市

武汉市

黄冈市

黄石市

咸宁市

岳阳市

张家界市

常德市

益阳市

长沙市

湘西土家族苗族自治州

怀化市

娄底市

邵阳市

衡阳市

株洲市

湘潭市

永州市

郴州市

九江市

南昌市

上饶市

宜春市

新余市

萍乡市

吉安市

抚州市

鹰潭市

赣州市

1980 年西安坐标系
1985 年国家高程基准
兰伯特正形圆锥投影

图例

有效铁 (mg/kg)
- 4.5~10 (IV)
- 10~15 (III)
- 15~20 (II)
- >20 (I)
- 水域

0 12.5 25   50   75   100
m

长江中游区土壤有效铜含量分布图

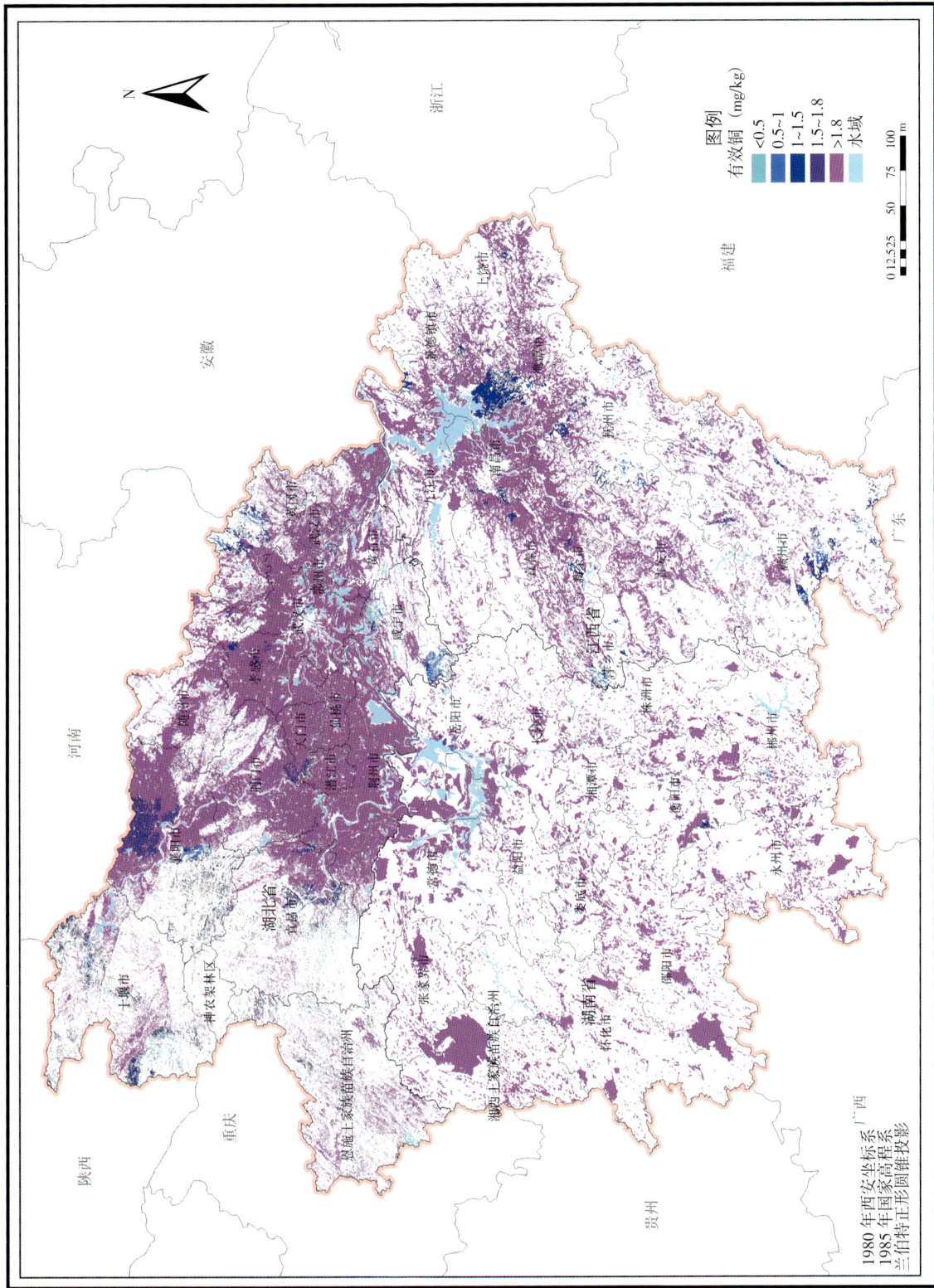

图例

有效铜 (mg/kg)
- <0.5
- 0.5~1
- 1~1.5
- 1.5~1.8
- >1.8
- 水域

1980年西安坐标系
1985年国家高程系
兰伯特正形圆锥投影

长江中游区土壤有效锌含量分布图

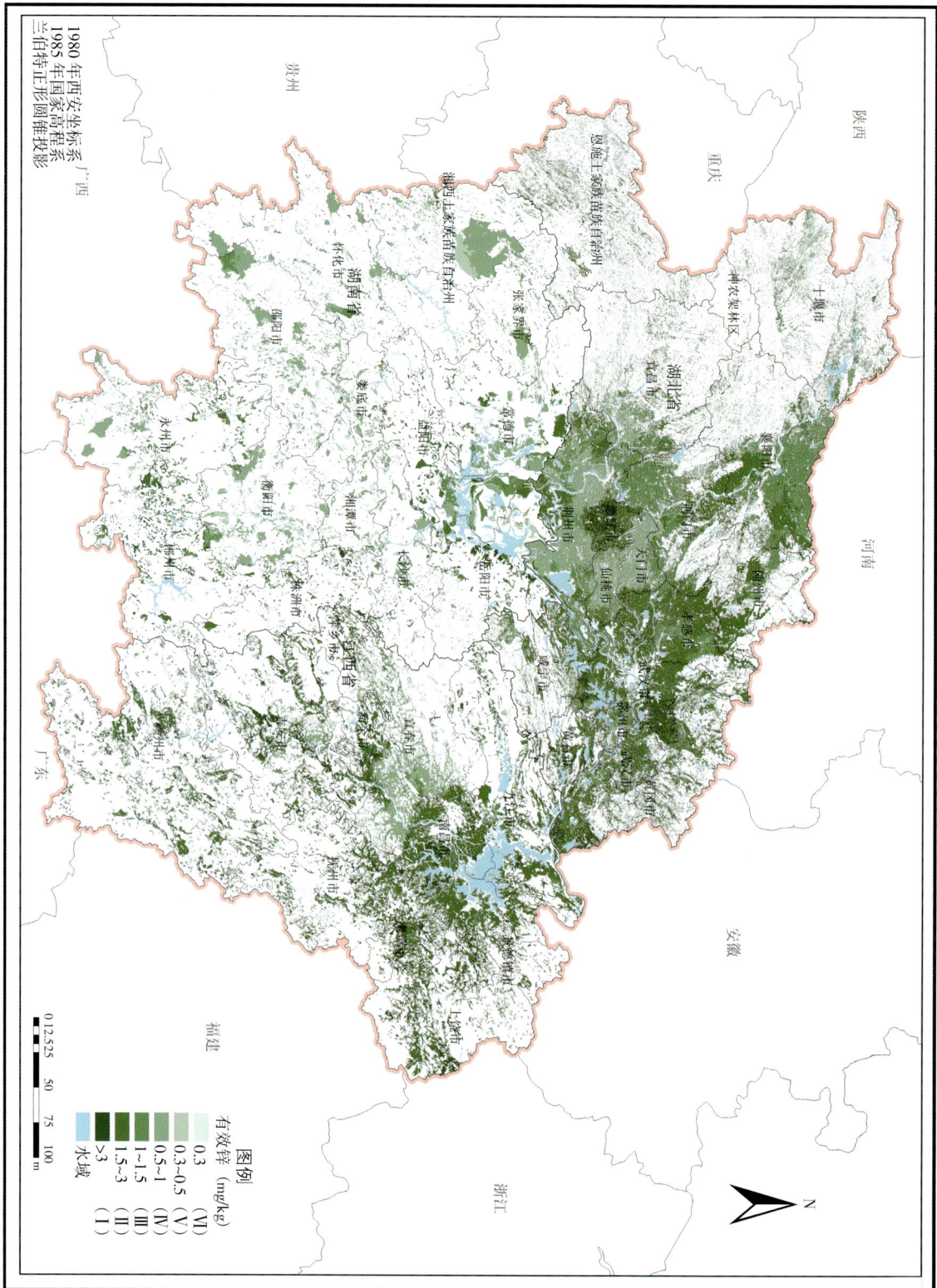

N

1980年西安坐标系
1985年国家高程系
兰伯特正形圆锥投影

陕西
重庆
贵州
河南
安徽
浙江
福建
广东

湖北省
湖南省
江西省

恩施土家族苗族自治州
神农架林区
十堰市
张家界市
湘西土家族苗族自治州
怀化市
邵阳市
永州市
衡阳市
湘潭市
益阳市
常德市
岳阳市
荆门市
宜昌市
荆州市
襄阳市
随州市
孝感市
武汉市
黄冈市
黄石市
咸宁市
九江市
南昌市
宜春市
新余市
萍乡市
株洲市
郴州市
吉安市
抚州市
鹰潭市
上饶市

0 12.5 25　50　75　100
m

图例
有效锌 (mg/kg)
0.3	(VI)
0.3~0.5	(V)
0.5~1	(IV)
1~1.5	(III)
1.5~3	(II)
>3	(I)
水域	